中山大学国际问题研究丛书

东盟十国基本国情及投资风险评估

CURRENT COUNTRY FACTS
AND INVESTMENT RISK ANALYSIS
OF ASEAN TEN

范若兰　主编

中国社会科学出版社

图书在版编目(CIP)数据

东盟十国基本国情及投资风险评估/范若兰主编.—北京:中国社会科学
出版社,2016.10
ISBN 978 – 7 – 5161 – 9067 – 8

Ⅰ.①东…　Ⅱ.①范…　Ⅲ.①东南亚国家联盟—基本知识
②东南亚国家联盟—投资风险—研究　Ⅳ.①D814.1

中国版本图书馆 CIP 数据核字(2016)第 241715 号

出 版 人	赵剑英	
责任编辑	宋燕鹏	
责任校对	周　昊	
责任印制	李寡寡	

出　　版	中国社会科学出版社	
社　　址	北京鼓楼西大街甲 158 号	
邮　　编	100720	
网　　址	http://www.csspw.cn	
发 行 部	010 – 84083685	
门 市 部	010 – 84029450	
经　　销	新华书店及其他书店	

印刷装订	北京君升印刷有限公司
版　　次	2016 年 10 月第 1 版
印　　次	2016 年 10 月第 1 次印刷

开　　本	710×1000　1/16
印　　张	35
字　　数	504 千字
定　　价	128.00 元

作者简介

范若兰，博士，中山大学国际关系学院和国际问题研究院教授，东南亚研究中心执行主任，中山大学性别教育与研究中心主任，博士生导师。研究领域为性别、宗教与族群关系，主要集中在东南亚华人、东南亚伊斯兰教与政治研究、马来西亚研究。主持国家社科基金、教育部人文社科基金多项，在《世界宗教研究》《世界经济与政治》《民族研究》《世界历史》《华侨华人历史研究》《南洋问题研究》《东南亚研究》等杂志发表论文近百篇。代表作有：《东南亚女性的政治参与》（社会科学文献出版社 2015 年版）、《暴力冲突中的妇女：一个性别视角的分析》（时事出版社 2013 年版）、《伊斯兰教与东南亚现代化进程》（第一作者，中国社会科学出版社 2009 年版）、《移民、性别与华人社会：马来亚华人妇女研究（1929—1941年)》（中国华侨出版社 2005 年版）。

喻常森，博士，中山大学国际关系学院和国际问题研究院副教授，教育部区域和国别研究重点培育基地——中山大学大洋洲研究中心常务副主任。主要研究领域为亚太区域合作、中国与澳大利亚关系、大洋洲区域国际关系等。主持广东省高校社科项目《亚太区域合作组织研究》、广东省哲学社会科学规划项目《亚太国家对中国崛起的认知与反应》等，代表作有：《近代中国与东南亚国家关系》（中山大学出版社 1999 年版）、《亚太区域合作的理论与实践》（中国社会科学出版社 2004 年版）、《当代亚太国际关系与地区合作》（中山大学出版社 2008年版)，《中澳关系大趋势》（中山大学出版社 2012 年版）。在《世界政治与经济》《当代亚太》《外交评论》《国际论坛》《中山大学学报》及 *Australian Journal of International Affairs* 等国内外著名学术刊物发表论文数十篇。主编《大洋洲蓝皮书：大洋洲发展报告》。

黄云静，博士，中山大学国际关系学院和国际问题研究院副教授，硕士生导师。主要研究领域为东南亚政治、宗教文化与国际关系/当代越南研究。主持过教育部、全国侨联以及广东省社科基金多项课题，在《世界历史》《当代亚太》《现代国际关系》《中山大学学报》《南洋问题研究》《东南亚研究》等专业学术刊物发表论文数十篇。出版专著《发展与稳定：反思东南亚国家现代化》（时事出版社 2011 年版）。

王学东，博士，中山大学国际关系学院副教授，国际问题研究院研究员。主要研究领域为国际关系理论、中国外交以及美国问题研究，尤其侧重于气候变化问题研究。主持过多项国家社科基金等项目，在《当代亚太》《外交评论》《现代国际关系》等杂志上发表文章三十多篇。代表著作有：《气候变化问题的国际博弈与各国政策研究》（时事出版社 2014 年版）、《外交战略中的声誉因素研究》（天津人民出版社 2007 年版），以及译著《国家与社会革命》（第二作者，上海人民出版社 2007 年版）。

张宇权，博士，中山大学国际关系学院副教授，中山大学国际问题研究院中国外交研究中心执行主任，美国哈佛大学费正清中国研究中心访问学者。主要研究领域是中美关系、东亚一体化、南海问题、菲律宾研究。主持国家社科、教育部归国人员留学等多项基金，在《国际安全研究》《中山大学学报》《厦门大学学报》《东南亚研究》等杂志发表论文二十多篇。主要代表作是《中美政治文化比较研究》（时事出版社 2013 年版）。

段颖，香港中文大学博士，中山大学人类学系副教授，硕士生导师，国家民族事务委员会民族问题研究优秀中青年专家。主要研究领域为中国西南与东南亚、东南亚华人社会与文化、侨乡研究、族群研究、缅甸研究、全球化与跨国现象等。已出版专著《泰国北部的云南人——族群形成、文化适应与历史变迁》（社会科学文献出版社 2012 年版），并在 *Journal of Chinese Overseas*、*Asian Anthropology*、*Asi-*

an Ethnicity、《民族研究》《东南亚研究》《南洋问题研究》《西北民族研究》等国际国内学术刊物发表论文多篇。

孟庆顺，博士，中山大学马克思主义学院教授。主要研究领域为港澳珠江三角洲政治研究和外国穆斯林问题研究等。主持国家社科基金及广东省社科基金多项。在《世界历史》、《西亚非洲》、《史学理论研究》、《南亚研究》、《东南亚研究》、《亚太研究》等刊物发表论文百余篇。主要著作有：《澳门廉政制度研究》（中国方正出版社2013年版）、《"一国两制"与香港回归后的政治发展》（香港社会科学出版社2005年版）、《港澳与海峡两岸关系》（武汉出版社1999年版）、《伊斯兰与东南亚现代化进程》（第二作者，中国社会科学出版社2009年版）。

尤洪波，博士，中山大学国际关系学院讲师。研究领域为东南亚问题、中国外交、菲律宾研究。主持并参与多个广东省社科项目，发表论文多篇。

黎相宜，博士，中山大学国际关系学院讲师。研究领域为国际移民，主要集中在华侨华人、在华外籍人士研究、新加坡研究。主持省部级人文社科基金多项，在《社会学研究》《民族研究》《社会》《中山大学学报》《广西民族大学学报》《华侨华人历史研究》《开放时代》《东南亚研究》等杂志发表论文数十篇，论文多次被《中国社会科学文摘》《人大复印资料》转载。

陈世伦，博士，中山大学国际问题研究院副研究员。美国夏威夷大学文化人类学博士、人类学硕士，俄亥俄大学东南亚研究硕士，台湾成功大学政治经济学硕士、企业管理学学士。研究领域为东南亚政治、华人研究，研究重点是柬埔寨研究、文莱政经发展、离散移民理论、两岸东南亚侨务侨政问题、东南亚华社商会研究等。代表作有 Socializing Chineseness: Cambodia's Chinese Communities as A Method，《柬埔寨政治体制变迁与经济结构问题》《文莱当前之政治经济发展模型》等。

冯雷，中山大学国际关系学院博士生，中山大学国际问题研究院兼职研究员。主要研究领域：南海问题，东南亚政治与宗教。参与多项科研项目。

潘玥，中山大学国际关系学院博士生。本科毕业于北京大学印度尼西亚语言与文学专业。研究领域为印尼研究，主要集中在印尼的政治与社会研究。参与多项科研项目。在《东南亚研究》《东南亚南亚研究》和《大洋洲蓝皮书》等书刊发表数篇论文。

杨祯奕，中山大学岭南学院博士生，研究领域为应用经济学，主要集中在国际投资与风险管理。

戴程均、赵梦实、姜柯柯、王蕾、郑智新、栗灵芝、陈莹、邱国盛、诸美艳等均为中山大学岭南学院硕士研究生，研究领域为应用经济学。

目　　录

前　言

　　《东盟十国基本国情及投资风险评估》是中山大学国际问题研究院东南亚研究中心集体力量的结晶。

　　国际问题研究院成立于 2015 年，是中山大学的三大“高端智库”之一，研究范围涵盖国际关系和区域研究，而东南亚研究中心传承中山大学东南亚研究所，具有雄厚的研究力量，扎实的学风，在东南亚政治、历史、华侨华人、国际关系、宗教等领域取得丰硕研究成果。

　　随着中国政治实力和经济实力的上升，中国提出“一带一路”战略构想，目标是加强陆上丝绸之路和海上丝绸之路沿线国家的政治、经济、文化交流，实现合作共赢。但是，“一带一路”沿线国家国情各异，存在政治体制、经济发展水平、族群关系、宗教文化、地区关系的巨大差异，不少国家存在尖锐的阶级矛盾、族群矛盾、宗教冲突和国家冲突，可以说，“一带一路”上充满风险。因此，如何客观、全面、深入地分析“一带一路”构想存在的现实与可能遭遇到的国际挑战和风险是十分必要的，对此，首先要准确把握这些国家的基本国情，评估其投资风险。

　　东盟十国处于“一路”的关键位置上。一是因为东南亚地处海上丝绸之路的交通要道，环抱南海，扼守马六甲海峡，这是“一路”上的咽喉；二是中国与东盟十国的经济联系日益密切，中国已经连续多年成为东盟第一大贸易伙伴，而东盟是中国的第三大贸易伙伴，第二大进口来源地和第三大出口市场，同时，越来越多的中国企业到东盟国家投资，得到许多商机，也遭遇各种风险。基于此，我们出版《东盟十国基本国情及投资风险评估》，对东盟每一个国家的基本国情进行介绍，包括最新政治发展、经济发展，投资政策，族群/宗教关系，对外政策与邻国关系，与中国关系，等等，在此基础上，对每一个国家的政治风险、国际安全风险、经济风险、商业环境风险进行详细评估。

本书作者既有东南亚研究领域的知名学者，也有在读博士生，他们对相关国家进行长期追踪研究，有田野调查经历，懂相关国家语言，对该国的特点有准确把握。而中山大学岭南学院曾燕副教授及其学生的加盟，为本书增加了专业的经济和金融分析人才，弥补了东南亚研究中心学者在这方面的不足。

目前，在"一带一路"战略的激励下，有关"一带一路"沿线国家的介绍和投资风险评估书籍蜂拥而出，在图书市场上可谓蔚为壮观。与其他相关研究相比，《东盟十国基本国情及投资风险评估》具有下述特点和优点：

第一，对东盟十国的政治和社会状况的分析深入而专业。大部分相关书籍只是对该国的政治制度、族群与宗教进行简单介绍，而本书在概括该国政治特征的同时，关注于最新政治发展，分析其社会/族群/宗教关系，并在此基础上，进行政治风险评估，使之更为准确。

第二，增加国际安全及与中国关系的分析。相关国家与邻国关系决定了地区安全度，对投资环境影响巨大。同时，相关国家与中国关系友好度，也决定了中国企业投资的机遇和风险程度，本书对这方面的分析较为独到。

第三，增加广东与东盟国家的经贸关系介绍。广东是经济大省和华侨大省，也是与东盟十国经贸往来数量最大的省份。作为地处广东的中山大学，我们拥有得天独厚的资源，在深入探讨广东和东盟国家发展的同时，能为包括广东在内的企业"走出去"献计献策。

第四，运用定量分析和模型分析方法，对经济风险和商业环境进行评估和预测。经济风险中，对各国的通胀率、利率、汇率、流动性、信用、外部冲击等风险进行评估，并对 2016 年的相关风险进行预测。在商业环境风险中，对各国的基础设施、劳动力、灾害、税收和法律风险进行评估和预测。在其他东盟国家投资风险评估报告中，很难看到如此专业和详细的风险评估。

特别感谢中山大学岭南学院曾燕副教授，为东盟各国经济风险和商业环境风险的研究提供指导。

本书适用人群为要到东盟国家进行投资者及对东盟国家有兴趣的一般读者和专业人士。

主编

2016 年 4 月 29 日

第一章 新加坡基本国情及投资风险评估

黎相宜 戴程均

新加坡，地处马六甲海峡南端，是远东航运的十字路口。新加坡拥有闻名于世的天然良港，是全球重要的航空、海运、物流枢纽，也是世界的金融中心、物流中心、通信中心和航空中心。[①] 马六甲海峡是中国对外贸易和石油、天然气等能源进口的主要海运通道。因此，中国一直致力于加强与新加坡的经贸关系，加强双方能源合作，减少地缘政治风险。在"一带一路"战略构想中，新加坡由于其特殊的政治、经济、社会以及地理原因，可以发挥沟通海、陆交通的重要枢纽作用，参与海上丝绸之路的重建。

新加坡不仅是海上丝绸之路的重要节点，还是中新经济走廊的终点。新加坡是东南亚国家联盟（Association of Southeast Asian Nations，简称东盟）创始会员国，是东盟第一个与中国签订自由贸易协定的国家，在推动"一带一路"和建设中国东盟自贸区的进程中，中新经贸关乎大局。在东盟十国中，中国对新加坡的直接投资存量一直位居首位，而新加坡也是中国在东盟开展直接投资的重点国家。因此，研究新加坡的基本国情、投资环境、与中国的关系和对新投资可能存

---

① 林智荣、覃娟：《中国—新加坡经济走廊交通基础设施建设探析》，《东南亚纵横》2015 年第 1 期。

在的政治、经济以及社会风险具有极大的现实意义。

第一节　新加坡基本国情

一　新加坡政治特点

根据《新加坡宪法》，新加坡是代议民主制。但自 1959 年人民行动党上台执政以来，新加坡逐渐形成了一套独具特色的威权政治模式，并形成了一党独大的局面。[①] 新加坡民主的主要特征有以下几点：集体意识；接受并服从权威和等级制；一党长期执政；存在一个向下强力渗透的政府以及具有强大干预能力的官僚机构。这种经过"改造"的民主模式其实就是有新加坡特色的威权政治模式。[②] 新加坡的威权政治特点如下：

首先，人民行动党执政的新加坡政府提倡强政府对于社会的有效管理与控制。人民行动党政府对社会的治理，一是通过成立一系列具有国家社团主义色彩的非官方和半官方的基层组织实现对社会基层民众的掌控。二是新加坡政府高度重视新加坡基层社区的管理与服务工作，从提供优质的公共物品与社区服务出发，实现政府主导、社会协同和基层自治的良性互动。

其次，秉承"经济先行，民主渐进"的社会经济发展战略。[③] 在经济运行上，新加坡政府采用的是一种既尊重市场规律又保持政府适当干预的市场经济政策。在人民行动党主政新加坡的五十年中，人民行动党一直把经济的发展与繁荣置于执政施政的优先考虑位置，经过多年发展，新加坡成为亚洲"四小龙"之一，是东南亚人均收入最高的国家。人民行动党政府在经济上的绩效满足人民多元化、多层次的政治、经济、文化需求，反过来赋予了新加坡威权政权一定的绩效合法性以补充其法理合法性的不足，赢得新加坡人对执政党的持续的

---

① 卢正涛：《新加坡威权政治研究》，南京大学出版社 2007 年版。

② 谢哲：《新加坡威权政治模式研究》，硕士学位论文，外交学院，2010 年。

③ 吕元礼：《新加坡为什么能——和谐社会是怎样建成的》，江西人民出版社 2007 年版，第 37—46 页。

政治支持。在这种循环下，实行威权政治的新加坡政府由此获得政治合法性，进一步巩固其威权统治。

再次，新加坡政府采取依法治国方略，利用严刑峻法来保障秩序。新加坡不但拥有完备的司法体系，还有令人为之胆寒的严苛刑罚。人民行动党政府实行严刑峻法，在法律层面有效保证了国家的长治久安，几十年来新加坡的犯罪率一直非常之低，黑帮、贩毒等其他东亚国家屡禁不绝的丑恶现象在新加坡销声匿迹，新加坡也因此获得世界上最为安全国家的美誉。社会秩序的井然有序进而保障了新加坡国民对政治秩序的遵守，这也是新加坡威权政治值得称道之处。

最后，新加坡政府对腐败采取零容忍的态度，以及坚决的反腐举措，很大程度上杜绝了腐败的出现。根据 2014 年透明国际所提供的"印象贪腐指数"，新加坡在廉洁指数排名中一直雄踞亚洲第一位，是亚洲国家中清廉度最高的国家，在世界范围内也处于非常靠前的位置，排名第七。新加坡政府采取了以下反腐措施防止公务员的贪污腐败行为：一方面，政府采用高薪养廉政策，新加坡的公务员收入水平普遍较高，这使得公职人员拥有足够的薪酬进行个人开支，而不存在手头缺钱的后顾之忧从而不得不借助于权力寻租。另一方面，对公务员进行严格的管理：在思想上加强对于公务员的廉洁意识教育，在思想上使其树立耻于贪腐的廉政意识；在行政上，制定《公务员指导手册》，要求公务员记录并汇报平日工作情况，并规定公务员必须申报个人和家庭财产情况，用制度规范截断公职人员贪腐的通道；在法律上，设立《反贪污法》，通过直属总理的贪污调查局，及时对可疑贪腐官员进行审查与处罚。人民行动党大力防治政治腐败保障政治廉洁，不但净化了新加坡的发展环境和社会风气，也同时避免了人民行动党政府自毁长城，延长了威权政府的政治寿命。

综上所述，人民行动党自上台以来，一直注重不断提高自身的执政能力，这使得其政治合法性基本没有受到太大挑战。新加坡的威权政治模式历经民主化浪潮的冲击，在周边国家或地区的威权政权纷纷垮塌、走向政治转型的风浪声中毅然挺立巍然不倒，堪称是世界政治上的奇迹。如果没有突发太大的变故，新加坡将会继续保持这种政治模式。

二 新加坡经济发展与特点

1. 经济发展水平及趋势

自 1965 年独立建国之后，新加坡采取了走工业化道路的经济发展路线，充分利用外国资源、市场、技术和资金发展本国经济。从 GDP 总量来看，2007—2014 年，新加坡国民生产总值基本稳步上升。2009 年新加坡经济受金融危机的重创，增长率仅为 -0.8%。随后，新加坡很快恢复了经济：2010 年的增长率为 4.8%，2011 年为 5.2%。虽然从 2012 年开始，经济增长速度有所放缓，但 2012—2014 年的增长率仍维持在 3% 左右（图 1 - 1）。

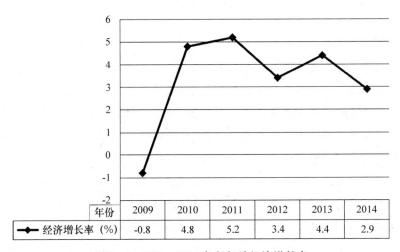

年份	2009	2010	2011	2012	2013	2014
经济增长率（%）	-0.8	4.8	5.2	3.4	4.4	2.9

图 1 - 1　2009—2014 年新加坡经济增长率

资料来源：新加坡统计局（Department of Statistics Singapore）。

新加坡是东南亚唯一的发达国家，2014 年新加坡的人均 GDP 达到了 56284 美元，[①] 远远高于其他东南亚国家。

在经济发展上，新加坡呈现出自己的特点：一是高速增长。虽

---

① 参见 http://opinion.china.com.cn/opinion_ 51_ 126651.html。

然在自治时期和独立初期是低增速，1985 年和金融危机时期一度出现负增长，但从整个过程来看，新加坡经济是以世界上少有的高速增长的。二是稳妥处理货币、物价、分配等重大经济问题，使社会保持协调发展。三是经济对外依赖性较高。这是因为外资在经济中所占比重大，而民族资本只占较小比重；新加坡的产品大部分销往世界市场；新加坡国家小，综合国力有限，很难大力开展基础科学的研究，虽然注重提高本国的科技水平，但主要靠引进发达国家的先进科技。

2. 产业结构变化及调整

在经济结构方面，新加坡政府根据世界经济发展形势以及本国自身的地理位置、自然资源、人口素质等因素，制定并积极调整经济政策，对新加坡进行了多次的经济结构调整，使其经济发展一直保持稳定持续增长的态势。[①] 新加坡半个世纪翻天覆地的经济腾飞得益于人民行动党政府主导下的三次产业结构调整和升级。新加坡建国前长期实行进口替代战略，以发展劳动密集型产业为主，从一个转口贸易港口逐步成为半工业化地区。20 世纪 60 年代中期至 70 年代中后期，新加坡进行了第一次较大的产业结构调整，由进口替代转向发展外向型经济，努力发展造船、电子、炼油三大支柱产业，并在同时期出台鼓励外资进入的《新兴工业法令》和《工业扩展法令》，这些举措使这一时期的新加坡进入新兴工业化国家的行列；20 世纪 70 年代中后期至 80 年代中期，政府进行了第二次产业结构的调整，从原来的劳动力密集型产业转型到技术型密集产业。这次结构调整使新加坡经济进入第二个黄金发展期；从 20 世纪 90 年代至今，新加坡开始第三次经济结构调整，大力发展高科技、高增值信息化产业、金融业、旅游业及其他服务行业，迄今收获了良好的效果，增长势头明显。[②]

新加坡逐渐形成以制造业和服务业为双支柱的经济体，服务业所

---

① 王御前：《新加坡经济结构转型的特点及对中国的启示探讨》，《商业文化》2012 年第 1 期。

② 参见郑维川《新加坡治国之道》，中国社会科学出版社 1996 年版，第 25—36 页。参见谢哲《新加坡威权政治模式研究》，硕士学位论文，外交学院，2010 年。

占比重越来越大。近年来,随着产业升级,新加坡制造业对于经济的拉动作用在逐年下降,2007年制造业占总国民生产总值的29.39%,2013年下降到25.14%。① 而2014年服务业的产值为2594.48亿新元,比重占到了71%。

3. 对外贸易与外来投资

对外贸易和吸引外资是新加坡经济发展的推动力,1959年新加坡成立自治政府后,就致力于吸引外商前来投资,希望通过工业化创造就业机会,解决失业问题。新加坡的工商业在20世纪60年代奠基,到了70年代已见成效,在80年代迅速发展,尤其是外来投资暴增。1983年以来,外资占总投资三成以上,尤其是在1986年以后,外资的比例逐渐增加,到1988年一度上升到40.4%,之后才回落,到了20世纪90年代末又恢复到了三分之一的比例。从1983年与2000年的绝对数字来看,外来投资增加了大约8.5倍,达到1886.7亿新元。国内及外来的总投资,在同一时期增加了大约7.6倍。②

外来投资主要分布于新加坡的金融、保险、制造业、批发、零售业。以2013年为例,金融以及保险业仍然是外资分布的首要行业,为4082.64亿新元,其比例仍维持在48%;其次是制造业,占到18%,投资额度为1507.91亿新元,比例相比2012年略有回升;排在第三位的是批发、零售业,为1462.74亿新元,占17%;科学技术、管理及服务则从2012年的第五位上升到第四位,从4%上升至6%;运输及仓储业则从2012年的第四位下降至第五位,所占比例没有变化;房地产业位列第六位,所占比例从2012年的4%下降到3%。③

进入21世纪后,新加坡的对外贸易不断扩大。2006—2008年,新加坡的对外贸易总额基本稳步增长。2009年新加坡由于全球金融

---

① Singapore Department of Statistics, *Yearbook of Statistics Singapore*, 2014, Singapore Department of Statistics, 2014.

② 柯新治:《新新加坡:南海之珠的经济与社会新动向》,台北天下远见出版股份有限公司2003年版,第55—56页。

③ 新加坡统计局。

危机的影响而受到重挫，贸易总额仅为 7474.17 亿新元。2010 年开始，对外贸易总额逐年回升。2010—2013 年的贸易总额分别为9020.63 亿新元、9743.96 亿新元、9848.84 亿新元、9801.53 亿新元。①

三　新加坡宗教与族群关系

1. 多元族群国家与和谐族群关系

新加坡是个多元族群国家。根据 2014 年的统计数据，新加坡总人口为 546.97 万人。在 387.07 万常住人口（包括新加坡公民以及永久居民）中，华人占了 74.3%；马来人占 13.3%；印度人占 9.1%；其他占 3.3%。②

新加坡政府长期以来一直致力于建构一套能够包含各族群文化与价值理念的共同价值体系，增进国内不同族群对于新加坡的国家认同感，培养各个族群的国家意识。1991 年，政府制定了《共同价值观》（Shared Values）白皮书，这一共同价值观体系涉及了国家、家庭、社区、族群、宗教五个核心领域："国家至上，社会为先；家庭为根，社会为本；社会关怀，尊重个人；协商共识，避免冲突；种族和谐，宗教宽容。"③ 李光耀多次强调"我们不是马来人，不是中国人，不是印度人，我们应该不管人种、语言、宗教和文化方面的差别，大家作为新加坡人团结起来"。④ 新加坡政府注重在统一的国家认同框架下，不同族群、不同宗教信仰者以及不同语言者之间应平等互助、和谐共处。这种政策试图将有着不同语言、习俗以及宗教信仰的各族群培养成有着共同的归属感与价值追求的"新加坡人"，一定程度上弱化了族群边界，有力地推动了族群的共融与和谐。此外，新加坡政

---

①　数据参见 Singapore Department of Statistics, *Yearbook of Statistics Singapore*, 2014. Singapore Department of Statistics, *Yearbook of Statistics Singapore*, 2012。

②　数据参见 Singapore Department of Statistics, *Yearbook of Statistics Singapore*, 2014, Singapore Department of Statistics, 2014。

③　Singapore White Paper, *Shared Values*, Singapore：Singapore National Printers, Jan. 6, 1991.

④　许心礼：《新加坡》，上海辞书出版社 1983 年版，第 8 页。

府严格控制公众舆论，尽可能杜绝有可能威胁族群和谐的舆论，反对不同族群的族群中心论和族群沙文主义的出现。[①] 新加坡政府在强调统一的国家意识，注重"新加坡人"的国家认同建构的同时，也注重保留各族群的风俗习惯、文化传统与宗教信仰，各族群的传统街区得到保护，如华人的牛车水、甘榜格南的回教堂和马来文化街、印度人的小印度，等等。

此外，新加坡政府在培育国家认同感、促进族群间的理解与共融的同时，也在制度层面确保各族群能够共享国家在政治、经济、文化和社会等多个领域的发展成果。在经济层面，为各族群提供均等的就业、升职机会，让其能够参与经济建设并享有经济发展的成果。在基层组织建设方面，通过社团和社区的积极互动促进各族群之间的和谐。在语言和教育层面，新加坡实行的是母语加英语的双语政策，重视并推行英语作为通用语言。在 15 岁以上的新加坡人当中，有92.69% 的人会使用英语，远高于华语（65.32%）、马来语（17.48%）以及其他语言。[②] 由此可见，英语在新加坡社会中的重要性。

2. 宗教信仰自由

新加坡是个多宗教的国家。有佛教、道教、伊斯兰教、印度教、基督教、耆那教、锡克教、犹太教、拜火教，这些宗教在新加坡都有自己的组织，并举行各种宗教活动。此外，还有天理教、巴亥教、华族新创的"儒释道"三教合一与"儒道释耶回"五教合一的宗教。据 2010 年的普查数据，新加坡全国有 258 万宗教徒（包括新加坡公民与永久居民），约占全国人口的 83.01%。其中，佛教徒最多，有103.28 万人，占总人口（270 万）的 40%；基督教徒有 59.92 万人，占 22%；伊斯兰教徒 45.74 万人，占 18%；道教徒 33.91 万人，占13%；印度教徒 15.79 万人，占 6%。[③]

① 许通美：《探究世界秩序：以为务实的理想主义者的观点》，门洪华译，中央编译出版社 1999 年版，第 382 页。

② Department of Statistics of Singapore, *Census of Population* 2010.

③ Ibid..

　　新加坡人的宗教信仰与族群关系密切。马来人有 99.05% 信奉伊斯兰教；华人有 42.95% 信仰佛教，20.12% 信仰基督教，14.4% 信仰道教；印度人有 58.95% 信仰印度教，21.7% 信仰伊斯兰教，12.83% 信仰基督教。在 52.76 万无宗教信仰者中，有 97.19% 是华人，马来人和印度人极少。而华人无宗教信仰者约占华人总数的 21.82%。[①]

　　新加坡不设国教，实行宗教信仰自由政策。新加坡宪法明确规定："人人都有权信奉并宣扬自己信仰的宗教"；"始终不渝的保护新加坡少数民族和少数宗教集团的利益，应是政府的职责"。同时，新加坡严格实行政教分离政策，宗教社团不能干涉和介入政治，不允许因宗教原因导致不同宗教团体之间的冲突、社会结构的破坏甚至国家的分裂。新加坡的宗教政策既充分保证各族群宗教信仰的自由，也保证了这个多元族群、多元宗教的社会不会因为宗教纷争或者信仰差异而陷入混乱。

第二节　新加坡对外政策与中国关系

一　新加坡的外交政策

　　新加坡历史上并不是一个独立国家，1965 年被迫从马来西亚分离时，面临极其严峻的国际国内形势。新加坡面积狭小、资源匮乏，同时被两大马来人强邻印度尼西亚、马来西亚所包围，国内族群矛盾尖锐，人民没有国家认同感，国家缺乏凝聚力。上述因素都促使新加坡政府在外交上内敛谦虚，制定国家利益至上的实用主义外交政策，主要表现在以下三个方面：

　　首先，新加坡在其对外交往中一切政策以本国国家利益为核心，不寻求对其他国家国内事务的干涉，也不把本国卷入国际纠纷中去。新加坡政府在对外交往中极力淡化意识形态色彩，以经济交往为主，既与西方资本主义国家关系密切，也与社会主义国家有正

---

① Department of Statistics of Singapore, *Census of Population* 2010.

常交往，尽量减少冷战对本国可能的损害，与第三世界国家也发展友好关系。①

其次，新加坡独立后从本国实际情况出发实行中立政策，奉行和平、中立和不结盟的外交政策。新加坡的中立政策也表现在当时冷战格局下不与美苏大军事集团结盟，不卷入两大集团的冲突。

最后，新加坡在本地区积极促成大国均衡态势，为自身这样的小国寻求国际价值。由于新加坡在地缘政治中所具有的特殊位置及其所采取的成功的外交政策，其诉求更容易为大国所接受，自主政策实行起来可较少考虑外部因素，大国干扰较易排除，大国平衡的外交战略比较成功。

二 新加坡与中国的政治关系

新加坡独立时正值冷战时期，加上新加坡主体人口是华人，新加坡被东南亚诸国以及西方国家视作"第三中国"，这严重威胁到新加坡的国家安全。出于避嫌，在中国与东南亚其他国家关系正常化之前，新加坡不宜与中国走得太近。② 20 世纪 70 年代末以来，中国打开了外交新局面，中新关系开启了"伟人模式"，中国与新加坡的关系不断改善。新加坡在 1971 年联合国大会关于驱逐台湾代表、恢复中国在联合国席位的表决中，分别投了弃权票和赞成票。进入 70 年代中期后，两国开始进行正式的政治接触，为中新建交夯实了政治基础。③ 1990 年中国与印度尼西亚正式复交，这也成为启动中国与新加坡建交谈判的一个信号。经过两国的共同努力，中新建交谈判在很短的几个月内高效完成，1990 年 10 月 3 日，中新两国外长钱其琛与黄根成在联合国总部签署了建交联合公报，宣布两国正式建立大使级外交关系。新加坡正式断绝与台湾的外交关系，成为最后一个与中国建交的东盟创始成员国，两国关系开启了新篇章。

中国与新加坡建交以来，两国领导人互访频繁。杨尚昆主席

---

① 参见 http：//opinion. china. com. cn/opinion_ 51_ 126651. html。
② 参见郑磊《中国对东盟直接投资研究》，博士学位论文，东北财经大学，2011 年。
③ 参见 http：//cul. qq. com/a/20150810/022815. htm。

（1993 年）、江泽民主席（1994 年）、全国政协主席李瑞环（1995 年）、李鹏总理（1997 年）、朱镕基总理（1999 年）、胡锦涛（副）主席（2002 年、2009 年）、温家宝总理（2007 年）、习近平（副）主席（2010 年、2015 年）等先后访新。李光耀（1990 年）、吴作栋（1993 年、1994 年、1995 年、1997 年、2000 年、2001 年、2003 年）、李显龙（1995 年、2000 年、2005 年、2006 年、2008 年、2009 年、2010 年、2012 年、2013 年、2014 年）、黄金辉（1991 年）、王鼎昌（1995 年）、纳丹（2001 年、2008 年、2010 年）、陈庆炎（2014 年、2015 年）等新加坡国家元首和总理先后访华。① 随着两国领导人的互访增多，中新两国的双边政治关系正步入全方位、多层次发展的新阶段。

2015 年是中国与新加坡建交 25 周年。双方高层往来更为密切。

2015 年 7 月 3 日，为纪念中国与新加坡建交 25 周年，新加坡总统陈庆炎博士应习近平主席邀请访华。陈在与习近平会见时，习近平表示中国同新加坡是亲密而特殊的伙伴。建交 25 年来，中新关系得到跨越式发展。中国已经成为新加坡最大贸易伙伴，新加坡则是中国最大投资来源国。两国在政府间大项目、金融、科技环保、教育文化、社会治理等领域合作不断结出新硕果。中方对当前两国关系良好发展势头感到满意。

习近平强调，"在庆祝中新建交 25 周年之际，双方应该进一步加强战略沟通，以更强有力的政治互信为两国务实合作保驾护航"。"关心和支持两国在中国西部地区新的政府间项目，希望其成为'一带一路'、中国西部大开发和'长江经济带'建设示范性重点项目"。② 新加坡总统表示，愿同中方加强在民航、货运、物流、金融、高科技、教育、人文、安全等领域合作。中方提出的"一带一路"和亚投行倡议十分重要，相信本地区国家将从中受益。新方很高兴能

---

① 《中国同新加坡双边关系概况》，http：//www. china. com. cn/international/txt/2009 – 11/10/content_ 18861499. htm。

② 《共推中新关系上升到新高度》，载《人民日报海外版》，http：//paper. people. com. cn/rmrbhwb/html/2015 – 07/04/content_ 1583638. htm。

成为亚投行创始成员，愿在此框架下积极参与有关合作。会谈后，两国元首共同见证了双方在教育等领域双边合作文件的签署仪式。

2015 年 11 月 6—7 日，应新加坡总统陈庆炎邀请，中国国家主席习近平访问新加坡，这是习近平担任中国国家主席后首次访问新加坡，也是对陈庆炎总统 2015 年年中访华的回访，体现了两国领导人对新时期推进中新关系发展的高度重视。中新两国宣布了双边关系的新定位为"与时俱进的全方位合作伙伴关系"，体现两国关系"与时俱进"和"全方位合作"的特质。"与时俱进的全方位合作伙伴关系"在中国同世界上其他 60 多个国家的各种伙伴关系中是唯一的，这一定位不但能够继续推动中新两国关系的发展，也将有助于中国与东盟构建同呼吸共命运的共同体。[1] 中新关系长期保持健康快速发展，一些宝贵的经验值得汲取：一是两国历届领导人始终从战略高度和长远角度为双边关系做好顶层设计，并亲自关心和推动两国重点领域合作。二是双方紧密围绕两国发展战略，充分挖掘两国经济结构互补性，为两国各领域合作谋篇布局。三是双方建立了层次完善、领域全面、形式多样、运作高效的合作机制，为两国开展务实合作发挥了"孵化器"作用。

总的来说，中新关系具有起点高、合作面广、层次宽、程度深的特点。中新苏州工业园区、中新天津生态城、中新知识城以及即将以重庆为中心而展开的合作项目成为中新双方互利共赢的典范。中国在借鉴新加坡经验的同时逐渐崛起，新加坡通过与中国的合作获利颇丰，达到了双方的共赢。虽然目前中国综合实力、竞争力显著增强，但新加坡仍有许多值得中国借鉴的地方。"学习新加坡"曾经构成了也将继续构成中新关系的特殊之处。

三 新加坡与中国的经贸关系

1. 双边贸易

新加坡一直与中国保持着长期密切的贸易伙伴关系。尤其是

---

[1] http://finance.sina.com.cn/china/20151107/095623705387.shtml.

2008 年 10 月，双方签署了《中国—新加坡自由贸易区协定》，中新双边经贸关系逐步实现全方位、多层次、宽领域的发展。中新双边贸易持续保持着稳定的增长。2007—2009 年，中新贸易额由于受金融危机影响而呈现下降趋势。从 2010 年开始，中新贸易额逐年增长，从 2010 年的 953.12 亿新元增长到 2013 年的 1152 亿新元。2013 年，中国超过马来西亚，成为新加坡最大的贸易伙伴，双边贸易额达到 1152 亿新元，比上一年增长 11%，占新加坡对外贸易总额的 11.75% （图 1-2）。

中国是新加坡的主要进口贸易伙伴之一。从 2006 年到 2012 年，中国一直位列新加坡主要进口贸易伙伴的第四或第五位，2012 年中新进口贸易额达到 65.89 亿新元。[①]

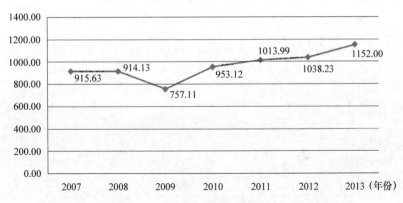

图 1-2　2007—2013 年中新双边贸易额（单位：亿新元）

数据来源：新加坡统计局（Department of Statistics Singapore）。

中国同时也是新加坡的主要出口贸易伙伴之一。2006 年新加坡出口到中国的贸易额为 34.80 亿新元，位列新加坡主要出口贸易伙伴的第六位。从 2007 年开始，中国一直位列新加坡主要出口贸易伙伴的第五位。2012 年，新加坡出口中国的贸易额为 74.87 亿

---

① *Yearbook of Statistics Singapore*，2014，Singapore：Singapore Department of Statistics，2014.

新元。①

2. 新加坡在华投资

新加坡对华投资十分活跃，在东盟国家中处于绝对领先地位。截至 2013 年年底，新加坡累计在华投资 20962 项。从 2006—2013 年，新加坡在中国的直接投资仍保持强劲的增长势头，实际投入金额分别为 335 亿新元、402 亿新元、545 亿新元、622 亿新元、724 亿新元、856 亿新元、905 亿新元以及 1032 亿新元。从对华投资的重要性来说，2008—2012 年，新加坡在华投资占其对外投资总额的比重一直维持在 16% 以上。2013 年的比重稍微有所回落，是自 2006 年以来最低的，为 10.28%（表 1-1）。

表 1-1　　　　2006—2013 年新加坡在中国的直接投资情况

（单位：亿新元，%）

年份	新加坡在华直接投资	新加坡对外直接投资总额	新加坡对华投资所占百分比
2006	335.19	2459.99	13.63
2007	402.66	3175.16	12.68
2008	544.76	3123.82	17.44
2009	622.45	3722.53	16.72
2010	724.34	4293.64	16.87
2011	855.98	4463.72	19.18
2012	905.45	4627.10	19.57
2013	1032.53	10042.99	10.28

数据来源：新加坡统计局（Department of Statistics Singapore）。

尽管 2013 年新加坡在华投资比例有所下降，但新加坡在亚洲乃至全世界的首要投资国仍然是中国，其次是英国（497 亿新元）、澳大利亚（432 亿新元）、中国香港（417 亿新元）和印度尼西亚（395

---

① *Yearbook of Statistics Singapore*, 2014, Singapore: Singapore Department of Statistics, 2014.

亿新元)。新加坡在中国的投资额占在新加坡前15位主要投资国或地区投资总额的30%。

新加坡在华投资集中在江苏和山东，并向其他省市如浙江、上海、四川、重庆、湖北和河南扩展。2013年，新加坡总理李显龙在访华期间特地到访新疆乌鲁木齐、石河子和喀什三地，以推进地方合作，随后李显龙还访问了辽宁并参观了在辽宁的新加坡和中国企业。中国前驻新加坡大使张小康认为，新疆是西部大开发的重点区域之一，而辽宁是东北老工业基地，双方在西部大开发和东北老工业基地的升级改造方面有很多合作的机会。

新加坡在华投资也有较大的调整。过去新加坡在华投资领域主要集中在房地产、酒店及轻工业等制造和服务行业。但近年来，随着中国国内服务业的迅速发展和加快开放，新加坡在华服务业的投资领域逐步拓宽，比例逐步扩大，开始转向银行金融、港口物流、旅游休闲、保险、会计、律师、高科技等现代服务业领域。比如，新加坡国际港务集团（PSA Group）在广州黄埔新港和新沙集装箱码头、大连大窑湾集装箱码头、福州青州和鳌峰集装箱码头拥有股份。2005年淡马锡控股（Temasekoldings）成为中国银行业最大的境外投资者，占有民生银行5%的股权、建设银行6%的股权和中国银行5%的股权。2006年，新加坡华侨银行购入宁波银行12.2%的股权。此外，新加坡在中国旅游业的投资不断扩大，这些投资项目主要是度假村、旅游景点、酒店与交通运输等相关的一系列配套服务。2011—2013年，新加坡对华投资中制造业占38.5%，房地产业下降至31.7%，而服务业迅速上升至29.8%。①

3. 中国在新加坡的投资

新加坡在2014年“中国海外投资指数”中排名第二。新加坡雄厚的基础设施、适宜的工商业监管环境以及自由的资本和劳动力市场

① 参见王勤《新加坡企业在中国》，载《2007年跨国公司中国报告》，中国经济出版社2007年版，第128—129页。王勤、许鋆：《中国的区域经济发展与新加坡在华投资》，《东南亚研究》2009年第1期。

是中国资本青睐新加坡的重要原因。①

中国对新加坡的投资近年来增幅较大。一大批中资企业落户新加坡,如中国华为、顺丰速运、比亚迪、中兴通讯、TCL、北大方正、华旗资讯等,都在新加坡设立了分支机构、公司或研发中心。投资领域涉及贸易、运输、工程承包、金融、生物制药、石油化工、家用电器等产业。但从总体上来说,中国对新加坡投资尚不稳定,投资比例与结构也不均衡。

2004—2013 年,中国在新加坡的直接投资无论是在金额上还是比重上都大幅度提升,分别为 3.6 亿新元、9.1 亿新元、16.9 亿新元、23.14 亿新元、44.24 亿新元、97.26 亿新元、140.29 亿新元、136.12 亿新元、146.7 以及 164.92 亿新元(图 1 - 3)。2004—2010年,在新加坡的外来资本中,来自中国的资本所占比重在逐年上升。从 2004 年的 0.13% 升上到 2010 年的 2.24% 。但近三四年,华资所占比重略有下降:2011 为 2.01% ,2012 年为 1.94% ,2013 年为 1.93% 。②

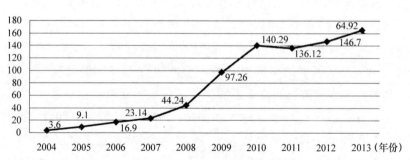

图 1 - 3 2004—2013 年中国在新加坡的直接投资(单位:亿新元)

数据来源:新加坡统计局(Department of Statistics Singapore)。

除了中国在新加坡的直接投资外,中国对新加坡的工程与劳务输

---

① 参见 http://www. chinanews. com/gj/2014/11 - 08/6762568. shtml。

② 数据参见 Department of Statistics of Singapore, *foreign direct investment in Singapore by country region*, 2004 - 2013;Singapore Department of Statistic, Singapore Department of Statistics, 2014。

出也是双方经贸往来的重要组成部分。

就中国对新加坡承包工程而言，承包工程数量呈现逐年下降的趋势，但工程的规模却在扩大，金额基本上稳步增长。2004 年，中国承包新加坡的合同金额为 10.07 亿美元。到了 2008 年，承包合同金额翻倍，为 2.22 亿美元。经过短暂的停滞后，承包合同金额出现稳步增长。仅 2012 年、2013 年两年，中国对新加坡承包工程的合同数量就从 77 份扩大到 91 份，金额也从 20.65 亿美元上升到 38.52 亿美元。①

值得注意的是，虽然承包合同金额一直持续增长，但是中国与新加坡所签订的承包合同金额占其与所有地区国家的承包合同总金额的比例基本呈现下降趋势。这个比重在 2004 年还有 4.22%，到了 2007 年，受到金融危机的影响，中国与新加坡所签订的承包合同金额所占比例仅为 0.2%。虽然比重在金融危机后有所回缓，但是基本维持在 1%—2%。② 与承包合同金额所面临的发展趋势相似，中国与新加坡所签订的承包合同数占其与所有地区国家的承包合同总数量的比例基本呈现下降趋势。2005 年，这个比重达到 3.95%，随后比重直线下降，2013 年中国与新加坡所签订的合同数仅占总数的 0.79%。③

中国对新加坡承包工程的营业额基本稳步增长。2002 年工程营业额达到 5.4 亿美元。2008 年工程营业额实现翻倍，并没有受到金融危机的影响，为 13.2 亿美元。此后，工程营业额快速上升，到 2012 年到达 28.8 亿美元。2013 年虽有所下降，但仍维持在 28 亿美元以上。尽管中国对新加坡承包工程营业额在逐年增长，但中国对新

---

① 《中国贸易外经统计年鉴 2014》，中国统计出版社 2014 年版，第 594、606 页。《中国贸易外经统计年鉴 2010》，中国统计出版社 2010 年版。《中国贸易外经统计年鉴 2008》，中国统计出版社 2008 年版。《中国贸易外经统计年鉴 2006》，中国统计出版社 2006 年版。

② 《中国贸易外经统计年鉴 2014》，中国统计出版社 2014 年版，第 606—610 页。《中国贸易外经统计年鉴 2010》，中国统计出版社 2010 年版。《中国贸易外经统计年鉴 2008》，中国统计出版社 2008 年版。《中国贸易外经统计年鉴 2006》，中国统计出版社 2006 年版。

③ 同上。

加坡承包工程营业额占其所有对外承包工程营业总额的比重却在逐年降低，说明新加坡的重要性相对下降。2002 年中国对新加坡承包工程的营业额占其对外承包工程营业总额的 4.83%，这个比例随后大幅度下降，2013 年比重仅为 2.05%，为历史最低。[1]

值得注意的是，中国在新加坡从事承包工程的人员数量也在逐年下降。尤其是 2010—2013 年这四年来，下降幅度比例最大。2010 年中国在新加坡的工程人员还有 20709 人，但 2013 年仅剩 7109 人。中国在新加坡承包工程人员占其在所有地区国家的比重也出现大幅度的下降。新加坡曾经是中国承包工程人员的主要目的国之一，2002 年的比例为 14.96%。2013 年中国在新加坡承包工程人员所占比重为 1.92%。[2] 中国对新加坡的劳务输出也呈下降趋势。2002 年中国在新加坡从事劳务合作的人员有 79478 人，但人员数量持续下降，虽中间略有回暖，也基本上维持在 6 万人左右。2013 年劳务人员为 66805 人。中国对新加坡的劳务输出占其对所有地区国家的比重也出现一定程度的下降。新加坡曾经是中国主要的劳务输出国之一，2002 年的比例为 19.37%。但随后其重要性逐年下降，2013 年中国在新加坡从事劳务合作人员占其在所有地区国家从事劳务合作人员的 13.84%。[3]

除了大型工程与劳务的输出外，中国民间资本在新加坡的涌入也值得关注。近些年来，不少中国的民间资本进入新加坡的房地产业，其增长势头不容小觑。来自新加坡官方的统计数据显示，"2013 年新加坡新宅和二手房共成交了 3.1 万多套，其中外国人购买了 30%，而中国买家则占据了其中的 28%，购买了约 3000 套私宅，首次超过

---

① 《中国贸易外经统计年鉴 2014》，中国统计出版社 2014 年版，第 606—610 页。《中国贸易外经统计年鉴 2010》，中国统计出版社 2010 年版。《中国贸易外经统计年鉴 2008》，中国统计出版社 2008 年版。《中国贸易外经统计年鉴 2006》，中国统计出版社 2006 年版。

② 参见《中国贸易外经统计年鉴 2014》，中国统计出版社 2014 年版，第 614 页。《中国贸易外经统计年鉴 2010》，中国统计出版社 2010 年版。《中国贸易外经统计年鉴 2008》，中国统计出版社 2008 年版。《中国贸易外经统计年鉴 2006》，中国统计出版社 2006 年版。

③ 同上。

印尼，成为新加坡海外置业第一生力军"①。

4. 广东与新加坡的经贸关系

广东与新加坡具有深厚的历史渊源，相近的地缘人缘优势，近些年来交往更为频繁，在经济、贸易与民间交流方面合作关系密切。新加坡在广东的投资额长期居东盟各国首位，是广东在东盟国家中最重要的经贸合作伙伴。据粗略统计，近些年来，广东与东盟的贸易额占据中国与东盟贸易额的三分之一左右，是国内与东盟贸易额最多的省份，也是国内最多企业投资东盟的省份。②

广东与新加坡在经济结构上互补性强，经贸领域的合作潜力巨大，发展空间广阔。从 2000 年开始，广东与新加坡进出口贸易额在逐年攀升。2000 年双方的进出口贸易额仅为 4101 万美元。2005 年双方的贸易额突破 1 亿美元大关。随后，贸易额持续增长。2013 年，广东与新加坡的进出口贸易额达到 17869 万美元（图 1-4）。

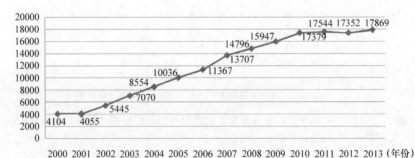

图 1-4　2000—2013 年广东与新加坡的进出口贸易金额（单位：万美元）

数据来源：《广东统计年鉴 2002—2014》。

近年来，广东与新加坡在经济与贸易领域的合作呈现以下几个特点：

一是广东与新加坡之间的进出口贸易规模稳步扩大，态势呈均衡发

①　参见 http：//house. people. com. cn/n/2014/0909/c164220 - 25622475. html。

②　参见张明亮《广东"东盟战略"及其与新马的经贸合作》，《东南亚研究》2009年第 2 期。

展。广东与新加坡贸易一直发展得较为均衡，顺差与逆差并没有随着贸易额的增长而出现扩大的趋势。两地贸易逆差高峰时的 2009 年也只有3623 万美元。而且两地的贸易逆差与顺差在不同年份交替。2000 年广东与新加坡的贸易基本呈现均衡态势，2001—2005 年，广东对新加坡贸易逆差，逆差额略有上升趋势。但从 2007—2009 年，广东对新加坡实现贸易顺差，顺差额在 2009 年达到顶峰。随后的三年，从 2010—2012 年，广东对新加坡又出现贸易逆差。2013 年，广东对新加坡的贸易顺差额为 931万美元。上述数据的变化说明两地在扩大出口的同时也注重增加从对方的进口，为双方平等互利的经贸合作打下良好基础（图 1 -5）。

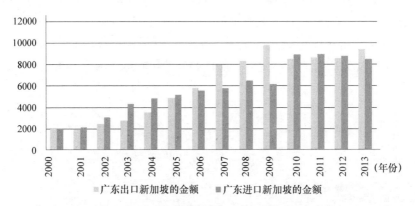

图 1 - 5　2000—2013 年广东与新加坡的进口与出口的比较（单位：万美元）

数据来源：《广东统计年鉴 2002—2014》。

　　二是广东与新加坡在经济结构上互补性强，经贸合作基础坚实。近几年来，广东与新加坡两地进出口的商品结构具有较大的互补性：广东对新加坡出口主要有四大类商品，即纺织纱线、织物及制品，服装及衣着附件，机电产品，农产品。广东从新加坡进口也主要集中在四大类商品上，即高新技术产品，成品油，初级形状的塑料，化工产品[1]。从广东与新加坡两地进出口商品结构看，商品互有需要，而且

---

　　① 参见张明亮《广东"东盟战略"及其与新马的经贸合作》，《东南亚研究》2009年第 2 期。

高附加值的工业制成品比重逐步提升，商品结构不断优化，表明两地经济上互补性增强。而从粤新两地的产业结构看，其他商业服务贸易、旅游以及运输业都是两地的贸易业的主导产业。从横向数据来看，广东的制造业在全球占有优势的地位。而相对于广东而言，新加坡则在保险业和金融业上有明显的优势。因此，两国在运输业、制造业、建筑业、保险业和其他商业服务部门互补性较显著。而在政府服务、通信等其他服务部门，两国的出口贸易互补性弱。①

三是广东对新加坡出口交易成本低。由于新加坡与众多国家达成双边自由贸易协定，像广东企业在新加坡生产的产品，或者转口至新加坡的产品，就可以免除出口其他国家时重新认证、检测、审查等诸多贸易障碍，降低了交易成本。而且在新加坡，华人占了近 80%，有不少华人祖籍广东，广东与新加坡经济合作具有先天语言与文化优势，近年来，广东与新加坡贸易发展速度增长较快，尤其是广东对新加坡出口增速逐渐加快。2000 年广东进口新加坡的贸易额仅为 2081万美元。2005 年贸易额就翻倍，为 4871 万美元。2009 年贸易额再次翻倍，达到 9785 万美元。广东对新加坡出口潜力正在逐步释放。随后，出口贸易额有所回落，但一直维持在 8000 万美元之上。②

四是广东与新加坡在经济合作上取得丰硕成果。新加坡是对广东直接投资最多的国家之一。2000 年广东实际利用的新加坡资本已达到 49115 万美元。但随后的六年中，广东实际利用的资本金额在逐年下降。虽然 2007 年后，广东实际利用的新加坡资本金额在上升，但2011 年的资本金额仅为 45453 万美元。2012 年、2013 年，广东实际利用的资本大幅度提升，分别为 117213 万美元、201174 万美元。而且广东利用新加坡资本占其利用外资的比例在逐年上升。2000 年，新加坡资本占外资的比例为 4.01%，但到了 2011 年，新加坡资本的比例下降为 2.09%。随后 2012 年、2013 两年，新加坡的比例大幅度

---

① 参见刘曼琴《中国、新加坡服务贸易的互补性与竞争性：基于 2002—2011 年数据的实证分析》，《湖南商学院学报（双月刊）》2014 年第 1 期。

② 《广东统计年鉴》，相关年份，中国统计出版社。

提升，分别为4.98%与4.05%。① 此外，广东与新加坡两地在工程承包和劳务合作方面也取得可喜成果。

2009年以来，粤新合作进入了新的历史发展时期。广东省政府领导十分重视与新加坡方面的友好合作与交流。2009年3月新加坡资政吴作栋访粤，达成下列成果：粤新力图"共同打造中新合作新典范"，签署粤新合作理事全备忘录，共建"知识城"等。上述举措进一步推动了粤新合作登上新台阶。2014年4月广东省委书记胡春华率代表团出席在新加坡举行的中国（广东）—新加坡经贸合作交流会，广东与新加坡企业共签订合作项目54个，合同金额52.8亿美元。其中，广州市组织签约项目共20个，包括投资项目10个、贸易项目5个、非经济类项目5个，总金额24.5亿美元。② 其中现场签约项目11个，包括7个投资项目（金额15亿美元）、1个贸易项目（金额5000万美元）及3个非经济类项目。胡春华指出，广东与新加坡有着紧密相连的地缘人缘优势，经济互补性强，经贸合作基础坚实。胡春华还提出五点建议：第一，扩大双边贸易和投资。广东将继续扩大从新加坡进口电子工业、石化工业、生物制药业、金融服务业等技术与设备，并扩大自动数据处理设备及其部件、服装及衣着附件、家具及其零件、船舶等商品的出口。第二，扩大先进制造业和现代服务业领域合作。欢迎新加坡企业积极参与广东现代产业体系和基础设施、基础产业的建设，投资创意、物流等新兴产业。第三，加快中新（广州）知识城项目建设。广东将积极创造条件，推动知识城项目加快建设，与新加坡共同将知识城打造成中新两国合作的典范。第四，全面深化科技、教育、文化、人才、旅游等领域合作。学习借鉴新加坡在行政管理、城市建设、社会管理、国有资产管理等方面的成功经验，进一步提高广东经济社会发展水平。第五，建立健全交流合作的长效机制。广东将加强与新加坡各部门间的合作，推动广东省

---

① 《广东统计年鉴》，相关年份，中国统计出版社。

② 参见 http://informationtimes.dayoo.com/html/2014-04/22/content_2604872.htm。

内商协会与新加坡商协会建立民间合作机制，促成落实一批重大项目。①

在粤新合作领域上，广东与新加坡共同投资的中新（广州）知识城项目，已经成为双方合作的示范性项目。"知识城"的建设标志着广东与新加坡合作的战略性标志项目取得突破性进展。广州知识城被视作广州推动发展模式转型的重要引擎和"开发区3.0"，开发区升级的背后是珠三角地区对于产业升级的迫切愿望，尤其是在京津冀、长三角后来居上的趋势越来越明显的状况下。2009年11月中新双方公布的《中新知识城产业发展规划》中提出重点发展研发服务、创意产业、教育培训、生命健康、信息技术、生物技术、新能源与节能环保、先进制造等八大支柱产业。中新广州知识城项目，是广东扩大对外开放的新平台、广东创新发展的新标杆、粤新合作的新典范，是引领广州开发区、萝岗区未来20年发展的重要载体和开发建设的"头号工程"。

在"一带一路"战略实施和推进的大背景下，2015年8月13日广东21世纪海上丝绸之路国际博览会新加坡推介会在新加坡喜来登酒店举行。推介会吸引了新加坡轻工业、农产品、消费品、旅游、展会等行业协会及企业近60人参加，在此次推介会上，广东海博会组委会与新加坡广东商会签署了2015年广东21世纪海上丝绸之路国际博览会招展及采购商组织合作协议。双方表示将在"一带一路"战略的大背景和广州海博会的优良平台上共谋更广泛的新的发展商机。②此次推介会的成功举办进一步推动了两地已经稳步发展的经贸关系，使粤新两地的合作与交流迈上新的台阶。

5. 贸易往来中的企业及商会团体

新加坡在广东省的企业众多，尤其是以广州为中心点分布在各个市。在广东的新加坡企业累计有469家，所涉及的合同外资为28.9亿美元，新加坡在广东的投资总额达到23.5亿美元，投资领域涉及

---

① 《广东与新加坡经贸合作水平不断提升》，http://www.caexpo.com/news/info/focus/2014/04/23/3621216.html。

② http://singapore.haiwainet.cn/n/2015/0814/c456240-29035793-2.html。

高新技术制造、教育、商务服务、金融与物流等多个行业，比如经营港口和集装箱的新加坡国际港务集团和经营粮油业的益海嘉里。[①]

除了吸引新加坡的资本到广东投资之外，随着中国经济的快速崛起，越来越多的广东企业也纷纷走出国门，进入新加坡市场。这些"走出去"的广东企业中既包括大型国企，也包括一些活跃的民营企业，所涉及的领域包括通信、物流、汽车等行业，比如华为、中兴通讯、顺丰、比亚迪，等等。

除了企业外，广东与新加坡还成立了一些连接两地的商会团体，比如新加坡广东商会［Guangdong Enterprise Association（Singapore）］。新加坡广东商会目前有 26 家企业会员，涉及能源、贸易、投资、通信、科技、房地产、酒店和制造业等不同行业。商会自成立以来，积极为企业会员提供与新加坡政府机构、商会、协会和企业交流的国际平台，努力增进在新加坡的广东企业的商业利益，促进广东企业和新加坡本地企业在第三国的投资与合作。

第三节　新加坡投资风险评估

中国"一路一带"战略在新加坡的良好运行与新加坡安全稳定的环境是密切相关的。因此，中国在新加坡进行经贸投资时，需要认真评估新加坡可能存在的政治风险、经济风险和商业环境风险等，这些风险涉及政权更迭、社会动乱、族群冲突、国家和地区战乱、宏观经济发展、利率和汇率、货币流动性、自然环境安全性、基础设施、劳动力市场、税收、行政效率以及商业环境，等等。下面我们将从以下几个方面对新加坡进行风险评估。

一　政治风险评估

1. 政治稳定度

新加坡政治稳定、政府廉洁，市场化程度高，是外来投资的天

---

① http://news.cnstock.com/news/sns_ yw/201404/2994628.htm.

堂。各国竞争力指标分析库（BVD – EIU Market Indicators & Forecasts）以政治无效性风险指标对新加坡、中国大陆、中国香港和印度进行评分,① 新加坡的政治无效性风险一直极低，且相较于其他三国的政治无效性要低很多（图 1 – 6）。预计 2016 年新加坡的政治无效性将大体保持不变，稳定且较为有效的政治环境有利于商务活动的正常运行。

图 1 – 6　新加坡 2008—2016 年政治无效性风险

注：（1）2015 年与 2016 年的值为预测值；

（2）政治无效性风险最大值为 100，为极度风险，最小值为 0，为零风险。

数据来源：EIU Risk Briefing。

2. 族群与宗教和谐度

新加坡独立以后，通过一系列的政策引领、制度规约等，在多元共存的基础上确立了多层治理体制，逐渐形成处理这种多样性并且维持社会和谐的特有方式。但是，族群与宗教议题仍是新加坡朝野的敏感议题，由于马来人教育水准普遍较低，能够担任高职位和专业人才的人数相对较少，多数人从事的是低收入工作，而其本身也感到不自在，对于外族人的看法很敏感。新加坡的华人占大多数，许多职位需

① 政治无效性风险主要衡量一国政治环境不能有效保障商业活动有序进行的风险。

要兼通英语与华语，雇主因此只聘用华人，马来人与印度人就有被排斥和歧视的感觉。2013 年新加坡的小印度地区发生社会暴力事件，此次事件被很多媒体形容为是 40 多年来新加坡首次发生的"社会暴乱事件"。虽然这一事件与族群和宗教议题并没有直接联系，但仍引起新加坡国内各方以及世界各国的普遍关注。尽管如此，总的来说，新加坡族群冲突的风险是极低的。

新加坡多元信仰、多元族群文化的特色，固然为不同宗教提供了可贵的空间，但也使得宗教极端主义有机可乘，新加坡的社会稳定与族群和谐由此在一定程度上受到影响。尤其是国际恐怖主义活动的兴起，使得新加坡的宗教极端主义有抬头的趋势。如印度尼西亚穆斯林极端分子煽动新加坡马来人，企图炸毁美国在新加坡的军事设施未遂而被拘捕，使得其他族群对马来人投以异样的眼光。但总的来说，宗教极端主义在新加坡不是主流，其可能产生的对于外来资本的负面影响有限。

二 经济风险评估

1. 宏观经济风险

（1）增长风险

2010 年随着全球经济中心向亚洲转移，新加坡确定未来 10 年经济发展战略，找到新的经济增长点并保持了较高的 GDP 增长率。[①] 根据世界银行数据库的预测，接下来的两年新加坡的 GDP 增长率将在 3% 附近波动。适宜的宏观经济政策、更低的能源成本和外需复苏支撑新加坡经济稳定增长。

从 GDP 构成来看，服务业对于新加坡经济贡献最高，稳中有升，农业和工业增加值占其 GDP 的百分比较低，占比之和不超过 30%，其中农业增加值占 GDP 百分比甚至低于 0.5%。由此可见新加坡的产业结构非常稳定，产业优势突出，预计 2016 年三大产业增加值占比保持现有水平。

---

① 中华人民共和国驻新加坡共和国大使馆经商参处：《新加坡经济》［EB/OL］. http：//sg. mofcom. gov. cn/article/jmxw/201406/20140600629348. shtml。

（2）通胀风险

与其他东南亚国家相比，新加坡整体通货膨胀率处于较低水平（图1-7），波动趋势与中国相似，国内物价稳定。2008年金融危机后，新加坡通货膨胀率迅速降低，2009年降至0.6%，2011年以后，随着石油、房地产、汽车价格下降，新加坡通胀率大幅下降。

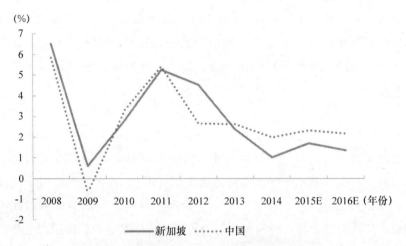

图1-7 2008—2016年中国、新加坡通货膨胀率

注：GDP以现价美元计算，2015年、2016年为预测值。

数据来源：世界银行（IBRD．IDA）数据库。

近年来，随着世界经济缓慢复苏、国内重组以及信贷房地产周期的转变，新加坡通胀率保持在历史低位，失业率出现明显下降，预计接下来两年通胀率维持在低水平并略有回升。

2. 利率风险

新加坡银行管理完善，运行良好。尽管亚洲金融危机对新加坡经济产生了许多负面影响，但基于对利率市场化改革的良好运作和对金融市场的有力监管，新加坡成为亚洲地区极少数经受住1997年金融危机破坏的国家之一。进入21世纪，新加坡经济发展先后受到IT泡沫破灭、SARS疫情暴发和全球金融危机的不利影响，经济进入大衰退周期。金融管理局依据国内外形势采取了积极的应对策略。2000

年和 2004—2008 年间，新加坡金融管理局主要采取适度、渐进升值的货币政策，其他年份中则主要采取了中性货币政策。2010 年新加坡经济强势增长 14.5%，实际 GDP 增长率为历年最高纪录，证明其国内经济发展已经走出了大衰退。进入 2011 年后，新加坡的货币政策再次回归适度、渐进升值的轨道上来。

新加坡金融管理局制定周密的政策，加强监管，相关监管和惩处措施非常完善，银行具有有效的利率风险分散机制，以多种经营分散风险，提高收益，并且资产负债结构多元化，具备多种多样资产保值工具，引进了多种金融创新产品。综上，新加坡面临的利率风险非常低。

3. 汇率风险

1975 年新加坡开始实行盯住一篮子货币的汇率制度，1978 年新加坡实现了新元的完全自由兑换，1981 年新加坡金融管理局确定了一篮子货币（基本上是主要贸易伙伴国货币），并在这个框架下允许新元在一定范围内"浮动"。①由于新加坡对进出口的高度依赖性和资本的高度开放性，政府为控制通货膨胀，同时也为保护国内企业的国际竞争力，在汇率政策上采取盯住名义有效汇率的办法，施行有管理的浮动汇率制度，使得新元的名义有效汇率在中长期内保持渐进升值的趋势，避免新元出现过度浮动。

由于中国在新加坡的投资多以美元或人民币结算，因此，这里汇率风险主要分析新加坡元兑美元和兑人民币的风险。

（1）新加坡元对美元汇率

2015 年以来新加坡元大幅贬值，新加坡金融管理局于 2015 年 1 月 28 日宣布降低新加坡元汇率政策的斜率，以降低新元兑一篮子货币的有效汇率升值速度。新元对美元汇率急速走低，跌幅一度达到 1.3%，创下 2011 年 11 月以来的最大跌幅。即使新元呈现对美元贬值的态势，相对于一篮子货币仍然可能处于升值状态。新加坡金融管

---

① 唐甫光：《新加坡的汇率政策及对中国的启示》，硕士学位论文，上海交通大学，2008 年。

理局表示，过去 3 个月，尽管新元兑美元汇率下跌，但这个跌幅基本被新元兑马来西亚林吉特、欧元以及日元的升值所抵消。因此，新元名义有效汇率从 2014 年 9 月以来呈现出不断升值的趋势。这也是此次金管局降低新元汇率政策斜率的原因。[1]

　　根据新加坡元兑美元的每月数据，取 6 个月为步长做移动平均可得 2015 年 10 月 1 日至 2016 年 12 月 1 日每月汇率预测值（图 1 - 8）。未来新元美元的汇率将在 1.37—1.39 之间浮动。

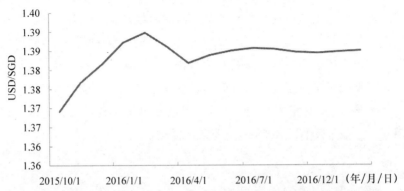

图 1 - 8　2015 年 10 月—2016 年 12 月新加坡元兑美元每月汇率预测值

数据来源：www. investing. com。

（2）新加坡元对人民币汇率

　　2010 年 7 月 24 日，中国人民银行和新加坡金融管理局签署双边本币互换协议，协议互换规模为 1500 亿元人民币（约 300 亿新加坡元），协议有效期 3 年，经双方同意可以展期。[2] 2013 年 3 月 7 日，中国人民银行与新加坡金融管理局续签了双边本币互换协议，互换规模由原来的 1500 亿人民币/300 亿新加坡元扩大至 3000 亿人民币/600 亿新加坡元。2014 年 10 月 28 日，经中国人民银行授权，银行间

　　[1]　《新加坡金管局意外调整本币汇率政策》，新华网，http：//news. xinhuanet. com/fortune/2015 - 01/28/c_ 1114169257. htm，2015 - 01 - 28。

　　[2]　《中国和新加坡建立货币互换安排》［EB/OL］，第一财经日报，http：//www. yic-ai. com/news/2010/07/379996. html，2010 - 07 - 24。

外汇市场开展人民币对新加坡元直接交易。①

　　由于从 2010 年 7 月 24 日开始，人民币和新加坡元之间才真正实现相互兑换、出现双边汇率报价，而本文以每月利率为单位，为了方便划分时间区域，从 2010 年 8 月 1 日开始统计数据。从图 1-9 可以看出，人民币对新加坡元汇率变化可以分成三个阶段：第一阶段为 2010—2011 年，人民币对新加坡元汇率波动较大。第二阶段为 2011—2013 年，人民币对新元汇率在 4.8—5.1 区间波动。前两个阶段为 2008 年金融风暴后的恢复时期，中新两国都积极地采取相应措施复苏经济，汇率波动大，到了第二阶段时经济复苏效果显现，汇率波幅变小。第三阶段为 2014 年至今，人民币兑新加坡元汇率大幅下降。这与人民币上行压力强劲有关（图 1-9）。

　　根据人民币对新元的每月数据，取 6 个月为步长做移动平均可得 2015 年 10 月 1 日至 2016 年 12 月 1 日的每月汇率预测值，未来人民币对新元的汇率将在 4.54—4.58 之间浮动。

图 1-9　2008—2015 年人民币兑新加坡元每月汇率

数据来源：www.investing.com。

　　新加坡金融管理局通过主要的贸易伙伴和竞争者的贸易加权一篮

---

　　① 罗梅：《新加坡：2013 年发展回顾与 2014 年展望》，《东南亚纵横》2014 年第 3 期。

子货币来决定新加坡元的汇率,① 近年新加坡成功运用汇率政策将通货膨胀率控制在低水平,并维持经济的持续增长。因此,未来尽管投资者可能受到新元汇率下跌带来的损失,但在资本流动和汇率制度上基本不会遇到重大变化的风险。

4. 流动性风险②

新加坡贷款利率与银行同业拆放利率挂钩。在 2013 年之前新加坡的三个月银行同业拆放利率仅为 0.4%,处于低水平,给市场带来了足够的流动性,以应对金融危机后的经济复苏的挑战,但低利率宽松的货币环境也导致信贷市场过热,并传导到了房地产市场。但新加坡当局在房地产市场迅速升温的几年中采取了一系列给房地产市场降温的举措,包括总偿债率、贷款期限上限、房屋贷款与价值比率顶限等,以抑制家庭过度贷款。而 2014 年以来,银行同业拆放利率持续升高,意味着长达 6 年的低息环境结束。新加坡国内市场利率与美元挂钩,受到近期(2015年)美元加息的影响,使得新加坡有同样的升息预期,货币环境将不如以往宽松,但生息过程相对于美元将较为缓和。利率的升高将增加家庭的债务负担,并且,在房地产市场有着降温预期的背景下,也会给房地产投资者带来租金收入下降和还款额度增加的双重打击。③ 新加坡国内高信贷增速是其家庭高信贷增速的反映,而家庭信贷中 70% 以上是房地产的贷款,因此利率的升高对新加坡的影响不容小觑。

虽然表面上看,利率上升增加了家庭债务负担,但信贷增速的放缓实际上却缓解了本身过热的信贷市场带来的系统性金融风险。

此外,新加坡国内银行也在努力提升资产的稳定性,如持有更多

---

① 《新加坡金管局意外调整本币汇率政策》[EB/OL],新华网,http://news.xin-huanet.com/world/2015 - 01/28/c_ 1114169257.htm。

② 流动性风险指银行不能在某个时期使资产变现或者增加负债来获得资金的风险。如果流动性趋紧,银行为了保证自身资金的充裕,就会收紧信贷的发放;如果流动性过剩,信贷规模扩大,则有可能使银行坏账增加,甚至推高通货膨胀。流动性风险可能导致商业银行利润下滑,严重的甚至能导致破产。控制银行流动性风险对于国家经济金融体系的稳定有重要作用。

③ 中华人民共和国驻新加坡大使馆经济商务参赞处:《新加坡利率预料明年第四季起攀高》[EB/OL],http://sg.mofcom.gov.cn/article/zhengt/201412/20141200834408.shtml,2014 - 12 - 16/2015 - 09 - 19。

的中长期的债券，同时吸引外币存款。银行也降低了贷存比，提高了短期流动性，以应对资本外流风险。新加坡在金融监管方面属全球最严格的国家之一，并且仍在继续完善流动性管理方案，政府将继续以《巴赛尔协议Ⅲ》中的流动性覆盖率为指标，持续监测国内银行流动性，并且预计将于2018年完成《巴塞尔协议Ⅲ》中净稳定资产比率（NSFR）的框架。

总的来说，新加坡的流动性将随着美元的加息预期而收缩，但当局宏观审慎的政策措施及严格的金融监管将降低国内流动性风险。[①]

5. 信用风险[②]

新加坡是净债权国。虽然新加坡公共债务处于极高的水平，但新加坡公共负债主要由新加坡政府债券（Singapore Government Securities，SGS）和新加坡公积金组成（Central Provident Fund，CPF），因此不能简单地根据新加坡的公共负债水平来判断该国的信用风险，实际上新加坡政府没有任何净债务（包括外债）。因此，尽管新加坡账面公共负债率高达100%，这也是其政府所面临的问题，不会直接影响到国外投资者。

新加坡发行政府债券有利于发展其国内的债券市场；而新加坡公积金则用于投资由政府担保的特殊证券。

6. 外部冲击

（1）贸易型外部冲击

一国受到贸易型外部冲击的影响程度可通过三个维度来衡量：产品集中度（商品结构风险系数）[③]、市场集中度（市场结构风险系

---

① IMF. 2015 ARTICLE IV CONSULTATION—STAFF REPORT; PRESS RELEASE; AND STATEMENT BY THE EXECUTIVE DIRECTOR FOR SINGAPORE ［R］. Washington, D. C. IMF, 2015.

② 信用风险指交易双方因为各种原因，而未能履行契约中的义务，造成经济损失的风险。当一国债务水平过高或因为各种原因而导致国家没有能力偿还债务时，违约就可能发生。

③ 产品集中度（商品结构风险系数）是指如果出口的商品集中于某几种类型，一旦该商品的销路不畅或者遇到技术壁垒或绿色壁垒，就会导致出口贸易的大幅下降。

数)① 和外贸依存度②。

从产品集中度来看（图 1 - 10），新加坡主要出口商品主要是机械及运输设备，占了总出口的 50% 左右；矿物燃料和润滑油，占了总出口的 20% 多；化工和化工产品，占了总出口的 10% 左右。这三种出口商品就占了新加坡总出口的 80%。这反映了新加坡出口商品结构单一，高度集中的问题。以矿物燃料作为主要的出口商品使得新加坡的出口总额也容易受到国际大宗商品价格波动的影响。

从市场集中度来看，新加坡主要的出口国家或地区是中国香港、中国大陆、印度尼西亚和马来西亚，但三国的出口总额只占了总出口的 42% 左右，占比最高的马来西亚市场只占了总出口的 10% 到 11% 之间。新加坡的经济相对来说对主要出口国或地区经济的依赖程度（中国、印尼、马来西亚）较低。

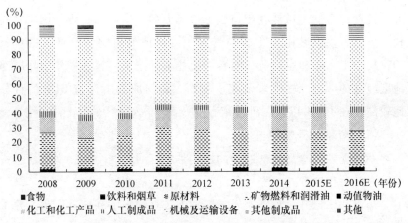

图 1 - 10　新加坡 2008—2016 年主要的出口商品

注：2015 年、2016 年为预测值。

数据来源：新加坡统计局（Department of Statistics Singapore）。

---

① 市场集中度（市场结构风险系数）是指出口贸易集中于某一地区，一旦该地区的政治、经济出现波动或者需求下降，所引起的出口方风险。

② 外贸依存度是指一国进出口总值占该国国内生产总值的比重，用于衡量该国经济的实现对国际市场的依赖程度。

但是，从更大范围的出口市场集中度来看，新加坡的亚洲出口市场占了总出口的 70% 左右，而且主要集中在东亚和东南亚，使得新加坡对亚洲经济依赖度较高，容易受亚洲经济发展的影响。假如再发生一次 1997 年那样的亚洲金融危机，新加坡的经济将会受到严重影响。

从外贸依存度来看，新加坡的贸易与 GDP 的占比持续缓慢下降。从 2008 年的 556% 下降至 2014 年的 319%，预测 2016 年会下降到 300% 左右。尽管贸易与 GDP 的占比在缓慢下降，但是下降幅度较小，而且贸易与 GDP 的占比相对较高，比率一直在 300% 以上。可见，新加坡经济增长比较依赖国际贸易，容易受到国际经济变动的影响。

综合来看，新加坡面临的外贸型外部冲击较大。出口主要集中于机械及运输设备、矿物燃料和润滑油、化工三种出口商品，结构单一，抗冲击力低。虽然在出口国家市场方面，出口额在各个国家之间较为分散，使得其出口不容易受到一国经济的影响，但是出口对象70% 集中于东亚和东南亚，对亚洲市场依赖严重，容易受到国际局部地区经济的冲击。在外贸依存度方面，新加坡的出口与 GDP 的百分比较高，在 150% 以上，外贸依存度较高。

（2）资本型外部冲击

一国受到资本型外部冲击的影响程度可通过两个维度来衡量，资本账户开放程度和外来资本占国内主权债务的比例。

从资本账户开放程度来看，新加坡较早实现了利率自由化，并于1968 年率先设立亚洲美元市场，以此带动金融自由化和国际化。1997 年亚洲金融危机之后，新加坡为构建金融中心进行了严格部署。时至今日，新加坡已经从一个强调管制和审慎原则的市场，演变成以信息披露为本和鼓励金融创新的区域金融中心。[①] 可见新加坡的资本账户开放程度较高。

---

① 张卫东、王风华：《新加坡资本市场和证券服务业开放情况研究》，上海证券交易所研究中心 2008 年，http://www.eco.sdu.edu.cn/jrtzx/uploadfile/pdf/2007-6/2007613184528394.pdf。

　　从外来资本占国内主权债务的比例来看，从 1995 年以来，在政府债务中，维持外债为零的水平。外来资本对国家主权债务的影响可以忽略。

　　从新加坡的资本账户余额来看（图 1 – 11），新加坡持续发生大量的资本外流，这是因为新加坡是区域的金融中心和贸易中心，新加坡对国际的直接投资和间接投资比较高。

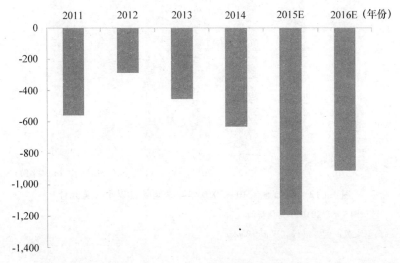

图 1 – 11　新加坡 2011—2016 年资本账户余额（以亿美元计）

注：2015 年、2016 年为预测值。

数据来源：世界银行（World Bank）。

　　综合来看，新加坡面临的资本型外部冲击较大，主要原因是新加坡地域狭小，自然资源紧缺，所以新加坡的经济发展必须同外界相联系，通过对外贸易与金融资本，才能持续发展。以金融业作为五大支柱之一的新加坡对资本的依赖较为严重。但是外国资本在新加坡政府债务所占比例为零，政府对资本冲击的抵抗力较强。

　　（3）外汇储备水平

　　2010 年以来，新加坡的国家总储备从 2257 亿美元上升到 2015 年 7 月的 2500 多亿美元，占 2014 年新加坡 GDP 的 82%，外汇储备水平较为充足（图 1 - 12），虽然近期新加坡的外汇储备有所回落，但是市场普遍预测未来新加坡的外汇储蓄不会低于 2500 亿美元。相对来说，新加坡有足够的外汇储备来应对以上的资本冲击。

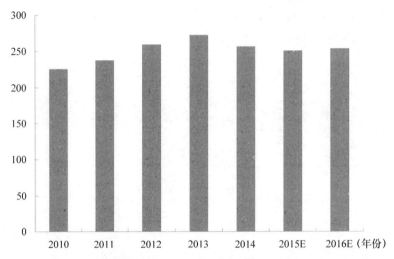

图 1 - 12　新加坡 2010—2016 年国家储备（以十亿美元计）

注：2015 年、2016 年为预测值 。

数据来源：世界银行（World Bank）。

三　商业环境风险评估

1. 自然环境风险[①]

新加坡地处马六甲海峡，地势起伏和缓。新加坡有历史记录以来，几乎没有发生过严重的自然灾害，但经常能感受到邻近国家发生灾害的余波，尤其是地震。因此，新加坡国立大学设立本地首个自然灾害研究中心，深入了解自然灾害对新加坡的影响，从而达到有效预防及风险管理的目的。

各国竞争力指标分析库（BVD - EIU Market Indicators & Fore-

---

① 自然环境风险是衡量一国的实体自然环境（Physical Environment）可能存在的，不够安全、不能保证商业活动得以正常开展而不被打扰的风险。

casts）中给出了新加坡从 2008 年至 2016 年的自然环境安全指标，如下图 1-13 所示，2008 年至 2013 年，新加坡的自然环境风险一直维持较低水平。但是近两年来自然环境风险有所上升，由于受全球气候变化的影响，新加坡的自然环境风险略有上升趋势。但相较于中国大陆、印度的自然环境风险而言，新加坡的自然环境风险处于较低水平。而且相关的自然灾害研究中心的建立，有助于防控自然环境风险，因此，可以预测自然环境风险对未来商业活动的影响较小且处于可控地步。

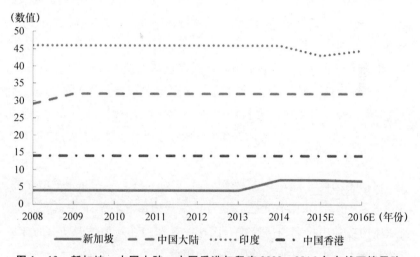

图 1-13　新加坡、中国大陆、中国香港与印度 2008—2016 年自然环境风险

注：自然环境风险指标以 100 为最大值，风险越大数值越高。其中 2015 年、2016 年为预测值。

数据来源：各国竞争力指标分析库（BVD-EIU Market Indicators & Forecasts）。

2. 基础设施风险[①]

相比其他亚洲国家，新加坡的基础设施体系完善，质量上乘，拥有世界上最繁忙的码头、机场。虽然新加坡土地面积有限，但其公路网发达，公路密度 4.79 公里/平方公里。作为亚洲地区的航空和水运

————————

① 基础设施风险指一国基础设施建设不足导致企业可能遭受损失的风险。

转口枢纽，新加坡的机场与港口繁忙而有序。其中，新加坡樟宜机场连续多年被评为"世界最佳机场"。

据各国竞争力指标分析库（BVD – EIU Market Indicators & Forecasts）数据显示，2005—2011 年，新加坡的基础设施风险为 3，2012 年为 0。这表明新加坡的基础设施体系几乎完全能够满足国内各种商业活动的需求，基本不存在任何威胁商业活动的风险。

世界银行给出的 2014 年物流绩效指数显示，新加坡的物流绩效同样表现出色，综合排名在亚洲地区位列第一。根据世界银行在 2011—2014 年发布的包含 249 个国家和地区的港口基础设施质量数据，2014 年新加坡在港口质量上得分为 6.7，排名仅次于荷兰（6.8），位列全球第二。

综合上述信息可知，新加坡几乎不存在基础设施风险。新加坡政府仍然计划在轨道交通、航空、港口、电力等领域继续规划与改善其基础设施网络。预计在 2016 年及以后，新加坡的基础设施风险仍将维持在 0 左右的极低水平，基础设施的完善将会继续支持商业活动的发展。

3. 劳动力市场风险[①]

根据美国商业环境风险评估公司（Business Environment Risk Intelligence，简称 BERI）报告，就劳工生产效率和整体工作态度而言，新加坡的劳动力排名稳居榜首，而这尤其体现在新加坡劳动力的业务成绩和技术，生产出的高价值商品和服务上。

具体来说，自 2008 年以来，新加坡的劳动参与率始终稳定维持在 70% 左右，且有缓慢上升趋势。新加坡的失业率一直维持在较低水平，除 2008 年金融危机过后于 2009 年出现了较高的失业率之外，近年来新加坡的失业率一直低于 3%，且具有缓慢下降趋势。

新加坡劳动力素质不断提升。据新加坡国家统计局统计，高中以下的劳动力比例由 2008 年的 47.7% 降至 2014 年的 37.1%，高中、大学或职业技术学校、硕士及以上学历的劳动力比例持续增长。值得

---

① 劳动力市场风险是衡量一国劳动力市场在规模和质量上可能存在的不能满足商业活动需要的风险。

注意的是，硕士及以上学历的劳动力比例增长尤为迅速，由 2008 年的 25.9% 增长到了 2014 年的 31.9%。高素质的劳动力是新加坡经济发展的保障。

相较于出色的劳动力质量，新加坡劳动力的数量却并不充足。新加坡依赖外籍劳工已成为普遍现象，进入 2015 年，新加坡失业率下滑至 5 年来低点。其中的主要原因在于新加坡当局鼓励公司雇佣更多的本地劳动力，进一步收紧外国劳工输入政策，这将带来新加坡劳动力短缺以及持续价格上扬的压力。

综上，新加坡的劳动力素质较高，"劳动队伍的积极态度名列亚洲前十"，"在拥有适宜经商的劳工法规国家中名列世界前五"，"拥有亚洲最良好的劳资关系"。[1] 长期以来，新加坡都保持着较低的失业率。但随着新加坡经济快速发展，对劳动力需求增大，劳动力市场出现供不应求的状况，大量外来劳工逐渐涌入。但总体来说，新加坡劳动力市场风险较小。

4. 税收风险[2]

考量一个国家的税收收入是否能够满足政府实现其职能的需要，主要看其宏观税负的高低。而宏观税负水平一般用一个国家一定时期内（通常为 1 年）的税收总量占 GDP 的比重来衡量。

从图 1 – 14 可以看出，自 2008 年以来，新加坡宏观税负的波动区间大致为 12.97%—14.13%，平均值为 13.58%。在涉及最优宏观税负水平时，拉弗于 1974 提出了著名的"拉弗曲线"[3]，按此理论，

---

① 新加坡经济发展局：https://www.edb.gov.sg/content/edb/zh.html。
② 税收风险的定义是国家在组织税收收入过程中由于税收制度和征税手段本身的缺陷，以及各种经济因素的不确定性造成税收损失和困难的可能性。而就贸易伙伴国的角度而言，税收风险则可以认为是贸易国采取限制进口和鼓励使用本国材料、设备物资的贸易保护主义政策，并随时增加税种和调整税率使企业税后利润发生变化产生的风险。
③ 所谓"拉弗曲线"，指一般情况下，税率越高，政府的税收就越多，但税率提高到一定的限度时，企业将因经营成本过高而减少投资，随之收入减少（税基减小），从而导致政府的税收减少。所以，只有把税负定在居民可以承受的范围或者说最佳的区间内，社会投资才会不断增加，政府才能获得最多的税收。需要注意的是，最优宏观税负水平不是一成不变的，因国家或地区的不同而不同，也因一个国家或地区所处的历史时期的不同而不同。

目前新加坡的宏观税负约为13%，与欧洲的福利国家约为50%的宏观税负水平相比税负很低，也大大低于 OECD（经济合作与发展组织）各国的35%左右的平均税负水平，和其他的东盟国家相比，排名也比较低，可以认为，新加坡的总体税负水平不高。这样的宏观税负水平在支撑政府支出的情况下使得国内的税负痛苦指数偏低①，这对于国内企业的投资和居民的消费十分有利。而对于外国投资者而言，较低的宏观税负水平也意味着政府的宏观调控能力较强，利于资金安全。

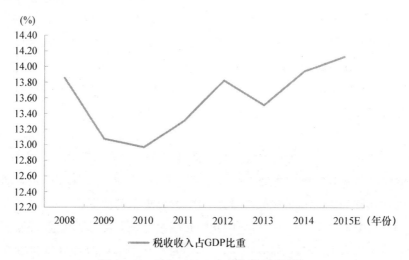

图 1 - 14　2008—2015 年新加坡宏观税负

注：2015 年为预测值。

数据来源：根据 Wind 资讯数据库、MOF：http：//app. mof. gov. sg/整理得出。

近年新加坡的税收收入不断增加，税收增长率平均值为 5.51%，增长态势良好，增长速度十分稳定。就财政赤字而言，2008—2014年，新加坡的财政赤字基本呈现的是负增长态势。总体上看，新加坡

---

① 也叫税收痛苦指数，是指根据各国公司税率、个人所得税率、富人税率、销售税率或增值税率、雇主和雇员的社会保障贡献等指标计算得到的税收负担指数。税负痛苦指数越高，表明纳税人的税收负担越重。

多数年份为财政盈余状态，财政盈余明显，财政风险较小。新加坡政府有足够的财政盈余控制赤字，国内的税收风险较小。

再来看新加坡的贸易保护尤其是关税壁垒的程度。新加坡国内市场规模小，经济外向型程度高，为此，新加坡政府一直以来积极参与并推动全球贸易自由化进程，吸收外资也是新加坡的基本国策，因此，新加坡关税水平很低。新加坡于 1973 年加入《关税和贸易总协定》（GATT），是 1995 年 1 月 1 日世界贸易组织（WTO）创建时的正式成员，它也是亚太经合组织（APEC）、亚欧会议（ASEM）、东南亚国家联盟（ASEAN）等区域合作组织的成员，亦是世界上签订多双边自由贸易协定最多的国家之一。就中新经贸而言，中国与新加坡于 2008 年 10 月签署了《中国—新加坡自由贸易区协定》，新加坡也成为了首个同中国签署全面自由贸易协定的东盟国家。根据该协定，新加坡已经从 2009 年 1 月 1 日起取消了全部自中国进口商品关税，中国也在 2010 年 1 月 1 日前对 97.1% 的自新加坡进口产品实现了零关税。2011 年 7 月，双方签署了两份补充协议，加强了危机管理方面的合作，为双方企业办理关税优惠手续提供了更多的便利，中国与新加坡两国之间，基本上实现了自由贸易。

经济学人智库（The Economist Intelligence Unit，简称 EIU）将各国税收政策风险进行评级，最大值为 100，为极度风险，最小值为 0，是零风险。按其评分结果，新加坡的税收政策风险值从 2008 年以来一直稳定在 6 的水平，而英国在这一时期的均值为 18.85，美国的均值为 37，中国的值稳定在 38。对比东盟其他的主要国家来看，印度尼西亚的值稳定在 44，马来西亚的值稳定在 25，泰国的值稳定在 31，越南的值稳定在 44，菲律宾的税收政策风险值则稳定在了 38 的水平。从评分可见，无论是相对于一些发达国家，还是东盟的其他国家而言，新加坡的值都是最低的，代表着其税收政策的稳定，对经济危机的抵抗力较强，有利于企业的投资，可以避免因投资国税收政策变化而导致的税后利润发生变化的风险。

综上，新加坡国内总体税负水平不高，税收收入增长稳定，政府有足够的财政盈余控制可能增加的财政赤字，国内的税收风险较小。

新加坡作为自由港，其贸易保护程度低，总体上利于中国与其经贸合作的稳定、深入、长期地发展。

结　论

新加坡自近代就是贸易良港，如今更是中国推动共建"21世纪海上丝绸之路"的重要节点。在中国推进和实施"一带一路"战略的进程中，中新的政治互信、经贸合作、人文交流关乎大局。"一带一路"战略的顺利实施和推进与沿线国家的国内政治、经济以及社会状况密切相关，新加坡自身特殊的政治、社会、经济特点值得我们关注。中资企业在"走出去"的时候，往往希望从投资环境平稳和低风险国家开始。可以说，新加坡在这方面的优势是非常明显的，其优势表现在以下几个方面：

（1）政治稳定，吏治清廉。新加坡的威权政治模式，使得新加坡长期保持政治稳定。政府的办事效率高，官员清廉，政府律政严明，透明度高，为外来投资提供快捷高效的服务和相对公平的投资环境。

（2）各族群平等互助、和谐共处。

（3）地理位置优越。

（4）优惠的投资政策及条件。新加坡一直实行的是市场经济自由化制度，政府对经营主体不进行干涉，积极地实行开放的经济政策，这吸引了很多的跨国性企业，这些跨国性的企业通过引进大量资本、新的管理理念、新技术等，逐渐打开了外贸市场的渠道。此外，政府还为企业税收的优惠、设施的建设、劳动关系的协调等提供了良好优质的服务。

（5）高度成熟的金融体系，融资渠道多样。新加坡是全球著名的国际金融中心，是全球第四大外汇交易市场，是全球资本的重要集散地之一，市场资金充足，投资者易于筹措资金。此外，政府提供低利息贷款。

（6）基础设施完善。新加坡交通基础设施完善，互联网、通信网络四通八达。

（7）法律体系健全。新加坡法律体系完善，能够为投资者提供良好的保障。

（8）汇集了东西方文明的优点，人才众多。新加坡政府还针对拥有高学历的专业技术以及管理人才采取各种优惠政策。对于外来投资者尤其是想涉足高新技术领域的投资者来说，这些都是投资时的便利条件。

总体来看，新加坡的商业环境对投资者的吸引力一直保持极高水平，位列亚洲地区第一，显示出其商业环境对投资者的巨大吸引力。

据各国竞争力指标分析库对各国竞争力进行指标分析，商业环境吸引力指标以 10 为最大值，数值越高表明该国商业环境的吸引力越大。新加坡得分长期保持在 9 分左右，图 1 - 15 展示了 2008 年金融危机后新加坡、中国大陆、中国香港与印度的指标走势图，新加坡不仅远远高于中国大陆和印度，也高于中国香港。

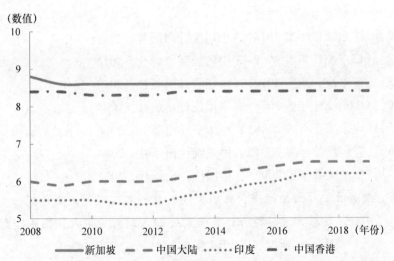

图 1 - 15　2008—2018 年新加坡、中国大陆、中国香港与印度商业环境吸引力

数据来源：各国竞争力指标分析库（BVD - EIU Market Indicators & Forecasts）。

在世界银行给出的 Doing Business 指标当中，2014 年、2015 年在

189 个调查国家中，新加坡排名均为第 1，表现上佳。此项排名具体指标包括如开始设立贸易、获得建造许可、获得电力支持、财产登记、获得信用支持、保护少数投资者、支付税收、跨国贸易、合同执行力、解决破产问题这 10 个方面的内容，可以综合衡量在一国境内完成一整个小型或者中型商业活动周期的难易程度。此外，除了保持现有的环境优势外，新加坡仍在不断改革以期更好的服务投资者。2014 年新加坡通过允许线上转让的方式使得财产转让变得更为便利，同时改善了其信用信息系统。2015 年，新加坡还引入了新的电子诉讼制度，简化诉讼程序的同时强化了合同执行力。综上，新加坡的商业环境优越，对投资者的吸引力巨大，而其境内进行的商业活动也会因此可以获得有力的支持。

主要参考文献

一 统计年鉴、报告

［1］《广东统计年鉴 2014》，中国统计出版社，2014。

［2］《广东统计年鉴 2012》，中国统计出版社，2012。

［3］《广东统计年鉴 2010》，中国统计出版社，2010。

［4］《广东统计年鉴 2008》，中国统计出版社，2008。

［5］《广东统计年鉴 2006》，中国统计出版社，2006。

［6］《广东统计年鉴 2004》，中国统计出版社，2004。

［7］《广东统计年鉴 2002》，中国统计出版社，2002。

［8］商务部国际贸易经济合作研究院、商务部投资促进事务局、中国驻新加坡大使馆经济商务参赞处编《对外投资合作国别（地区）指南——新加坡（2014 年版）》。

［9］世界经济论坛《2014—2015 全球竞争力报告》，http：//www.we-forum.org/docs/WEF_ GlobalCompetitivenessReport_ 2014－15. pdf。

［10］《中国贸易外经统计年鉴 2014》，中国统计出版社，2014。

［11］Department of Statistics of Singapore，Census of Population 2010.

［12］IMF. 2014 ARTICLE IV CONSULTATION—STAFF REPORT；PRESS RELEASE；AND STATEMENT BY THE EXECUTIVE DIRECTOR FOR SINGAPORE［R］. Washington，D. C. IMF，2015.

［13］THE WORLD BANK. East Asia and Pacific；GLOBAL ECONOMIC PROSPECTS［R］，JUNE 2015.

［14］Singapore White Paper，Shared Values，Singapore：Singapore National Printers，Jan. 6，1991.

二　专著

［1］柯新治：《新新加坡：南海之珠的经济与社会新动向》，台北天下远见出版股份有限公司 2003 年版。

［2］卢正涛：《新加坡威权政治研究》，南京大学出版社 2007 年版。

［3］鲁虎：《列国志新加坡》，社会科学文献出版社 2004 年版。

［4］吕元礼：《新加坡为什么能——和谐社会是怎样建成的》，江西人民出版社 2007 年版。

［5］王勤等：《中国与东盟经济关系新格局》，厦门大学出版社 2003 年版。

［6］许焕兴，赵莹华编著《国际工程承包》，东北财经大学出版社 2009 年版。

［7］许心礼：《新加坡》，上海辞书出版社 1983 年版。

［8］许通美，门洪华译：《探究世界秩序：以为务实的理想主义者的观点》，中央编译出版社 1999 年版。

［9］郑维川：《新加坡治国之道》，中国社会科学出版社 1996 年版。

［10］郑文辉：《新加坡：赤道小红点》，新加坡蓝点图书私人有限公司 2009 年版。

［11］齐虹丽主编：《中国—东盟自贸区法律协议条文释义》，经济管理出版社 2011 年。

三　论文和报刊文章

［1］白彦锋：《建立防范和化解我国税收风险的长效机制》，《税务

研》2007 年第 5 期。

[2] 何伟玲：《广州市海珠区人力资源和社会保障局"大部制"后行政效率现状的调查》，硕士学位论文，电子科技大学，2013。

[3] 雷婧鋆：《基于电子政务下提高地方政府行政效率的实现路径研究》，硕士学位论文，重庆大学，2012。

[4] 林智荣、覃娟：《中国—新加坡经济走廊交通基础设施建设探析》，《东南亚纵横》2015 年第 1 期。

[5] 刘曼琴：《中国、新加坡服务贸易的互补性与竞争性：基于2002—2011 年数据的实证分析》，《湖南商学院学报（双月刊）》2014 年第 1 期。

[6] 刘星等：《税收风险的生成机理及防范研究》，《企业经济》2004 年第 10 期。

[7] 唐甫光：《新加坡的汇率政策及对中国的启示》，硕士学位论文，上海交通大学，2008。

[8] 谢哲：《新加坡威权政治模式研究》，硕士学位论文，外交学院，2010 年。

[9] 王勤、许鋆：《中国的区域经济发展与新加坡在华投资》，《东南亚研究》2009 年第 1 期。

[10] 云倩、张磊：《深化中国—新加坡经济走廊贸易与投资合作研究》，《东南亚纵横》2014 年第 11 期。

[11] 张明亮：《广东"东盟战略"及其与新马的经贸合作》，《东南亚研究》2009 年第 2 期。

[12] 朝夕：《新加坡能为中国企业带来什么？——专访新加坡经济发展局（EDB）助理局长林瑞年》，《中国经贸》2012 年第12 期。

[13] 郑磊：《中国对东盟直接投资研究》，博士学位论文，东北财经大学，2011 年。

[14] 张卫东、王风华：《新加坡资本市场和证券服务业开放情况研究》，上海证券交易研究中心 2008 年。

[15] 上海证券交易所研究中心：《中国和新加坡建立货币互换安排》，

载《第一财经日报》，http：//www. yicai. com/news/2010/07/
379996. html，2010 - 07 - 24。

[16] 《广东与新加坡合作的战略性标志项目取得突破性进展——中
新广州知识城"起飞"》，《人民日报》2010 年 12 月。

[17] 江玮：《新加坡总理李显龙访华 打造中新关系"升级版"》，
《21 世纪经济报道》2013 年 8 月 27 日。

[18] Neubig T, Sangha B. Tax Risk and Strong Corporate Govern-
ance. *Tax Executive*, 2004（2）：114。

四　网站

[1] 世界银行数据库：http：//data. worldbank. org. cn/topic。

[2] 联合国数据库：http：//data. un. org/。

[3] 国际货币基金组织（IMF）国际金融统计（IFS）数据库：ht-
tps：//www. imf. org/。

[4] 各国竞争力指标分析库：https：//www. eiu. bvdep. com/。

[5] 各国宏观经济指标宝典数据库：https：//www. eiu. bvdep. com/。

[6] 海关信息网：http：//www. haiguan. info/。

[7] 中华人民共和国商务部网站：http：//www. mofcom. gov. cn/。

[8] 中国国家统计局国际数据库：http：//www. stats. gov. cn/。

[9] 广东统计网：http：//www. gdstats. gov. cn/。

[10] 新加坡国家统计局：http：//www. singstat. gov. sg/。

[11] 新加坡文献馆网站：http：//www. sginsight. com/。

[12] 新加坡经济发展局：https：//www. edb. gov. sg/content/edb/
zh. html。

[13] 联合早报网：http：//www. zaobao. com/。

[14] 新华网：http：//news. xinhuanet. com/。

[15] 汇通网：http：//www. fx678. com。

[16] 中国驻新加坡大使馆经济商务参赞处官方网站：http：//
sg. mofcom. gov. cn。

[17] 中新广州知识城官方网站：http：//www. ssgkc. com/zh - hans/。

第二章 马来西亚基本国情及投资风险评估

范若兰　杨祯奕　王蕾

马来西亚联邦（The Federation of Malaysia）由马来半岛和北婆罗洲组成，简称西马和东马，环抱南中国海，扼守马六甲海峡，是海上丝绸之路要道，地理位置十分重要。

马来西亚自然资源十分丰富。锡是其最重要的矿产，马来西亚被誉为"世界锡都"，锡产量长期位居世界第一，曾在经济发展中居于重要地位。石油和天然气储量也比较丰富，据统计，截至 2012 年 1 月，马来西亚已探明的石油储量为 5456 亿桶，天然气探明储量为 2350 亿立方米，石油和天然气现已成为该国的重要出口产品之一。

马来西亚是多元族群国家，2013 年总人口为 29710 万人，主要由马来人、华人和印度人构成，马来人是主体族群，占人口的 50% 强，华人占 24%，印度人占 7%，多元族群结构深刻影响了马来西亚的政治、经济和社会发展。

马来西亚属于新兴工业化国家，经济发展迅速，人均 GDP 近年已突破 1 万美元，位居东南亚第三。

马来西亚是温和伊斯兰国家，60% 人口信仰伊斯兰教，其他宗教信仰包括佛教、印度教、基督教等。

马来西亚是东盟创始成员国，在东盟中发挥重要作用。

第一节　马来西亚基本国情

一　马来西亚政治发展与特点

1. 马来西亚政治特点

（1）马来西亚政治介于威权主义与有限民主之间。最高元首苏丹只是"虚君"，没有实权，总理掌握实权，国民阵线（简称"国阵"）自 1974 年迄今一直执政，在选举中立于不败之地。马来西亚实行"三权分立"的政治制度，但三权中以总理为首的行政权势力最大，能够干预司法，控制媒体和言论、打压反对党，在一定程度上操控选举。同时，马来西亚的威权统治又保留了一定的民主形式，它有定期、公开的选举；它有强有力的反对党存在，能对政府进行批评和挑战。

（2）马来西亚政治是族群政治和政党政治高度结合。每个族群都有自己的政党，代表马来人利益的政党是巫统和伊斯兰党，代表华人利益的政党是马华公会、民政党和民主行动党，代表印度人利益的政党是印度国大党。而每个族群既有执政党，也有反对党，如巫统、马华公会、民政党和印度国大党组成执政党——国民阵线，而伊斯兰党和民主行动党则是反对党。马来人主导政治，占据总理、署理总理、国防部长、教育部长、内政部长、外交部长、财政部长、国贸部长等最重要的职位，华人出任交通部长、卫生部长、人力资源部长及房屋部长，印度人担任卫生部长。族群政治和政党政治适应马来西亚的国情，其优点是每个族群都有自己的利益代表，有利于社会稳定，因为族群诉求可以通过利益代言人传达给政府，在执政党和政府内部进行协商解决，避免大规模的群众运动引发的暴力冲突。其缺点是马来西亚政治以族群利益划分，不利于公民社会的成长，也不利于现代民族国家的建构。

（3）马来西亚伊斯兰政治化倾向明显。随着 20 世纪 70 年代以来伊斯兰复兴运动在马来西亚的深入发展，伊斯兰已成为马来西亚政治合法性标志，为了争夺伊斯兰合法性，巫统和伊斯兰党竞相表明自已是"真正的"伊斯兰政党。巫统为迎合马来人的伊斯兰认同和与反对党伊斯兰党争夺马来选民而采取亲伊斯兰教措施,在教育、经济和行政领域加入伊斯兰原则,而伊斯兰党更是在其执政的吉兰丹州实行伊斯兰教法。伊斯兰议题已成为马来西亚政治的中心议题之一,议会和报纸上充斥着有关伊斯兰教国、伊斯兰与公正、腐败、妇女地位、少数族群权利的争论,这些争论不仅在巫统和伊斯兰党之间展开,其他族群的政党和非政府组织也加入进去。

马来西亚尽管出现伊斯兰政治化,但属于温和伊斯兰国家,政府对伊斯兰极端组织坚决镇压,使其很难坐大。同时政府有选择地利用伊斯兰教来加强它的合法性,大力提倡"正确的""进步的"伊斯兰,同时以强制手段打击"错误的""极端的"伊斯兰。而反对党伊斯兰党也是在合法的框架下追求权力,不会诉诸暴力。所以,马来西亚尽管出现伊斯兰政治化,但不会走向伊斯兰极端化。

(4)马来西亚政治具有协商和讨价还价的特点。由数个政党组成的国民阵线存在权力分配和政策制定问题,巫统在其中起主导作用,与其他政党通过协商和讨价还价进行权力分配和利益交换,巫统掌握权力攸关部门,马华公会和其他政党掌管次要部门和出任副职,避免竞争式的争夺。在政策制定上,代表各自族群利益的政党进行协商和讨价还价,最终出台的政策能为各方所接受。同样,反对党联盟内部也是采取协商,就某些问题达成共识,并在此基础上进行合作。但是马来西亚的执政党和反对党之间却很少协商,而是批评和对抗。一般来说,"协商"是民主的精髓,但国阵政府的"内部协商"更像是暗箱操作,存在利益输送、权钱交易等问题,不利于公正和民主的发展。如果马来西亚的执政党和反对党能从"内部协商"发展到"朝野协商",则能推动马来西亚政治的良性发展。

2. 近年马来西亚政治发展及前景

1999年以来马来西亚出现民主化趋势,马来西亚人民,不论是马来人、华人还是印度人都对国阵长期执政以来的贪污横行、官僚主义、族群政策不平等、民主和人权不彰、司法不独立等弊端感到不满,他们渴望改变,并通过选票表达愿望。在2008年3月8日举行的大选中，国民阵线惨胜，仅夺得国会 140 席，反对党夺得 82 席，国阵第一次失去控制国会三分之二议席的能力。这次大选被称为一次"政治大海啸"，国阵的失败和反对党的崛起，标志着国阵一党独大、国会一言堂的局面被扭转，评论家普遍认为这有利于马来西亚政治民主化，所以有人高度评价这次大选，"如果有一天，大马政治能和日本或韩国媲美的话，那 2008 年 3 月 8 日，将是一个划时代的日子"①。

在"政治大海啸"的鼓舞下，三个主要反对党，即公正党、民主行动党和伊斯兰党组成"人民联盟"（简称"民联"），谋求推翻国阵，实现政权轮替，三党在宪法、公正、自由、廉洁、民生等议题上达成共识，搁置伊斯兰教国议题。同时，民众更加渴望改变，改变族群政治的弊端，改变国阵长期执政的积弊。2013 年大选就是在这种反风日盛的形势下进行的，选民以极大的热情参加投票，投票率高达 80%，是历届大选之最。大选结果，执政党国阵与反对党民联分别赢得国会 222 个议席中的 133 席和 89 席。国阵虽然以简单多数保住执政权，但没有实现取得三分之二多数议席的目标，所得议席比上届大选还少了 7 席，只能称得上是惨胜。反对党民联得到 51.4% 的选票，多于国阵的 48.6%，但在马来西亚的选举制度下，他们所得国会议席却远远少于国阵，只比上次大选增加了 7 席。

从 2008 年和 2013 年大选结果看，人民联盟的势头很猛，马来西亚已形成两线制，所以人们期望下次大选能实现政权轮替。但这一切取决于反对党民联的团结合作，然而民联却是一个脆弱的联盟，因为民联中的民主行动党和伊斯兰党在自由、公正、廉洁、民主、平等、挑战国阵霸权等方面虽有共同目标，但是，两党存在根本分歧，其终极目标是对立的，行动党的终极目标是建立一个世俗、多元和民主的马来西亚，伊斯兰党的终极目标是建立一个以《古兰经》和圣训为基础，实行伊斯兰教法的伊斯兰教国。所以，行动党与伊斯兰党合作

---

① 植建成：《评论：三不一没有》，《星洲日报》，http：//www.sinchew‐i.com/sciW-WW/node/13416？tid＝19，2008 年 3 月 20 日。

的基础十分脆弱,当伊斯兰党一再谋求实行伊斯兰刑法,两党也就难以继续合作,2015 年 6 月两党断绝政治关系,导致人民联盟解体,反对党力量削弱。如此,反对党对国民阵线构成的威胁大大削弱,国民阵线将会继续获胜执政。

二 马来西亚经济发展

1. 经济发展水平及趋势

马来西亚在 20 世纪 70 年代以出口导向战略取代进口替代战略,促进了经济的快速发展,到 90 年代已跻身于新兴工业化国家之列,成为"亚洲四小虎"之一,而且是发展最快的一只小虎。1997 年的亚洲金融危机重创了马来西亚经济,马来西亚政府积极采取应对措施,慢慢走出困境,经济有所恢复。2001—2007 年经济发展增长率为 5.1%,制造业和服务业发展势头良好。但 2008 年国际金融危机,导致马来西亚经济增长放缓,是年经济增长率只有 4.6%。经济不景气导致 2009 年外资大量出逃,马来西亚经济发展落入低谷。

为了应对经济困局,2010 年 3 月纳吉布政府推出"新经济模式",要改革原有的发展模式。该计划认为马来西亚经济发展面临五个主要问题:一是由于是"小国经济",对外开放程度较高,国外经济变动对国内经济发展造成极大冲击;二是亚洲金融危机后,经济缺乏增长动力;三是国内贫富差距不断扩大;四是经济增长逐步停滞,难以进入"高收入"国家的行列;五是国内经济和社会问题很多,增加了改革的难度。"新经济模式"谋求调整发展战略,2010 年 10 月,政府推出"经济转型计划",大力发展高科技产业,目标是把马来西亚打造成为一个具有活力的新型经济体。①

2010 年世界经济逐渐好转,加之上述计划的推动,马来西亚经济增长率大幅上升,据马来西亚投资发展局的统计,2010 年经济增长率为 8.1%,2011 年有所下降,为 5.1%,2012 年为 5.6%,2013

① 曾铮:《马来西亚应对中等收入陷阱的方案和启示》,《中国市场》2010 年第 46 期。

年马来西亚经济增长放缓，为 4.3%，这主要是因为外部市场的压力，欧盟市场经济复苏缓慢，下半年美国又出台了货币紧缩政策，导致新兴市场的资金大量外流，这对以出口为导向的马来西亚经济造成了一定的压力。此外，2013 年初马来西亚大选结果不确定也对经济造成一定负面影响。2014 年马来西亚经济增长较快，达到 6.0%，2015 年为 5.0%。①

从 GDP 总量增长来看，马来西亚经济呈上升趋势，2000 年 GDP 总量为 927 亿美元，到 2013 年上升到 3131 亿美元（图 2 - 1）。

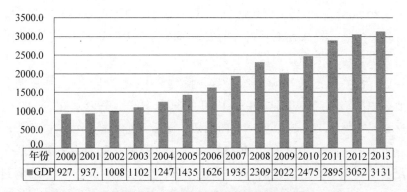

年份	2000	2001	2002	2003	2004	2005	2006	2007	2008	2009	2010	2011	2012	2013
GDP	927.	937.	1008	1102	1247	1435	1626	1935	2309	2022	2475	2895	3052	3131

图 2 - 1　马来西亚 2000—2013 年 GDP 总值的增长（亿美元）

数据来源：世界银行，http：//data. worldbank. org/。

马来西亚经济增长促进了人均 GDP 的提升，据世界银行的数据，1997 年马来西亚人均 GDP 为 4674 美元，2010 年为 8754 美元，2011 年首次突破万元，为 10068 美元，以后保持缓慢增长，2012 年为 10440 美元，2013 年为 10538 美元，2014 年为 10804 美元。②

2015 年 5 月纳吉布总理向国会提交马来西亚第 11 个五年计划（2016—2020 年），总体目标是加强基础建设、制造更多就业机会、提高生产力、加速行业增长、加强职业技术教育、增加中产阶级人

① 陆建人、范祚军主编《中国—东盟合作发展报告》（2014—2015 年），中国社会科学出版社 2015 年版，第 73 页。

② 世界银行数据库，http：//data. worldbank. org. cn/topic/economy - and - growth。

数、投资及发展具竞争力的城市等，从而提升国民收入，带动国家实现 2020 年宏愿。具体措施包括：在未来五年拨款 2600 亿林吉特为该五年计划的发展开支；划定吉隆坡、新山、古晋和亚庇为"发展催化剂"，将重点发展及提高这四个城市的竞争力，从而造惠地方并刺激国家发展；继续支持五个经济特区和发展走廊，为其投资 2360 亿林吉特，制造 47 万个就业机会；预计到 2020 年马来西亚人均总收入（GNI）可达 15690 美元，跻身高收入国家行列；每年实质 GDP 增长率目标是 5.6%。[①]

2. 产业结构变化及调整

20 世纪 60 年代末开始的出口导向战略推动了随后数十年制造业的快速发展，马来西亚从过去的农业国变为今天的新兴工业国，产业结构也发生巨大变化。以农业为主的第一产业在国内生产总值中所占比例逐渐降低，从 1960 年的 37% 下降到 2013 年的 9.3%。而以制造业为主的第二产业迅速增长，1960 年只占 18%，1998 年达到 48%，这是马来西亚劳动密集型产业的成果，随着产业升级，第二产业所占比重有所下降，2013 年为 40.5%。以商业、服务业为主的第三产业所占国内生产总值的比例一直较高，1960 年为 45%，1980 年下降到 39%，随着 21 世纪以后的产业升级，第三产业显著上升，2010 年为 48%，2013 年达到 50.2%（表 2 - 1）。

表 2 - 1　　　　1960—2013 年马来西亚产业结构的变化

年份	第一产业（%）	第二产业（%）	第三产业（%）
1960	37	18	45
1970	29	25	46
1980	24	37	39
1987	22	39	40
1998	12	48	40

① 《可实现 2020 年宏愿 纳吉提呈马国新五年计划》，联合早报网，http://www.zaobao.com/news/sea/story20150522 - 482786，2015 年 5 月 22 日。

续表

年份	第一产业	第二产业	第三产业
2010	10	41	48
2013	9.3	40.5	50.2

资料来源：（1）据《世界银行发展报告》相关年份。

（2）世界银行数据库，http：//data. worldbank. org. cn/indicator/NV. SRV. TETC. ZS/ countries。

20 世纪 90 年代以来马来西亚进入产业升级和结构调整。90 年代以前马来西亚依靠劳动密集型产业为主的制造业实现了经济快速增长，但随着劳动力成本上升、土地价格上涨、环境污染等原因，马来西亚急需产业升级，用技术密集型取代劳动密集型产业。从产业结构变化来看，21 世纪以来马来西亚产业调整和升级取得一定成就，第二产业比例下降，第三产业比例上升。但总体来看，马来西亚的产业调整和升级的速度不尽如人意，面临的困难也较多。主要困难：一是马来西亚国内高科技人才不足，且人才流失现象十分严重，导致国家在产业升级时，人才乏力。二是马来西亚外商投资占很大份额，一些先进的核心技术也由此进口到马来西亚，使得马来西亚本国企业缺乏创新的内在动力，社会整体上缺乏科技创新能力。

3. 对外贸易与外来投资

对外贸易的增长是马来西亚经济发展的重要推动力。

近 10 年来，除 2009 年外，马来西亚对外贸易呈增长的趋势。据马来西亚国家统计局数据，2004 年对外贸易总额为 8809 亿林吉特，其中出口为 4813 亿林吉特，进口为 3996 亿林吉特；2014 年对外贸易总额为 14491 亿林吉特，其中出口为 7661 亿林吉特，进口为 6830 亿林吉特（表 2 - 2），10 年间，外贸总额年平均增长率为 6.45%，其中，出口额年平均增长率为 5.92%，进口额年平均增长率为 7.09%。

表 2 - 2 　　　　2004—2014 年马来西亚对外贸易发展情况 　（单位：十亿林吉特）

进出口 \ 年份	2004	2007	2009	2010	2011	2012	2013	2014
出口	481.3	604.3	552.5	638.8	697.9	702.6	720.0	766.1
进口	399.6	502.0	434.7	528.8	573.6	606.7	648.7	683.0
总额	880.9	1106.3	987.2	1167.7	1271.5	1309.3	1368.7	1449.1
差额	+81.7	+102.3	+117.8	+110.0	+124.3	+95.9	+71.3	+83.1

数据来源：马来西亚统计局，https：//www. statistics. gov. my。

21 世纪以来，马来西亚对外贸易伙伴主要是东盟国家、美国、日本和中国。2005 年马来西亚主要的出口市场为东盟、美国、欧盟、日本、中国和中国香港。2009—2014 年，马来西亚五大出口目的地较为稳定，主要是新加坡、中国、日本、美国和泰国，其中新加坡和中国的名次略有变化，其余三个国家在 5 年间分列第三到第五名（表 2 - 3）。2014 年马来西亚的五大出口目的地仍然为新加坡、中国、日本、美国和泰国。

表 2 - 3 　　　　2008—2012 年马来西亚主要贸易伙伴（单位：百万林吉特）

排位	2008 年		2009 年		2010 年		2011 年		2012 年	
	国家	贸易额	国家	贸易额	国家	贸易额	国家	贸易额	国家	贸易额
1	新加坡	90.02	新加坡	77.01	新加坡	85.25	中国	91.55	新加坡	95.48
2	美国	82.70	中国	67.36	中国	80.10	新加坡	88.19	中国	88.75
3	日本	70.69	美国	60.81	日本	66.76	日本	81.37	日本	82.93
4	中国	63.44	日本	53.35	美国	60.95	美国	57.65	美国	60.79
5	泰国	31.63	泰国	29.81	泰国	34.14	泰国	35.74	泰国	37.71

数据来源：马来西亚国家银行，http：//www. bnm. gov. my/index. php？&lang = en。

21 世纪以来，马来西亚最大出口商品是机械及运输设备，其次是矿物燃料（图 2 - 2），两类的出口总和占了出口总额的 70% 左右。以 2014 年为例，马来西亚最大的出口产品首先是电器及电子产品（2561 亿林吉特），其次是原油（704 亿林吉特），第三是液化天然气产品（643 亿林吉特）。而最主要的进口产品首先也是电器及电子产品（1908 亿林吉特），第三是原油（800 亿林吉特），最后是化工产品（621 亿林吉特）。

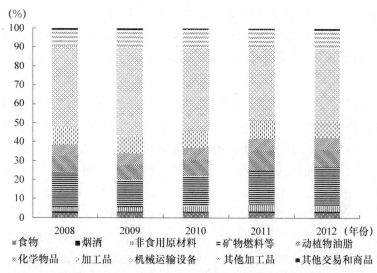

图 2 - 2　2008—2012 年马来西亚主要的出口商品

数据来源：马来西亚统计局，https：//www.statistics.gov.my。

外来投资对马来西亚经济发展起了极大的推动作用，尤其是制造业一直是其经济增长的"火车头"，外资也主要集中在制造业。据马来西亚国际贸易和工业部统计，截至 2002 年年底，马来西亚制造业共吸引外资近 2090 亿林吉特（约合 550 亿美元）。2010 年以后，外来投资仍维持在较高水平，2010 年外国投资额为 290 亿林吉特，2011 年上升到 663 亿林吉特，此后略有下降，2014 年为 646 亿林吉特（表 2 - 4）。

表 2 - 4　　　2010—2014 年外国在马来西亚投资总额　　（单位：十亿林吉特）

年份	2010	2011	2012	2013	2014
外国投资总额	29.1	66.3	34.8	59.5	64.6

数据来源：马来西亚投资发展局，http：//www.mida.gov.my/home/facts - and - figures/posts/。

从投资行业分布看，20 世纪 90 年代外商投资的行业主要为电子电器业（约占全部外资额的近三分之一）、石油工业、化学化工产业、纸张印刷出版业和非金属矿业等。2006 年以后，外商投资朝向有所改变，最多的领域仍是制造业，但金融和保险业、批发和零售业、信息和通信业也成为投资热点。据马来西亚国家统计局数据，制造业一直是外资投资最多的领域，2008 年投资额高达125.268 亿林吉特，2012 年增加到 187.044 亿林吉特。位居第二的是金融和保险业，外商投资额从 2008 年的 53.585 亿林吉特增加到2012 年的 81.384 亿林吉特。位居第三的是批发和零售业，外商投资额从 2009 年的 21.270 亿林吉特增加到 2012 年的 33.932 亿林吉特。位居第四的信息与通信业，外商投资额从 2009 年的 17.264 亿林吉特增加到 2012 年的 33.654 亿林吉特。位居第五的是采矿采石业（包括石油和天然气），外商投资额从同期的 17.156 亿林吉特上升到 27.551 亿林吉特（表 2-5）。2014 年服务业吸引了最多的投资额，占全年投资总额的 63.4%，达到 1496 亿林吉特；其次是制造业，占全年投资总额的 30.5%，达到 719 亿林吉特；初级产品以144 亿林吉特、6.1% 的份额，位列第三。

表 2-5　　2008—2012 年在马来西亚的外国直接投资前五领域

（单位：百万林吉特）

排位	2008 年		2009 年		2010 年		2011 年		2012 年	
	领域	投资额	领域	投资额	领域	投资额	领域	投资额	领域	投资额
1	制造业	125268	制造业	126677	制造业	146755	制造业	173276	制造业	187044
2	金融和保险业	53585	金融和保险业	64288	金融和保险业	73895	金融和保险业	81384	金融和保险业	81384
3	信息与通信业	19701	批发和零售业	21270	批发和零售业	25529	批发和零售业	30523	批发和零售业	33932
4	批发和零售业	18804	信息与通信业	17264	信息与通信业	21766	信息与通信业	25555	信息与通信业	33654
5	采矿采石业	14670	采矿采石业	17156	采矿采石业	18364	采矿采石业	24288	采矿采石业	27551

数据来源：马来西亚国家统计局，https://www.statistics.gov.my。

从投资来源国看，美国、荷兰、日本、新加坡是马来西亚最大的投资国，中国投资相对较少。2010 年美国是投资最多的国家，其后分别是荷兰、韩国、日本和新加坡，2011 年到 2013 年，日本、新加坡和荷兰始终位居前三位，2014 年新加坡成为最大的投资国，荷兰第二，中国香港第三（表 2 - 6），中国对马来西亚的投资较前大大增加，为 747 百万林吉特，跻身第十大投资国。

表 2 - 6　　　　　2010—2014 外国在马来西亚的直接投资　（单位：百万林吉特）

排名	2010 年		2011 年		2012 年		2013 年		2014 年	
	国家	投资额	国家	投资额	国家	投资额	国家	投资额	国家	投资额
1	美国	7823	日本	9868	日本	5872	日本	8059	新加坡	8322
2	荷兰	6136	新加坡	6347	新加坡	5350	新加坡	5532	荷兰	6578
3	韩国	4544	荷兰	3552	荷兰	1955	荷兰	4750	中国香港	3500
4	日本	2923	美国	3342	德国	1720	中国香港	4379	开曼群岛	2324
5	新加坡	1681	德国	3077	澳大利亚	1672	英属维尔京群岛	2553	日本	2251

数据来源：马来西亚国家银行，http：//www. bnm. gov. my/index. php？&lang = en。

4. 吸引外资政策和重点

鼓励和吸引外国投资一直是马来西亚政府促进经济发展的主要措施之一。近年来马来西亚致力于产业结构调整和产业升级，重点发展十二个关键经济领域，包括石油、天然气及能源、棕油、金融服务、旅游、商业服务、电子及电器、批发及零售、教育、保健、通信及建设、农业和大吉隆坡计划等。相应地，2006 年马来西亚制定新政策，鼓励外商及本地商人投资马来西亚的制造业、农业、旅游宾馆服务业、环境保护、科技研究开发、技术培训和转让等，并相应给予有关税收优惠政策。具体规定如下：

（1）新兴行业。马来西亚将某些需要优先发展的制造业、农业和服务业列为"新兴工业"范围，外商投资这些行业，将享受到马来西亚所给予的税收、用地和工作准证等方面的优惠鼓励措施。

（2）高科技产业。高科技企业是指在马来西亚本地研究与开发年度费用支出占其销售额1%以上，科技人员占全部员工7%以上，从事高科技产品生产与开发的企业。马来西亚给这类企业的优惠是，5年内合格资本支出的100%享受投资税津贴，可用来抵消100%的合法所得。

（3）战略性项目。战略性项目是指投资金额大，回本期长，技术水平高，对马来西亚经济发展有重大影响的项目，马来西亚给这类企业的优惠与高科技产业相同。

（4）研发项目。马来西亚鼓励外商在马本土设立研发中心。

（5）技术转让和培训项目。马来西亚鼓励外商在马本土进行技术转让和对员工进行技术培训，10年内免交所得税。

（6）信息通信。马来西亚鼓励外商从事电脑软件开发和升级、信息通信产品生产和技术开发等。

（7）环保项目。马来西亚鼓励外商从事环保项目，如植树造林、节约能源、工业、生活垃圾和废物处理及再利用等行业，对从事植树造林的企业，10年内免交企业所得税，对环保企业，5年内公司营业利润的70%免交所得税。

（8）农业综合开发。马来西亚鼓励外商从事耕地和粮食品种改良、农田灌溉、禽畜及水产品养殖等行业，10年内免交企业所得税。

（9）旅游会展业。马来西亚鼓励外商在马本土设立旅游公司，鼓励外商开发生态和农业旅游，进行旅馆和度假休闲设施的建设，以吸引外国游客，还鼓励外商在马来西亚进行专业及综合展览和举办国际性会议。马来西亚给这类企业的优惠是，5年内合格资本支出的60%享受投资税津贴，可用来抵消70%的合法所得。

（10）设立地区总部和国际采购中心。马来西亚鼓励外商在马设立地区总部，以便为境内外的办事处和公司提供服务；马来西亚也鼓励外商在马设立采购中心，以便为母公司和马来西亚国内关联企业采购和销售原材料、零部件和制成品。[①]

为鼓励外商在马来西亚投资和进行高新科技研发，政府在吉隆坡设立"多媒体超级走廊"，积极引进外商从事电子、信息和通信科技开发、产品研发及技术服务等，对"走廊"内的企业，除给予所得税和投资税赋减免等优惠措施外，还在电信收费、研发经费申请、上市及海外募集资本等方面也给予较大的扶持。

为了鼓励西马东部和北部以及东马地区的发展，马来西亚政府鼓励外商和本地投资者在东马的沙巴和砂捞越州及半岛的"东部走廊"（吉兰丹、登嘉楼和彭亨）地带投资，在所得税等方面予以特别优惠。[②]

尤其是自 2006 年以来，马来西亚政府陆续推出依斯甘达特区、北部经济走廊、东海岸经济走廊、沙巴经济走廊以及砂捞越再生能源走廊，鼓励外商和本地商人到这些区域投资，目标是加快这些地区的经济发展速度，平衡马来西亚各地的发展。为此，马政府实行优惠政策，如投资在东马及"东部走廊"的企业，5 年内只对公司 15% 的营业利润征收所得税。[③]

5. 华人与马来西亚经济发展

马来西亚独立后，华人在经济上占主导地位，1970 年华人制造业占西马制造业的 77.6%，华人建筑公司占建筑业固定资产总额的88.5%，占建筑业总产值的 84.7%，华人在批发商中占 87.5%，在零售商中占 74.6%。[④]

1970—1990 年马来西亚实行新经济政策，主要目标是扶植马来

---

①　中国驻马来西亚使馆经商参处：马来西亚鼓励投资出口导向性产业，《中国经贸》2012 年第 8 期，第 4 页。常永胜主编《马来西亚社会文化与投资环境》，世界图书出版广东有限公司 2014 年版，第 166—167 页。

②　中国驻马来西亚使馆经商参处：马来西亚鼓励投资出口导向性产业，《中国经贸》2012 年第 8 期，第 4 页。

③　常永胜主编：《马来西亚社会文化与投资环境》，世界图书出版广东有限公司 2014 年版，第 167—168 页。

④　温广益主编：《"二战"后东南亚华侨华人史》，中山大学出版社 2002 年版，第 119—120 页。

人经济发展，缩小族群间的差距。新经济政策对华人经济有所抑制，但作用有限，因为这一时期正是马来西亚经济快速发展时期，除个别年份外，大部分年份经济增长率都在 7% 以上，华人经济在这一环境下继续发展。1991 年马来西亚政府以"新发展政策"取代新经济政策，华人经济得到进一步发展。目前马来西亚华人经济地位仍高于其他族群，在马来西亚经济发展中起举足轻重的作用。

华人大企业集团发展尤其迅速。在新经济政策下，华人大企业集团改变经营理念和方式，在政治上加强与马来政治家的联系，在经营上改变以往独资、合伙经营的方式，发展同马来人、印度人和外资的合作，组织股份有限公司，除了以前就存在的企业集团，如以郭鹤年为首的郭氏兄弟集团、林梧桐的云顶集团、骆文秀的东方控股集团、郭芳枫为首的丰隆集团外，20 世纪 80 年代以来，还涌现出更多企业集团，如邱继炳的马联工业集团、刘西蝶家族企业集团、刘玉波的磨石集团、钟廷森的金狮集团、陈志远的成功集团、林木荣和林天杰父子通过甘文丁机构控制的马化控股集团、林玉静领导的富产机构和张晓卿的常青集团等。在马来西亚 40 大富豪中有 25 位是华人，总财富高达 382.6 亿美元，约占 40 位大富豪总资产的 75%。2015 年《福布斯》马来西亚富豪排行榜，前 10 位富豪中，华人占 8 位，他们是排名第一位的郭鹤年，第三位的郭令灿，第四位的林国泰，第五位的郑鸿标，第六位的李深静，第七位的杨忠礼，第九位的吴炳炜，第十位的李爱贤和李孝贤。

总之，马来西亚华人经济实力雄厚，他们在马来西亚经济发展中占有重要地位，在跨国投资和经营中也积极进取，建立跨国公司，向海外发展。

三 马来西亚宗教与族群关系

1. 马来西亚宗教/族群问题的敏感性

马来西亚是多族群和多宗教国家，存在界限分明的三大族群，而且宗教与族群高度重合，即 100% 的马来人信仰伊斯兰教，75% 的华人信仰佛教，85% 的印度人信仰印度教。

马来西亚存在对达成族群和谐特别不利的基本情况：

一是宪法明确规定马来人特权。虽然世界上大部分国家存在公民权利的不平等，但像马来西亚这样明确在宪法上规定某一族群拥有特权的国家极为少见。马来人自视为国家主人，强调"马来人主权"，引起华人和印度人对自己处于二等公民地位的不满。

二是马来西亚三个主要族群因为宗教信仰、语言、职业、居住地域和生活习惯差异，基本上是隔离的，很少来往，各族群也互不信任。2015 年 8 月马来西亚著名智库默迪卡民调中心调查显示，马国各族群之间互信程度偏低，在"他族会公平对待我"与"他族会占我便宜"之间，高达 62% 的民众认为其他族群会占自己便宜，信任他族的马来人受访者仅 32%、华人 37%、印度人 40%，其他土著为 33%。①

三是华人在经济上占优势地位，而马来人相对贫困。一般华人就业率和创业率都较高，生活水平普遍高于其他族群。尤其是在马来西亚大企业排名榜上，华人企业集团占据重要地位，华人富豪现象拉升了人们对华人普遍富裕的想象，这使得在政治上占优势，但在经济上处于相对贫困中的马来人十分不满，他们产生经济上被剥夺感。

通常族群之间的政治、经济不平等会引起弱势族群的不满，而政党、政治家利用民族主义和宗教旗帜进行政治动员，会加剧族群关系的紧张甚至冲突。马来西亚也确实因族群不平等引发严重的暴力冲突，即 1969 年的"5·13"族群冲突事件。此外，70 年代以来马来西亚伊斯兰政治化倾向也引起华人和印度人的不安，引发各族群有关神权与世俗政体、宗教信仰自由、族群平等的热烈争论。而且各族群对"他者"仍存在一些刻板印象和负面看法，据 2006 年马来西亚《新海峡时报》和民意研究独立中心调查，受调查者大部分不信任其他族群，华人和印度人认为马来人"懒惰"，马来人认为华人"贪

---

① 《调查：马国各族互信程度低于四成》，联合早报网，http://www.zaobao.com/news/sea/story20150812－513508，2015 年 8 月 12 日。

心",华人和马来人认为印度人"不可靠"。①

尽管存在上述问题,目前马来西亚族群关系基本和睦,除了1969 年的"5·13"事件外,之后再没有发生过大规模暴力冲突,这为国家发展提供了稳定的环境。实际上,马来西亚经济发展、社会稳定与族群关系和睦形成良性互动,促进国家的和谐发展,马来西亚成为伊斯兰世界发展成功的榜样。2001 年马来西亚获得世界少数族群联盟颁发的首届国际少数族群和谐奖,以表扬其维护少数族群权利及维持和平与和谐所做出的努力。

2. 族群政策与经济发展

马来西亚族群和睦与族群政策和经济发展有密切关系。

马来西亚族群政策的基本要素是强调马来人优先。在政治上,马来人处于支配地位,并通过选区划分、行政职位分配来牢牢掌控政治。在经济上,马来人处于弱势,于是政府大力扶持马来人经济,这种扶持在新经济政策时期达到顶点,涉及消除贫困、就业、股权、贷款等各个方面。在教育上,政府通过扶持国民小学和国民中学,以及实行大学的马来人固打制,积极促进马来人教育的发展。

马来西亚政府强调因为马来人在经济上处于弱势,所以各种政策要向马来人倾斜,这样才能缩小马来人与华人和印度人的差距,避免族群冲突。通过实施马来人优先政策,马来人与其他族群的经济差距和教育差距大大缩小,他们拥有比其他族群更通畅的"社会流动"渠道和机会,从社会经济的低层"流动"到社会经济中层或高层的速度,会比其他族群更快。② 拥有较通畅的向上社会流动机制,有利于减少经济相对落后的马来人,对经济相对富裕的华人的不满情绪,从而阻止了他们对华人采取暴力行动。

马来西亚华人本来就在经济上占优势,这是不争的事实,他们对政府在经济上扶持马来人能够理解。但反感政府过于强调马来人特

---

① 《新海峡时报和民意研究中心调查显示 马各民族互不信任》,联合早报网,ht-tp://www.zaobao.com/gj/yx060321_504.html,2006 年 3 月 21 日。

② 廖小健:《战后马来西亚族群关系:华人与马来人关系研究》,暨南大学出版社2012 年版,第 139 页。

权，并在马来人优先机制下压制其他族群的利益。

3. 动态族群利益平衡机制

马来西亚各族群权利并不平等，各种矛盾也一直存在，马来人、华人、印度人的摩擦、争论不断，有时甚至达到剑拔弩张的程度，但最终没有演化为流血暴力冲突，根源在于两大族群——马来人和华人之间的利益冲突达到某种平衡。笔者认为马来西亚各族群经过长期博弈，已形成富有特色的"动态族群利益平衡机制"。[①]

动态族群利益平衡机制的主体众多：政府，执政党（包括巫统、马华公会、民政党），反对党（包括行动党和伊斯兰党），社团（包括马来人非政府组织和华人非政府组织，如中华大会堂、董教总等），华人群体，马来人群体。几大族群的利益追求主要集中在政治权利、经济权利、教育权利、文化权利等方面。马来西亚独立后，各大族群不断进行利益博弈，尤其在马来人和华人之间斗争最为激烈。博弈方式主要以非暴力方式进行：代表不同族群的执政党之间的讨价还价，反对党对政府族群政策的批评，社团的诉求，华人的抗争。族群政治、政党政治和选举政治是博弈的最佳渠道。

不断的利益博弈使马来西亚族群关系处于动态平衡中，华人通过不断抗争、诉求和选票，使得马来人主导的政府不断调整族群政策，达到某种平衡，其过程一般是争论—示威—集会—选举—解决—平衡。平衡的基本格局是：在政治上，马来人主导政治权力，华人分享边缘权力；在经济上，马来人处于弱势，但受到大力扶持，华人经济上居优势；在教育上，马来人主导教育，但华人的华文教育权利得到充分保障，有完整的华文小学、中学和大学教育；在文化上，承认多元文化，马来文化是国家文化，华人文化有发展空间。

可以说，马来西亚的动态利益平衡机制是两大族群各利益群体通过各种各样大大小小的利益平衡形成的，在追求经济发展、国家稳定繁荣的共识下，各利益群体通过政党政治和选举政治，有比较通畅的表达利益诉求的渠道，虽然各族群利益"不平等"，但是可以达到

---

① 详见范若兰《通过平衡达到和睦》，《华侨华人历史研究》2013 年第 4 期。

"平衡"。这种机制也能够约束各政党的"极端"倾向，不论是执政党巫统，还是反对党伊斯兰党，为了争取其他族群选民支持，不能过度挤压其他族群利益，巫统不会将马来人特权和伊斯兰政治化"过度"，伊斯兰党也不会将伊斯兰政治化"过度"，所以，马来民族主义与伊斯兰政治化的结合限定在一定的"度"内，没有引起族群间暴力冲突。可见，动态利益平衡机制也是一种制约机制，有效抑制任何一个利益主体的极端倾向，通常激进和极端行为容易引发族群暴力冲突。

当然，马来西亚各族群间始终存在矛盾，因政治、经济、教育不平等引发的不满从来没有停止过。2015 年 7 月刘蝶广场马来青年与华人商家的冲突一开始被认为是族群冲突事件，但它只是一起治安事件。2015 年 9 月 16 日马来人在吉隆坡举行"9·16 马来人尊严大集会"，表达对政府的支持，以对抗之前举行的、以华人为主的"净选盟大集会"。一时之间，外界对马来西亚爆发族群冲突的传言甚嚣尘上，甚至称之为"排华事件"。但实际上，这仍只是马来西亚各群体利益博弈的表现方式之一，集会基本以和平方式进行，表达诉求后结束。而且大部分马来人并不支持"9·16 马来人尊严大集会"，据马来西亚默迪卡民调中心在 2015 年 9 月 10—15 日对西马马来人进行的调查，不支持集会的受访者占 53%，其中 38% 的受访者强烈反对集会，15% 受访者有些反对，其余 21% 受访者则持不确定立场，只有 24% 的受访者表示支持集会，其中 8% 表示非常支持，16% 有些支持。[①]

马来西亚中产阶级已经壮大，他们渴望拥有一个安定、民主和繁荣的马来西亚，不希望国家陷入族群纷争中，因此，奉行多元宗教、多元种族、维护族群和睦和实现共荣共存是各族群大部分人的共识；马来西亚经济发展已将各族群的利益联系在一起，排斥华人也会损害其他族群的利益；而且，马来西亚已形成动态族群利益平衡机制，在

---

① 《马 916 大集会今举行 主办单位称号召 30 万人出席》，联合早报网，http://www.zaobao.com/news/sea/story20150916 - 527129，2015 年 9 月 16 日。

这个机制下，各族群有比较通畅的表达利益诉求的渠道。所以，马来西亚族群间虽有摩擦和矛盾，但不会出现其他东南亚国家时常发生的大规模排华事件，也极少发生流血的族群冲突。

第二节　马来西亚对外政策及与中国关系

一　马来西亚对外政策的演变

马来（西）亚 1957 年独立后奉行一边倒的亲西方政策，以英美为外交重点，敌视中国等社会主义国家，与社会主义阵营对抗。

1969 年 "5·13 事件" 导致东姑·拉赫曼政府倒台，1970 年新上台的拉扎克政府改变拉赫曼政府的外交方针，不再一边倒地倒向西方，而是强调中立原则，包括 "地区中立化" 和马来西亚的中立化，正如马来西亚外长加扎利·沙菲指出的，东南亚地区中立化必须基于两个条件：一是东南亚国家联合起来，经过内部协商加强地区合作，共同致力于实现中立化；二是世界三大强国——美国、苏联和中国需要对东南亚中立化做出保证。随后十年，马来西亚秉行这一原则，一方面，在东南亚联盟中发挥积极影响，签署《东南亚友好合作条约》，并利用 "不结盟运动" "77 国集团" 和 "伊斯兰会议组织" 等机构加强与发展中国家关系；另一方面，在与美国和英国等西方国家继续保持密切关系的同时，也与苏联和中国保持非对抗关系。[①]

1981 年政治强人马哈蒂尔出任总理，提出新的对外方针，指出马来西亚对外关系的排序为：第一顺序是东盟国家，第二顺序为伊斯兰国家，第三顺序为不结盟国家，第四顺序才是英联邦国家。基于此，马来西亚首先致力于加强东盟的发展和团结，这是维护马来西亚安全的最重要防线。其次是强调 "向东看"，要向日本和韩国学习经济成功的经验，着重发展与东方国家的关系，以平衡过去对西方国家的过分依赖。最后是重视与伊斯兰国家的关系，这是马来西亚国内伊

---

① 秦艳峰和喻常森：《20 世纪 70 年代中马建交的背景与意义》，《东南亚研究》2011 年第 4 期。

斯兰政治化在外交领域的体现，一方面马来西亚更多从伊斯兰的角度表明对中东问题的立场，另一方面对美国多有批评，既批评它在巴以冲突中偏袒以色列，也批评它以"人权""民主"之名干涉他国内政。

2003年执政多年的马哈蒂尔辞职，巴达维和纳吉布政府的对外政策既有一定的延续性，也变得更加务实。马来西亚继续奉行独立自主外交，提倡包容和接纳不同观点，反对以"民主""人权"干涉他国内政。

总之，20世纪70年代以来马来西亚的外交方针可总结为是"依托东盟、大国平衡"，这是小国外交的最佳选择。

二 马来西亚与邻国关系

一个陷入与邻国冲突或战争的国家，不仅会导致国内政治不稳定，也会引发地区不稳定。地区战乱大大提升了投资风险，所以马来西亚与邻国关系值得关注。

1. 马来西亚与新加坡关系

马来西亚与新加坡是一对怨偶，一直到1965年才最终分离。分离时的恩恩怨怨加上其他分歧，使两国时有芥蒂。（1）两国在经济领域竞争激烈，马来西亚建立"多媒体超级走廊"、巴生的集装箱码头、国际机场等，都被视为是出于竞争目的。（2）领土方面的争端主要是白礁，过去新加坡对白礁行使管辖权，1979年马来西亚将白礁列为自己的领土，引发双方的领土争端。2003年新马同意将白礁主权争端提交国际法庭裁决，2008年国际法庭将白礁主权判给新加坡，结束了两国长达30年的主权之争。（3）双方还存在淡水供应的争端，独立前根据与柔佛苏丹的协议，新加坡一直免费抽取柔佛地区的淡水。1965年新加坡独立时，专门与马来西亚达成供水协议，这一协议在联合国进行备案，得到后者的保证。后来马来西亚多次提出修改新马供水协议，双方存在一些争议。（4）新马分家时的不快在两国领导人心中结下心结，马来西亚对新加坡有"羡慕、妒忌和鄙视情绪"，① 双方经常相互指责，有时甚至与国内政治联系起来，争吵十分激烈。

这些争端只限于争吵，不会向武力蔓延。其实，新马两国关系有竞争性，但也有互惠性，尽管在马来西亚看来，新加坡对它有"依赖性"，在粮食蔬菜、饮水、旅游方面都要依赖马来西亚的供给，而马来西亚没有什么需要依赖新加坡的。但实际上，双方关系是互惠的，在人员往来、经济流通和军事上相互依存度特高。新加坡一直是马来西亚最大的贸易伙伴，也是最大的投资国；两国也是《五国防务协定》成员国，双方在军事演习、防务工业、训练设施和培训基地等方面紧密相连。这种高度相互依存关系，决定了马来西亚与新加坡不会因小争端诉诸武力。

2. 马来西亚与菲律宾关系

马来西亚与菲律宾有领土争端，即沙巴州的主权归属。该地经过复杂的转让，1963 年并入马来西亚。菲律宾坚持这块土地是苏禄苏丹"租借"给北婆罗洲公司的，因此沙巴主权应归菲律宾。马来西亚认为这块土地是"割让"的，双方在 1963 年就因此而剑拔弩张，以后也因此而断绝过外交关系，两国关系比较冷淡，领导人极少互访。两国军队在沙巴州没有直接交火，但沙巴州地方首领支持菲南摩洛民族分离分子，沙巴一度甚至成为分离分子的根据地，加剧两国关系的紧张。菲律宾方面也支持非政府武装进入沙巴，2013 年 3 月约 100 名自称菲律宾"苏禄王朝皇家安全部队"的武装分子及"苏禄苏丹后裔支持者"占领沙巴州一个村庄，同马警察发生枪战，造成多名人员死亡，菲律宾总统阿基诺三世要求"入侵"马来西亚的菲武装分子"立即投降、放下武器"。这次冲突是马来西亚近年来发生的最严重的安全危机。沙巴领土争端以及它成为菲南分离分子的流窜地，增加了沙巴的投资风险，该地虽然不会发生大规模武装冲突，但会出现小规模武装袭击和绑架人质。

----

① [马] 何启良：《论新加坡和马来西亚关系》，载何启良、祝家华、安焕然主编《马来西亚、新加坡社会变迁四十年》（1965—2005 年），南方学院出版社 2006 年版，第 236 页。

3. 马来西亚与印度尼西亚关系

马来西亚与印度尼西亚同属于"马来世界",有纠缠在一起的历史，也曾因马来西亚的建立而关系紧张。目前两国关系良好，存在的主要问题有领土、领海争端和印尼外劳问题。（1）领土领海争端主要集中在西巴丹岛和利吉丹岛的主权归属，苏拉威西海域的油田主权。1997年两国同意将西巴丹岛和利吉丹岛的主权争议提交海牙国际法庭裁决，裁决结果是两岛主权归马来西亚所有。苏拉威西海域的油田主权争端则较激烈，2005年2月马来西亚允许壳牌石油公司在这里开采石油和天然气，印尼政府抗议，两国相继派出海军和飞机进入这一海域，扬言为了捍卫自己的领海主权，必要时不惜一战，两国关系一度陷入低谷。之后两国派出专家小组就解决油田主权纠纷进行商谈，坚持通过外交谈判解决纷争。（2）劳工纠纷也影响到两国关系。20世纪70年代以来马来西亚缺乏劳动力，从印尼引入劳工，同时印尼还有大量非法劳工进入，在马来西亚引发许多社会问题，招致马来西亚出台限制印尼劳工的政策，大量劳工被遣返回国，引发印尼劳工和政府的不满，导致两国关系紧张。但这些纠纷并不影响两国关系大局，更不会发展到战争状态。

4. 马来西亚与泰国关系

马来西亚与泰国在历史上有统治与被统治、征服与被征服的关系，马北部的吉打、吉兰丹、玻璃市和登嘉楼四州长期臣服泰国，而泰国南部四府则以马来人为主。由于不愉快的历史记忆，马来西亚与泰国关系并不融洽，直到1985年两国完成边界划定，关系才有所改善。20世纪90年代以后，两国关系开始升温，加强了经贸、边境安全合作。

三 马来西亚与西方国家关系

1. 马来西亚与美国关系

马来（西）亚独立后奉行亲西方政策，与美国建立密切关系，即使是20世纪70年代马来西亚外交政策"中立化"后，两国的关系也处于不紧密但融洽的状态。80年代、90年代马哈蒂尔当政，双方对许多国际和国内问题看法分歧，经常相互批评，两国关系比较紧张。2001 年"9·11"事件后，出于反对恐怖主义的共同需要，两国在反恐领域加强合作，关系有所改善。巴达维和纳吉布政府时期进一步加强与美国关系，美国也十分重视马来西亚，认为马是温和伊斯兰国家的代表，在协调和促进不同宗教与文明国家之间的对话和合作方面，可以发挥积极的作用。同时，奥巴马总统推行的"重返亚太"和"亚太再平衡战略"，马来西亚都是其中重要的一环，而马来西亚支持美国在亚太实施"再平衡战略"。2014 年美国总统奥巴马访问马来西亚，这是时隔 48 年后又一位美国总统到访马来西亚，此次访问将马美关系推向高潮，双方在政治、经贸、军事等领域的合作十分密切。

虽然马来西亚与美国的政治关系发展曲折，但两国的经贸关系一直密切。90 年代初美国是马来西亚第三大贸易伙伴和第二大出口市场，2002 年成为马来西亚最大的贸易伙伴和最大的出口市场，2010年后是马来西亚第四大贸易伙伴。2010 年美国是马来西亚的第一大投资国，近年投资额有所下降。

2. 马来西亚与英国关系

马来西亚是英联邦成员国，20 世纪五六十年代两国关系十分密切，70 年代马来西亚奉行"中立化"外交政策，双方关系开始降温。随着英国国力的下降，英国对马来西亚的政治影响和经济影响减弱，马哈蒂尔不重视与英国的关系，将与英联邦国家的关系排在第四位，双方因对国际和地区事务看法的分歧，以及股权收购、贸易、民主等问题时有争吵，两国的关系十分紧张。后马哈蒂尔时代，马来西亚的外交政策更加务实，与英国关系冷淡但不紧张。

3. 马来西亚与日本关系

马来（西）亚 1957 年独立后到 60 年代，日本以"赔偿外交"的形式，向马来西亚提供各种形式的经济援助和投资，促进两国关系的发展，马来西亚是当时东南亚与日本关系最密切的国家。70 年代，随着日本作为经济大国的崛起，马来西亚与日本经贸往来更加密切。1981 年马哈蒂尔上台后，提出"向东看"政策，号召国人学习日本人的勤奋、技术和管理经验，这一政策大大密切了马日关系，80 年代和90 年代两国的经贸关系更上一层楼，日本连续多年成为马来西亚最大的贸易伙伴和投资来源国。巴达维和纳吉布政府进一步加强与日本的关系，2005 年 5 月两国签署了双边自由贸易协定，马来西亚成为继新加坡和墨西哥之后第三个与日本签署此类协定的国家。同时，双方经贸关系继续发展，2008 年以后，日本虽然不再是马来西亚最大的贸易伙伴国，但仍是第三大贸易伙伴，还是最大的投资国之一。

可以说，马来西亚与日本关系一直十分密切，双方友好关系的基础一是经贸关系，二是地区平衡。随着中国势力的崛起，马来西亚一方面与中国和日本都保持密切经贸关系，另一方面也希望借助日本和美国力量，保持这一地区的势力平衡。

四　马来西亚与中国关系

1. 中马两国关系发展

从马来西亚独立至今，中国与马来西亚关系经历了对抗、缓和与密切的过程。决定两国关系变化的主要因素是国家利益和意识形态，其中经济利益最为重要。

1957—1971 年马来西亚加入西方阵营，与中国处于对抗状态。60 年代末和70 年代初，国际形势和国内形势都发生变化，导致马来西亚和中国改变政策，从对抗走向缓和，并于1974 年建立外交关系。90 年代初"冷战"结束，国际形势和国内形势剧变推动中马关系进入"蜜月期"，而且至今仍是"融洽"状态。

首先，两国领导人互访频繁，密切双边关系。两国的国家元首和政府首脑多次互相访问，马来西亚的每一任最高元首都访问中国，同样，中国的国家元首也访问马来西亚，如杨尚昆主席（1992 年）、江泽民主席（1994 年）、胡锦涛主席（2002 年）和习近平主席（2013 年）。马来西亚的总理多次访华，其中马哈蒂尔共访华六次，不仅是历任总理中访华最频繁的一位，也是世界上访华次数最多的国家领导人之一。巴达维总理在位时间不长，也访华三次。他有华人血统，其外祖父系来自海南三亚回辉村的哈氏回族人，巴达维访华强调这一身份，以示与中国的亲近关系。纳吉布总理 2009 年才上台，当年就对中国进行正式访问，现已访华三次。中国总理也对马来西亚进行了多次访问，其中李鹏总理两次（1990 年、1997 年），朱镕基总理一次（1999 年），温家宝总理两次（2005 年、2011 年）。

其次，两国签署了多项协议，将两国之间的合作从经贸扩大到科技、教育、司法、国防和国际合作等多个领域。主要有：《信息交流与合作谅解备忘录》（1992 年）、《科学技术合作协定》（1992 年）、《体育协定》（1993 年）、《教育交流与合作谅解备忘录》（1997 年）、《中马两国政府关于未来合作框架的联合声明》（1999 年）、《卫生合作谅解备忘录》（2005 年），续签《教育交流与合作谅解备忘录》（2005 年），2009 年 2 月中国人民银行与马来西亚国家银行签署了双边《货币互换协议》，以及《高等教育合作谅解备忘录》（2009 年）、《中华人民共和国政府与马来西亚政府关于中马战略性合作共同行动计划》（2009 年）、《关于高等教育学位学历互认协议》（2011 年），等等。这些协议主要是加强两国的教育、科技、卫生等领域的合作，也包括在国防、司法协助、防止跨国犯罪、信息通信、医学卫生、环保等方面进行合作。

再次，马来西亚不再视中国为"威胁"，双方的关系上升到战略伙伴关系。马来西亚过去一直视中国为东南亚地区最大的"威胁"，导致双方的敌对和疏远。随着双方关系的发展，90 年代以后，马政府不再视中国为"威胁"，马哈蒂尔经常说中国经济发展为各国提供了机遇，是亚洲经济振兴的希望，纳吉布总理也一再强调，"中国的崛起将会发挥良性的影响力，把中国看作敌人是错误的"①。从马来西亚总理对中国的判断，可见马来西亚已完全摒弃了"中国威胁论"，对中国的认知和定位是正面的，这有助于两国的密切合作。

最后，两国的矛盾和争端不会引起大的冲突。中国和马来西亚对

---

① 转引自苏莹莹《在应对南海困局中发挥马来西亚因素的积极作用》，《海交史研究》2014 年第 1 期。

南沙群岛部分岛礁的归属问题有争议。1970 年以来，马来西亚先后占领中国南沙群岛中的弹丸礁、光星仔礁、南海礁、安渡礁、南通礁、榆亚暗沙、簸箕礁等，迄今马来西亚共占领南沙群岛南部的十多个岛礁，声称这些岛礁位于该国的大陆架及专属经济区之内。马来西亚对南沙岛礁的主权要求不像菲律宾和越南那样高调和挑衅，而是尽量低调，"少谈主权多采油"，闷声发财，同时强调要以"外交途径"和"和平方式"解决南海争端。中国对马来西亚占领南沙岛礁以及 2009 年巴达维总理登陆弹丸礁宣示主权的行为进行抗议，但在中马合作共赢的大局下，双方都愿意通过协商妥善解决有关争端，而不是将争端升级，影响两国关系。

总的来看，从 1974 年中马建交以来，两国的关系从缓和、疏离到密切合作，已经到了融洽状态，习近平主席在 2013 年访问马来西亚时指出，马来西亚是中国"隔海相望的邻居、真心相待的朋友、互利合作的伙伴"，还说"中国和马来西亚是谈得来、信得过、靠得住的好朋友"[①]，这是对中马关系最贴切的评价。

2. 中国与马来西亚的经贸和投资关系

（1）贸易关系

20 世纪 90 年代以来中马关系的密切发展带动双方贸易额的持续增长。1995 年双方贸易额为 33.46 亿美元，1999 年突破 50 亿美元。进入 21 世纪后，双边贸易更是突飞猛进，2002 年突破百亿美元，2008 年突破 500 亿美元，2013 年突破千亿美元（表 2 - 7）。目前马来西亚是继日本、韩国之后第三个与中国贸易额超千亿美元的国家，也是中国在东盟的第一大贸易伙伴；同时，中国是马来西亚最大的进口国和第二大出口国，据马来西亚国家银行统计数据，2008 年马来西亚的最大贸易伙伴中，中国还排在第四位，2009 年和 2010 年上升到第二位，2011 年上升到第一位，超过日本、美国和泰国。目前，中国和新加坡是马来西亚最大的贸易伙伴国，稳居第一或第二位。

---

① 转引自苏莹莹《在应对南海困局中发挥马来西亚因素的积极作用》，《海交史研究》2014 年第 1 期。

表 2 - 7　　　　　1990—2013 年中国与马来西亚的贸易额　　（单位：亿美元）

年份	贸易总额	中国出口	中国进口	差额
1990	11.76	3.41	8.35	-7.84
1995	33.46	12.81	20.65	-7.84
1996	36.14	13.71	22.43	-8.73
1997	44.15	19.20	24.95	-5.75
1998	42.64	15.96	26.68	-10.72
1999	52.79	16.74	36.06	-19.32
2000	80.45	25.65	54.80	-29.15
2001	94.25	32.20	62.05	-29.85
2002	142.71	49.75	92.96	-43.21
2003	201.28	61.41	139.87	-78.46
2004	262.61	80.87	181.74	-100.88
2005	307.03	106.07	200.96	-94.89
2006	371.12	135.37	235.75	-100.38
2007	463.98	176.91	287.07	-110.17
2008	534.69	213.75	320.94	-107.19
2009	519.63	196.32	323.31	-126.99
2010	742.15	238.06	504.10	-266.04
2011	900.35	278.90	621.45	-342.55
2012	948.13	365.18	582.95	-217.77
2013	1060.75	459.33	601.43	-142.10

资料来源：中国海关相关年份统计。

中马良好的贸易发展势头并不是没有隐忧，最大的问题是双方贸易不平衡。中国一直处于贸易逆差的地位，而且随着贸易额的增长，贸易逆差也在扩大。1995 年为 7.84 亿美元，2002 年为 43.21 亿美元，2008 年增加到 107.19 亿美元，2013 年为 142.10 亿美元（表 2 - 7），这几年都是中马贸易额突破 50 亿、百亿、千亿美元大关的年份，而中国的贸易逆差也在加大，其中 2011 年逆差最大，达 342.55 亿美元。中国长期处于逆差地位，表明收入效应越来越有利于马来西亚。目前中马贸易产品主要是机电产品、机械设备和矿产品，造成贸易逆差的主要原因也与此相关，中国出口制造产品多为劳动密集型产品，且需要大量进口马来西亚的矿产品，导致对马的贸易逆差。

（2）投资关系

20 世纪 90 年代初马来西亚放宽对华人到中国投资的限制，所以 1992 年以后马来西亚对华投资迅速增长，1992 年投资额为 2467 万美元，1994 年突破 2 亿美元，1996 年马对华直接投资高达 4.5 亿美元。此后由于亚洲金融危机，对华投资有所下降，1999 年为 23771 万美元。2001 年以后缓慢恢复，2002 年投资额为 3.68 亿美元，截至 2014 年 6 月，马来西亚对华实际投资累计达 67.2 亿美元，[1] 马来西亚是仅次于新加坡的东盟对华直接投资的第二大国。

马来西亚对中国投资的主力是华人企业家。1990 年以前，马来西亚政府并不鼓励华人与中国有过多联系，限制马来西亚人到中国投资，所以来中国投资的华人企业既晚且少，大约比新加坡、菲律宾和泰国晚了五六年。90 年代马来西亚加强与中国的关系，支持华人到中国投资，也不再怀疑华人的忠诚。马哈蒂尔总理每次访华都率领庞大的代表团，有大批华人企业家随行。同时，中国在邓小平"南巡讲话"后，改革开放进一步扩大和深化，所以 1992 年以后马来西亚商界掀起到中国投资的热潮，华人企业家仍是投资主力，投资领域扩大到制造业、加工业、房地产、娱乐业、百货业、服务业、金融业、能源业和通信业等行业。

与马来西亚对华投资相比，中国对马来西亚投资一直较少，迄今为止，马来西亚对华投资超过了 60 亿美元，而中国在马来西亚的投资不足 10 亿美元。与其他国家相比，中国对马来西亚投资数额较低，

---

① 陆建人：《中国与马来西亚经贸关系分析》，《创新》2015 年第 2 期。

2014 年才进入对马来西亚投资国家的第十位。可以说，中国与马来西亚的相互投资呈现"马方热，中方冷"的特点，导致"马热中冷"的最根本原因是中国经济规模大、市场多元，能吸收更多的外来投资，产品既可以在中国销售又可以向外国出口，而马来西亚人口少，市场相对较小，难以像中国那样吸引大量投资。其次是中国经济起飞时间相对晚于马来西亚，所以马来西亚 90 年代以来投资中国的热度较高，而中国直到近年才对马来西亚投资有所升温。这些因素都影响了中国对马来西亚的投资。但近年情况有所改变，中国经济持续增长，不仅带动更大的能源需求和市场推广，也提升了海外投资愿望，而马来西亚也鼓励外商在马投资，所以中国对马来西亚投资开始升温。

为了推动中马互相投资的进一步发展，中国和马来西亚分别在各自国家设立政府层面的工业园，即"中马钦州工业园区"和"马中关丹工业园"，开创了中国同东盟国家互设国家级工业园区的先河，对促进中马相互投资具有里程碑意义。

（3）工程承包

马来西亚是中国重要的海外劳务承包市场之一，据中国商务部统计，截至 2014 年 6 月，中国公司在马来西亚累计签订承包工程合同额 207.3 亿美元，完成营业额 148.6 亿美元。中国公司积极参与马来西亚的基础设施和房地产建设，如中国电力建设集团承建丰盛港填海项目，华为公司承建马来西亚电信项目，中铁建设集团参建吉隆坡新建地铁（MRT）工程等。[1]

中国在马来西亚承包工程存在的主要问题是用工问题。马来西亚人口较少，劳动力缺乏，主要从印尼、孟加拉、印度引入劳工，而没有对中国开放普通劳务市场，马政府限制中国派驻马来西亚公司的工作人员及技术劳务人员的人数，中国人较难获得工作许可证，需要在当地招工。而马来西亚政府对企业招收员工的程序进行监督，以保证企业员工族群结构的平衡。但中国企业招到适合需要的当地人并不容

---

① 陆建人：《中国与马来西亚经贸关系分析》，《创新》2015 年第 2 期。

易，尤其是劳动密集型企业不容易招到合格的技术工人。

3. 广东与马来西亚经济关系

广东是海外移民大省，近代以来移民海外的中国人中，广东人是人数最多，分布最广的。而马来西亚是广东人移民最多的国家之一，广东籍华人占该国华人的 60%，其中广府人占 24%，客家人占 20%，潮汕人占 11%。随着中国改革开放，广东又成为中国改革开放的前沿，马来西亚也放开对华人回乡的限制，并鼓励对华贸易投资，华人又一次成为两地交往的桥梁，架起广东与马来西亚密切的经贸联系。

广东与马来西亚双边贸易额大幅增加。20 世纪八九十年代马来西亚与广东的贸易额较少，在东盟国家排在后位。进入 21 世纪后，马来西亚与广东的贸易有较大升幅，2006 年为 113.1 亿美元，位居东盟国家第二位。2007 年为 144.79 亿美元，约占中国大陆与马来西亚贸易额的 31%，同年马来西亚第一次取代新加坡成为与广东贸易最多的东盟国家。此后马来西亚一直居于广东与东盟国家贸易的首位，且增长迅速，2008 年为 161.51 亿美元，2010 年为 209.65 亿美元，2013 年为 268.14 亿美元。但与中马贸易一样，广东在与马贸易中一直处于逆差地位，贸易额越大，逆差也越大，一般每年有 50 多亿美元的差额，多的年份达到上百亿美元，如 2010 年和 2011 年，贸易逆差有 103 亿美元。[①] 这是因为广东的主要贸易对象是美国，出口成品，需要每年从马来西亚进口大量的电子零部件，还要大量进口棕榈油产品，而出口产品相对较少，导致大量的贸易逆差。

马来西亚对广东的投资主要通过华人，投资项目和投资额除受 1997 年亚洲金融危机的影响外，而在 1998—2002 年有所下降外，其余大部分年份比较平稳，且略有增长。马来西亚总理府对华特使黄家定认为，广东是马来西亚华人商家的重要投资点，很多在中国投资取得成功的马来西亚企业都是率先在广东立足，进而扩大到中国其他地区。确实，马来西亚对广东的投资占中国的较大份额，从 1984—2006 年马来西亚对福建和广东两省的投资来看，实际投资额分别为

---

① 《广东统计年鉴》相关年份，http://www.gdstats.gov.cn/tjnj。

5.93 亿美元、4.82 亿美元，两省共占全国总投资额的 25.4%，投资项目分别为 381 个与 517 个，共占全国投资项目总数的 22.8%。① 目前马来西亚在广东的投资分布行业广泛，包括机械制造、服装、酒店、休闲娱乐等行业。

与马来西亚早在 80 年代就开始投资广东相比，广东对马来西亚的投资要晚得多，也要少得多。大概在 2005 年以后，广东企业才开始较多地"走出去"，向马来西亚投资。据广东商务厅统计，截至 2014 年底，广东在马来西亚协议投资设立企业累计 37 家，中方协议投资额 4.42 亿美元，中方实际投资 8284 万美元，主要涉及电子信息、橡胶、旅游、纺织品等行业。其中 2014 年协议投资 8468 万美元，实际投资 860 万美元。当然，实际的投资金额应该不止这些，许多民营小企业在马来西亚的投资可能没有统计进来。总的来看，与马来西亚对广东的投资相比，广东对马来西亚的投资较晚，数量也较少，这一状况与广东企业近年才开始"走出去"有关，也与两地经济结构同质性较高，互补性较低有关，两地都处于工业化后期阶段，急需产业升级，发展高技术、高科技产业，淘汰劳动密集型和高污染产业。

但实际上，广东和马来西亚都存在广阔的商机，在能源需求、产品结构和贸易需求上仍存在较大的互补性。马来西亚的石油、油棕和橡胶是广东所迫切需要的，还能提供制造业的相关零件，东马、马来半岛北部相对经济落后地区需要更多投资，而经济发达地区则欢迎高技术、高科技投资。所以，马来西亚的投资前景广阔，不同地域和不同产业需要多层次的投资。

而且，广东在与马来西亚发展经贸投资关系中还具有三大优势：一是海洋优势，广东是海洋大省，毗邻东南亚，物流快捷便利。二是人缘优势，广东是海外移民大省，马来西亚华人众多，且经济实力雄厚，华人既是投资广东的主力，也是广东企业投资马来西亚的合作者。华人有广泛的商业网络，有人脉，熟悉当地情况，他们可以为广

---

① 郑达：《试析马来西亚华商对华投资的发展、问题与对策》，《南洋问题研究》2009 年第 3 期，第 70 页。

东企业提供市场信息，进行法律咨询，提供售后服务。华人有众多商会，这也是广东可资利用的平台。广东可以大打"侨牌"，通过华人的桥梁作用，广东企业可少走弯路，减少开拓市场的成本，更容易取得成功。而华人作为合作伙伴，也能从中获利。三是地缘优势，粤港澳一体化壮大这一区域经济体，更吸引马来西亚商人对广东投资。马来西亚的企业集团都在香港设有子公司，并通过香港投资大陆，粤港澳一体化会进一步推动马来西亚商人的投资。

总之，广东与马来西亚的贸易投资还有较大的上升空间。

第三节 马来西亚投资风险评估

中国"一路一带"战略的良好运行与沿线国家安全稳定的环境息息相关，中国在相关国家进行经贸投资时，要认真评估对象国可能存在的政治风险、经济风险和安全风险等，这些风险涉及政权更迭、社会动乱、族群冲突、国家和地区战乱、经济危机、执法混乱等。

马来西亚是安全系数很高、风险极低的国家。据世界银行 2014 年的调查显示，马来西亚在全球营商环境排名榜上名列第 18 位，在亚洲仅次于新加坡和中国香港。而世界经济论坛于 2015 年 9 月 30 日发布的《2015—2016 年全球竞争力报告》中，马来西亚位居第 18 位，属于活跃的经济体。我们从以下几个方面对马来西亚的投资环境进行短期风险和中期风险评估。

一 政治风险评估

1. 政治稳定度

政治稳定度是一个国家投资风险的核心，决定了风险的等级。

（1）近期马来西亚政权基本稳定，国民阵线继续执政。

马来西亚由国民阵线长期执政，执政党包括了多族群政党，由巫统主导。这种制度设计基本符合马来西亚多元族群的现实，部分满足各族群政治参与的诉求。通过族群政治和选举制度，国民阵线一直控制政权。国民阵线继续执政能确保政策的延续性，减少因政权更迭引起的政策变化和动荡。

马来西亚的反对党人民联盟势力较强，对国民阵线构成极大的挑战，在 2008 年和 2013 年大选中尤其严峻。但人民联盟存在致命缺陷，即行动党和伊斯兰党的理念根本分歧，最终导致 2015 年 6 月两党断绝政治关系，致使人民联盟解体。之后反对党又成立不包括伊斯兰党在内的"希望联盟"，但整合和发展前景还是未知数。下届大选反对党不大可能再对国民阵线构成严重威胁，国民阵线会继续执政。所以从短期来说，政权转换的风险"极低"。

近期马来西亚总理纳吉布深陷一个马来西亚发展公司（简称"一马公司"）和"七亿美元案"丑闻，遭到反对党和民间要求其下台的压力。但从近期来看，纳吉布在政府和巫统党内的地位仍然稳固，反对他的副总理已经去职，反对党也争取不到足够多的议员在国会内对纳吉布投不信任票。而且，即使纳吉布下台，仍然是巫统为首的国民阵线执政，不会影响政治稳定。

再退一步说，即使马来西亚实现政权更迭，国民阵线下台，也不会是通过革命或暴力的方式，而是通过选举。马来西亚已形成比较成熟的公开、定期进行选举的机制，马来西亚民众能够通过选举来表达诉求，而不必通过革命和暴力的方式。通常革命和暴力必然伴随着极大的动荡，导致政治不稳定度升高，而选举所带来的不稳定是较低的。而且，马来西亚存在成熟的反对党，假如国民阵线被选下台，反对党也能顺利接替政权，不会引起大的动荡。所以从中期来看，马来西亚虽然存在政权更迭的可能，但因政权转换所带来的风险仍是"低"。总体上来说，马来西亚的政治稳定度较高。

（2）马来西亚社会矛盾较大，对政府的不满增多，但不会爆发大规模暴力行动。

腐败和贫富分化是影响马来西亚民众对政府评价和政治稳定的两大问题。

国民阵线长期执政，积累了庞大的政商网络和权钱交易，存在较严重的腐败行为。据透明国际排名，2012 年马来西亚廉洁程度排名位居 54 位，在东南亚国家名列第 3，腐败指数是 4.9，属于轻微腐败，2014 年廉洁度排名上升为第 50 位，仍属轻微腐败。但马来西亚一般民众对政府的印象是贪污腐败严重，对政府多有批评和不满。

马来西亚也存在较严重的贫富差距。据世界银行统计，2009 年马来西亚基尼系数为 0.462，已经超过 0.4 的国际警戒线，是亚洲财富分配最不均衡的国家之一。据《南洋商报》2015 年 5 月 3 日报道，马来西亚贫富差距在东南亚国家中排名第三，相比其他发展中国家，目前马来西亚贫富差距较大。联合国开发计划署（UNDP）发布的《2013 年马来西亚人类发展指数报告》指出，马来西亚 1% 最富有的人掌握的财富，超过了 40% 最贫穷的人的财富总和，贫穷率从 2007 年的 17.4%，上升至 2012 年的 20%，表明马来西亚贫富差距的情况逐步加剧。马来西亚民众对收入分配不公和贫富分化严重十分不满，这是影响政治稳定的因素之一。①

马来西亚民众对政府有较高的要求，尤其是这个政府已执政了40 余年，积弊已久，民怨多多。民众对政府不满和批评最多的是民生、贪腐、民主、社会不公、治安等方面。许多民众渴望"变天"，尤其表现在 2013 年大选，西马一半多选民投票给反对党人民联盟，但未能成功地将国民阵线赶下台。

那么，马来西亚民众的不满是否会通过街头暴力或革命来表达呢？回答是不会。首先马来西亚的贪腐程度按透明国际的标准只是轻微，其廉洁程度在东南亚排名第三，相比于众多东南亚国家和发展中国家，马来西亚的贪腐程度尚在可忍受范围。其次马来西亚的贫穷率是相当低的，2012 年只有 1.7%，所以由贫困引发大规模社会动荡的可能性几乎不存在。最后是马来西亚的贫富分化较为严重，也日益引起人们的不满，这是最可能引起矛盾激化的一个问题。但马来西亚的特殊之处在于，其阶级矛盾与族群矛盾纠结在一起，族群差距掩盖了贫富差距，反而冲淡了由贫富矛盾引发动荡的可能性。

马来西亚社会矛盾比较尖锐，近期和中期可能会因某些事件引

---

① 《马来西亚贫富差距东亚排名第三》，环球网，http://china.huanqiu.com/News/mofcom/2015 – 05/6354004.html，2015 年 5 月 3 日。

起大、中、小规模游行集会，但不会出现大规模动荡。实际上，马来西亚民众已经习惯通过选票、游行、集会、投书报章表达诉求，而不会选择大规模街头暴动或革命的方式，即使是 1998 年烈火莫熄运动，也没有超出游行、集会、投书报章等范围。而马来西亚著名民间组织"干净与公平选举联盟"（简称"净选盟"）发起的四次大规模群众集会，每次都有数万人参加，基本上以和平方式进行，表达诉求后离开。经验证明，和平有序的游行和集会是正常的抗议行为，可能会引起紧张，但不会引发动乱，而革命和街头暴力注定会引发动乱。

各国竞争力指标分析库（BVD – EIU Market Indicators & Forecasts）以政治无效性风险指标对马来西亚、中国大陆、中国香港和印度进行评分，马来西亚的政治无效性风险长期维持在 50 分，但在 2012—2013 明显下降，低于 50 分，其政治无效性风险处于较低水平，低于中国大陆和印度（图 2 - 3）。可见，马来西亚商业运营的政治环境较为稳定，政治风险较低，这一优势在 2016 年仍将继续保持。

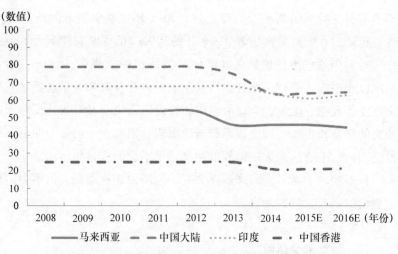

图 2 - 3　马来西亚 2008—2016 年政治无效性风险

注 1：2015 年与 2016 年的值为预测值。

注 2：政治无效性风险最大值为 100，为极度风险，最小值为 0，为零风险。

数据来源：EIU Risk Briefing。

2. 宗教与族群关系和谐度

马来西亚是多元宗教、多元族群国家，以伊斯兰教为国教，马来族是主体民族。马来西亚是温和伊斯兰国家，族群关系和睦。

马来西亚对宗教管制十分严厉，据 2015 年 3 月美国皮尤研究中心的报告，马来西亚的宗教控制严厉度在全球 198 个国家中排名第八。这样的严厉控制有效抑制了宗教极端主义泛滥的可能性，加之马来西亚穆斯林绝大多数属于温和穆斯林，所以马来西亚呈现出温和伊斯兰国家的特点。马来西亚尽管存在伊斯兰极端主义，如有伊斯兰圣战军组织，有个别人加入 ISIS，也有人禁止基督徒使用"安拉"字眼称呼上帝，号召焚烧《圣经》等。但在政府的严厉打击下，伊斯兰极端组织几乎没有生存的空间。参加 ISIS 的人被取消马来西亚护照，他们在国内更没有发展力量的可能性。而少数人的宗教煽动也会遭到政府的压制，不会演变为大的宗教冲突。尽管如此，马来西亚存在"独狼"式恐怖袭击的可能性，尤其是 ISIS 的支持者。

马来西亚的族群关系比较和谐，自 1969 年以后，再没有发生过族群流血冲突。马来西亚各族群间也存在矛盾，因政治、经济、教育不平等引发的不满从来没有停止过，2015 年也发生数起族群关系事件，包括 7 月的刘蝶广场事件，9 月的"9·16 马来人尊严大集会事件"等，但这些事件仍只是各群体利益博弈的表现方式之一，集会基本以和平方式进行。而且，马来西亚警方会及时介入平息骚乱，马来西亚各政党、政要、非政府组织和普通民众也会及时表达反对族群冲突的立场和主张，传递族群和谐的愿望。因此，小的暴力冲突在可控范围内，不会演成大规模族群冲突，更不会演成排华运动。

从近期和中期看，马来西亚会有小范围的族群摩擦，但不会出现大规模的宗教、族群冲突。

二 国际安全风险

1. 地区安全度

马来西亚与周边国家的关系基本友好，尽管存在争端，但不会爆发冲突或战争。

马来西亚与邻国新加坡既有合作，也有矛盾。新加坡一直是马来西亚最大的贸易伙伴，也是最大的投资国；两国也是《五国防务协定》成员国，双方在军事演习、防务工业、训练设施和培训基地等方面紧密相连。这种高度相互依存关系，决定了马来西亚与新加坡不会因小争端诉诸武力。

马来西亚与菲律宾有领土争端，即沙巴州的主权归属。沙巴领土争端影响马菲关系，但马菲不会因沙巴问题发生大规模武装冲突。目前主要的问题是沙巴北部成为菲南分离分子的流窜地，会出现小规模武装袭击和绑架人质，增加了在沙巴北部旅游和投资的风险。

马来西亚与印度尼西亚同属于"马来世界"，有纠缠在一起的历史，也曾因马来西亚的独立建国而关系紧张。目前两国关系良好，存在的主要问题有领土、领海争端和印尼外劳问题。但这些纠纷并不影响两国关系大局，更不会发展到战争状态。

马来西亚与邻国存在领土争端和其他纠纷，但这些争端基本不会恶化到战争程度。其根本在于这些国家相互依存程度极高：经济发展和结构属于互补型，相互依赖；政治和安全利益密切相关，紧密合作；在东盟框架内，有良好的沟通机制。更重要的是，马来西亚与其邻国都是以本国的发展、繁荣和稳定作为外交政策出发点，倾向于以谈判而不是战争的方式解决纠纷和争端，所以马来西亚与邻国不会陷入战争。地区安全也保证了马六甲海峡的通航安全。

目前只有沙巴地区有由菲律宾非政府武装进行的小规模武装冲突和绑架人质，增加了沙巴北部地区的投资和旅游风险，但风险程度较低。

2. 与中国关系友好度

马来西亚与中国关系现在进入融洽期，双方合作的坚固基础是共同谋求经济发展和繁荣。目前马来西亚是中国在东盟的最大贸易伙伴，而中国和新加坡则是马来西亚的最大贸易伙伴国，稳居第一或第二位。在投资方面，马来西亚对华投资不断增长，目前是仅次于新加坡的东盟对华直接投资的第二大国。

马来西亚与中国的关系已经上升为战略伙伴关系。马政府不再视中国为"威胁"，不像有些东南亚国家常提"中国威胁论"，总体上来说，马来西亚对中国的认知和定位是正面的，这有助于两国的密切合作。马中两国也存在领土争端，对南沙群岛部分岛礁的归属问题有争议，但马来西亚对南海的主权要求不像菲律宾和越南那样高调和挑衅，而是尽量低调，两国都愿意通过协商妥善解决有关争端。所以南海争端不会恶化两国关系，也不会引发冲突和战争。

马来西亚对"一带一路"构想的回应是谨慎的。一方面马来西亚希望搭上这个更大的经济网络，使其经济发展更上一层楼，突破"中等收入陷阱"，但另一方面也存在疑虑，"一带一路"只是构想，具体实施还未商定，马来西亚担心中国借"一路"扩大在东南亚的势力，进而控制它们。所以中国在与其沟通时，要展示"一带一路"的互联互通、互利互惠、合作共赢的特性，减少其疑虑。

三 经济风险评估

1. 宏观经济风险

（1）增长风险

2008 年金融危机重挫了马来西亚经济，使 2009 年 GDP 出现了负增长。但到了 2010 年 GDP 恢复到 2008 年水平并稍有提升。2011 年开始，名义 GDP 增速逐渐放缓，直至 2014 年增长率才有所上升。扣除通货膨胀率的影响，2014 年 GDP 增长率为 6%。相较 2011 年以前，马来西亚近年的增长速度放缓。非石油部门的投资项目将受益于能源价格下跌，在一定程度上对 GDP 的增长有所刺激。但是由于大宗商品价格、商品与服务税的实施以及较低的个人信贷增长，马来西亚的人均消费力将有所降低，导致国内需求疲软，从而拉低了 GDP 的增速。

马来西亚中华总商会发表《2015 年上半年大马经济状况调查报告》，指出有 84.8% 的华商对 2015 年和 2016 年经济前景感到悲观。影响华商情绪的四大因素是政府政策、运作成本和原料价高涨、国内竞争以及国内政治不稳。[①] 根据 2014 年国际货币基金组织 IMF 对马

---

① 《逾八成华商对马国经济前景感担忧》，联合早报网，http://www.zaobao.com/news/sea/story20150916-527143，2015 年 9 月 16 日。

来西亚的预测，马来西亚 2015 年真实 GDP 增速为 4.8%，2016 年真实 GDP 增速为 4.9%，且到 2020 年真实 GDP 增速都将维持在 5%。[①]预计未来马来西亚经济增长率的波动情况主要取决于国际原油价格的走势和国内需求情况。

（2）通胀风险

2008 年金融危机后，马来西亚通货膨胀率迅速降低，达到 0.583%，开始出现通缩风险。2010 年后全球经济有所复苏，马来西亚国内的通货膨胀率也小幅上升，2011 年达到 3.2%。2012 年又降至 1.655%，而后温和上升至 3.1% 左右。与其他东南亚国家相比，马来西亚整体通货膨胀率偏低，基本都属于爬行式的通货膨胀率，并且相较中国而言，通胀率的波动范围也较小（图 2-4），国内物价相对较稳定。实际上，温和的通货膨胀率有利于马来西亚的经济增长。

图 2-4　中国、马来西亚 2008—2014 年通货膨胀率

数据来源：国际货币基金组织（IMF）International Financial Statistics（IFS）数据库。

---

① IMF. 2014 ARTICLE IV CONSULTATION—STAFF REPORT; PRESS RELEASE; AND STATEMENT BY THE EXECUTIVE DIRECTOR FOR MALAYSIA [R]. Washington, D. C. IMF, 2015.

马来西亚自 2015 年 4 月开始征收消费税，取代了原来的销售及服务税，这一方面缓解了因油价下跌导致的财政收入减少，优化了税收结构，降低了财政对原油收入的依赖性；但另一方面，导致了国民对物价上升的预期。其他国家如加拿大、新加坡等也有推行消费税的经历，他们大多在启动新税制当年承受着较高的通货膨胀，持续时间长短不一。[①] 但鉴于未来一段时间石油及大宗商品价格的疲软态势不会改变，即便实行新的税制，马来西亚的通胀率也不可能大幅上升。

根据 2014 年国际货币基金组织（IMF）对马来西亚的预测，2015 年马来西亚通货膨胀率为 3.2%，2016 年为 3.0%。[②] 未来，马来西亚的物价水平及通胀率主要还是受到石油及大宗商品价格走向的影响。

2. 利率风险

马来西亚 2008 年至 2014 年的实际利率如图 2－5 所示。可以看出，2008 年的全球金融危机对马来西亚的金融市场产生了强烈的冲击，导致 2009 年马来西亚银根急剧紧缩，年平均实际利率从 2008 年的－3.90% 增长到 2009 年的 11.78%，同比上升了 402.05%。为了应对全球金融危机，马来西亚当局于 2008 年采取了一系列刺激经济的货币政策措施。其中，在利率政策方面，政府在 2009 年 1 月和 2 月连续降低隔夜政策利率，利率下降幅度分别为 0.25% 和 0.75%。2010 年随着世界经济从金融危机中逐渐复苏，马来西亚国内需求和私人消费都有所增长，国民经济整体也有小幅增长，于是，马来西亚货币政策的实施目标从防止经济下滑转为平衡通货膨胀的压力与经济增长的压力上来。马来西亚货币政策委员会在 2010 年 3 月、5 月和 7 月三次调高隔夜政策利率，每次调高幅度为 0.25 个百分点。从图

---

① 中华人民共和国驻马来西亚大使馆经济商务参赞处：《消费税影响范围广 马来西亚通胀压力将维持一年》，http://www.mofcom.gov.cn/article/i/jyjl/j/201504/20150400945757.shtml，2015－04－17/2015－09－04。

② IMF. 2014 ARTICLE IV CONSULTATION—STAFF REPORT; PRESS RELEASE; AND STATEMENT BY THE EXECUTIVE DIRECTOR FOR MALAYSIA [R]. Washington, D. C. IMF, 2015.

2-5可以看出，2011—2013 年实际利率都呈小幅上升的趋势，2014年虽有小幅下降但都维持在 3% 左右。

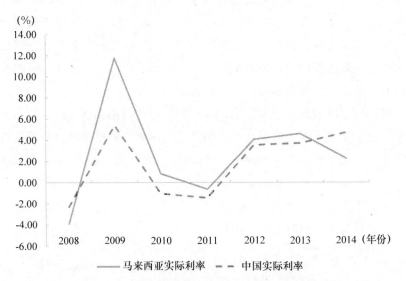

图 2-5 中国、马来西亚 2008—2014 年实际利率

数据来源：世界银行。

2015 年以来，受大宗商品价格下跌、油价下跌、林吉特大幅贬值、美联储加息预期的影响，马来西亚面临着严峻的资本外流问题，但 2015 年 7 月 10 日马来西亚央行宣布维持隔夜拆借利率水平不变，仍为 3.25%。①

与中国相比，马来西亚已完全实现了利率市场化。所以在面对市场冲击时，其利率风险更大。2009 年马来西亚的实际利率从 2008 年的 -3.90% 一路攀升至 11.78%，而中国则将其控制在了 5.42%。

3. 汇率风险

1997 年亚洲金融风暴时，为了避免因资本外流可能导致的林吉特汇率大幅贬值，马哈蒂尔总理宣布马来西亚将实施钉住美元的固定

① 《马来西亚国家银行决定维持利率水平不变》，东方财富网，http://finance.east-money.com/news/1351，20150713526365048.html，2015-07-13/2015-08-30。

汇率制度，将林吉特对美元的汇率固定在 3.8:1，同时实行资本项目管制，停止印制 500 林吉特和 1000 林吉特面额钞票。这种严厉的货币管制制度使得马来西亚在金融风暴中的损失相较泰国、韩国和印尼等国家小很多。然而，从 2004 年开始，美元大幅贬值，原先的固定汇率使得马来西亚损失不小。2005 年 7 月 20 日马来西亚宣布将固定汇率制度转为有管理的浮动汇率制度，让林吉特与美元脱钩，林吉特可在一定范围内自由浮动，一旦出现激烈波动，马国央行可立即介入干预。同时政府放开资本管制，允许岸外资本自由兑换及国际资本进出，这一制度一直实施至今。虽然浮动汇率制度和较为宽松的货币管制比严厉的汇率制度更有利于外商对马投资的灵活性和资金的流动性，但面临的汇率波动风险增加。

由于中国在马来西亚的投资多以美元或人民币结算，在此主要分析林吉特对美元和对人民币的风险。

（1）汇率变化趋势

（a）林吉特对美元汇率

2013 年至今林吉特大幅贬值。从 2013 年开始，世界主要产油国增加油气钻井数量和油气产量，国际油气价格下跌，使得占马来西亚出口总额比重很大的原油、天然气出口受到重挫。另外，煤和棕榈油等大宗商品的价格也持续下跌，马来西亚经济增速放缓，林吉特的内部支撑被削弱。

尤其是 2015 年初以来，林吉特对美元汇率大幅下跌，8 月 24 日达到 4.263 林吉特兑 1 美元，刷新 1998 年亚洲金融风暴以来的最低值。截至 8 月 25 日，相较年初水平，林吉特已累计贬值 19.50%。除了油价下跌造成马贸易顺差额缩小之外，2015 年 8 月美联储的加息预期也吸引了大量的国际资本转战美国、撤离马来西亚，根据利率平价理论，美国的即期汇率将大幅升水。再加上纳吉布总理陷腐败丑闻，使得高盛等国际投行对马来西亚风险重新评判，林吉特贬值压力增大。

（b）林吉特对人民币汇率

2009 年 2 月 8 日，中国宣布与马来西亚签署双边货币互换协

议，互换规模为 800 亿元人民币或 400 亿林吉特，协议有效期 3
年，经双方同意可以展期。① 2012 年 2 月 8 日，中国人民银行与马
来西亚国家银行续签了中马双边本币互换协议，互换规模由原来的
800 亿元人民币/400 亿林吉特扩大至 1800 亿元人民币/900 亿林吉
特，有效期三年，经双方同意可以展期。② 2015 年 4 月 17 日，中
国人民银行行长周小川与马来西亚国家银行行长洁蒂在华盛顿续签
货币互换协议，维持 1800 亿人民币或 900 亿林吉特的互换额度，
有效期为 3 年。③

2015 年初以来，林吉特大幅贬值，相较年初林吉特跌幅累计达
到 14.60%，8 月 24 日更是下探 1.5 大关。2015 年 8 月 10 日起，人
民币中间价报价制度由原来的做市商报价加权后生成变为做市商在每
日银行间外汇市场开盘前，参考上日银行间外汇市场收盘汇率，综合
考虑外汇供求情况以及国际主要货币汇率变化向中国外汇交易中心提
供中间价报价，当日人民币一次性贬值 2% 以及随后下跌 1%。④ 人
民币汇率的下跌也许会使短期内的林吉特对人民币汇率上升，但是考
虑到中国是马来西亚重要的贸易顺差国，人民币的贬值缩小了马来西
亚在中国市场的贸易利润，对马来西亚经济和林吉特的内在支撑具有
一定的消极影响。

（2）汇率风险的影响

林吉特的大幅下跌对于外商在马来西亚投资的影响分为两种：对
于成本导向型投资，如矿冶开采等受成本影响较大的工业项目投资，
林吉特下跌对企业降低成本提高利润有积极的影响；而对于市场导向
型投资，如金融业、服务业等则会起到消极的作用。另外，林吉特汇

① 《中国与马来西亚央行互换货币》，凤凰财经，http://finance.ifeng.com/roll/
20090210/360088.shtml。
② 《中国央行与马来西亚央行扩大货币互换规模》，中国广播网，http://chi-na.cnr.cn/gdgg/201202/t20120208_509139595.shtml。
③ 《中国与马来西亚续签货币互换协议》，环球网，http://news.eastday.com/east-day/13news/auto/news/china/u7ai3814437_K4.html。
④ 经济参考报：《人民币汇率中间价市场化逼近》，http://jingji.cntv.cn/2015/08/12/ARTI1439335799619457.shtml。

率的波动增大不论是对成本导向型还是市场导向型的投资，都会增加不确定性风险，相应的避险金融工具的价格也会提高，增加了外商投资的汇率风险。[①]

尽管此轮猛烈的汇率下跌让投资者不禁想起 1997 年亚洲金融风暴时期，马来西亚当局采取的固定汇率制度和严格的资本管制。但根据目前情况，预计马来西亚汇率制度和资本管制政策转变的可能性较低。2015 年 8 月 13 日马来西亚央行行长洁蒂表示，马来西亚央行认为没有必要对马来西亚货币林吉特实行固定汇率；林吉特贬值的影响是可控的，央行有能力应对美联储加息。[②] 因此，未来尽管投资者会受到林吉特汇率下跌带来的损失，但在资本流动和汇率制度上基本不会遇到严格的管制或重大变化的风险。

4. 流动性风险

信贷的增速是资金需求的反映，广义货币 M2 的增速则是资金供给的水平。马来西亚信贷增长速度和广义货币 M2 增长率基本吻合（图 2-6）。2008 年全球金融危机导致马来西亚信贷和货币增速都大幅下降。随后，发达国家为了维护自身金融体系的稳定，纷纷采取量化宽松的刺激政策，这使国际资本大量流入马来西亚，新兴市场迅速进入了信贷的扩张期，成为发达国家量化宽松政策的蓄水池。[③] 2011 年马来西亚信贷及广义货币 M2 增速分别高达 12.0% 和 14.6%。与此同时，马来西亚家庭及政府负债也在信贷扩张中持续攀升，快速的信贷增长给资产带来了一定风险。2011 年后欧债危机的爆发又使得这些国际资本流出马来西亚，M2 增长率下降，但信贷增长率仍维持在 10% 以上。

---

① 于津平：《汇率变化如何影响外商直接投资》，《世界经济》2007 年第 4 期，第 54—65 页。

② 关玮琳：《论马来西亚汇率制度的改革》，《商场现代化》2010 年第 25 期，第 184—185 页。

③ 高海红：《全球流动性风险和对策》，《国际经济评论》2012 年第 2 期。

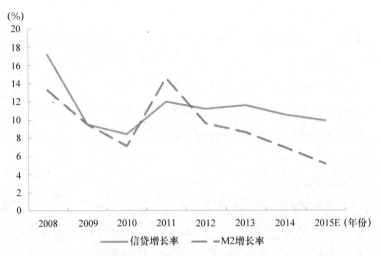

图 2 - 6 马来西亚 2008—2015 年信贷增长率及 M2 增长率

注：2015 年为预测值。

数据来源：各国宏观经济指标宝典（BVD - EIU Country Data）。

2011 年后马来西亚银行流动性准备金的比率不断减小（图 2 -
7），这对应了居高难下的信贷增长。而 2015 年来，受到强势美元、
美联储加息预期等因素的影响，国际资本更是大幅度流出马来西亚及
其他新兴市场，进一步减少马来西亚国内的流动性。

图 2 - 7 马来西亚 2008—2014 年银行流动性准备金占银行资产的比率

数据来源：世界银行。

2015 年 7 月马来西亚政府称国内有充足的流动性应对资本外流，从当局维持隔夜政策利率 3.25% 不变上看来，国内流动性风险的确不严重，但资本流出、流动性偏紧仍是不争的事实。马来西亚需要一个相对较低的利率来维持国内经济的稳定增长，防止国内经济增速出现过快下滑，也要控制好信贷和广义货币 M2 的增速，并警惕外资的大量流出。

5. 信用风险

马来西亚政府债务水平在主要东南亚国家中属中等水平，但是其法定最高的政府负债上线为 GDP 的 55%。[①] 按照 IMF 的算法，马来西亚联邦政府负债水平在 2013 年及 2014 年均超过了这一上限。由此看来，马来西亚的债务问题已经相当严重，如果近期再受到强烈的外部冲击导致政府负债超过 55% 这一法定比例，那么即便当局不愿意使债务加重，也只能采取修订法定债务上限的方式来提高负债水平。过高的债务会拖累马来西亚的经济增长，虽然政府希望在 2019 年将债务负担率降低至 45%，但受到宏观经济因素的影响，这个目标将很难达成。根据 IMF 预测，到 2019 年，马来西亚政府债务负担率仍将高达 50%。[②]

目前，马来西亚政府负债高企的主要原因包括原油价格的下跌、国内 GDP 增速放缓、汇率风险等，其中影响最大的为原油价格的持续下跌，这将直接造成马来西亚财政收入减少。对此，当局降低了对油品的补贴。[③] 若马来西亚债务负担率持续保持在高位，国际评级机构有可能下调马来西亚主权债务评级，由此可能引发又一轮的资本外

---

① 陶杰：《马来西亚债务接近"红线"》，《经济日报》2013 年 12 月 24 日。

② IMF. 2014 ARTICLE IV CONSULTATION—STAFF REPORT；PRESS RELEASE；AND STATEMENT BY THE EXECUTIVE DIRECTOR FOR MALAYSIA ［R］. Washington，D. C. IMF，2015.

③ 中华人民共和国驻马来西亚大使馆经济商务参赞处：《马来西亚政府调整财政预算》，http：//my. mofcom. gov. cn/article/sqfb/201501/20150100875082. shtml，2015－01－22/2015－09－04。

流，届时马政府则不得不提高利率来吸引国际资本，但这无疑增加了借贷成本，降低了本国经济增速。

从马来西亚债务构成看，外债占政府总债务的 32%，内债占 68%。外债中有 87% 都是以林吉特计价的本币外债，这个比例在世界各国中都属高水平。以本币发行的外债能够更好地抵抗国内货币贬值的风险，而以美元发行的债务则会在美元升值时增加债务负担。总体来说，由于马来西亚外币外债的比例很低，货币贬值对外债的影响不大。然而，即便林吉特的贬值不会过多增加外债偿付风险，马政府本身过高的债务也有可能会拖累国内经济增长。未来，削减财政支出将成为政府控制债务水平的必要手段。

6. 外部冲击

(1) 贸易型外部冲击

一国受到贸易型外部冲击的影响程度可通过三个维度来衡量：产品集中度（商品结构风险系数）、市场集中度（市场结构风险系数）和外贸依存度。

从产品集中度来看，马来西亚的出口商品主要是机械及运输设备和矿物燃料，以矿物燃料作为主要的出口产品使得马来西亚的出口总额易受到国际大宗商品价格波动的影响。

从市场集中度来看，马来西亚主要的四大出口国是新加坡、中国、美国、日本，对这四国的出口额占了其出口总额的 48% 左右。可见，马来西亚的经济相对来说对主要出口国经济的依赖程度较高，容易受到主要出口国经济波动的影响。

从外贸依存度来看，自 2008 年全球金融危机以来，除了 2011 年有盈余增长外，马来西亚的经常账户盈余在其余年份都呈下降趋势，2013 年更是降至 2005 年以来的最低值，为 117.3 亿美元。其在 GDP 中的占比持续下降（图 2-8），从 2008 年的 176.6% 一路降至 2014 年的 149.5%，预测到 2016 年，比例将下降到 140% 左右，表明外部贸易冲击对马来西亚经济的影响在下降。

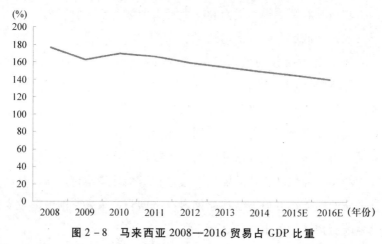

图 2 - 8 马来西亚 2008—2016 贸易占 GDP 比重

注：2015 年、2016 年为预测值。

数据来源：世界银行。

　　综合来看，马来西亚经常账户盈余波动的主要原因是产品过于集中于电子电器产品和原油出口，使得其经济受国际原油价格、美国国内需求等方面的影响较大。同时，马来西亚出口市场相对集中于少数国家，容易受到个别国家经济波动的影响。但马来西亚对外贸易在国内生产总值中的比例在下降，一定程度上缓解了贸易型外部冲击对其经济的影响。

　　（2）资本型外部冲击

　　一国受到资本型外部冲击的影响程度可通过两个维度来衡量，即资本账户开放程度和外来资本占国内主权债务的比例。从资本账户开放程度来看，2001 年，马来西亚全面取消了为应对 1998 年亚洲金融危机实行的资本流出临时管制措施，恢复了高度开放的资本账户。从外来资本占国内主权债务的比例来看，45% 的马来西亚主权债务为外国投资者持有，为东南亚地区最高。

　　2008 年受全球金融危机的影响，马来西亚发生了大量的资本外流，净资本账户从 2008 年的净流入 1.87 亿美元骤降至 2013 年的净流出 1512 万美元，降幅达 108%，预计 2015 年和 2016 年马来西亚仍处于资本外流（图 2 - 9）。

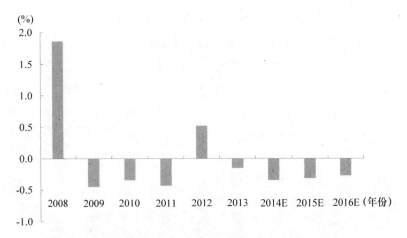

图 2 - 9　马来西亚 2008—2016 年净资本账户（以亿美元计）

注：2014 年、2015 年、2016 年为预测值。

数据来源：世界银行。

综合来看，马来西亚之所以遭受如此大的资本外流冲击，主要原因在于马来西亚经济过分依赖外国资本。一方面马来西亚资本账户高度开放，另一方面外国资本在马来西亚主权债务所占比例偏高。这使得马来西亚过分地依赖外资，经济贸易受资本输出国的影响十分巨大。

（3）外汇储备水平

2001 年以后，马来西亚的财政收入和外汇储备持续大量增加。其外汇储备的快速增长主要来自于亚洲金融危机后国际收支的不断改善、金融改革带来的外资流入以及外汇储备的投资收益有所增加等。2008 年至 2012 年马来西亚的外汇储备继续保持增长趋势（图 2 - 10），但从 2013 年开始则走向下滑，从 2012 年的 1397.3 亿美元降至 2014 年的 1159.6 亿美元，降幅达 17.01%。截至 2015 年 8 月 14 日，马来西亚外储已比 2012 年减少 18.5% 至 945 亿美元。[1]

---

① 《马来西亚央行：截至 8 月 14 日，马来西亚国际储备为 945 亿美元，7 月 31 日时为 967 亿美元》［EB/OL］，新浪财经，http：//finance. sina. com. cn/money/forex/20150821/180923031966. shtml，2015 - 08 - 21/2015 - 08 - 30。

马来西亚 2013 年以来的外汇储备大幅下降是由多方原因造成的，一方面是近年来国际原油价格的持续下跌，造成马来西亚出口额锐减；另一方面林吉特大幅下跌致使其美元债务膨胀。同时，为了阻止其货币贬值，马来西亚央行从 2015 年 8 月开始一直在外汇市场购入本币，这导致其外汇储备从 2012 年峰值时的 1300 亿美元降至 1000 亿美元以下，创近 5 年新低。

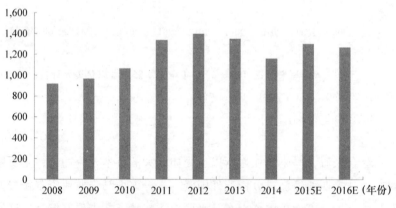

图 2 - 10　马来西亚 2008—2016 年外汇储备（以亿美元计）

注：2015 年、2016 年为预测值。

数据来源：世界银行。

四　商业环境风险

1. 基础设施风险

马来西亚基础设施比较完备，据各国竞争力指标分析库（BVD-EIU Market Indicators & Forecasts）的数据显示，马来西亚的总体基础设施得分在 30—40 之间，属于风险较低水平，且低于中国大陆、印度（图 2 - 11）。对于投资者而言，马来西亚由于基础设施不足导致商业活动无法开展的可能性较低，也就是说，基础设施风险较低。

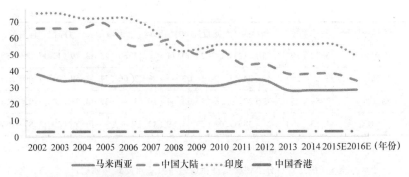

图 2 - 11　马来西亚、中国大陆、中国香港与印度 2002—2016 年
基础设施风险

注 1：基础设施风险指标以 100 为最大值，风险越大数值越高。

注 2：2015 年、2016 年的数据为预测值。

数据来源：各国竞争力指标分析库（BVD - EIU Market Indicators & Forecasts）。

良好的基础设施保证了马来西亚的物流能力。从世界银行给出的
2014 年物流绩效指数来看（表 2 - 8），马来西亚与部分亚洲其他国
家相比，在物流基础设施的建设上只低于新加坡、日本，优于中国大
陆以及许多其他国家和地区。在国际航运方面，马来西亚则具有明显
的优势，其国际航运排名仅低于中国台湾和新加坡两地。此外，根据
世界银行在 2011—2014 年发布包含 249 个国家和地区的港口基础设
施质量数据，2014 年马来西亚在此项指标上排名 18，在亚洲地区仅
次于中国香港与新加坡。从以上指标分析，马来西亚的货物运输体系
较完善，物流成本情况中等，在海运方面的物流和基础设施优势十分
突出。

表 2 - 8　　　　　　2014 年东南亚部分国家物流绩效指数

国家	综合得分	海关	基础设施	国际航运	物流质量	易追踪性	合时性
新加坡	4.00（5）	4.01（3）	4.28（2）	3.70（6）	3.97（8）	3.90（11）	4.25（9）
日本	3.91（10）	3.78（14）	4.16（7）	3.52（19）	3.93（11）	3.95（9）	4.24（10）
中国香港	3.83（15）	3.72（17）	3.97（14）	3.58（14）	3.81（13）	3.87（13）	4.06（18）

续表

国家	综合得分	海 关	基础设施	国际航运	物流质量	易追踪性	合时性
中国台湾	3.72 (19)	3.55 (21)	3.64 (24)	3.71 (5)	3.60 (25)	3.79 (17)	4.02 (25)
韩国	3.67 (21)	3.47 (24)	3.79 (18)	3.44 (28)	3.66 (21)	3.69 (21)	4.00 (28)
马来西亚	3.59 (25)	3.37 (27)	3.56 (26)	3.64 (10)	3.47 (32)	3.58 (23)	3.92 (31)
中国	3.53 (28)	3.21 (38)	3.67 (23)	3.50 (22)	3.46 (35)	3.50 (29)	3.87 (36)

注1：该调查衡量贸易和运输相关基础设施的质量（1＝很低，5＝很高），受访者按照从1（很低）至5（很高）打分来评价贸易和运输相关基础设施（如港口、铁路、公路、信息技术）的质量。调查国家共160个，分数是全部受访者的平均分数。

注2：得分后的括号中表示此单项的本国排名。

数据来源：世界银行物流绩效指数调查，http：//data. worldbank. org. cn/indicator/LP. LPI. INFR. XQ。

2. 税收风险

考量一个国家的税收收入是否能够满足政府实现其职能的需要，主要看其宏观税负的高低。而宏观税负水平一般用一个国家一定时期内（通常为1年）的税收总量占 GDP 的比重来衡量。

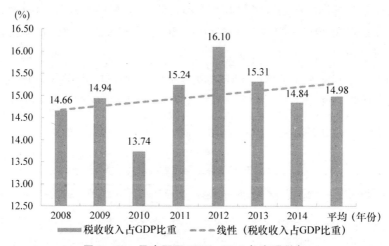

图 2-12　马来西亚 2008—2014 年宏观税负

注：上图 GDP 的统计方式为支出法。

数据来源：Wind 资讯数据库。

从图 2-12 可以看出，自 2008 年以来，马来西亚宏观税负的波动区间大致为 13%—16%，平均值为 14.98%。在涉及最优宏观税负水平时，根据"拉弗曲线"，就现阶段而言，马来西亚的宏观税负约为 15%，与欧洲的福利国家约为 50% 的宏观税负水平相比税负很低，也大大低于 OECD（经济合作与发展组织）各国的 35% 左右的平均税负水平，即使和其他发展中国家相比，排名也比较低，可以认为，马来西亚的总体税负水平不高。这样的宏观税负水平在支撑政府支出的情况下使得国内的税负痛苦指数偏低，有利于国内企业的投资和居民的消费。

2008 年至今，马来西亚联邦政府的税收收入不断增加，而财政赤字则较为稳定且近年来有下降趋势。2010 年以来，财政赤字的增速一直小于税收的增长速度。根据《稳定与增长公约》（SGP）和《马斯特里赫条约》，在不对主权国家的预算和税收政策进行实际干预的情况下，以财政赤字率不超过 3% 为国际通用警戒线值从而确保各国财政的健康。从 2009 年以来，马来西亚财政赤字率逐年下降，至 2014 年已十分接近 3% 的水平。可以说，马来西亚政府虽然面临一定的赤字压力，但近年来政府收支情况不断改善，税收稳定增长的状态也为政府收支情况和职能的顺利实现提供了经济基础，政府增税的激励并不明显，国内税收风险可控。

马来西亚的税收风险水平较低，也较为稳定。据 EIU（The Economist Intelligence Unit，经济学人智库）的分析结果，从 2008 年至今，马来西亚的税收政策风险水平一直稳定在 25，这一情况预计在 2016 年并不会变动。而英国在这一时期的均值为 18.85，美国的均值为 37，中国的值稳定在 38，对比东盟其他国家来看，印度尼西亚的值稳定在 44，菲律宾的值稳定在 38，泰国的值稳定在 31，越南的值稳定在 44，新加坡的值稳定在 6。一般来说，税收政策风险值的波动较小，也代表着其税收政策的稳定。可见，马来西亚税收政策风险是较低的，有利于企业的投资，避免了因投资国税收政策变化而导致的税后利润发生变化的风险。

综上，马来西亚国内宏观税负水平较低，税收收入增长稳定，政府收支状况不断改善。马来西亚税收政策较为合理，风险较低。

3. 法律风险

马来西亚的法律环境良好，它有成熟而完备的法律体系，有详细而具体的法律法规，鼓励投资的法规就有多部，马来西亚还是《关于解决国家与其他国家国民之间投资争端公约》（简称《华盛顿公约》）和《联合国承认和执行外国仲裁和裁决公约》（简称《纽约公约》）的签字国，也签署了中国与东盟的《争端解决机制协议》。此外，马来西亚还与包括中国在内的71个国家和国家集团签订投资保障协定，保障签约国商人的投资权益不受侵犯。

马来西亚有临时仲裁制度，其仲裁程序灵活、省时、高效，受到马来西亚司法的有力支持。仲裁的一般性机构——吉隆坡区域仲裁中心，可以处理不同行业的仲裁案件；专业性仲裁机构，包括马来西亚棕榈油炼油协会、工程测量协会等都有其专业化的仲裁机构，处理本行业的贸易争议。

马来西亚不仅有法可依，而且执法较严格，法律环境良好。EIU在2010年对东盟国家进行的法律稳定性评价中，新加坡为A，马来西亚与文莱并列获得了B级的评价。[①] 而据世界经济论坛发布的《2014—2015年全球竞争力报告》，马来西亚法律和行政环境的排名在全球144个国家中位于第20位，比2013年上升9位，是亚太地区的领先者。世界经济论坛认为，作为一个曾经因为腐败和机构烦冗而广受诟病的国家，马来西亚成为了极少数成功通过政治经济改革有效解决上述问题的国家之一。

当然，马来西亚并不是没有法律风险，投资者需要特别注意以下问题：

（1）法律稳定性风险：马来西亚为了适应国内的发展目标需要克服成文法的不足，往往会不停地出台修正案来对法律条文进行修改，

---

① 任会中：《投资与环境——马来西亚吸引外资一瞥》，《中外管理导报》1993年第3期。

《投资促进法》从1986年颁布开始到2002年16年间就有近100条被修改过，而且政府随着经济形势变化不断发布新的法规。[①] 因此，在马来西亚的投资者要随时关注其法律环境的变动，适应法律环境的复杂性。

（2）法律系统性风险：马来西亚的投资法多而繁杂，缺乏统领性的法律作为主导和基础，投资者需要考察、了解大量的国内法、政策政令、国际条约。并且马来西亚联邦政府与州政府都有立法权，可能会出现在不同效力层级上发生法律适用冲突的情况。

（3）裁决争议风险：马来西亚广泛采用的临时仲裁法，是根据某一特定争议临时设立的。[②] 而中国《仲裁法》不但不允许临时仲裁，而且仲裁机构名称约定不明确或不当也有可能导致仲裁协议无效。因此，中国企业在马来西亚投资遇到投资纠纷需要仲裁的情况，一定要双方沟通达成对裁决地及裁决机构的一致认同，避免出现境外裁决境内失效的结果。

4. 自然环境风险

马来西亚位于环太平洋地震带之外，自然环境优越，较少发生台风、火山喷发、地震、海啸等自然灾害。自马来西亚有记录以来，最大震级地震为1976年发生在沙巴拿笃的6.2级地震。据各国竞争力指标分析库（BVD - EIU Market Indicators & Forecasts）中给出的马来西亚自然环境安全指标（图2 - 13），2008年以来马来西亚的自然环境风险总体处于上升状态，其中，2010—2011年两个阶段较为稳定，2013年以后略有上升。2014年马来西亚发生了历史上罕见的大雨和洪水灾害，灾害影响人数超过50万人，仅对基础设施就造成约28.52亿林吉特的损失。由于过往缺乏灾害预防意识，马来西亚一些基础设施在短期内难以快速提高抗灾等级，一旦发生震级较大的地震等自然灾害时，对马来西亚的影响可能更为严重，进而对于商业活动产生不利影响。预计随着气候变暖，马来西亚发生自然灾害的可能性

---

① 李航：《马来西亚外国投资法研究》，硕士学位论文，西南政法大学，2014年，第39页。

② 李霁：《论国际商会示范仲裁条款在中国的效力——实证分析和理论探讨》，《北京仲裁》2007年第2期。

会加大，自然环境风险对于未来商业活动的影响不容忽视。

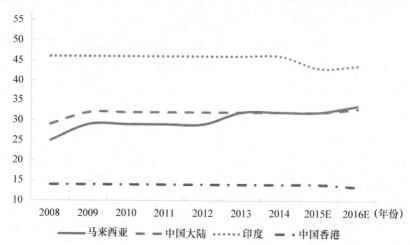

图 2-13　马来西亚、中国大陆、中国香港与印度 2008—2016 年自然环境风险

注 1：自然环境风险指标以 100 为最大值，风险越大数值越高。

注 2：其中 2015 年、2016 年的数据为预测值。

数据来源：各国竞争力指标分析库（BVD - EIU Market Indicators & Forecasts）。

结　论

马来西亚作为一个新兴工业国家和充满活力的经济体，非常适合经贸和投资，其优势表现在以下几个方面：

（1）政治稳定。马来西亚的族群政治和多党政治制度特色，使得由多族群政党组成的国民阵线长期执政，维护稳定的统治。而民主政治的发展，使得民众政治诉求和政权轮替都是通过和平方式进行，减少了政治动乱引发暴力的风险。

（2）族群关系基本和睦。马来西亚各族群权利不平等，族群矛盾始终存在，有时也会发生小的冲突，但自 1969 年以后，没有发生大规模的流血冲突，也没有发生真正意义上的排华运动。事实上，经济发展和国族建构已使马来西亚各族群形成相互依存关系，共荣共存成为人民的共识，而且，经过多年博弈，各族群已形成动态利益平衡机制，有效抑制了极端种族主义。良好的族群关系是国家稳定和繁荣的基础，也是外来投资的良好基础。

（3）经济法规和投资法规完善。马来西亚颁布多项投资法规，详细列明鼓励外商投资的领域，主要是制造业、农业、旅游业、环境保护、科研开发等，鼓励外商到东马投资，对这些投资领域提供减免税收等优惠措施。马来西亚的投资指南、优惠措施、法规都比较明确，适合外商投资：一是增强了有目的、有针对性的投资，减少盲目性；二是外商付出的行贿成本较小。行贿固然能快速得到审批或其他好处，但也加大了成本和风险，不利于外商投资的健康发展。马来西亚也存在贪腐行为，但不像有些发展中国家那么猖獗，外商基本上不需要依靠行贿办事。

（4）法律环境良好。马来西亚的法制健全，执法规范，也签署了《华盛顿公约》和《纽约公约》，如果发生经济纠纷，外商可诉诸法庭和利用仲裁机构，其权益能依法得到保护。

（5）基础设施良好。马来西亚经过多年发展，其基础设施，如道路、港口、电力、水利等设施比较完备，而且还在不断建设中，能满足基本投资需求。

（6）马来西亚金融体系健全，能够经受压力。据国际货币基金组织（IMF）2015 年 5 月的报告，马来西亚的金融体系健全，政府的政策已经成功地弥补了金融漏洞，银行体系有能力抵御重大经济和金融市场冲击。

（7）华人经济能力和网络。马来西亚华人经济能力较强，有广泛的商业网络。中国企业在马来西亚进行投资时，通过华人的桥梁作用，可以少走弯路，减少开拓市场的成本。

总之，马来西亚的商业环境吸引力较高。据各国竞争力指标分析库（BVD-EIU Market Indicators & Forecasts）以安全风险、政治不稳定性风险、政治无效性风险、法律和改革风险、宏观经济风险、外贸交易和支付风险、金融风险、税收政策风险、劳动力市场风险和基础设施风险等为指标，计算出各国的平均分值，以 10 分为单位，得分

越高，商业环境吸引力越高。马来西亚的商业环境对投资者的吸引力
较大，近年来其商业环境吸引力的数值一直稳定在 7 分左右，预计在
未来的 5 年仍将保持上升趋势。而且，其商业环境吸引力一直高于中
国大陆和印度（图 2 - 14）。

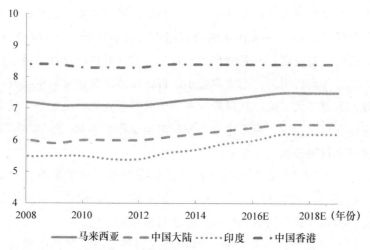

**图 2 - 14　马来西亚、中国大陆、中国香港与印度 2008—2018 年
商业环境吸引力**

注 1：2016 年、2018 年的指标数据为预测值。

注 2：商业环境吸引力指标以 10 为最大值，数值越高表明该国商业环境的吸引力
越大。

数据来源：各国竞争力指标分析库（BVD - EIU Market Indicators & Forecasts）。

在世界银行给出的 Doing Business 指标当中，2015 年马来西亚在
189 个调查国家中排名第 18 位，相较于 2014 年排名上升 2 位。此项
排名具体指标包括 10 个方面：贸易许可、获得建造许可、获得电力
支持、财产登记、获得信用支持、保护少数投资者、支付税收、跨国
贸易、合同执行力、解决破产问题，这些指标可以综合衡量在某国境
内完成一整个小型或者中型商业活动周期的难易程度。尽管由于考量
指标的选取存在局限性等问题，排名的先后并不能完全准确反映一国
的商业环境质量，但马来西亚排在如此靠前的位置，还是能够说明它

的投资环境的优良，而且，排名的不断提升也说明马来西亚投资环境更优的趋势。

主要参考文献

一　报告与调查

［1］世界经济论坛《2014—2015 全球竞争力报告》，http：//www3. weforum. org/docs/WEF ＿ GlobalCompetitivenessReport ＿ 2014 － 15. pdf。

［2］世界经济论坛《2015—2016 全球竞争力报告》。

［3］IMF. 2014 ARTICLE IV CONSULTATION—STAFF REPORT; PRESS RELEASE; AND STATEMENT BY THE EXECUTIVE DI-RECTOR FOR MALAYSIA. Washington，D. C. IMF，2015.

［4］世界银行：《物流绩效指数调查》，http：//data. worldbank. org. cn/indicator/LP. LPI. INFR. XQ。

［5］世界银行：Doing Business 2015：Economy Profile 2015 – Malay-sia，http：//www – wds. worldbank. org/external/default/WDSCon-tentServer/WDSP/IB/2014/11/05/000477144 ＿ 20141105084333/Rendered/PDF/920750WP0Box380580Malaysia00Public0. pdf。

二　专著

［1］马燕冰、张学刚、骆永昆：《马来西亚》，社会科学文献出版社 2011 年版。

［2］常永胜主编：《马来西亚社会文化与投资环境》，世界图书出版广东有限公司 2014 年版。

［3］廖小健：《战后马来西亚族群关系：华人与马来人关系研究》，暨南大学出版社 2012 年版。

［4］范若兰等：《伊斯兰教与东南亚现代化进程》，中国社会科学出版社 2009 年版。

［5］韩方明：《华人与马来西亚现代化进程》，商务印书馆 2002 年版。

［6］林勇：《马来西亚华人与马来人经济地位变化比较研究》（1957—2005 年），厦门大学出版社 2008 年版。

［7］陆建人、范祚军主编：《中国—东盟合作发展报告》（2014—2015 年），中国社会科学出版社 2015 年版。

三　论文

［1］范若兰：《通过平衡达到和睦》，《华侨华人历史研究》2013 年第 4 期。

［2］范若兰：《对立与合作：马来西亚华人政党与伊斯兰党关系的演变》，《东南亚研究》2010 年第 4 期。

［3］廖小健：《马来西亚国家利益与对华政策转变》，《南洋问题研究》2006 年第 3 期。

［4］陆建人：《中国与马来西亚经贸关系分析》，《创新》2015 年第 2 期。

［5］陈慧：《中国与马来西亚经济关系探析》，《东南亚纵横》2014 年第 7 期。

［6］沈红芳：《马来西亚工业化政策及其发展模式：从比较研究的视角》，《南洋问题研究》2007 年第 2 期

［7］中国驻马来西亚使馆经商参处：《马来西亚鼓励投资出口导向性产业》，《中国经贸》2012 年第 8 期。

［8］商务部亚洲司：《马来西亚：投资制造业优惠多多》，《WTO 经济导刊》2004 年 Z1 期。

［9］郑达：《试析马来西亚华商对华投资的发展、问题与对策》，《南洋问题研究》2009 年第 3 期。

［10］广西财经学院课题组：《马来西亚税收激励政策评析》，《涉外税务》2009 年第 12 期。

［11］闫森：《马来西亚经济转型计划的实施与成效》，《亚太经济》2012 年第 4 期。

［12］苏莹莹：《在应对南海困局中发挥马来西亚因素的积极作用》，

《海交史研究》2014 年第 1 期。

［13］于津平：《汇率变化如何影响外商直接投资》，《世界经济》
2007 年第 4 期。

［14］关玮琳：《论马来西亚汇率制度的改革》，《商场现代化》2010
年第 25 期。

［15］高海红：《全球流动性风险和对策》，《国际经济评论》2012 年
第 2 期。

四　网站

［1］世界银行数据库：http：//data. worldbank. org. cn/topic。

［2］联合国数据库：http：//data. un. org/。

［3］国际货币基金组织（IMF）国际金融统计（IFS）数据库：ht-
tps：//www. imf. org/。

［4］各国竞争力指标分析库：https：//www. eiu. bvdep. com/。

［5］各国宏观经济指标宝典数据库：https：//www. eiu. bvdep. com/。

［6］海关信息网：http：//www. haiguan. info/。

［7］中华人民共和国商务部网站：http：//www. mofcom. gov. cn/。

［8］中国国家统计局国际数据库：http：//www. stats. gov. cn/。

［9］广东统计网：http：//www. gdstats. gov. cn/。

［10］马来西亚国家统计局：http：//www. statistics. gov. my/。

［11］马来西亚国家银行：http：//www. bnm. gov. my/index. php?
&lang = en。

［12］马来西亚投资发展局：http：//www. mida. gov. my/home/。

［13］Wand 资讯数据库：http：//www. wind. com. cn/。

［14］EIU Risk Briefing 数据库：http：//viewswire. eiu. com/。

［15］联合早报网：http：//www. zaobao. com/。

第三章　文莱基本国情及
投资风险评估

冯雷　郑智新

文莱，全称文莱达鲁萨兰国（Brunei Darussalam），位于东南亚加里曼丹岛西北部，东南西三面与马来西亚沙捞越州接壤，并被马来西亚林梦地区分隔为互不连接的两个部分。该国北临南中国海，与中国南沙群岛临近，是东南亚重要交通枢纽。

文莱是多元族群国家，人口约42.3万，其中马来人占85%，华人占11%，其他族群占4%左右。

文莱实行"马来、伊斯兰和君主制（MIB）"三位一体的政治制度，苏丹为国家元首，拥有最高行政权力和颁布法律的权力，兼任首相，同时也是宗教领袖。文莱政府由内阁部长会议和宗教、枢密、继承等委员会组成，人员皆由苏丹任命。

文莱是东南亚主要产油国和世界主要液化天然气生产国。石油和天然气的生产和出口是国民经济支柱，分别占国内生产总值的66%和出口收入的93.6%。① 石油产量在东南亚居第三，天然气产量在世界排名第四。文莱是世界最富有的国家之一，年人均GDP达4万多美元。近年来，虽然文莱政府力求改变过于依赖石油和天然气的单一

---

① 《文莱王国》，http://www.360doc.com/content/10/1103/07/465248_66144889.shtml。

经济模式，探索向多元化经济模式转变，但其经济发展模式，特别是出口严重依赖石油天然气的现状短期内难以改变，经济基础具有一定的脆弱性。文莱在中国经济发展和进出口贸易方面占比很低，日本与马来西亚是其最主要经贸伙伴。

文莱积极参与区域经济合作，是典型的经济合作"搭车者"。文莱是跨太平洋战略经济伙伴协定（TPP）和区域全面经济伙伴关系协定（RCEP）的成员，积极参与次区域经济合作，积极参与东盟主导的 BIMP – EAGA（东盟东部经济成长区），并争取成为区域合作的核心国。文莱也积极参加中国主导的亚洲基础设施投资银行（AIIB）的建设，是第一批签约国家。

第一节　文莱基本国情

一　文莱政治发展与特点

文莱实行"马来、伊斯兰和君主制（MIB）"三位一体的政治制度，MIB 是马来文"Melayu Islam Beraja"的缩写，是现代文莱国家的基本政治制度和社会运行机制。"马来"，确保了马来族群特权的有效性和特殊性，是文莱王室、家庭、社会、族群和国家生活的支柱，确定了国家政治的族群基础；"伊斯兰"，伊斯兰教是文莱的国教，是文莱社会的精神支柱和道德准则，是确保文莱独特社会生活方式的基本准则，是国家政治的宗教思想基础；"君主制"，苏丹作为国家元首，拥有统治国家的最高权力，确定了文莱政治的政权组织形式。MIB 三者作用密不可分，相辅相成，共同构成了文莱政治核心，较好地保障了建国后文莱的政治经济发展和社会稳定。

1. 稳定的绝对君主制

文莱王朝建立至今，未间断传承达 29 世 600 余年，是亚洲现存仅次于日本最悠久的君主制国家。在文莱实行的"马来、伊斯兰和君主制（MIB）"三位一体政治制度中，君主制是文莱的基本统治制度，君主制的出现甚至早于伊斯兰教在该国的传播与确立。历经近现代东南亚遭受西方列强入侵和地区国家之间的战争，600 多年以来，虽然具体施政方式小有调整，但文莱根本性的政权组织形式——君主制度从未发生动摇，终身制、世袭制是文莱政治制度的固化模式，也成为文莱国民普遍接受的政治文化。尤其值得一提的是，文莱苏丹与东南亚有些"虚位元首"不同，文莱实施的是绝对君主制。按照几经修订的现行文莱宪法规定，苏丹为国家元首，拥有全部最高行政权力和颁布法律的权力，在政府组成中，苏丹兼任首相及国防大臣或外交大臣、内政大臣、财政大臣等核心部门长官。文莱这种政教合一、国家元首直接支配政权的政治模式虽然迥异于现代社会政权模式，但一定程度上具有权力集中、政治稳定的特点。

2. 马来人主导的国家政治

文莱族群构成中，马来人是主体族群，另外还包括华人和其他少数族群。在文莱历史上，各族群的政治地位差别很大，马来族享有不可置疑的特权，一直处于统治地位，其他族群则处于附属或被统治的地位，即使沦为英国保护时期，各族群之间的政治差别也依然界线分明，无法逾越。根据文莱传统习惯法的规定，所有由苏丹任命的官员，包括中央和地方县区以上的官员，均由马来人担任，其他原住民只能担任低级的乡村领导。至于其他外来族群（历史上，殖民时期的英国人除外），则根本不能担任政府公职。该国目前依然在实行1962年《国籍法》，对外来族群各种政治权益的限制更加严厉。外来族群很难取得公民权，除族属与居住年限的限制外，还需通过马来语的考试，而考试极难通过。因此，被批准加入文莱国籍者寥寥无几。没有公民权就不能在政府部门工作，不能组织政党。因此，文莱政治几乎是单一族群政治的同义词，实行的是马来人对国家政治的绝对主导，华人难以有效参与政治活动。

3. 遵循传统伊斯兰精神的保守政治

1959年文莱苏丹奥玛尔·阿里·赛福鼎颁布了文莱历史上的第一部宪法，将伊斯兰教定为文莱国教。1984年文莱独立后，苏丹博尔基亚继续致力于维护和提高伊斯兰教的地位，不仅继续保留1959年宪法定伊斯兰教为国教的条文，而且以伊斯兰教义为制定政策的依据和社会行为准则，力图使异教徒皈依伊斯兰教，使整个文莱成为一元化的伊斯兰社会。苏丹博尔基亚将忠君思想与伊斯兰教精神相结合，宣扬"君权神授"，要求国民将苏丹奉为"伊斯兰教的捍卫者"、"安拉的使者"，伊斯兰教为维护苏丹专制统治合法性来源。在文莱，任何人不得反对政府的伊斯兰教化政策，不得怀疑苏丹对伊斯兰教的虔诚，也不得怀疑苏丹在宗教上的绝对权威。这种以传统伊斯兰原教旨主义为立国基础，恪守伊斯兰教义的做法，造成并维持了文莱非常封闭和过于保守的政治模式。

自 1996 年起，文莱苏丹博尔基亚就致力于在该国推行伊斯兰教法的实施。从 2014 年 5 月起，文莱正式分阶段在国内推行伊斯兰刑法，根据该法，穆斯林若涉及同性恋、通奸、偷窃、饮酒等行为，将会受到石刑、砍手、鞭刑等严厉惩罚。虽然这些刑罚不会对非穆斯林使用，但非穆斯林也会受到影响。文莱政府宣称推行伊斯兰刑法的目的之一是维护伊斯兰教在文莱的统治地位，阻吓犯罪，抵御外部世界的不良影响，但西方社会和媒体指责伊斯兰刑法是残酷的和不人道的，是人权的倒退，是政治保守化发展的重要标志。

4. 缺乏政党参与、民主匮乏的现代政治

在立法部门方面，1959 年文莱宪法规定设立立法会，定期选举。但 1962 年，文莱人民党取得议会选举胜利，试图组建政府而被镇压，立法会随即被解散。直至 2004 年宪法修正案提出"选举"，规定立法会议员由 30 名任命议员和 15 名选举议员组成。7 月 15 日，苏丹宣布重开立法会，但同时强调，不允许动摇文莱的稳定，而且苏丹保留颁布紧急法令的权力。目前，议长和议员均由苏丹任命，还没有举行选举及选举产生 15 名立法会议员的政治实践。

在行政部门构成方面，文莱独立后，虽然成立了苏丹兼任内阁首相的内阁制政府，但是内阁大臣均由苏丹任命，并向苏丹负责，政府"永不换届"。

在政党政治参与方面，政党在文莱政治生活中不活跃，政府公务员、军人和警察不得加入任何党派或从事任何政治活动。建国之初苏丹宣布允许政党注册，随后出现了文莱国家民主党（Brunei Democratic National Party，BDNP）和文莱国家团结党（Brunei United National Party，BUNP）。1988 年政府以国家民主党未经批准参加国外的"太平洋民主联盟"活动，违反了文莱的政党团体法为由，宣布取缔国家民主党。国家团结党于 1986 年 2 月从国家民主党脱离而成，自称是多元族群政党，支持君主制，主张建立一个民主的马来伊斯兰君主国，要求恢复议会选举。该党忠于苏丹王室统治，配合政府政策。在今后较长一段时期，文莱暂时不会出现有影响力的政党，更难以出现真正的政治反对派。

总之，文莱实行"马来、伊斯兰和君主制（MIB）"三位一体的政治制度，造就了一个传统伊斯兰精神下的单一族群主导的君主制政治，形同虚设的立法机构、永不换届的政府、缺乏政党参与，成为这种与现代政治背道而驰的政治模式的几大显著特点。

二 文莱经济发展

1. 经济发展水平及状况

文莱国家富裕，宏观经济较为稳定，财政状况良好，虽然经济总量不大，但是国民富足。文莱国民生产总值从 1984 年建国时的 37.83 亿美元（80.69 亿文元），稳步增长到 2014 年的 172.57 亿美元（218.65 亿文元），GNI（原称人均 GDP）从建国时的 1.78 万美元，大幅增加到 2014 年的 4.08 万美元（估算），仅次于新加坡的 5.63 万美元，远超第三位马来西亚（1.08 万美元）。文莱外汇储备逾 300 亿美元，政府财政收入主要靠税收和政府财产收入，这两项收入占财政收入的 90% 以上。而在税收中，公司所得税占 90% 以上。长期以来，文莱保持低财政赤字。根据 2014 年 3 月通过的财政预算，2014/2015 财年，文莱财政预算收入 65.9 亿文元，预算支出 59.8 亿文元，总体状况较为良好，既无外债，也无内债。①

2. 产业结构及优势产业状况

油气产业是文莱的经济支柱，约占全国 GDP 的 2/3、财政收入的

---

① 商务部：《对外投资合作国别（地区）指南 2014 版——文莱》，第 12 页，ht-tp：//fec. mofcom. gov. cn/gbzn/upload/wenlai. pdf。

90% 和外贸出口的 95% 以上。文莱现有冠军号（Champion）、西南艾姆巴（Southwest Amba）、费尔里（Fairly）、费尔里—巴拉姆（Fairly-Baram，与马来西亚共管）、迈格帕（Magpei）、甘纳特（Gannet）、铁公爵（Iron Duke）七个海上油田。文莱 90% 的石油和商用天然气几乎全部出自上述七个海上油田。海上油田共有 46 个钻井平台，490 多个油井，1300 公里海底输油与输气管道。2006 年文莱石油产量达历史顶峰（22 万桶/天），近年来，文莱原油产量不断下降，2014 年降至每天 12.4 万桶的历史最低值。文莱本国原油内需不大，是亚太地区最大的石油净出口国，2014 年出口原油 10.6 万桶/天，约占整个石油产量的 85% 以上，出口目的地主要是日本、印尼、韩国、马来西亚和中国。文莱的天然气储量约 3900 亿立方米，2013 年产量440bcf（billion cubic feet，10 亿立方尺，约合 124 亿立方米），90% 以上出口至日本。[①] 鉴于文莱油气田多为浅水油气田，面临着日趋老化及开采殆尽的局面，加之近年来国际原油价格的连续大幅下挫，文莱的经济发展受到较大冲击。

文莱建筑业曾发展较快，其收入占国内生产总值的 5%，为文莱第二大工业。但自 1997 年亚洲金融危机以来，建筑业一直不景气。此外，文莱建立了十几家服装加工厂，生产出口服装，但经济占比微乎其微。

农业未能做到自给自足。随着 20 世纪 70 年代油气业和服务业的发展，很多文莱人离开农业，转向第二、第三产业，传统的农业受到较大冲击。现在文莱仅种植少量水稻、橡胶、胡椒和椰子、木瓜等农作物，农业收入在 GDP 总值中不到 1%。文莱牛肉及制品主要从澳大利亚和印度等地进口，近年来中国品牌牛肉出口文莱并受到欢迎。目前文莱的蔬菜、水果、装饰植物、鲜花只能部分满足国内市场需求，而肉类、大米和新鲜牛奶的自给率非常低，90% 左右的食品仍需进口。[②]

从 GDP 构成（图 3-1）来看，工业对于文莱经济贡献最高，农业

---

① 美国能源署国际统计数据，eia. gov/beta/international/analysis. cfm？iso = BRN。
② 《文莱重点/特色产业》，北京港骏，http://www. gongsizhuce168. com/bru/3937. html。

增加值对文莱经济贡献最低。工业增加值占 GDP 比重一直处于超过 60% 水平，服务业附加值占 GDP 比重保持在约 30%，文莱 GDP 构成比较稳定，预计 2015 年和 2016 年三大产业增加值占比保持现有水平。

3. 对外贸易状况

文莱外贸收入受国际市场原油价格影响较大，2013 年文莱进出口贸易总额为 188.3 亿文元（约 148.6 亿美元），同比下降 8.9%。其中，出口 143.1 亿文币（约 112.9 亿美元），同比下降 11.8%；进口 45.2 亿文元（约 35.7 亿美元），同比上升 1.5%；进出口贸易顺差 97.9 亿文元（约 77.1 亿美元），同比下降 16.8%。①

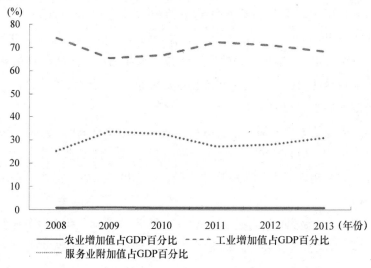

图 3 - 1　文莱 2008—2013 年产业结构占 GDP 比重

数据来源：世界银行，http://data.worldbank.org/。

文莱出口目的地，日本为文莱最大贸易伙伴，占出口总量的 39.8%，其他依次为东盟（22.5%）、韩国（16.3%）、印度（7.6%）、澳大利亚（7.3%）。进口来源方面，前五位分别为马来西

---

① 商务部：《对外投资合作国别（地区）指南 2014 版——文莱》，第 24 页，http://fec.mofcom.gov.cn/gbzn/upload/wenlai.pdf。

亚（19.4%）、印尼（17.6%）、新加坡（16.6%）、中国（11.2%）、美国（8.6%）。中国对文莱出口近年高速增长，2010—2013年间涨幅分别达161.8%、102.5%、68.2%和36.1%，2013年出口额已达17亿美元，家具、建材和机械设备为前三大出口产品。①

　　贸易结构方面，文莱主要出口商品是原油和天然气，2013年油气出口占同期出口贸易额的96.5%图3-2。文莱进口贸易中，主要进口商品为机械及交通设备、工业制成品、食品、化工制品等。

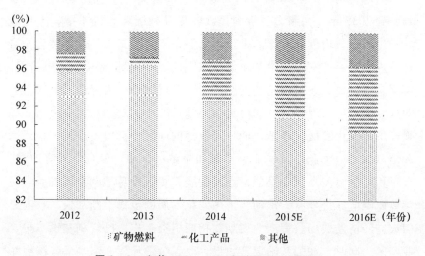

图3-2　文莱2012—2016年主要的出口商品

注：2015年、2016年为预测值。

数据来源：世界贸易整合数据库（WITS）。

4. 文莱经济政策与规划

　　21世纪初，文莱制订了一项30年长期发展计划，冀望有效调整产业结构，谋求转型升级。该计划从2007年开始，分为三部分："文莱2035年宏愿"、"2007—2017年发展策略纲领"和"2007—2012年国家发展计划"。"文莱2035年宏愿"提出了2035年发展目标：

---

① 《文莱投资环境》，南博网（东盟博览会），http://www.caexpo.com/news/info/original/2016/03/15/3658965.html。

提高教育水平，培训造就更多具备国际水准的人才；提高生活质量，使文莱生活水准进入全球前十之列；提高经济水平，发展高效可持续的经济，使文莱人均收入进入世界前十名。为实现上述三大目标，文莱全面实施八大发展战略，确保各方面的目标得到系统有效实施。这八大战略分别是：教育战略、经济战略、国家安全战略、体制发展战略、本地商业发展战略、基础设施发展战略、社会安全战略及环境保护战略。在具体落实方面：

第一，调整产业结构的相关政策。根据文莱制订的长期发展规划，到 2035 年，文莱力争将国民教育提升到国际先进水平，人均收入和生活水平均进入全球前十之列。但是，目前文莱的经济结构不合理，近年来经济发展缓慢甚至停滞，实现 2035 年目标仍属遥不可及。文莱越来越强烈地意识到油气经济的不可持续性，为降低对油气资源的过度依赖，实现经济长期稳定可持续发展，文莱苏丹多次强调要加强经济多元化发展，在延伸油气产业链的同时，努力发展进口替代型和出口加工型工业以及农业、渔业和旅游、金融、信息服务等产业。苏丹积极号召民众居安思危，创新发展，积极投身私营经济发展。文莱政府响应苏丹号召，推动经济多元化发展的步伐不断加快，政府专门成立经济发展局负责产业规划和招商引资工作，已规划建设一批产业园区；同时，加强基础设施建设，改善金融环境，启动部分国有企业私有化改革，支持中小企业发展，大力吸引外来投资。近年陆续推出一系列措施，设立国家经济发展局，加强基础设施建设，整顿金融秩序，削减政府开支，在努力延伸油气产业链的同时，对政府所属企业和公用事业实行私有化，鼓励创新产业和中小企业发展，加大吸引外资力度。

第二，今后拟强化发展的经济领域。总体来看，未来文莱油气生产及中下游加工、农业、清真食品、旅游业、金融业、高新科技产业和生物科技等多元化重点行业将迎来良好发展机遇。

油气及中下游加工产业。文莱目前油气产量有逐步萎缩的风险，加之长期以出口原油和天然气为重，产业附加值低，受国际市场价格波动影响巨大，对文莱经济造成一定风险。文莱政府 2014 年最新出台的油气产业发展规划，拟在今后 20 年内吸收 700 亿—800 亿美元外资，用于加强该国油气勘探、开采水平。此外，文莱拟提升该国油气炼化能力，力争 2019 年将油气炼化比重从目前的 15% 提高到 60%以上。

农业方面，文莱国内稻米自给率曾不到 3%。在文莱苏丹的重视和亲自督促下，发展水稻种植成为农业领域工作的重中之重，文莱政府提出逐年提升稻米自给率的目标，鼓励新加坡、菲律宾等东南亚国家以及韩国、中国等国积极参与粮食种植和新品种培育发展。

清真食品方面，文莱政府近年来积极打造"文莱清真"品牌，作为推动经济多元化战略的重要举措之一。文莱政府 2000 年颁布实施清真肉品、食品认证及标签等法律和相关法规，2008 年文莱工业与初级资源部与宗教部、财政部合作创建文莱清真品牌，目的是增加文莱清真品牌附加值，同时促进同外国公司合作，为本地中小企业带来如物流和原料供应的更多商机。近年来，文莱清真产业稳步发展，2010 年 1 月，文莱政府颁布全球首个清真药品加工标准，推出《清真药品指南》，并陆续与加拿大、日本等国企业签署了清真药品加工企业投资协议。①

旅游业方面。文莱 2015 年入境游客达到 218213 人次，比 2014 年增加 17224 人次，增幅 8.6%；这主要得益于中国游客同比增加 1 万多人次，入境中国游客达到 3.69 万人次，在马来西亚之后位居第二位，占文莱当年入境游客的 16.9%，比 2014 年提高 3.7 个百分点。② 根据文莱政府制定的旅游业发展蓝图，2016 年文莱将吸引游客 41.7 万人次，旅游业收入预计将突破 3.5 亿文莱元，逐年增长率达 25% 以上。文莱旅游业的发展将主打自然环境、民俗文化和宗教传承三张牌。根据规划，发展旅游业将为社会创造 2000 个工作机会。

金融业方面。1997 年亚洲金融危机对文莱经济发展影响极大，

---

① 《文莱投资环境》，南博网（东盟博览会），http：//www.caexpo.com/news/info/o-riginal/2016/03/15/3658965.html。

② 中国国家旅游局：《中国游客拉动文莱 2015 年入境游客同比增长 8.6%》，ht-tp：//www.cnta.gov.cn/xxfb/hydt/201602/t20160229_ 761792.shtml。

政府投资谨慎，导致依赖政府投入生存的中小企业发展缓慢。2000年文莱成立国际金融中心，标志着文莱正朝着金融业、银行业、证券业和保险业方面深入发展，意在将文莱打造为本区域金融服务中心。截至 2007 年 12 月，已有超过 9000 家离岸公司在该中心注册，该中心累计向 6 家国际银行、2 家保险公司和 4 家证券公司发放了执照。一些国际知名银行纷纷在中心注册，发展离岸金融业务，如加拿大皇家银行成为在中心注册的第一家离岸银行，花旗银行、汇丰银行等也接踵而至。由于在 2008 年全球金融危机中伊斯兰金融业具有规避金融风险方面的独特优势，文莱政府大力推动伊斯兰金融业。2008 年文莱财政部颁布伊斯兰银行法令和伊斯兰保险法令，以加强对伊斯兰金融系统的监管。2011 年元旦文莱苏丹宣布文莱国家金融管理局正式启动，负责执行国家货币政策及监督金融体制运作，任命皇储比拉担任董事局主席，2012 年元旦正式成立。①

港口建设方面。2003 年初文莱提出以港口建设和工业园建设为主要内容的"双叉战略"（Two – pronged strategy）：利用大摩拉深水港（水深 16 米）的优势，打造本地区最大的货物集散中心，并以港口建设带动基础设施建设。目前已完成大摩拉岛整体开发项目规划，2010 年已全面进入建设实施阶段。

第三，不断强化多边及区域经济合作。文莱属于"贸易立国"的国家，一向奉行高度开放的贸易政策，其基本原则之一即"支持开放、基于规则以及非歧视性的多边贸易体系"，将 WTO、开放的地区主义和自由贸易区（FTA）作为对外贸易的三大支柱。文莱积极参与区域经济合作，但鉴于其经济总量规模小，在各种经贸合作谈判或安排中权重值很低，几乎被忽略不计，因此是典型的经济合作"搭车者"。②

文莱是跨太平洋战略经济伙伴协定（Trans-Pacific Strategic Eco-

① 商务部：《对外投资合作国别（地区）指南 2014 版——文莱》，http：//fec. mof-com. gov. cn/gbzn/upload/wenlai. pdf.

② 李杨、黄宁：《东盟四国加入 TPP 的动因及中国的策略选择》，《当代亚太》2013年第 1 期，第 108—109 页。

nomic Partnership Agreement，简称 P4）成员之一。P4 的谈判最初是从 2001 年达成的《新西兰—新加坡紧密经济伙伴关系协定（NZS-CEP)》开始的，2003 年智利参与进来，开始就三方自由贸易区进行谈判。而文莱直到 2005 年谈判结束之前才宣布以创始成员身份加入谈判，协定文本也是迟至 2009 年 7 月才对文莱生效。随着美国加入 P4 并扩大为 TPP 后，文莱成为 TPP 的当然发起国，并得到新加坡和美国的大力支持。2015 年 10 月 5 日，美国与包括文莱在内的 11 个国家参与的 "跨太平洋伙伴关系"（Trans-Pacific Partership Agreement，简称 TPP）谈判宣布达成最后协议。文莱之所以参与 TPP，主要是为了促进经济多元化，需要 TPP 提供的丰富市场、投资、技术和管理资源。文莱也希望在 TPP 这样一个多边自由贸易协定中积极发挥谈判者和协调者的作用，提高自身的国际地位和影响。①

　　文莱也是区域全面经济伙伴关系协定（RCEP）的成员，是东盟—中国自贸区成员国。文莱与全球主要经济体已经签署或正在商谈自由贸易协定、投资保护协定或避免双重征税协定。文莱也积极参加中国主导的亚洲基础设施投资银行（AIIB）建设，是第一批签约国家。

　　文莱积极参与次区域经济合作，还积极参与东盟互联互通建设，是东盟东部经济成长区（BIMP – EAGA，东盟内三个次区域合作之一，由文莱、马来西亚东部、印度尼西亚北部和菲律宾南部构成）唯一主权国家，地理位置优越，市场潜力较大，可辐射周边区域。文莱自认为本国地处 BIMP – EAGA 中心，争取成为该次区域合作的核心国。

　　5. 华人与文莱经济发展

　　如同其他一些东南亚国家的华人一样，文莱华人无法进入该国政治核心，甚至难以有效参与文莱政治发展，但在商业方面仍拥有较大的优势。第二次世界大战前，华人多从事商业和种植业，二战后，随着石油、天然气生产的迅速增长，推动了整个文莱经济的发展，加上

---

　　① 唐奇芳：《东盟国家 TPP 政策探析》,《和平与发展》2012 年第 4 期。

战后文莱政府对华人的政策比较宽松，华人在石油业以外行业几乎享有与原住民等同的待遇。在这种政策下，华人经济发展较为顺利，主要是杂货业为主，大多是经营杂货的零售、批发、进出口及国外烟酒或大宗货物的代理。文莱华人几乎垄断了文莱所有的零售业，中西药业大部分也被华人垄断。此外，华人从事的食品业、家用电器及五金机械销售等在当地市场也占有重要地位。文莱建立后，华人经济伴随文莱经济发展而发展，他们是文莱农贸市场的主要供应者。

一如其他东南亚国家的华商，文莱华商也善于组建和依托东亚、东南亚华商网络，以扩大生产与经贸业务。近年来，文莱华人响应政府提出的经济多元化政策，利用其传统的商贸优势和与国际华商网络的密切联系，积极参与新兴产业的开发。文莱政府也高度认可华商在文莱经济发展中所作出的突出贡献，文莱工业暨主要资源部长阿都拉曼在出席第34届斯里巴加湾市中华商会理事会上演讲时说："在面对全球化及自由贸易趋势上，商会扮演着领导的角色，作为一个已经拥有和外国伙伴开展合资商业网的族群，华商在具备优越先机下，有必要发展成为推动更有竞争能力及权威性的企业。"[①]

总体而言，文莱经济以石油产业为主，加之文莱政府长期实行马来人优先的经济政策，在很大程度上限制了华人经济的发展。加上文莱市场较小、产业结构单一等因素制约了华人经济的拓展，一些华人移居美国、澳大利亚等发达国家。华人经济在文莱经济总量中所占比例不大，远不如新加坡、马来西亚、菲律宾、泰国、印尼等国华人的经济实力强大，文莱缺乏国际上有影响力的大型企业和华商巨贾。但华人经济在文莱经济，特别是在关乎民生的经济方面占有不可或缺的地位。

第二节　文莱对外政策及与中国关系

文莱独立后，宣称奉行不结盟和同各国友好的外交政策，并具体

---

① 庄国土：《"马来化、伊斯兰化和君主制度"下文莱华人的社会地位》，《东南亚研究》2003 年第 5 期，第 64 页。

制定了"依托东盟、大国平衡"这一适合本国国情的外交方针。文莱外交政策保持了良好的连续性，外交实践成效良好，为本国的政治社会稳定及经济发展创造了良好的国际及地区条件。

一　"依托东盟、大国平衡"的外交关系

1．"依托东盟"

文莱独立之初就积极申请成为东盟第六个成员国，与东盟各国关系密切。文莱准确评估本国综合实力，视东盟为外交基石，认为东盟在实现地区稳定、繁荣与团结和睦方面发挥着重要作用，而东盟各国是文莱的近邻，东盟的稳定与繁荣也会保障和促进文莱的稳定与繁荣。

在东盟老六国中，文莱与新加坡联系最为密切。文莱与新加坡两国有着国小民寡的共同国情，以及受制于人的不堪历史，又面临着维护主权与独立的相似任务，两国建立并保持了长期的友好关系。文莱加入东盟得到新加坡李光耀总理的大力推动，两国领导人建立和维持了长期的私人友谊关系。两国货币等值流通，各个领域的合作密切，往来频繁，新加坡是文莱在东盟最大的贸易伙伴。文莱为新加坡提供军事训练基地，新加坡帮助文莱训练半数以上的外训军人。

文莱与马来西亚和印尼同属"马来世界"，同文同种同宗教，经济、文化往来密切，印尼、马来西亚两国还帮助文莱训练行政和军事人员。文莱曾经与马来西亚存在领土争议，这些领土争端成为冲击两国友好关系的重大隐患。但经过两国为期20年左右的艰苦磋商谈判，2009年3月16日，马来西亚总理巴达维与文莱苏丹博尔基亚签署互换书，就确定两国海上边界、建立商业安排区、确定两国陆地边界划分程序等达成协议。据此，在陆地边界方面，文莱放弃对林梦地区主权的声索，两国展开联合勘察行动划定永久陆地边界。在领海边界方面，互换书最终确定了两国领海、大陆架和经济专属区的界线，并确认马来西亚两个石油开采区（L区块和M区块，文莱称J区块和K区块）与文莱的重叠，在文莱海域内，文莱根据联合国海洋公约对这两个石油开采区拥有主权。这两个石油开采区在两国商定的商业安排区内，但马来西亚获准参与其中的商业活动，联合开发石油和天然气，为期40年，产出的石油收入将由两国分享。2010年9月21日和12月14日，马来西亚与文莱先后签署了"在文莱海域 CA1（原称 J 区块）和 CA2（原称 K 区块）进行40年联合开采商业石油、天然气"的合作协定。至此，文莱和马来西亚已通过友好方式解决了两国之间悬而未决的边界划分等问题，这是东盟内部妥善解决领土领海争议的正面典范。

2. "大国平衡"

文莱独立时，当时世界仍处于"冷战"阶段，鉴于历史原因及文莱作为东盟成员国的现实考量，其在外交关系建立方面不可避免地出现"选边"的情况，及至"冷战"结束，文莱迅速适应形势发展，淡化意识形态，外交政策迅速修正为"大国平衡"。

与美国关系方面，1984年独立后文莱即与美建交，并于同年2月9日派出首任驻美大使。两国关系良好，1994年两国开始互免签证。双方军事关系密切，1994年11月双方签订了国防合作谅解备忘录。美国提出"亚太再平衡"及"重返东南亚"战略后，进一步加强与文莱关系，2012年美国国务卿希拉里专程访问文莱。在 TPP 谈判中，文莱得到美国的大力支持。对于以高标准执行 TPP 的困难，特别是在投资、金融服务、劳工、环境和知识产权领域的困难，文莱苏丹在2011年11月夏威夷 APEC 峰会上向美国总统奥巴马表示，文莱需要更多的时间解决，而且还需要美国帮助和提供能力建设。对此，奥巴马积极回应，表示将提供技术援助，帮助文莱消除障碍，并盛赞文莱是在美国与东盟加深联系中帮助最大的国家。①

与英国关系方面。文莱独立前曾长期为英国的保护国，独立至今两国仍保持着密切的政治、军事、经济、司法联系。英国帮助文莱培训高级军官，并供应武器装备。1992年11月，文莱独立以来的首次国事访问，文莱苏丹就选择了英国。1995年1月，文英双方签署了

---

① 唐奇芳：《浅析东盟国家 TPP 政策》，中国太平洋经济合作全国委员会网站，http://pecc - china. org/z/achievment/2012 - 08 - 17/A780. html，2012年8月17日。

新的司法安排协议，规定自 1995 年 1 月 31 日起，文莱上诉法庭将成为刑事案件的终审庭，但仍允许民事案件上诉到英国枢密院，至今两国仍保持了特殊的司法关系。1997 年 2 月，英国国防大臣波蒂洛访问文莱，同文莱苏丹和外交大臣进行会谈，双方就文莱购买英武器和英国廓尔喀部队留驻文莱事达成协议，目前，为数 2300 人的英国廓尔喀部队仍是文莱国防力量的重要组成部分，约占该国国防力量的三分之一。尤其值得一提的是，目前文莱在英国约有 1600 多名留学生，其中大部分享受文莱政府和壳牌石油公司提供的奖学金，另一部分是在职的文莱政府公务员。现任苏丹博尔基亚即是毕业于英国圣赫斯特（Sandhurst）陆军学院，王储比拉毕业于英国剑桥大学。

与日本关系方面。日本是文莱最大的经济贸易合作伙伴，是文莱石油和天然气的主要出口市场，但两国贸易存在巨大不平衡，文莱存在巨大出超顺差。1997 年 1 月，日本首相桥本龙太郎访问文莱。2001 年 1 月，文莱副财长艾哈迈德参加了在日本召开的亚欧财长会议。2002 年 3 月，比拉王储访日，拜会了日本天皇、王储夫妇及其他皇室成员，并与日本首相和外相进行了会晤。2013 年 1 月，日本外相岸田文雄专程访问文莱，并谒见苏丹，提出希望文莱在出任东盟轮值主席国之年，能与日本协调立场。

此外，文莱还积极发展同伊斯兰国家的关系，文莱独立后苏丹参加的首次国际会议就是伊斯兰会议组织首脑会议，并成为伊斯兰会议组织成员国。文莱积极参与伊斯兰事务，出席伊斯兰会议组织峰会，关注中东形势发展。文莱还是英联邦和不结盟运动等国际组织成员国。1993 年 12 月 9 日加入关贸总协定，1994 年 4 月 15 日成为世界贸易组织成员国。

二　中国与文莱保持良好、稳定发展的局面

中国和文莱于 1991 年 9 月 30 日正式缔结外交关系，1993 年 10 月和 12 月，文、中两国先后在对方首都设立使馆，并互派常驻大使。建交 25 年来，两国关系取得长足发展，双方加强在能源、基础设施建设、农业、渔业、防务和人文交流等领域的合作。

双方高层领导人高度重视加强两国合作。文莱虽为东盟的小国，但中国领导人坚持平等外交理念，高度重视发展与文莱的关系。中国国家主席江泽民、胡锦涛曾先后于 2000 年和 2005 年到访文莱，习近平主席先后于 2013 年、2014 年在北京会见苏丹博尔基亚，朱镕基、温家宝、李克强三位总理多次到访文莱。文莱苏丹博尔基亚先后 10 次访华或来华出席国际会议，文莱王储比拉，苏丹胞弟、外交和贸易部部长穆罕默德·博尔基亚亲王，苏丹胞妹、外交和贸易部无任所大使玛斯娜公主均曾多次访华。文莱领导人多次访华，积极深化文中两国在经贸、人文等多领域的广泛交流与深层次合作。特别是 2013 年 4 月，文莱苏丹博尔基亚对中国进行国事访问，两国领导人宣布建立战略性合作关系，标志着两国关系进一步的提升。

经贸关系方面。建交初期，两国贸易额只有 1300 万美元，两国经贸合作进展缓慢。自 2000 年起，双边贸易额大幅上升。2001 年，双边贸易额突破 1 亿美元。2008 年 4 月、2011 年 4 月，两国分别举行第一次和第二次经贸磋商。2010 年双边贸易额 10.3 亿美元，增长142.8%，如期实现温家宝总理与文莱苏丹确定的 2010 年 10 亿美元贸易额目标。其中，中方出口 3.7 亿美元，增长 161.8%，进口 6.6亿美元，增长 133.3%。2012 年双边贸易额达到 16 亿美元，2014 年达到 19.36 亿美元，其中，文莱进口 17.47 亿美元，中国进口仅 1.9亿美元[①]，三项数字均为中国与东盟十国最低。中方从文莱进口的商品主要是原油，中国向文莱出口的商品主要为纺织品、建材和塑料制品等。

两国在投资、承包劳务等方面合作成效显著。截至 2013 年年底，文莱累计对华实际投资 25.5 亿美元，中国累计在文莱非金融类直接投资 7212 万美元，2013 年新增投资 852 万美元。中国累计在文莱签订承包劳务合同额 2.93 亿美元，完成营业额 1.77 亿美元。其中，2010 年新签合同额 1.42 亿美元，同比增长 2592%；完成营业额 3843

---

① 《中国同文莱的关系》中华人民共和国外交部网站（更新于 2015 年 7 月），ht-tp：//www.fmprc.gov.cn/web/gjhdq_ 676201/gj_ 676203/yz_ 676205/1206_ 677004/sbgx_ 677008/。

万美元，同比增长 96.7%。① 中国在文莱的通信工程项目和石化炼化项目发展得尤为引人关注。文莱已基本完成对全国固定电话网络的改造，全面使用由中国华为公司提供的"下一代网络（NGN）"服务，华为与文莱最大的移动通信服务商 DST 合作开发的 4G 网络已正式启用。2015 年 5 月，文莱投资局经中国证监会批准，成为"合格的境外机构投资者（QFII，Qualified Foreign Institutional Investor）"，参与中国证券市场。

能源合作深度拓展。2011 年两国签署《能源领域合作谅解备忘录》，加强双方在商业、炼油、石化及公私领域的合作。同年 11 月，两国签署《中国海洋石油总公司与文莱国家石油公司油气领域商业性合作谅解备忘录》，能源合作迈向新阶段。2013 年 4 月，中国与文莱在北京签署《中国海油与文莱国油合作协议》。经中国发改委审批，中国大型上市民营企业浙江恒逸集团与文莱达迈控股公司合资兴建恒逸文莱石油炼化项目，该项目位于文莱大摩拉岛，占地面积 260 公顷，一期工程估算 43 亿美元，2019 年建成后，文莱日炼化能力能达到 14.8 万桶，可年产 800 万吨芳烃产品及汽油、柴油等燃料，并创造 800 个工作岗位，② 极大改变文莱长期以来依赖油气资源直接出口的局面，对改变文莱经济结构发挥重大作用。

其他领域交流与合作。两国在民航、卫生、文化、旅游、体育、教育、司法等领域的交流与合作逐步展开。先后签署了《民用航空运输协定》（1993 年）、《卫生合作谅解备忘录》（1996 年）、《文化合作谅解备忘录》（1999 年）、《中国公民自费赴文旅游实施方案的谅解备忘录》（2000 年）、《高等教育合作谅解备忘录》（2004 年）、《旅游合作谅解备忘录》（2006 年）。两国于 2002 年和 2004 年分别签署了《中华人民共和国最高人民检察院和文莱达鲁萨兰国总检察署合作协议》和《最高法院合作谅解备忘录》。2010 年 3 月，文莱皇家

---

① 《中国与文莱关系》，中国网，http：//news. china. com. cn/2013 - 10/08/content_30220332. htm。

② 《文莱四位部长联合考察恒逸石化项目建设情况》，中华人民共和国商务部网站，http：//www. mofcom. gov. cn/article/i/jyjl/j/201412/20141200843607. shtml。

航空公司重开斯里巴加湾至上海航线。

两国军事交流日益密切。2003 年 9 月，双方签署了《关于开展军事交流的谅解备忘录》。同年 11 月，中国海军舰艇编队首次访文。2007 年中、文两国互设武官处。中国人民解放军多次参加文莱国际防务展和国际军乐节，2013 年执行"和谐使命—2013"任务的中国海军和平方舟医院船抵达文莱穆阿拉港码头，文莱苏丹博尔基亚登舰参观和平方舟（其首次登上外国军舰），在当地引起了很好的反响。2014 年 4 月 14 日，文莱皇家武装部队海军"达鲁勒山"号（KDB DARULEHSAN）近海巡逻舰从摩拉海军基地起航，赴中国青岛参加西太平洋海军论坛及多国海上联合演习。这是文皇家武装部队海军舰艇首次访华，也是首次赴华参演。文军方认为，此次参演将进一步增进文海军与参演各国海军，特别是主办方——中国人民解放军海军之间的防务交往，同时有助于与其他国家军队加深理解、达成共识、增强互信和发展友谊。

此外，自 2003 年 7 月起，中国对持普通护照来华旅游、经商的文莱公民给予免签证 15 天的待遇。2005 年 6 月，两国就互免持外交、公务护照人员签证的换文协定生效。

2004 年、2005 年分别成立中国—文莱友好协会和文莱—中国友好协会。

三 文莱在中国重大关切问题方面的态度

1. 在台湾、西藏、新疆等我国核心利益事务方面恪守承诺

文莱与中国建交以来，中、文两国相互尊重主权和领土完整，互不干涉内政。文莱政府确实恪守承诺，严格执行 1991 年《中华人民共和国政府和文莱达鲁萨兰国苏丹陛下政府关于两国建立外交关系的谅解备忘录》、1999 年和 2004 年《中华人民共和国与文莱达鲁萨兰国联合公报》、2005 年《中华人民共和国和文莱达鲁萨兰国联合新闻公报》和 2013 年《中华人民共和国和文莱达鲁萨兰国联合声明》中确立的原则和精神，坚持只承认中华人民共和国是中国唯一的合法政府，台湾是中华人民共和国不可分割的一部分，在台湾、西藏、新疆

等涉我国核心利益的重大事务方面立场分明，从未发生台湾地区领导人访问、达赖喇嘛"过境"、就新疆问题向我"施压"等影响双边信任和关系、伤害中国人民感情的事件。中国政府领导人多次赞赏文莱继续坚持"一个中国"政策，支持两岸关系和平发展与中国和平统一大业。

2. 坚持双边磋商或相关国家协商原则，温和对待两国南海争议

文莱独立前夕，修订了有关文莱领海和捕鱼区的法规，将领海由过去的 3 海里扩大到 12 海里，实行 200 海里专属经济区经济制度。独立后，文莱声称对南沙群岛西南端的中国南通礁（也称"路易莎礁"）拥有主权，并分割南沙海域 3000 平方公里，成为南海岛屿主权争端国。文莱又援引专属经济区等国际法概念向外扩张海上管辖范围，侵占了中国 U 形南海断续线（即"九段线"）内大约 5 万平方公里的海域，并且开发出两个高产气田。文莱还在 1987 年和 1988 年先后两次照会中国外交部，郑重宣布了其权利主张。1993 年，文莱通过立法将南通礁划入其专属经济区范围。

尽管如此，与其他东南亚国家南海声索国不同，文莱并未派遣军队占领任何南沙岛礁，也未在两国争议海域暴力执法，主张通过外交途径和平解决南海争端。这缘于文莱对自身国力的清醒认识，以及对其南海权益的准确判断：文莱在南海的首要利益是和平稳定，南海的稳定是文莱能源安全、通道安全、国家安全的保障。南海地区的任何摩擦、冲突或战争，都将使文莱的生存安全受到挑战。文莱的国家海洋安全战略可以拆解为安全和发展两个部分，其中，确保海域周边安全是其海洋安全政策的主要内容，确保沿海、近海海洋油气资源安全是其海洋安全战略旨在实现发展的内容。文莱是一个国土面积极为狭小，人口稀少的国家，依靠本国力量根本无法实现基本的安全保障。在特定条件下，文莱只能依靠地区安全机制来保护自身的安全，这种国家的特殊性和安全政策的特殊性带来了两个方面的结果：一方面，尽管文莱与中国存在海上领土主权与海域管辖权的争议，但是它绝不可能选择对抗或者冲突的方式来处理相关问题；另一方面，当文莱选择了以广泛的地区安全合作机制作为自身安全保障的时候，基于一般

国际法原则和国际社会的基本准则,地区安全机制的主要参与国和区域外强国都不会轻易允许任何国家随便威胁文莱的海洋安全。①

文莱正是基于这种硬实力的薄弱,与中国在解决南海争端方面消弭分歧,达成重大共识。文莱欢迎中国提出的应由直接有关的主权国家根据包括 1982 年《联合国海洋法公约》在内的公认的国际法原则,通过和平对话和协商解决领土和管辖权争议的合理动议,认可中国与包括文莱在内的东盟国家在 2002 年中国—东盟《南海各方行为宣言(DOC)》框架下,就"南海行为准则(COC)"进行的磋商取得的积极进展,认为应以循序渐进和协商一致的方式稳步推进"南海行为准则"进程。当前,尽管菲律宾、越南不断在南海上挑起事端,但文莱并未随波逐流。越南、菲律宾数次借东盟地区论坛(ARF)或东盟—中国峰会(10 + 1)之际,寻求拉拢马来西亚与文莱一起举行有关东盟争议国家统一立场、针对中国的"四国会议",文莱能够不予参与,予以回避,弱化了相关国家统一立场向中国施压的杀伤力。2013 年 1 月初,日本外相岸田文雄曾访问文莱,在与文莱博尔基亚会谈时,岸田指出,"日本面临着尖阁诸岛(即中国钓鱼岛及其附属岛屿)问题,如何应对中国是共同的课题。我们期待文莱作为东盟轮值主席国能够发挥相应的作用"②。日本政府冀望文莱能借出任东盟轮值主席国之机,与日本协调立场,实现东海—南海联动,向中国施加压力。对此,文莱苏丹博尔基亚表示:"虽然东盟有些国家与中国在南中国海岛屿主权问题上存在争议,但无论什么问题,和平对话始终十分重要",③ 对日本政府的提议婉言拒绝。

中国与文莱在南海问题方面逐步形成"搁置争议、共同开发"的典范。2011 年 11 月,中国与文莱签署《关于能源领域合作谅解备忘录》,并签订《中国海洋石油总公司与文莱国家石油公司油气领域

---

① 鞠海龙:《文莱海洋安全政策与实践》,《世界政治与经济论坛》2012 年第 5 期。
② 《日本鼓动文莱牵头东盟发难中国》,新华网,http://news.xinhuanet.com/world/2013 - 01/14/c_ 124224929. htm。
③ 同上。

商业性合作谅解备忘录》，后来据此经多轮磋商，于 2013 年 4 月 2 日在北京签署《中国海油与文莱国油合作协议》，两国政府领导人同意支持两国有关企业本着相互尊重、平等互利的原则共同勘探和开采海上油气资源，并明确有关合作不影响两国各自关于海洋权益的立场。中国与文莱在南海油气田开发合作成为中国与东盟有关南海主权声索国"搁置争议、共同开发"的典范。

3. 积极支持中国主导推动的地区合作事务

积极响应中国提出的"一带一路"倡议。2013 年 9 月和 10 月，中国国家主席习近平分别提出建设"新丝绸之路经济带"和"21 世纪海上丝绸之路"的战略构想。"一带一路"是合作发展的理念和倡议，是依靠中国与有关国家既有的双多边机制，借助既有的、行之有效的区域合作平台，旨在借用古代"丝绸之路"的历史符号，高举和平发展的旗帜，以政策沟通、设施联通、贸易畅通、资金融通、民心相通为主要内容，主动地发展与沿线国家的经济合作伙伴关系，共同打造政治互信、经济融合、文化包容的利益共同体、命运共同体和责任共同体。"一带一路"战略有近 60 个国家参与支持，目前已经有 50 多个国家明确表示愿意参与"一带一路"战略。文莱作为东南亚交通要道上的重要国家，对"一带一路"战略构想反应迅速、态度积极。文莱认为，中国提出的共建"21 世纪海上丝绸之路"倡议与东盟及 APEC 峰会所提倡的互联互通倡议相一致。作为东盟的对话伙伴，中国一直帮助包括文莱在内的东南亚国家推动东盟互联互通进程。文莱苏丹表态，文莱愿意与中国共建"21 世纪海上丝绸之路"，认为共建必将进一步完善两国双边合作机制，增强双方经济联系和人民之间交流沟通。

欢迎并积极参与亚洲基础设施投资银行（AIIB）。2014 年 10 月 24 日，文莱作为 21 个首批意向创始成员国，派代表在北京正式签署《筹建亚投行备忘录》，共同决定成立亚洲基础设施投资银行。2015 年 6 月 29 日，《亚洲基础设施投资银行协定》（以下简称《协定》）签署仪式在北京举行。亚投行 57 个意向创始成员国财长或授权代表出席了签署仪式，包括文莱在内的 50 个国家正式签署《协定》。

2015 年 12 月 25 日，有 17 个意向创始成员国（股份总和占比 50.1%）已批准《协定》并提交批准书，从而达到《协定》规定的生效条件，文莱即为其中之一，表示出对该倡议的积极意愿。

第三节　文莱投资风险评估

中国"一带一路"倡议的良好运行与沿线国家安全稳定的环境息息相关，中国在相关国家进行经贸投资时，要认真评估对象国可能存在的政治风险、经济风险和安全风险等，这些风险涉及政权更迭、社会动乱、族群冲突、国家和地区战乱、经济危机、执法混乱等。我们从以下几个方面对文莱进行短期风险和中期风险评估。

一　政治稳定度

"马来、伊斯兰和君主制"三位一体的政治制度保障了文莱的政治稳定。文莱王朝建立至今传承达 600 余年，是东南亚历史最悠久的君主制国家。"马来、伊斯兰和君主制（MIB）"三位一体的政治制度比较适合文莱国情，截至目前，并未受到重大冲击，也暂时没有出现具有强大号召力的政治改革呼声。

文莱严格控制政党和非政府组织，仅有的几个小党派也只是文莱政治的装饰，没有政治能量，更未能产生反对派。

文莱接班人问题可能影响文莱的政治稳定。文莱现任苏丹博尔基亚生于 1946 年 7 月 15 日，年事已高，王储比拉王子生于 1974 年 2 月 17 日，是博尔基亚苏丹和第一个夫人所生的第三个孩子，于 1998 年被立为王储，目前出任首相府高级部长。博尔基亚苏丹会效仿先父赛福丁在世时退位，还是让王储比拉在其死后接班，成为影响文莱政治的一个因素。此外，博尔基亚苏丹胞弟杰弗瑞·博尔基亚曾长期担任财政部长及文莱投资局（BIA）主席，涉嫌侵吞 148 亿美元文莱政府资金，并与博尔基亚苏丹对簿公堂，一直上诉到英国枢密院，2000 年诉讼戛然中止，但财产争议一直拖延至今还没有完全解决。该案件极大冲击了文莱王室的形象和信誉，杰弗瑞·博尔基亚选择了"自我流放"，但在海外宣称自己是王室政治斗争的牺牲品，自己是输给了"保守政治派"，试图保持自己在文莱政治中的影响力，争取文莱民众的政治支持，其对文莱政治的今后发展有何影响或冲击有待观察。

二　经济风险评估

1. 宏观经济风险

2008 年以来，文莱 GDP 增速波动较大。2008 年全球金融危机重挫文莱经济，GDP 增长率降到 - 1.94%。随着全球经济复苏，2010—2011 年，文莱经济稳步增长，GDP 增长率达到 3.43%。2011—2013 年由于油气产量下降，文莱经济增长出现停滞。2013 年文莱国内生产总值（GDP）为 161.1 亿美元（现价美元计算），GDP 增长率为 - 1.75%。2014 年文莱政府针对经济衰退实施扩展性财政政策，制订缜密的财政计划、实施经济多元化政策、扶持私营经济，并且伴随着油气产量回升，文莱经济回暖①，GDP 增长率达到 5.3%。

文莱宏观经济稳定性一直很高，根据世界经济论坛公布的"2009—2010 年全球竞争力报告"，文莱宏观经济稳定性首次跃居第一位。该报告认为有控制的通货膨胀是文莱宏观经济稳定性的突出表现之一②。由图 3 - 3 可以看出，2008—2014 年文莱通货膨胀率波动较小，2008 年金融危机后稍有下降，2011 年恢复到 2008 年水平，2011 年后，文莱通胀率持续缓降。由于文莱日用品多依靠外国进口，因此，食品、非酒精饮料和烟草价格是通胀波动的主要原因③。2014 年文莱出现通货紧缩情况，未来两年国际油价处于低位和日用品价格

① 中华人民共和国商务部：《国际货币基金组织高度评价文莱财政和货币政策》，http://www.mofcom.gov.cn/article/i/jyjl/j/201407/20140700661145.shtml，2014 - 07 - 14。

② 中国驻文莱经济参赞处：《文莱宏观经济稳定性跃居世界首位》，http://bn.mofcom.gov.cn/article/jmxw/200909/20090906507489.shtml，2009 - 09 - 09。

③ 中国驻文莱经济参赞处：《文莱一季度通货膨胀率 1.6%》，http://bn.mofcom.gov.cn/article/jmxw/201108/20110807678067.shtml，2011 - 08 - 03。

下降，可能导致通胀紧缩局面延续①。与中国相比，文莱通胀率的波动范围较小，国内物价较稳定。

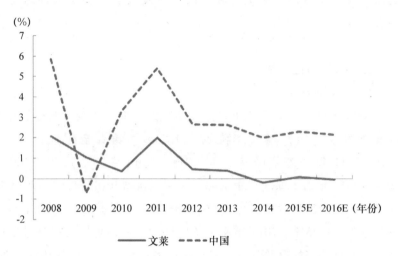

图3－3　中国、文莱2008—2016年通货膨胀率

注1：2015年、2016年为预测值。

数据来源：世界银行，http：//data. worldbank. org/。

2. 利率风险

2008年的全球金融危机对文莱的金融市场产生了强烈冲击，导致2009年文莱银根急剧紧缩，年平均实际利率从2008年的－6.4%增长到2009年的35.4%，同比上升了653.13%（图3－4）。

为抑制危机的不利影响，文莱货币政策由从紧转向适度宽松，国家放松银根，扩大信贷规模，出台大量扩大投资、促进经济增长的政策。2009年文莱政府持续保持宽松的财政和货币政策，继续保持低利率水平以促进经济增长，下调存款利率。年平均实际利率从2009年的35.4%下降到2010年的－12.3%，下降幅度达到134.75%。

---

① 中国驻文莱经济参赞处：《文莱10月份通货紧缩局面延续》，http：//bn. mofcom. gov. cn/article/jmxw/201412/20141200842536. shtml，2014－12－22。

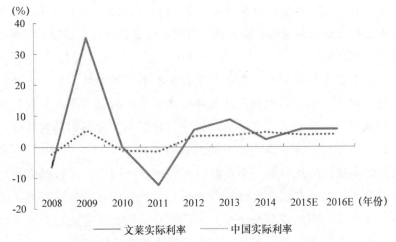

图 3 - 4　中国与文莱 2008—2016 年实际利率变动

注：2015 年、2016 年为预测值。

数据来源：世界银行，http：//data. worldbank. org/。

3. 汇率风险

由于中国在文莱的投资多以美元结算，因此，这里的汇率风险主要分析文莱元兑美元的风险。

2015 年至今文莱元大幅贬值。由于国际油价暴跌，以及预期新加坡今年的整体通胀率将处于较低水平，新加坡金融管理局于 2015 年 1 月 28 日宣布降低新加坡元汇率政策的斜率，以降低新元兑一篮子货币的有效汇率升值速度。新元对美元汇率急速走低，文莱元兑新加坡元汇率固定 1:1，同样使得文莱元兑美元汇率急速走低，跌幅一度达到 1.3%，创下 2011 年 11 月以来的最大跌幅。即使文莱元呈现对美元贬值的态势，相对于一篮子货币仍然可能处于升值状态。过去 3 个月，尽管文莱元对美元汇率下跌，但跌幅基本被文莱元兑马来西亚林吉特、欧元以及日元的升值所抵消。因此，文莱元名义有效汇率从去年 9 月份以来呈现出不断升值的趋势。

外汇汇率的波动，会给从事国际贸易者和投资者带来巨大风险，主要表现为贸易型汇率风险和金融型汇率风险。文莱元汇率的变动主要影响文莱进出口和金融业发展。汇率波动大会增加不确定性风险，主要影响占了文莱总出口90%以上的石油和天然气的出口核算以及外国投资项目，相应的避险金融工具的价格也会升高，增加了外商投资的汇率风险。

文莱汇率与新加坡元绑定，文莱元汇率与新加坡元汇率波动将保持一致性。由于新加坡金融管理局通过主要的贸易伙伴和竞争者的贸易加权一篮子货币来决定新加坡元的汇率，考虑到其贸易模式和趋势的变化，这一篮子货币的组合将定期被检讨并调整①。贸易加权汇率被广泛维持在一个不被公开的特定范围内，并根据诸如世界通货膨胀水平和国内物价压力等因素，而允许其升值或贬值。于是，文莱元汇率随着新加坡元汇率升值或贬值，也可通过汇率变动来调整国内通货水平。因此，未来尽管投资者可能受到文莱元汇率下跌带来的损失，但在资本流动和汇率制度上基本不会遇到重大变化的风险。

4. 流动性风险

文莱经济体量小，人口仅40万人左右，当局能够较为顺利地管控货币流动，在应对国际冲击时也相当灵活。2008年金融危机后，从IMF对文莱货币及财政政策的高度评价来看，文莱政府的风险管控能力较强。

2012年文莱限制了信贷的发放，以抑制过度消费及个人负债率的高企，并且很有成效。

文莱设有信贷局，建立征信制度，管控信贷风险，促进信贷行业的健康发展。

5. 信用风险

信用风险指交易双方因为各种原因，而未能履行契约中的义务，造成经济损失的风险。当一国债务水平过高或因为各种原因而导致国家没有能力偿还债务时，违约就可能发生。

文莱作为产油国，其财政收入长期处于盈余状态，没有任何外

---

① 《新加坡金管局意外调整本币汇率政策》，新华网，http://news.xinhuanet.com/world/2015-01/28/c_1114169257.htm。

债。近年，虽然受到国际原油价格下跌的影响，文莱的财政依然保持盈余，并且，文莱大力发展旅游业的战略也缓解了产业的单一性。

6. 外部冲击

（1）贸易型外部冲击

一国受到贸易型外部冲击的影响程度可通过三个维度来衡量：产品集中度（商品结构风险系数）、市场集中度（市场机构风险系数）和外贸依存度。

从产品集中度来看，从 2012 年起，文莱的两大宗出口产品分别是矿物燃料和化工产品。其中，第一大宗出口产品为矿物燃料，2012年占总出口的 96% 左右，在 2014 年时下降到 92%；第二大宗出口产品为化工品，从 2012 年占总出口的 2% 上升到 2014 年的 4.5%。2012 年以来这两宗出口产品共占总出口的 97%—98%。可见，文莱的产品高度集中，结构单一，出口贸易完全依赖于矿物燃料，如石油、天然气等，容易受到国际大宗商品价格波动的影响。中国商务部2014 年报告称 2013 年文莱的油气行业产值同比下降 7.2%，2014 年1 月原油和液化天然气的出口额同比下降分别为 17.7% 和 3.5%。预测文莱的矿物燃料出口占比将会继续下降，2016 年占比将下降到 89%。

从市场集中度来看，文莱的前四大出口市场分别为日本、韩国、印度和澳大利亚，2012—2014 年，文莱对四大出口市场的出口额占其总出口的 65%—75%。其中，日本为文莱的最大出口国，2012 年文莱对日本的出口额占了其总出口的 44%，2014 年比例下降到了 37%，预测 2016 年将会下降到 34% 左右。总的来说，文莱的出口市场集中度较为稳定，各个主要市场的出口份额变化情况稳定。

从外贸依存度来看（图 3 – 5），2007 年以来，文莱的外贸依存度迅速增加，从 2007 年的 96% 上升到 2010 年的 114%。2011—2013年，该比例在 110% 上下波动。2014—2016 年，文莱的外贸依存度也会保持在此水平上。

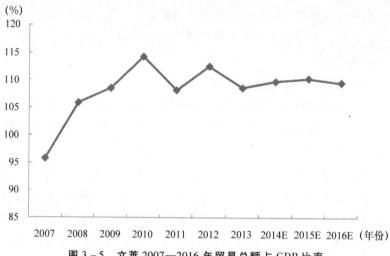

图 3 - 5　文莱 2007—2016 年贸易总额占 GDP 比率

注：2014—2016 年为预测值。

数据来源：世界贸易整合数据库（WITS）。

为摆脱国民经济过度依赖油气资源的状况，近年来，文莱政府积极实行经济多元化战略，一方面增加对基础设施和信息产业等的投入，另一方面加大招商引资的力度，吸引国际社会支持和参与港口、石油天然气下游产业、工业园区建设等多元化战略实施[①]。为此，文莱将会逐渐改变出口产品集中度，进而降低国际大宗商品价格波动对出口的影响。

（2）资本型外部冲击

一国受到资本型外部冲击的影响程度可通过两个维度来衡量，资本账户开放程度和外来资本占国内主权债务的比例。

从资本账户开放程度来看，文莱成立了国际金融中心，目的是使文莱成为东亚和中东之间的金融桥梁，吸引伊斯兰世界的资金进军大中华[②]。文莱拥有丰富的石油和天然气、稳定的政治环境、和谐的族

[①]　驻文莱使馆经商处，http：//bn. mofcom. gov. cn/article/ztdy/200303/20030300072178. shtml。

[②]　驻文莱使馆经商处，http：//bn. mofcom. gov. cn/article/ztdy/200303/20030300072178. shtml。

群关系、丰富的外汇储备，没有外债和外汇管制，这些环境条件有利于文莱建立像新加坡、中国香港以及加勒比海的英属群岛一样提供岸外金融中心业务的国际金融中心①。

从外国直接投资来看（图3－6），2008年以来，文莱的外国直接投资净流入一直处于增长态势，从2008年的2亿多美元增加到2012年的8.6亿美元，升幅超过300%。预测2016年，文莱的外国直接投资净流入将可能达到13亿美元。

2011年文莱的外汇储备达到历史高峰（12.1亿美元），其中英国是最大投资国，投资额为7.6亿美元，其后依次为荷兰2.2亿美元、日本1.3亿美元等。

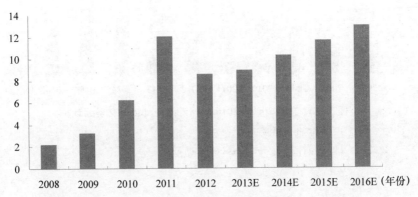

图3－6　文莱2008—2016年外国直接投资净流入（以亿美元计）

注1：2013—2016年为预测值。

数据来源：世界银行，http：//data.worldbank.org/。

在外来资本占国内主权债务方面，由于文莱基本上没有外债，所以，外资在文莱的国内主权债务上的占比几乎为零，也不存在风险。

（3）外汇储备水平

从国家外汇储备水平来看（图3－7），从2007年起，文莱的外

---

①　亚洲国际贸易投资商会：《文莱市场分析》，http：//www.bizjl.com/cnt.php？id=242。

汇储备快速增加，从 2007 年的 6.7 亿美元上升到 2014 年的 36.5 亿美元，上升幅度接近 500%。由于近年石油价格下降，而且文莱的90% 出口创汇为石油和天然气，所以，预测未来几年文莱的外汇储备将会平稳缓慢上升，2016 年将会达到 38.5 亿美元。

但是，文莱的主要出口创汇为石油和天然气产品，所以，文莱的外汇储备容易受到国际原油产量和石油价格等影响。

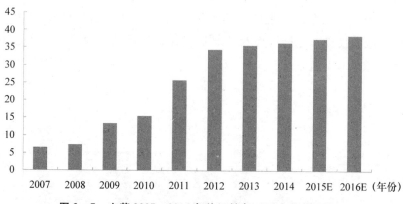

图 3 - 7　文莱 2007—2016 年外汇储备（以十亿美元计）

注：2015 年、2016 年为预测值。

数据来源：世界银行，http://data.worldbank.org/。

三　商业环境风险

1. 基础设施风险

文莱的基础设施较完善。公路方面，文莱公路总长 3127.4 公里，主要居民点之间均有公路连接。与其他国家不同的是，文莱几乎没有公共交通服务系统，但私家车比例较高，平均每千人拥有 367 辆车，处于东南亚地区前列。空运方面，首都机场于 2012 年开始扩建，预计完工后将会有效增加客运和货物吞吐量。水运是文莱最重要的交通渠道之一，承担着大部分的货运任务。但文莱的海运目的地多为新加坡、马尼拉等周边港口。此外，文莱的互联网和手机普及率高，电力供应充足①。

根据世界银行在 2011—2014 年发布的包含 249 个国家和地区的港口基础设施质量数据，文莱在 2010—2013 年此项指标稳定在 4.6 左右，处于世界中等偏上水平，并略有上升趋势。2013 年文莱在此项指标上排名 49，港口质量优良。

近年来，文莱响应东盟互联互通号召，计划并开始扩建首都机场及码头，提高航空和海上运力，不断完善自身的基础设施建设。2014 年，文莱交通部宣布扩建现有的摩拉港集装箱码头，预计在扩建工程竣工后，码头将拥有更先进的设施，为国际集装箱大型运输船提供包括货物转载、集装箱卸运、物流及船运衔接等服务②，文莱政府也希望以此鼓励全球海运业者，通过摩拉海港进行货物转口活动，将摩拉海港打造成区域重要港口③。

综上，文莱的基础设施情况优良，公路和水路运输较为发达，但政府并没有全面系统的基础设施建设计划，预计 2016 年及短期内文莱的基础设施将会保持目前的状态，基础设施风险较小。

2. 劳动力市场风险

劳动力市场风险是衡量一国的劳动力市场在规模和质量上可能存在的不能满足商业活动需要的风险。

文莱人口仅 40 余万，本地劳动力资源较为短缺，这种短缺不仅表现在绝对短缺，更表现为相对短缺。世界银行公布的数据，文莱的劳动参与率远远低于其他国家，且近年来持续下降，与高收入国家的差距在逐渐加大。本国劳动力缺乏迫使文莱大量引入外籍劳工，外劳占到整个就业人口的 1/3，主要分布在建筑业和餐饮、家政、环卫等

---

① 商务部国际贸易经济合作研究院，商务部投资促进事务局，中国驻文莱大使馆经济商务参赞处编《对外投资合作国别（地区）指南 2014 版——文莱》，第 20—23 页。

② 中华人民共和国驻文莱达鲁萨兰国大使馆经济商务参赞处：《文莱政府将全面扩建摩拉港集装箱码头》，http://bn.mofcom.gov.cn/article/jmxw/201403/20140300517760.shtml，2014 - 03 - 13。

③ 中华人民共和国驻文莱达鲁萨兰国大使馆经济商务参赞处：《文莱摩拉港出台八大策略打造区域货物转口中心》，http://bn.mofcom.gov.cn/article/jmxw/201401/20140100450663.shtml，2013 - 12 - 23。

服务业领域。

文莱失业率较低，从未超过 4%，但近年持续走高，接近 3.8%，在东南亚国家属于较高水平。这表明文莱国内也存在一定程度的劳动力供需不匹配，文莱本国接受良好教育的公民普遍愿意供职于政府部门，一般岗位上的劳动力素质不高。正是由于存在劳动力短缺与劳动力供需不匹配共存的情况，文莱劳动力市场有一定风险。

3. 税收风险

文莱税负较低，文莱政府为实现多元化发展，重视建设良好的商业和投资环境，提供了该地区最宽松的税收环境。文莱免征流转税、个人所得税等诸多税种，国内税主要税种为企业所得税，经苏丹批准，2015 年文莱企业所得税率将自之前的 20% 进一步下调至 18.5%，在东盟地区属较低税率。文莱还提供"先锋产业"政策，对国内亟须发展的行业实施企业所得税和设备进口关税减免，免税期高达 11 年，并可根据后续投资情况延长免税期。

考量一个国家的税收收入是否能够满足政府实现其职能的需要，主要看其宏观税负的高低。而宏观税负水平一般用一个国家一定时期内（通常为 1 年）的税收总量占 GDP 的比重来衡量。从图 3-8,可以看出自 2008 年至 2014 年，文莱宏观税负的波动区间大致为 19.34%—36.44%，波动较大，宏观税负平均值为 28.49%，2015 年的宏观税负的预测值则为 30.30%，2016 年的预测值为 31.01%。

文莱的宏观税负约为 28%，根据"拉弗曲线"，与欧洲的福利国家约为 50% 的宏观税负水平相比税负较低，也略低于 OECD（经济合作与发展组织）各国的 35% 左右的平均税负水平，但是相对于其他的东盟国家 20% 以下的宏观税负而言，文莱的宏观税负水平则较高。这样的宏观税负水平，能够支撑政府的支出，政府的宏观调控能力较强，集中体现为文莱的财政盈余明显，但是文莱国内的税负痛苦指数则相对偏高，并不利于国内企业的投资和居民的消费。

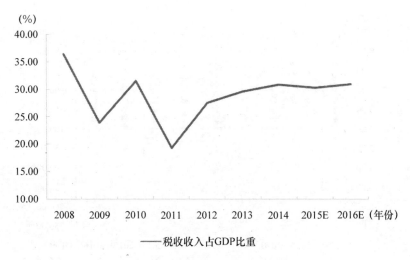

图 3 - 8 文莱 2008—2016 年宏观税负

注：2015 年、2016 年为 IMF 的预测值。

数据来源：根据 Wind 资讯数据库、IMF 数据整理得出。

2008 年至今，文莱一直保持着财政盈余的状态，虽然 2009 年、2010 年受 2008 年全球金融危机影响，财政盈余出现减少，但 2011 年后，财政盈余逐渐稳定在 30 亿文莱元，财政赤字增长率波动逐渐减小。就文莱的税收收入而言，税收收入增长率较之于财政赤字增长率的波动较小，平均值为 4.45%，2012 年后，文莱税收收入的增长趋于稳定（图 3 - 9）。因此，除去 2008 年前后文莱政府财政赤字剧烈波动的情况，总体上看文莱的财政盈余充足，宏观经济稳定，财政状况良好，利于政府各项职能的顺利实现，财政赤字风险较小。

根据《稳定与增长公约》和《马斯特里赫条约》，在不对主权国家的预算和税收政策进行实际干预的情况下，以财政赤字率不超过 3% 为国际通用警戒线值从而确保各国财政的健康。从图 3 - 9 可以看出，2008 年至今文莱的财政赤字率一直为负数，2012 年后逐渐稳定在了 -14% 的水平，远远低于国际通用的警戒值，因此，可以认为文莱的税收风险较小。

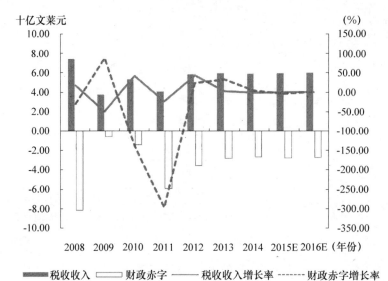

图 3 - 9 文莱 2008—2016 年政府税收与财政赤字情况

注：2015 年、2016 年为 IMF 的预测值。

数据来源：根据 Wind 资讯数据库、IMF 数据整理得出。

4. 法律风险

文莱在独立前就于 1982 年出台《预防腐败法》，并于同年建立反腐败局。之后《预防腐败法》改名为《反腐败法》，对贪污、贿赂行为做了非常严密和具体的规定。《反腐败法》规定对行贿和受贿行为处以同等处罚，最高罚款 3 万文莱元，判处 7 年徒刑。在证据上，对官员腐败采取有罪推定。如果一个官员被发现有无法解释的，或与收入不相称的财产，法院就可以此作为受贿的证据。该法律规定也应用于海外文莱公民，并强调对私人商业机构的关注。2014 年透明国际组织最新出台的"全球清廉指数"排名（Transparency International's Corruption Perception Index）中，文莱在 175 个国家中排名第 38 名。

文莱《土地法》对外来投资有一定影响。1909 年颁布的土地法也许是唯一对投资环境具有负面影响的一部法律。世界银行 2008 年度关于全球企业经营环境报告将文莱列为 178 个国家之末，该报告建议文莱改革其土地登记制度，为企业主提供便利，因为目前公司不能以自己的名义拥有土地。①

文莱《仲裁法》对外来投资者亦有一定影响。文莱于 1994 年颁布仲裁法，正式批准 1958 年在纽约制定的《承认和执行外国仲裁裁决公约》在文莱生效。文莱仲裁法以英国 1950 年的仲裁法为基础，而不是以联合国国际贸易法委员会的国际商业仲裁为法律基础。虽然文莱仲裁法和联合国的国际商业仲裁法律在根本性原则上是一致的，但是实际上两者仍存在显著差异。文莱现行仲裁法规定，如果一方当事人依据合同条款和另一方当事人也认可的仲裁协议条款提起诉讼要求确认合同，则即使其中一方当事人未实际签署合同，双方当事人仍受仲裁条款的约束。文莱《仲裁法》第四部分规定文莱法院对于 1958 年纽约公约成员国做出的仲裁裁决应予承认和执行，除非有对该仲裁裁决不予执行的确切理由。②

在文莱执行外国法院判决实行对等原则，所谓对等原则，意指只要外国法院执行文莱法院做出的判决，则文莱法院也会在文莱执行该国法院做出的判决。文莱法院将据此承认和执行任何相应承认和执行文莱法院判决国家做出的民事和涉及金钱给付的判决。外国法院的判决在文莱立案后就进入自动执行状态。如果外国法院做出的判决具有惩罚的性质，则文莱法院不会执行该判决。如果某项判决本身只是承认以往的外国法院判决，则该判决可予以执行，只要该判决符合文莱关于执行外国法院判决的法律。针对文莱政府的外国法院判决可予执行，但是涉及文莱主权豁免权的判决除外。③

文莱受英国的影响，具有成熟而完备的法律体系，有详细而具体的法律法规，鼓励投资的法规就有多部，执法也较为规范，法律环境良好。值得注意的是，文莱苏丹国建立并实施两套司法体制：一套是

---

① 大成律师事务所：《东盟业务法律资讯——文莱》，http：//www.docin.com/p - 923116675.html。

② 大成律师事务所：《东盟业务法律资讯——文莱》，http：//nantong.dachenglaw.com/file/upload/20140304/file/20140304093250_ 8118d0bf9d994c2e87a11a2268423b83.pdf。

③ 大成律师事务所：《东盟业务法律资讯——文莱》，http：//nantong.dachenglaw.com/file/upload/20140304/file/20140304093250_ 8118d0bf9d994c2e87a11a2268423b83.pdf。

世俗司法体系，覆盖现代社会商业关系的各个方面；另一套是伊斯兰法律体系，包括伊斯兰刑法、婚姻、遗产等各项法律。

结 论

文莱是一个具有鲜明特色的经济体，与中国经贸结构具有很强的互补性，较为适合经贸和投资。其优势表现在以下几个方面：

（1）政治稳定。文莱实行"马来、伊斯兰和君主制（MIB）"三位一体的政治制度，造就了一个传统伊斯兰精神下的单一族群主导的君主制政治。虽然其立法机构形同虚设、政府永不换届、缺乏政党参与，政治模式显得封闭保守，但不可否认的是，这个政体高度稳定，为经济发展奠定了较好的保障条件。

（2）族群关系基本和睦。文莱各族群权利不平等，族群发展也很不平衡，但自文莱独立后，文莱并没有发生大规模的族群流血冲突，也没有发生排华运动。事实上，各族群自行其道，共同发展已使文莱各族群形成相互依存关系，共荣共存成为普遍共识。

（3）经济结构虽不够合理，但产业转型初见成效，前景良好。文莱清醒地认识到过度依赖油气生产和油气出口贸易的弊端，制订了一项30年长期发展计划。该计划实施以来，文莱加大了吸引外资的力度，金融行业取得较好发展，旅游业成为新的经济增长点。

特别值得一提的是文莱的支柱产业——油气产业发展更新升级，为经济稳定发展创造了条件。一方面，随着文莱与马来西亚解决了边界问题，确保了两国争议海域的油气开发，稳定了油气产量；文莱与中国在南海"共同开发"迈出实质性进展步伐，进一步消除了文莱的海上安全威胁，确保了中国与文莱争议海域高产油气田的顺利开采。深海区块勘探开发进度加快，预期油气储量将大幅增加，保障了文莱油气经济中期稳定。另一方面，文莱寻求改变原油出口附加值低的传统做法，加速发展石油、天然气的下游产业及能源工业。文莱计划到2030年油气产业总支出将达到88亿文莱元（约合70亿美元），本地成分力争达到60%，以便将更多资金留在本地经济系统内。

（4）依托多边经济协定和区域经贸组织，降低经贸风险。2015年10月5日，美国与包括文莱在内的其他11个国家参与的"跨太平洋伙伴关系"（TPP）谈判宣布达成最后协议。TPP将为文莱消除结构缺陷、实现经济多元化目标提供良好的条件。此外，文莱还积极参加区域全面经济伙伴关系协定（RCEP）、中国主导的亚洲基础设施投资银行（AIIB）建设，也是东盟—中国自贸区成员国，是东盟东部经济成长区（BIMP－EAGA）唯一主权国家。文莱与全球主要经济体已经签署或正在商谈自由贸易协定、投资保护协定或避免双重征税协定。文莱可充分依托多边经济协定和区域经贸组织，降低经贸风险。

（5）法律环境基本良好。文莱的法律体系较为特别，执法规范，较好地保障了外商的投资权益。但是，文莱在国内推行伊斯兰刑法，饱受西方国家抨击，影响欧美企业加大对文莱投资和经贸往来的信心。美国国务院出台的2015年《投资环境报告》（*Investment Climate Statement*），评估文莱推行伊斯兰刑法严重影响该国投资环境，值得美国企业注意[①]。美国国务院此举一定程度上影响了美资企业和西方企业对文莱经济的投资态度和信心。

（6）基础设施良好。文莱属于小国寡民，但在油气产业蓬勃发展带动之下，其基础设施，如道路、港口、电力、水利等设施比较完备，而且还在不断建设中，能满足基本投资需求。

总之，文莱的商业环境吸引力较高。企业顾问公司维瑞恩联合公司（Vriens & Partners）最新发表的亚太地区投资环境报告显示，文莱2014年投资环境指数为73.5，排名亚太区第五位。前四位分别为新加坡、新西兰、中国香港和澳大利亚，中国排在第十一位。该报告从法规、国际贸易和商业开放度、政治稳定度、税收水平、廉洁度和财务管理等方面评估各经济体投资环境，文莱在法规、政治稳定度、

①　《2015 Investment Climate Statement － Brunei》，美国国务院网站，http：//www. state. gov/e/eb/rls/othr/ics/2015/241496. htm。

税务和廉洁度等方面获较高得分①。世界经济论坛《2013—2014 年全球竞争力报告》显示，文莱竞争力排名全球第 26 位，在亚洲地区同样名列前茅。尽管由于考量指标的选取存在局限性等问题，排名的先后并不能完全准确反映一国的商业环境质量，但诸多独立评估机构均将文莱排在如此靠前的位置，还是较为客观地反映出文莱属于较为理想的投资地。

主要参考文献

一 报告

[1] 商务部：《对外投资合作国别（地区）指南 2014 版——文莱》，http：//fec. mofcom. gov. cn/gbzn/upload/wenlai. pdf。

[2] 大成律师事务所：《东盟业务法律资讯——文莱》，http：//nantong. dachenglaw. com/file/upload/20140304/file/20140304093250_ 8118d0bf9d994c2e87a11a2268423b83. pdf。

二 专著与论文：

[1] 刘新生编著：《列国志——文莱》，社会科学文献出版社 2005 年版。

[2] 骆永昆：《文莱的南海政策》，《国际资料信息》2012 年第 9 期。

[3] 罗满秀：《论中国与文莱关系特点及前景》，《长春工程学院学报》（社会科学版）2009 年第 2 期。

[4] 聂德宁：《中国与文莱经贸关系发展的现状及前景》，《南洋问题研究》2008 年第 4 期。

[5] 鞠海龙：《文莱海洋安全政策与实践》，《世界政治与经济论坛》2012 年第 5 期。

---

① 中华人民共和国驻文莱达鲁萨兰国大使馆经济商务参赞处，《文莱投资环境列亚太区第五》，http：//bn. mofcom. gov. cn/article/jmxw/201404/20140400558399. shtml，2014 - 4 - 22。

［6］庄国土：《"马来化、伊斯兰化和君主制度"下文莱华人的社会地位》，《东南亚研究》2003 年第 5 期。

［7］李杨：《东盟四国加入 TPP 的动因及中国的策略选择》，《当代亚太》2013 年第 1 期。

［8］张学刚：《中国周边族群宗教概况专题之十六文莱族群宗教概况》，《国际资料信息》2003 年第 12 期。

三　数据库

［1］世界银行数据库：http：//data. worldbank. org. cn/topic。

［2］联合国数据库：http：//data. un. org/。

［3］国际货币基金组织（IMF）国际金融统计（IFS）数据库：https：//www. imf. org/。

［4］各国竞争力指标分析库：https：//www. eiu. bvdep. com/。

［5］各国宏观经济指标宝典数据库：https：//www. eiu. bvdep. com/。

［6］海关信息网：http：//www. haiguan. info/。

［7］中华人民共和国商务部网站：http：//www. mofcom. gov. cn/。

［8］中国国家统计局国际数据库：http：//www. stats. gov. cn/。

［9］美国国务院网站："INVESTMENT CLIMATE STATEMENT" 2015，Brunei。

［10］美国能源署网站：http：//www. eia. gov/。

四　文莱主流英文传媒

［1］Borneo bulletin online：http：//borneobulletin. com. bn/.

［2］The Brunei Times：http：//www. bt. com. bn/.

第四章 泰国基本国情及投资风险评估

喻常森　栗灵芝

第一节　　泰国基本国情

泰国，全称为泰王国，位于东南亚大陆的中南半岛中部地区。其西部和北部与缅甸接壤，东北与老挝、东南部与柬埔寨相邻，南部地形狭长，延伸至马来半岛中部，与马来西亚相交。东南面向太平洋泰国湾（旧称暹罗湾），西南濒临印度洋安达曼海。国土总面积为51万多平方公里（在东南亚排名第3名），人口为6450多万人（在东南亚排名第4名）。

一　政治特点

根据泰国宪法，泰国的政治体制为君主立宪制。国王是国家元首和武装部队最高统帅。前任泰国国王为拉玛九世王普密蓬·阿杜德。国王作为国家元首，依据宪法规定，通过议会、政府、法院行使权力。

国家立法议会负责制定法律，行使国会和上、下两院职权。根据临时宪法规定，立法议会议员最多不超过220名。议会职权主要包括立法权（制定宪法附加法、制定法律条例）、监督权（监督有关法律的制定是否违宪、监督国家管理工作）、预算审批权、人事权（推荐或罢免政府、议会、法院及其他独立机构主要成员）等。

泰国政府内阁由总理、副总理和各部部长组成。现任总理为巴育·占奥差上将，2014 年 8 月发动军事政变后通过议会选举组阁。

泰国的司法制度属于大陆法系，以成文法作为法院判决的主要依据。司法系统由宪法法院、司法法院、行政法院和军事法院构成。

泰国的国家结构模式为单一制。全国分中部、南部、东部、北部和东北部五个地区，共有 77 个府市，府下设县、区、村。曼谷既是泰国的首都也是唯一的府级直辖市。曼谷市长由选民直接选举产生。各府府尹为公务员，由内政部任命。

在当今泰国的政治生态中，存在三种主导性的相互依赖和制约的政治力量，包括王室、军队、政党。

首先，泰国国王和王室在政治中发挥重要作用。泰国（古称暹罗）长期处于封建统治。18 世纪后期拉玛王朝建立后，历经 300 多年和 9 位国王。19 世纪 60 年代拉玛五世（朱拉隆功国王）成功实行改革，加速推进泰国近代化，并与英法等西方列强签署一系列条约，巧妙地维系了泰国的独立，使泰国成为东南亚唯一没有沦为西方殖民地的国家。1932 年，泰国通过军事政变，建立君主立宪政体。国王名义上仍然是泰国最高统治者并担任武装部队统帅。但是，根据宪法，国王只能通过国会、内阁和法院行使权力。政府每年拨 1 亿泰铢供王室开支。前任国王普密蓬·阿杜德（拉玛九世）1946 年继位，已在位 70 年，是泰国历史上在位时间最长的国王。普密蓬国王关心社会稳定、经济发展和人民生活，经常外出体察民情，恩赐物品，救济贫穷失学儿童和灾民，修筑学校和水库等，深受人民爱戴，王子哇集拉隆功于 1972 年被封为储君，诗琳通公主于 1972 年被封为"玛哈却克里公主"。王位由王子世袭，但是，依照 1924 年王位继承条例规定和国会的认可，如果没有王子继承，国会可同意由公主继位。同时，为了保证王室的威严和其在人民心目中的崇高地位，泰国法律规定，严禁诋毁国王和王室成员。

泰国王室主要通过对内阁成员的任命仪式发挥作用，同时，王室在议会上院和军队中拥有大批支持者和追随者。在泰国政治生态中，国王和王室的作用主要表现为，一旦其他政治力量出现结构失衡或者政治力量真空的时候，国王就会运用自己超凡的政治影响力发挥着微妙的平衡手角色。历次军事政变和各派政治力量相持不下之时，往往由国王出面加以斡旋，化解危局。

其次，军队在泰国政治生态和结构中是一股重要的力量。1932年以来，泰国军队发动多达20次军事政变，几乎成了世界各国之首。由于泰国民主制度发展比较迟缓，导致军队卷入国家的政治生活，这种情况在其他发展中国家，特别是在那些实行威权统治的亚洲、非洲、拉丁美洲国家中是一种普遍现象。因为在发展中国家现代化过程中，民族国家的形成普遍要晚于军队的建设，军队在民族国家形成过程中扮演了举足轻重的角色，使军队处于相对优越的地位，成为国家体制内部或外部的重要"制度"。通常军队被视为是民族国家主权的标志和民族统一的象征，是国家的特殊机构，有时甚至扮演国家的仲裁者角色。一旦文人政府对经济建设和社会控制能力出现疲弱，军人就会走到政治前台。在现代化过程中，泰国军人还广泛卷入国家的经济活动并且在国家经济中拥有牢固的地位。长期以来，泰国国防部掌握了一系列重要的工业企业，包括石油公司、皮革厂、玻璃厂、纺织厂、罐头厂，国内大部分商业无线电台属于军队。泰国还有专门的军人银行，其最大的股份属于国防部。这样，军队的上层变成了集体资本家，其综合竞争力大大超过了私人企业家。

最后，泰国政党力量较为软弱。政党政治是现代国家政治生活中的重要标志，然而，泰国的政党政治发展却相当不成熟，主要表现在政党组织比较松散和随意。目前，泰国的主要政党有民主党、为泰党、自豪泰党、为国党、泰国发展党、同心发展党、社会行动党、皇家人民党、人民党，其中，最具影响力和组织能力的是泰国民主党。在泰国，很多政党都是为了参加选举而临时组建的。绝大部分泰国政党其实并不具有完整的现代政党机制，仅是政客们为了选举的需要而临时拼凑的利益集团或俱乐部。一旦大选结束，这种政党就失去了存在的价值，随即自然解散。由于大部分泰国政党领导层只关心自己的选举入阁及政治分肥，党组织建设非常松散。许多泰国政党没有党纲甚至没有基层组织。由于缺乏稳定的组织关系和经常性的政治生活，泰国政党党员的组织观念淡薄，不少政党的党员包括党的领导人普遍对党组织缺乏效忠意识，尤其是党员议员变节跳槽现象频繁发生。

由于泰国政党的松散性和软弱性，使得它们难以发挥强有力的政治作用。同时，由于泰国政党具有小而多的明显特点，政府往往由多党组成，形成多党联合执政局面。同时，由于泰国政党政治发育不成熟，导致街头政治和民粹主义盛行。近年来频繁出现的红衫军和黄衫军街头政治群众运动，就是泰国民主政治变异的产物。[①]

二　泰国经济发展态势

1. 泰国经济发展的现状

自 20 世纪 80 年代以来，泰国经济发展迅速，逐渐由以农产品出口为主的农业国家向新兴工业化国家转变，成为亚洲"四小虎"之一。泰国实行自由经济政策，以贸易、农业、旅游业为国家经济的三大支柱。1997 年爆发的东南亚金融危机最初起源于泰国，这场危机对泰国经济造成了沉重打击。

进入 21 世纪后，泰国政府主张内外发展并重，提倡"双轨式"经济发展模式。对内实行扩张性财政政策，强化基础经济；对外大力推动多边和双边自由贸易合作，扩展国际市场，使泰国经济状况明显好转。随着亚太地区新兴经济体的迅速发展，泰国政府抓住机遇，实施经济政策转变、产业结构调整等一系列措施，使得泰国经济获得较快发展。2008 年全球金融危机对外向型的泰国经济影响颇深，加之国内政局动荡，使泰国经济近年来出现最大幅度衰退，2009 年泰国实际 GDP 增长率为 -2.3%。2010 年泰国经济全面复苏，尽管经历了政局动荡和自然灾害等负面因素的影响，但仍实现了 7.8% 的高增长。从 2012 年起，泰国开始实施第十一个社会经济发展五年规划，该规划继续贯彻泰国国王倡导的"适度经济"原则，力求经济、社

---

① 有关泰国现代政治力量结构分析参阅喻常森《转型时期泰国政治力量的结构分析》，《东南亚研究》2007 年第 5 期。

会、环境的和谐及可持续发展，提高泰国经济对内外部因素变化所造成风险的抵抗能力，GDP 实际增长率达到 6.5%。[①] 目前泰国经济基本保持稳定发展，但受国内政治混乱和国际经济不景气双重影响，2014 年 GDP 增长率有所下降（图 4 - 1）。未来两年，由于经济缺乏强增长机制，燃料价格骤降，预计泰国实际经济增速在 4% 左右波动。

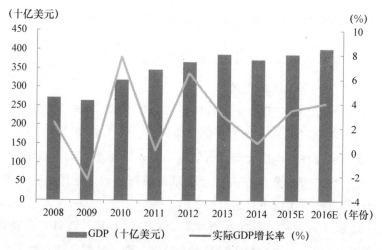

图 4 - 1 泰国 2008—2016 年 GDP 走势

注：GDP 以现价美元计算，2015 年、2016 年为预测值。

数据来源：世界银行。

目前，泰国是东南亚第二大经济体，2014 年泰国 GDP 总量为 4120 亿美元，全球排名第 27 位，东南亚居第 2 位，仅次于印度尼西亚。人均 GDP 为 5519 美元，东南亚排名第 4 位。

2. 泰国产业结构的变化

工业和服务业是泰国的两个主要产业，2013 年工业占国内生产总值的 39.2%；农业占国内生产总值的 8.4%，低于贸易业（13.4%）和

---

① 中华人民共和国驻泰王国大使馆经济商务参赞处：《泰国经济简况（2011 年版）》，http：//th. mofcom. gov. cn/aarticle/ddgk/zwjingji/201111/20111107834783. html。

物流科技及通信业（9.8%）；建筑及采矿业占国内生产总值的4.3%；其他服务业包括金融、教育、酒店及餐厅等行业共占24.9%。电信和新型服务贸易业是工业扩张和经济竞争力的新增长点。

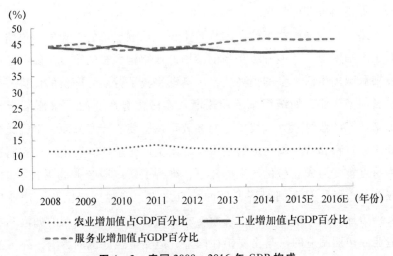

图 4-2　泰国 2008—2016 年 GDP 构成

注：2015 年、2016 年为预测值。

数据来源：世界银行。

泰国的产业结构具有以下三个特点：

第一，政府相关政策措施对产业结构的影响较大。威胁泰国经济和各大产业发展的因素包括自然灾害、经济危机、社会问题和政治风波等，有的因素是突发的，如自然灾害，有的则是短时间内无法彻底消除的，如社会问题和政治风波，这些都对各产业产生了不同程度的影响。20 世纪 90 年代以来，农业、工业和服务业产值占 GDP 比重相对稳定，这离不开泰国政府的政策支持。2008 年全球发生粮食危机，泰国实施"大米新政"，提高粮食收购价格，增加农民收入，刺激其种粮积极性。[1] 2011 年泰国发生特大洪水灾害，政府投入 3500 亿泰

---

① 王勤主编《东南亚地区发展报告（2012）》，社会科学文献出版社 2012 年版，第 58 页。

铢实施治水计划，加强水利设施建设，增强农田灌溉能力。2011年泰国实行"首辆车"政策（个人购买第一辆汽车退还消费税），刺激当年国内汽车销售量达90万—94万辆。这一举措使以汽车制造业为支柱的泰国工业得以复苏，同时还带动了汽车修理业和保险业的增长，促进服务业的发展。

第二，劳动密集型产业的优势不再，依赖出口的产业发展道路有时也面临困阻，转型升级是当前泰国产业结构调整的重点。随着经济发展和国民生活水平的提高，泰国渐渐丧失了劳动力廉价的优势，劳动密集型产业，如纺织服装业逐渐从泰国优势产业的"宝座"上退下来，该产业开始寻求技术上的突破。在服装业转型方面，泰国充分利用原材料和从外国引进的技术，开始生产化学纤维，由以成衣制造为重点转变为成衣与化纤生产并重，维持了纺织服装业的增长。"依赖外部市场"是泰国经济发展的特点之一，但观察泰国相关产业的发展历程，因为依赖外部市场而吃亏的例子很多，最典型的如汽车制造业。初期制造的汽车主要销往国外，但受金融危机的影响，外国的汽车需求量大幅度减少，泰国的汽车制造业也因此受挫。此后，泰国开始挖掘内部潜在的消费市场，通过税收优惠鼓励国民购买汽车，国内市场成为目前汽车制造业发展的最主要动力之一。

第三，"产业结构高级化"是必然趋势，服务业在泰国的经济发展中将发挥越来越大的作用。"产业结构高级化"意味着产业发展优势依次由农业、工业向服务业转移，这正是目前泰国产业发展的现状特点。无论从产值比重还是就业人员的数量来看，服务业在泰国经济中占绝对优势；而从发展势头上看，服务业也表现出了比农业和工业更大的活力。

3. 泰国的对外贸易

自20世纪80年代中后期以来，泰国对外贸易迅速发展，进出口额总体来说基本保持增长势头（见表4-1），1986年至1995年，其年平均出口增长率达23.08%。1997年泰国爆发金融危机，经济受挫，出口额减少，这种经济低迷状况一直持续到2001年，这期间泰国出口年平均增长率只有2.48%，而且有三年出口额都呈负增长。

2001 年他信上台后采取强硬措施使泰国经济从疲软中恢复，出口额再次快速增长，这种增长势头一直保持到 2012 年。即便 2008 年遭遇世界金融危机，泰国出口额也只是在 2009 年出现负增长，随后 2010 年泰国出口增长率达 27.1%。不仅出口贸易发展得如火如荼，泰国进口贸易也发展迅速。1986 年至 1995 年其进口年平均增长率高达 23.31%。此后，同出口贸易一样，进口贸易也受到金融危机的冲击，而且出于保护国内企业及扭转贸易逆差等因素考虑，泰国进口增长率 1996 年至 2014 年的增速慢于出口，但其年增长率基本保持两位数。据世界贸易组织的数据，到 2013 年，泰国已成为世界上第 24 大商品出口国，第 21 大商品进口国，第 23 大商业服务进出口国。

表 4-1　　　　　　　泰国 1986—2014 年进出口情况　　（单位：十亿美元）

年份	进口额	增长率（%）	出口额	增长率（%）
1986	8.5	1.1	8.8	23.9
1988	17.8	48.9	15.9	37.1
1990	29.4	29.8	22.9	15.1
1992	36.1	6.1	32.2	13.8
1994	47.7	17.7	44.7	22.1
1996	63.7	0.6	54.7	-1.9
1998	36.6	-33.8	52.9	-6.8
2000	56.2	31.3	67.9	19.5
2001	54.5	-3.0	63.1	-7.1
2002	57.0	4.6	66.1	4.8
2004	84.2	10.7	94.9	21.6
2006	114.3	7.8	127.9	17.0
2008	157.9	26.7	175.2	15.9
2010	161.9	37.0	191.6	27.1
2012	219.1	8.4	225.7	3.0
2014	200.2	-8.5	224.8	-0.3

资料来源：根据泰国银行相关数据整理，http：//www2.bot.or.th/statistics/ReportPage.aspx？reportID=409&language=eng，2015 年 6 月 21 日。

贸易额不断增加的同时，泰国进出口产品结构也在变化。泰国曾经是落后的农业国，出口的主要是农产品等初级产品，进口工业制成品和半成品。20 世纪 60 年代，泰国出口的商品以传统初级产品，如大米、玉米、橡胶、木薯、锡等为主，这些商品的出口占出口贸易总额的 75% 左右。工业制成品的出口不仅占比小，而且主要是纤维纺织品、木材制品等消费商品，出口额比较大的是砂糖、水泥、纺织品、收音机、电池等技术含量低的产品。而这一时期进口产品多是工业化所需要的原材料、半成品和工业设备等。随着泰国实行多个五年经济发展计划、着重发展工业化，由进口替代型到出口导向型模式转变，泰国的贸易结构也发生改变，初级产品在出口产品中的比重不断下降，而工业制成品乃至高科技产品的比重上升。据世界贸易组织数据显示，2013 年泰国农产品出口额占总出口额的 17.7%，工业制成品出口额占总出口额的 73.3%；农产品进口额占总进口额的 6.6%，工业制成品进口额占总进口额的 63%。另据泰国商业部和泰国海关的数据表明，2013 年泰国主要出口商品为汽车及零配件、电脑及零配件、成品油、化工品、珠宝首饰、天然橡胶、集成电路、橡胶制品、塑胶粒、机械设备及零配件、钢铁、空调及零配件、汽车内燃发动机、摩托车及零配件、手机及零配件等。而进口商品主要是原油、机械设备及零配件、电动机械及零配件、化工品、钢铁、钻石、金银条、汽车及零配件、家用电器、集成电路、废旧金属等。可见，泰国的出口商品主要是劳动密集型产品，进口的主要是为制造业服务的设备等，泰国在全球化环节中承担着生产、制造环节而缺乏技术和创新。①

泰国的贸易伙伴遍布世界，以亚太地区为主。如今，中国、日本、美国、马来西亚、阿联酋是泰国主要的贸易伙伴。2013 年，中国超越日本成为泰国的最大贸易伙伴，中泰贸易额 19800 亿泰铢，占泰国外贸总额的 13.61%。其次是日本，占外贸总额的 13.29%，美国、马来西亚、阿联酋分别占比 7.89%、5.48%、4.22%。把泰国

① 根据泰国银行数据整理，http：//www2. bot. or. th/statistics/reportpape. aspx？reportID。

的进出口贸易分开来看，泰国的主要出口市场是东盟、中国大陆、日本、美国、欧盟和中国香港。泰国的主要进口市场集中在东盟、日本、中国大陆、中东地区及美国。2013 年，泰国对东盟出口额达17925 亿泰铢，约占泰国总出口额的 26%；泰国对东盟进口额达12780 亿泰铢，约占泰国总进口额的 16.7%，而泰国从日本和中国大陆进口额为 24113 亿泰铢，约占泰国总进口额的 31.5%。也就是说，泰国的商品相当大部分在东盟内部被消化掉，而泰国进口的商品则主要来源于中国和日本。

表 4 - 2　　　　　　　　2013 年泰国主要贸易伙伴　　　　（单位：亿泰铢）

国家/地区	总额	进口		出口	
		进口额	占比（%）	出口额	占比（%）
东盟	30705	12780	16.7	17925	26.0
欧盟	13523	6738	8.8	6785	9.8
中东	14475	10928	14.3	3547	5.0
日本	19278	12560	16.4	6718	9.7
中国大陆	19800	11553	15.1	8247	11.9
美国	11418	4475	5.8	6943	10.0
中国香港	4492	497	0.6	3995	5.8
其他	31983	17042	22.3	14941	21.8
总计	145674	76573	100.0	69101	100.0

资料来源：根据泰国银行数据整理，http：//www2. bot. or. th/statistics/reportpape. aspx? reportID。

4. 泰国吸引外来投资

（1）投资政策

为吸引外来投资，泰国政府于 1977 年首次颁布《投资促进法》，此后又多次修改、补充。另外，《外商企业经营法》《税法典》《外国人就业法》等法规对外国投资行业、领域等作了详细规定和说明。税收上，泰国对外商投资企业给予了税收优惠。根据人均收入和基础设施状况，泰国境内以曼谷为中心分为了三个区：第一区共6个府，位于中部，分别是：曼谷及邻近的北榄、龙仔厝、巴吞他尼、暖武里和佛统府。第二区包括夜功、叻丕、北碧、素攀、大城、红统、北标、坤西育、北柳、春武里、罗勇和普吉12府。除第一区、第二区的其余58府为第三区。虽然泰国政府给越靠外围的投资优惠政策越多，但出于基础设施、社会治安、环境等硬件的考量，外来投资主要集中在第一区、第二区，尤其是第二区，而第三区的投资项目则少许多。对设立在不同区域的外商投资企业给予不同程度的企业所得税减免，越向外围投资，税收优惠越多；生产出口产品的企业在进口与出口产品有关的设备、原材料等时享有不同程度的进口税优惠；外商投资企业免缴收入汇出税。

1999年11月修改后的《外商企业经营法》实施，该法明确列举了鼓励、限制和禁止外籍人士经营的项目，禁止或限制外国人从事的行业分为三类：第一类为禁止外国人从事的行业，第二类为只有得到投资委员会（BOI）同意才允许外国人经营的行业，第三类为在得到商业部的许可或在投资委员会鼓励措施下，外国人才可以经营的项目。此外，该法对证券代理服务、批发和零售、建筑、非丝质的纺织品、服装、鞋、酒类生产等作了进一步的放开。2007年初泰国又对《外商企业经营法》进行修改。主要修改内容包括：外资准入业务的三大清单目录、外资所持股权比例的限定（外资股份不能超过50%）、投票权的限制以及有关罚则的更改。[1]

（2）外来投资

泰国外来投资持续增长。据泰国投资委员会公布的数据，2005年外来投资项目数为782个，金额为3258亿泰铢，到2014年，投资项目数增长到912个，金额为4835亿泰铢。其间，2012年为投资项目最多的年份，共1357个，而2007年为投资金额最多的年份，共5056亿泰铢（表4-3）。

---

① 中国驻泰国大使馆经济参赞处：《泰国投资政策简介（2012年版）》，http://th.mofcom.gov.cn/jmxw/201305/20130500135130.shtml。

表 4 - 3　　　2005—2014 年泰国投资促进委员会核准的外来投资

（单位：亿泰铢）

投资 ＼ 年份		2005	2006	2007	2008	2009	2010	2011	2012	2013	2014
总投资	项目数（个）	1254	1220	1342	1253	1003	1566	1653	2262	2016	1662
	金额	5712	3735	7445	4997	2814	4913	4497	9839	10273	7294
外来投资	项目数（个）	782	751	836	838	614	856	904	1357	1224	912
	金额	3258	2666	5056	3511	1421	2792	2784	5490	4789	4835
外来投资占比（％）	项目数（个）	62%	62%	62%	67%	61%	55%	55%	60%	61%	55%
	金额	57%	71%	68%	70%	50%	62%	62%	56%	47%	66%

资料来源：根据泰国投资促进委员会统计数据整理：http：//www. boi. go. th/index. php？ pape = statistics - foreign - direct - investment。

　　至于对泰投资的国家和地区，日本一直是泰国最大的投资国，2013 年，日本依然是泰国最大的投资者，注册资本 418 亿泰铢，批准的投资项目 710 项。除此之外，主要的投资国家和地区还有欧洲（153 项，注册资本 64 亿泰铢）、新加坡（111 项，注册资本 20 亿泰铢）、美国（73 项，注册资本 8 亿泰铢）、中国香港（58 项，注册资本 34 亿泰铢）、中国台湾（46 项，注册资本 12 亿泰铢）。[①] 2014 年，日本对泰国的投资金额为 70553.21 百万美元，位列第一，遥遥领先。排在第二位的外来投资者是东盟国家，合计总额为 35377.24 百万美元，排在第三位的是欧盟国家，合计投资总额为 32615.85 百万美元，排在第四位的为美国，投资总额为 17124.89 百万美元，排在第五位的为中国香港，投资总额为 11266.57 百万美元。而中国大陆在 2014 年对泰国的投资总额仅为 4616.07 百万美元（表 4 - 4）。

---

① 泰国投资促进委员会：http：//www. boi. go. th/index. php？ page = index。

表 4 – 4   2014 年泰国政府批准的主要外来投资国家

（投资金额单位：百万美元）

国家	日本	东盟	欧盟	美国	中国香港	中国大陆
金额	70553.21	35377.24	32615.85	17124.89	11266.57	4616.07

资料来源：泰国银行，http：//www. bot. or. th/English/Pages/default. aspx。

投资领域上，外来投资主要集中于金属制品及机械、服务业、电器和电子产品以及化学品和纸张等领域。以 2014 年为例，2014 年泰国总共有 912 个外来投资项目，投资额 4835 亿泰铢。其中，上述四个领域的投资项目就占了 811 个，占总投资项目数的 89%；四个领域的投资额达 4422 亿泰铢，占总投资额的 91%。① 外来投资主要集中于这些领域与泰国自身森林、矿物质等自然资源丰富，劳动力充足，以及发达国家产业转移等因素有关。借助外来投资，泰国的这些部门形成良性循环，成为泰国主要的出口部门，支撑着泰国经济。

三 泰国的宗教与族群关系

1. 泰国的宗教

泰国人宗教情结很重，绝大部分居民信奉佛教，佛教徒占人口的 95%，泰国素有"黄袍佛国"之称。佛教对泰国的政治、社会、文化生活都产生了重大的影响，泰国宪法甚至规定，国王必须是佛教徒，使得佛教几乎成为泰国的国教。在泰国广大农村，佛教的影响无处不在。佛寺不仅是信徒的宗教活动场所，而且也是村落的社会、文化中心。许多农家子弟首先通过进入佛寺诵经而学习文化知识，佛寺成为一个教育机构。乡民的婚丧嫁娶活动，都必须虔诚地延请佛僧到场主持仪式。泰国的男子，上至国王，下至平民，一生中均须剃度出家一次，时间至少是 7 天，一般为 3 个月。佛教僧侣在泰国享有崇高地位。普通百姓拜见僧侣时，包括国王和军政领导人都必须合十致意。僧侣们成群结队地外出化缘时，人们都奉出佳肴献给他们，以示

---

① 泰国投资促进委员会：http：//www. boi. go. th/index. php？page = index。

敬意。政府和企业的重大庆典活动，一般也都邀请僧侣到场诵经。

佛教僧侣按照一定的行政系统划分为 4 大区域。大上座为区域首长，区域下设 18 个部域，管辖 3—4 个府。僧侣的最高领袖为僧王，僧王下设有副僧王。僧侣按照年龄大小分为沙弥和比丘。泰国僧侣禁止饮酒、戴帽、着鞋（凉鞋除外）；允许荤食，但不能自己宰杀。泰国僧侣可以像常人一样结婚生子，组建家庭，但是要严守不邪淫戒。佛像无论大小都要尊重，切勿攀爬。对僧侣应供养，但不要直接给钱；女性不能触碰僧侣，如需奉送物品，应请男士代劳或直接放在桌上。到寺庙参观，着装应整齐，不要穿短裤、短裙和无袖上装，进入主殿一律要求脱鞋。

由于泰国居民大部分信仰佛教的缘故，性格温和善良。无论在农村，还是城市，很少看到聚众斗殴现象。所以，社会治安总体良好，刑事发案率低，人民生活的幸福指数普遍比较高。

伊斯兰教是泰国第二大宗教。据统计，目前泰国穆斯林有 200 多万人，约占人口的 4.6%，全国有 2300 多座清真寺，并建有多所伊斯兰学校。穆斯林主要是马来人和外国穆斯林后裔，主要集中在泰国南部邻近马来西亚的四府：陶公、北大年、也拉和沙敦，这些地区集中了泰国穆斯林人口 70% 以上，其他地区也有少数穆斯林人口散居。

基督教是泰国的第三大宗教。目前泰国约有 30 万名基督徒，其中，60% 以上为天主教徒，其余分属于新教各派。天主教徒主要是首都曼谷及其他城市的泰人，以及东北部和东南部的越裔泰人。新教徒主要是华人和克伦人。目前，全泰国约有天主教教堂 40 多座，天主教神职人员 40 多人。教会学校 130 多所，基督教团体 30 多个。新教教堂 100 多座，牧师近 100 人。

此外，泰国境内还有印度教、婆罗门教和锡克教，信众不多，主要为印度人及其后裔。

2. 泰国的族群

泰国是一个多族群国家，由泰人和众多少数族群构成。

（1）泰人。泰人为主体族群，占全国人口的 82% 左右。泰人曾经称为"暹罗人",现在统称泰人。一般认为,泰人属于汉藏语系泰语族群,与中国云南的傣族、广西的壮族之族源相近,与古代的百越人亦有密切的渊源。泰人分布在全国各地,人们常常根据其地域和方言,分为中部、东北部、北部和南部泰人。其中,中部泰人主要分布在中部地区的湄南河流域,约占全国人口的26%,他们的整体社会发展水平明显高于其他地区的泰人,所使用的"曼谷话"也是全国通用的标准泰语;东北部泰人即为老族或"佬人",这一群体人数高达2350万人,是东南亚老族人最集中的地区,他们的历史文化、经济生活、民俗习惯等方面与老挝的主体族群——老族有着十分密切的联系;北部泰人约占全国人口的17%,该地区在历史上曾建立过以清迈为中心的"兰那泰王国",所以又被称为"清迈人"或"兰那泰人",其官方语言是泰语,但民间方言为与中国云南西双版纳傣文相同的兰那方言;南部泰人则占总人口的9%,主要由泰人与马来人、各地移民长期融合同化而成,所使用的南方方言也颇具地域特色。

泰人是塑造泰国历史的主要力量,他们曾陆续建立过三个强大的王朝:"素可泰王朝"(1238—1349)、"阿瑜陀耶王朝"(1350—1767年)和"曼谷王朝"(1782年迄今)。泰人传统服装比较简单,男子穿长裤和短袖上衣,女子多穿筒裙。现在城市居民大多穿西装,只有农村的泰人还穿传统服装。泰人的主要食物是大米。菜肴以酸、辣、鲜、冷为特点。农村地区的泰人大部分居住在干栏式房屋(高脚屋)中,上层住人,下层空旷,为厨房饭厅,并有休息和储物功能。

(2)华人。泰国华人族群人数仅次于泰人,共计900余万人,约占全国人口的14%,足迹遍布泰国各地,尤其以曼谷及中部地区最为集中。华人大规模移民泰国开始于19世纪后期到20世纪30年代。泰国华人构成成分具有多样性特点,一般包括以下几种情况:第一,原为华侨,后来加入泰国籍,大多数是1949年以前到泰国谋生的人;第二,前者的后代,称为第二代华人,会讲中国话,并保留中国的风俗习惯;第三,华裔,前两种人的后裔。其中大部分是第三代、第四代华裔。他们基本上不识中文,不会讲中国普通话,少数人会讲广东、福建等地方言。

由于华人与泰人通婚现象十分普遍，因而，华人积极融入了泰国主流社会。泰国华人多数居住在首都曼谷和全国主要城市，据估计，曼谷的居民中，华人占 2/5。泰国华人大都从事商业、贸易、金融、旅游、服务业，是泰国经济的中坚力量。由于泰国华人注重教育，其中许多人成为泰国工商企业、文教卫生、科技界和政府部门的精英。中国改革开放特别是 1990 年以后，不少华人新移民进入泰国，据估计总人数超过 10 万人。新移民主要是以小本商贩为主业的农村移民，而其他较有实力的新移民仍然处于创业阶段，华人新移民的经济影响力不强。也有部分泰国华人新移民是知识分子，他们大都投身到泰国华文文化教育事业。

（3）马来人。泰国的马来人也是一个重要的族群，人数约 700 万人左右，约占泰国人口总数的 12%。马来人主要分布在泰国南部马来半岛的北大年府、也拉府、陶公府和沙敦府，占了当地人口的 70%。泰国马来人信奉伊斯兰教，讲马来语和泰语，在日常生活习惯、传统文化等方面与马来西亚的马来人有着密切的联系。由于泰南四府居民大部分为马来人，与泰国主体民族泰族在宗教信仰和文化传统上存在较大差异，族群冲突事件时有发生，民族分离运动此起彼伏。

（4）高棉人。大致可分"古高棉人"与"新高棉移民"两类，人数近 100 万人，主要分布于与老挝和柬埔寨接壤的泰国东北部和东南部的几个府。古高棉人的历史渊源是在公元 15 世纪时，高棉王国西部的大部分地区臣属于泰国阿瑜陀耶王朝，当此地并入泰国版图后，许多高棉人依然继续居留。古高棉人已经深刻融入泰国社会，同化程度非常高，他们主要讲泰语或将泰语作为第一语言，宗教信仰几乎与泰人相同。新高棉人源于 20 世纪 70 年代的柬埔寨战乱，几十万高棉人越过泰柬边界进入泰国，这些新移民仍保留着自己的语言、文化传统和生活习俗。

（5）孟人。泰国的孟人群体规模较小，约有 10 万人，但值得注意的是，孟人是泰国所有非主体民族中同化程度最高的族群，而且，孟人对泰国历史文化有着相当深厚的影响，其历史源头可追溯至公元

3—5 世纪、6—7 世纪及 12 世纪，孟人在泰国境内曾陆续建立了一些小王国，由此对泰文化的发展留下深刻的历史烙印。至 16—18 世纪，随着缅甸境内的孟人大批移入泰国，这一群体进一步形塑了泰国历史文化的特点和走向，例如，泰国历史上著名的蒙固国王有关宗教改革的诸多思想，据说都是受孟人宗教纪律的启发而来。泰国孟人主要分布于泰国的北部和中部平原地区，大多从事农业、手工业生产，尤以制造精美的陶器而著称。

（6）山地人。泰国的山地人是个较为笼统、复杂的概念，泛指居住在泰国北部和西北部山区的各少数族群，如果按照语言区分，可大致划为藏缅语系（克伦人、阿卡人、拉互人、傈僳人、克钦人）、孟高语系（高棉人、黄叶人、拉瓦人等）和苗瑶语系（苗人和瑶人）三支。山地民族的人口一直处于增长态势，目前已接近 100 万人的规模，由于该群体的组成情况颇为复杂，不同地域的不同族群的社会发展水平及其融入泰国社会的步伐和深度均难以一概而论，有的相差还甚为悬殊。

3. 泰国族群关系

泰国族群政策经历了从强迫同化到承认多元的衍变过程，对泰国的族群关系产生深刻影响。

第二次世界大战前后，披汶·颂堪总理为了建构民族国家认同，推行大泰族主义，实行强迫同化政策。他将西方式现代化的目标与强调泰人民族认同及国家统一的民族主义相结合。1939 年将国名由暹罗改为泰国，以此显示泰人民族和国民身份的单一性。从 1939 年到 1942 年，政府先后颁布 12 个有关文化习俗的法令，包括泰语为学校教学语言，学校不能教授少数族群语言；佛教具有国教地位，向少数族群弘扬佛法；服装改革，以西式服装为主，少数族群的服装被禁止；等等。主要目的是要用强制性的手段打破泰国各族群中存在的"落后"文化习俗，将他们锻造为语言统一、思想统一、行为统一的泰人。

泰国强制同化政策对不同的族群产生不同的结果，泰国华人、高棉人、孟人和山地人因为大多信仰佛教，在同化政策下，比较容易融入泰国社会，成功地培养了对泰国的国家认同。但对泰南马来穆斯林来说，强制同化不仅不能促进国家认同，反而加强了他们对泰国国家的疏离感。

泰国政府对马来穆斯林的同化政策引起激烈反抗。在同化政策下，所有人必须说泰语，马来语不能作为学校教学语言，马来语学校被关闭。马来民族服装受到限制，伊斯兰法庭被取消，穆斯林受到压力要变成说泰语的佛教徒。1945 年的伊斯兰保护法首次将泰南马来人称为"信仰伊斯兰教的泰人"，不承认泰南穆斯林的马来族群身份。后来泰国政府虽然在一些次要问题上做出让步，如帮助穆斯林建设清真寺，在婚姻和继承问题上应用伊斯兰教法，要求到泰南任职的政府官员在就职前要熟悉马来穆斯林的习俗和传统，允许在泰南的小学教授马来语，甚至任命马来穆斯林出任重要官员等，但在马来穆斯林身份问题上则不做让步。可是，对马来穆斯林来说，他们作为马来人和信仰伊斯兰教的穆斯林的身份是不可分割的，强迫同化政策显然对马来穆斯林的民族宗教身份构成直接的威胁。

1957 年，披汶·颂堪在军事政变中被推翻，大泰族主义政策宣告终结。随后的泰国政府对泰南穆斯林实行了新的政策，即通过发展南部地区的社会经济，来促进泰南穆斯林地区与泰国国家的融合，缓解泰南的民族矛盾。但是，马来人不再相信政府，也不认同泰国，他们谋求分离出来，加入新成立的马来亚或建立独立的国家。由此，马来分离运动兴起。早期的马来分离运动组织有北大年民族解放阵线（BNPP）、民族革命阵线（BRN）和北大年联合解放组织（PULO），此外还有其他一些小型分离组织。这些组织都把泰国政府视为殖民势力，都强调通过武装斗争实现独立。同时，他们在泰南地区制造社会动乱，扰乱社会治安，引发心理恐慌。从 20 世纪 60 年代以来，泰南经常发生各种暴力事件。

分离主义组织的暴力活动包括下列几种形式：一是主要出于勒索金钱目的的敲诈活动或强行收取保护费的行为。针对的目标是政府官员、泰人和泰国华人商人。二是破坏政府建筑，特别是学校和警察局。三是袭击政府官员以及其他与政府有关的重大目标。

进入 21 世纪以来，泰南局势逐渐升温，到 2004 年出现激化的现象。根据泰国内政部的统计资料，与分离主义组织有关的暴力事件从2001年的50起上升到2002年的75起，2003年为119起，2004年猛升到超过1000起。[①]

第二节　泰国对外政策及与中国关系

一　泰国的对外政策

泰国的传统外交政策就像它的国名一样，注重灵活、务实。据说，"泰"的意思就是自由。长期以来，泰国虽然是个小国，但是凭借着灵活的外交手段，努力维护自己国家的独立和主权。

泰国位于中南半岛的心脏地带，地理位置十分重要。在近代历史上，泰国是东南亚唯一没有完全沦为西方列强殖民地的国家，其重要原因，一方面与英、法两国在泰国问题上相互争夺、相互妥协、相互制约有关，另一方面，也与泰国左右逢源，利用矛盾，保护自己的外交政策和手腕密切相关。在20世纪的两次世界大战中，泰国外交政策的灵活性表现得淋漓尽致。当第一次世界大战爆发后，泰国为了避免战祸而宣布中立。但当战争快要结束，泰国看到保持中立对自己不利，于是宣布参加协约国，从而在战后获得战胜国待遇。在第二次世界大战中，泰国面对日本的咄咄逼势，先是与日本签订攻守同盟，向英美宣战，卷入战争旋涡。1945年8月15日日本宣布投降，泰国政府见势不妙，随即发表和平宣言，声称对英美宣战无效，并宣布将其在战争期间获得的部分马来西亚和缅甸领土归还英国。且主动赔偿居住在泰国的英美公民在战时所受的损失。于是，在美国的支持下，泰国没有被作为战败国处理，避免了一次危机。"冷战"时期，泰国主动追随西方，加入反共产主义阵营。参加了美国主导的《东南亚条约组织》。越南战争期间，泰国成为美军在东南亚的一个重要盟友和后勤补给基地。20世纪70年代中期，泰国开始调整外交政策，实行全方位外交政策，与中国、越南等社会主义国家建交。"冷战"结束后，泰国一

---

① 孟庆顺：《泰国南部问题的成因探析》，《当代亚太》2007年第6期。

方面实行"大国平衡"战略，对中、美、日、印、欧等地区和全球大国实行"等距离"外交；另一方面，致力于推进东南亚地区的一体化，通过东盟组织的共同外交，发挥自己的建设性作用。

当前，泰国继续奉行独立自主的外交政策。重视周边外交，积极发展睦邻友好关系。倡导区域合作，积极推进东盟一体化，支持东盟与中日韩合作。重视经济外交，推动贸易自由化，积极参与大湄公河次区域经济合作。发起并推动亚洲合作对话（ACD）机制，积极参加亚太经济合作组织（APEC）、亚欧会议（ASEM）、世界贸易组织（WTO）、东盟地区论坛（ARF）和博鳌亚洲论坛（BFA）等国际组织活动。积极发展与伊斯兰国家关系。谋求在国际维和、气候变化、粮食安全、能源安全及禁毒合作等地区和国际事务中发挥积极作用。

根据泰国最新公布的外交政策文件，当前和今后一段时期内，泰国外交政策的重点领域，包含以下十个方面的内容：[1]

（1）促进和发展同邻国的友好关系。通过加强公共部门、私营部门之间的合作，以及人民、大众传媒之间的联系，以培养相互理解，加强所有部门之间的亲密关系。并将这种合作扩大到经济、贸易、投资、旅游促进、交通运输等领域。并注重在次区域框架下的其他方面促进睦邻友好关系。

（2）推进东盟区域合作。通过与东盟国家内部，以及与其他亚洲国家之间的合作，促成在 2015 年最终建成涵盖经济、社会文化、安全领域的东盟共同体。

（3）在国际组织中发挥创造性的作用，并注重促进泰国的国家利益。特别是在联合国组织中，致力于维护和平与安全，促进民主进程和人权、人道主义外交；维护环境和可持续发展；通过合作解决影响人类安全的所有跨国问题。

（4）加强与相关国家、国家集团和国际组织之间的合作和战略伙伴关系。在全球事务中扮演重要角色，以增强国际社会对泰国的信

---

[1]　Annual Report 2013, Ministry of Foreign Affairs, Kingdom of Thailand, pp. 8 - 9, http：//www. mfa. go. th/main/en/policy/9/53254 - 2013. html.

心，并提高泰国经济的抗风险能力。

（5）鼓励开展与世界各国人民之间的交往，以培育和提升各国人民、政府和国际社会对泰国的正面形象。

（6）对泰国国民开展边境形势和全球事务变化对泰国影响的教育，以便更好地制定和推行外交政策。

（7）开展"人民外交"，保护泰国国民及工作者在海外的利益，致力于提升海外泰国侨民社会的作用和身份认同。

（8）充分利用东盟区域和次区域内之间的连通机制，加强生产扩大和投资的经济基础建设，优先致力于位于经济走廊和边境地区省份的经济发展。

（9）协调泰国驻外机构的工作，发扬"泰国团队"精神，提高泰国外交的效率和质量。

（10）进一步加强与伊斯兰国家和国际穆斯林团体之间的合作，使国际社会充分了解到泰国政府正在致力于解决泰南问题，这也是泰国的内政问题。同时，秉承着国王陛下的旨意，促进这一地区的"理解、关心和共同发展"。

二 泰国与中国关系

1. 中泰关系演变

中国和泰国虽然不是邻国，但是两国关系非常密切。泰国北部隔着缅甸掸邦与中国的云南省相距只有200多公里，泰国境内的两条主要河流湄公河及湄南河都发源于中国。因此，可以说，泰中两国山相近、水相连。

自汉唐开始，中国商人乘船沿着海上丝绸之路，从中国东南沿海来到泰国境内古国的港口和城市。中世纪以后，泰国的封建王朝，如素可泰、阿瑜陀耶、吞武里和曼谷王朝均与中国保持密切的朝贡贸易关系，并接受中国封建王朝的册封。18世纪中叶，祖籍广东的华人郑信率领泰人赶走了缅甸侵略者，并自立为王。进入近代以后，中泰关系跌入低谷，特别是第二次世界大战期间，由于泰国军人政府采取亲日政策，制造排华事件，中泰关系遭遇空前困境。新中国成立初期，泰国又采取一边倒的亲美反共政策，与新中国为敌。与此同时，中国基于意识形态外交政策，也向泰国境内的反政府武装和亲共产主义的学生运动提供各种支持。因此，中泰两国处于意识形态和外交关系的尖锐对立状态。

随着中美关系缓和，1975 年 7 月中国和泰国建立正式外交关系，从此，两国在和平共处五项原则基础上，关系发展迅速而平稳。在政治上，两国本着相互支持、相互尊重和互不干涉内政原则，发展政治上的互信关系，特别是在越南入侵柬埔寨导致泰国安全面临空前威胁情况下，中国坚决站在泰国一边，开展军事安全合作，同时推动政治解决柬埔寨问题。在泰国发生军事政变和领导人更替时刻，中国一贯秉承不干涉内政原则，尊重泰国人民的选择。中泰两国虽然政治制度不同，但是政治上互信程度较高，成为不同社会制度国家和平共处和友好合作的典范。

到目前为止，泰国除了在北京设立大使馆外，还在广州、昆明、上海、成都、南宁、西安、厦门、香港、青岛等地设立 9 个总领事馆；与此同时，中国在泰国首都曼谷设有大使馆，并在清迈、孔敬、宋卡和普吉四处地方设有总领事馆或办事处。中泰两国关系不仅涉及双边，而且在地区和全球事务中有着相同和相近的立场。特别是在东南亚地区事务、南海争端、东亚一体化进程等领域，两国长期进行高度合作。两国民间往来密切，教育和科技文化交流频繁。中泰之间的这种密切关系可以用"中泰一家亲"来形容。

2015 年恰逢中泰建交 40 周年，正如中国驻泰国大使宁赋魁所称，中泰建交 40 年的今天，两国"政治互信更加深厚，传统友好关系进一步加强"；"两国贸易平稳发展，互惠合作更加扎实"；"人文交往更加热络，进一步增加了两国人民的友好感情"。①

2. 中国与泰国的经贸关系

（1）双边贸易的发展

目前，无论是进口还是出口，中国已经成为泰国最大贸易伙伴。

---

① 马勇幼：《中泰建交 40 周年：历经考验，历久弥坚：访中国驻泰国大使宁赋魁》，《光明日报》2015 年 6 月 28 日，第 5 版。

2001 年后，中国成为世界贸易组织成员国，使得泰中贸易的关系更快发展，贸易障碍减少。2003 年泰中两国双方签署协议，在中国—东盟自由贸易区框架下提前实现了零关税，协议主要涉及水果及蔬菜产品，是年中泰贸易额首次超过 100 亿美元。2010 年中国—东盟自由贸易区正式启动，大力推进了中泰贸易和经济合作。至 2013 年，中泰贸易总额超过 600 亿美元，中国首次超过日本，成为泰国第一大贸易伙伴国，美国和马来西亚则分别占据第三位和第四位（表 4 - 5）。

表 4 - 5　　　　　　　2003—2013 年中泰贸易趋势　　　　（单位：亿美元）

年份	2003	2004	2005	2006	2007	2008	2009	2010	2011	2012	2013
数额	116	152	203	250	310	363	331	457	567	639	649

资料来源：中国商务部、泰国商务部。

从贸易平衡来看，泰国长期处于逆差地位，2013 年中泰贸易泰方逆差额高达 104 亿美元。这是因为泰国出口到中国的产品，基本上是农产品和自然资源产品，附加值较低。而中国出口到泰国的基本上是工业制成品，产品附加值相对较高。根据 2013 年的统计资料，泰国出口到中国的 10 大类主要商品为：橡胶、化学产品、塑料及其制品、计算机及零部件、橡胶制品、木薯制品、油菜籽、木材及木材制品、电器及零部件、集成电路；泰国自中国进口的 10 大类主要商品为：电器机械及零部件、家用电器、机械及零部件、计算机及零部件、化学制品、钢铁及制品、车辆及其部件、金属制品、其他金属矿产及废碎料、船舶产品。[①]

（2）相互投资

中泰两国从 1975 年正式建交以来就逐步开始互相投资，正大集

---

① 陈梦瑶：《中泰贸易发展现状及前景分析》，硕士学位论文，吉林大学，2014 年，第 16 页。

团 1979 年在深圳投资 1500 万美元，建成了当时全国最大的现代化饲料生产企业，获得了"深外资证字 0001 号"的中外合资企业营业执照，成为中国第一家外商独资饲料企业。发展到如今，中泰已经互相成为彼此重要的投资对象。

泰国对华投资大致可以分为三个阶段：第一阶段（1991—1996年），这一阶段既是泰国经济发展的鼎盛时期，也是泰国对华投资的黄金时期，在这六年里，泰国对华投资逐年增加，由 1991 年的 0.2 亿美元一跃升至 1996 年的 3.23 亿美元。第二阶段（1997—2001 年），这一时期是震荡调整时期，1997 年源于泰国的亚洲金融危机对泰国造成巨大冲击，导致泰国当年经济下降 1.4%，1998 年更是大幅下降 10.5%，1999 年泰国经济开始走出低谷，实现增长 4.4%。相应地，泰国对华投资受其影响也出现了下降和调整，1997 年相比 1996 年下降了 40%。在经过几年的震荡徘徊之后，2001 年，泰国对华投资额与 1997 年基本持平。第三阶段（2002 年至今），泰国对华的年投资额基本是逐年下降的，未能超过 2001 年的水平。截至 2012 年年底，泰国在华投资项目 4117 项，实际投资额为 34.7 亿美元。其中，2012 年新增实际投资 7772 万美元，比 2011 年下降 23%。这主要是因为泰国在东南亚金融危机之后，开始调整国内经济政策，再加上自 2006 年 9 月军事政变之后，泰国政局持续动荡不安，经济也受到牵连，从而严重影响了泰国企业境外投资的积极性。

泰国对华投资占中国吸引外资的比例很少，2004 年泰国对华实际投资额仅占中国吸引外资总量的 0.29%，此后几年也均未能超过此比例。而且在华泰企投资规模也比较小，主要涉及农副产品加工、饲料生产、摩托车制造、零售业、银行、房地产开发等领域。但是，泰国在 20 世纪 90 年代对中国的投资却有着积极的意义。首先，泰国在中国经济最需要资金支持的时候及时伸出了援手；其次，泰国华人华侨的中国投资在一定程度上带动了更多东南亚华人资本的进入，这些都为这个时期中国经济快速发展作出了贡献。

中国对泰国投资较之泰国对华投资发展比较迟缓，但是发展势头较为强劲。随着中国—东盟自由贸易区协定的实施，越来越多的中国企业通过股权收购和绿地投资等方式在泰国进行投资活动。同时中国政府也积极鼓励和支持有实力的中国企业在平等互利基础上进一步扩大在泰国的投资。中国对泰国的投资在早期由于缺乏投资经验多有亏损，这种情况在亚洲金融危机后得到改善，中国对泰国的投资也在逐渐增加。近十年来，中国大陆对泰投资总体上处于上升趋势，但也有波动。从波动时间点可知，当泰国国内政局动荡（2005 年和 2006 年、2012 年和 2013 年）或者国际经济局势恶化（2008 年和 2009 年国际金融危机）时，中国大陆对泰投资的项目数和投资额都会随之减少。当情况好转后又会继续增加投资（表 4 - 6）。

表 4 - 6　　2004—2014 年被泰国投资促进委员会核准的中国对泰投资情况

年份	2004	2005	2006	2007	2008	2009	2010	2011	2012	2013	2014
项目数（个）	20	15	16	26	27	15	28	36	38	30	40
金额（亿泰铢）	44.3	22.9	24.6	158.6	34.7	70.1	173.1	169.2	79.0	49.9	382.5

数据来源：泰国投资促进委员会相关数据整理。

从投资规模上看，中国大陆对泰投资主要集中于投资规模小于 5 亿泰铢（约合 1480 万美元）的小型投资，投资规模大于 10 亿泰铢（约合 2960 万美元）的大中型投资项目则很少。不过，虽然这类项目少，但在投资额上占比却比较大。2014 年泰国投资促进委员会核准的中国投资项目 40 个，投资规模大于 10 亿泰铢的只有 4 个，占总投资项目数的 10%。但是其投资额却高达 346.8 亿泰铢，占当年总投资额（382.5 亿泰铢）的 91%。[1]

从投资领域来看，中国大陆对泰投资主要集中在化学品和纸张、金属制品和机械、电器和电子产品等领域，对服务业的投资波动较大。例如，2012 年泰国投资促进委员会核准的中国大陆对泰国服务

————————————

[1]　泰国投资促进委员会：http://www.boi.go.th/index.php? page = index。

业的投资项目是 2 个，金额 14.5 亿泰铢。而 2013 年核准的项目只有 1 个，金额仅 520 万泰铢，投资额是 2012 年的 0.3%。① 至于投资区域，与其他在泰国的投资者一样，中国大陆主要投资区域在第二区，这样既接近曼谷，交通设施相对较好，同时又可享受与第三区差不多的优惠政策。不过与其他投资者不同的是，中国大陆还把大部分项目和资金放在了偏远的第三区而不是第一区，这与中国投资者对劳动力成本及优惠政策的考量有关。

3. 广东与泰国的经贸关系

广东是传统海上丝绸之路的重要起点和中国改革开放的前沿，泰国作为东南亚的重要国家和海上丝绸之路的沿线国家，两地之间的经贸关系和人员往来十分密切。

广东与泰国开展经贸关系的优势主要体现在以下几个方面：第一，广东省会广州自古以来是中国海外交通和对外贸易的主要港口，软硬件设施完备；第二，一年两度的广交会，成为众多外商了解中国的窗口；第三，深圳、汕头、珠海作为全国首批经济特区，成为中国改革开放的前沿，第一批到深圳落户的外资企业就包含了泰国企业；第四，广东 GDP 总量占全国十分之一，国有和私人企业资金雄厚，急需寻找"走出去"的机会；第五，泰国华侨华人大部分祖籍广东，特别是潮汕地区，所以"侨牌"优势得天独厚。所有这些，都成为广东参与 21 世纪海上丝绸之路建设计划的丰富资源。

1995 年以后广东与泰国的贸易增长迅速，1995 年粤泰贸易总额为 7.3425 亿美元，2007 年首次突破 100 亿美元大关，达到 111.64 亿美元，至 2013 年达到 201.8623 亿美元，粤泰贸易一直在中泰贸易中地位重要，一度在中泰贸易中占据高达 50% 的比重，但 2006 年以后，粤泰贸易在中泰贸易中地位下降到了三分之一的比重（表 4 - 7）。

---

① 泰国投资促进委员会：http://www.boi.go.th/index.php? page = index。

表 4 - 7 　　　　　　　2003—2013 年的粤泰贸易趋势 　　　（单位：亿美元）

年份	2003	2004	2005	2006	2007	2008	2009	2010	2011	2012	2013
金额	51.13	65.64	77.74	89.22	111.64	131.81	128.98	170.70	197.30	201.78	201.86

资料来源：《广东统计年鉴》，相关年份。

从贸易平衡来看，广东与泰国贸易基本上处于逆差状态。逆差额有的年份几乎达到甚至超过贸易总值的 50%。也就是说，广东从泰国的进口大大多于对泰国的出口。如 2013 年的粤泰贸易总值为201.86 亿美元，其中，广东出口额为 72.49 亿美元，进口额为129.36 亿美元，广东逆差 56.86 亿美元。可以认为，广东的逆差地位，在很大程度上弥补了泰国对华贸易逆差。

从贸易结构来看，粤泰双方既有互补性，也存在一定竞争性。广东是中国经济规模最大的省份，也是全国最重要的制造业基地。主要生产与出口产品都是工业制成品，比如机械类、杂项制品、纺织品、贱金属类的产品。粤泰两地之间存在比较紧密的贸易关系，主要是因为双方贸易的互补性比较强。泰国自广东进口的产品主要是打字机、电视机、男女服饰、钢铁等，泰国是天然橡胶的出口大国，而广东不仅是中国的主要汽车产区，而且是制造集中的地方，因此进口泰国橡胶的贸易额也年年增加。泰国的农产品也比较著名，尤其是热带水果，自从中泰自由贸易协定实施以来，广东对泰国农产品的进口额日益增长，广东人也对泰国水果越来越青睐。

从投资方面，广东作为中国经济最发达省份之一，积累了大量产能和资本，急需寻找出路。广东投资泰国比较有优势的产业包括：（1）陶瓷。近年泰国积极推广在本国投资瓷器类的产品（生产瓷器瓦、高级瓷器、瓷器制品），目的是提高国内的生产能力以及增加出口。广东拥有制瓷经验，应该抓住在泰国投资此产业的机会。泰国最合适制造瓷器的地区位于泰国北部，尤其是南邦府，这一地区位于国家第三类投资地区。在该地区内生产产品原材料的工厂可以减免75%、为期五年的税收。（2）纺织品与部件。纺织品是泰国出口的重要产品之一，政府把纺织品视为国家需要立即发展的企业之一，可以获免缴机械进口税和免缴法人所得税八年。广东是中国最大的纺织品工业基地，对该工业具有资本、经验、人员和技术优势。到泰国投资纺织业，不仅能享受到各种各样的优惠，而且可以出口到其他海外市场。（3）儿童玩具。中国是世界儿童玩具的工厂，而广东是中国最大的玩具礼品生产基地。泰国获得投资优惠权的行业类型目录之一就有"儿童玩具工业"。在泰国投资设厂生产玩具，可以享用东盟原产地优惠，并从那里出口到其他国家。（4）运输工具部件。泰国是全世界主要汽车生产基地之一，每年生产量达160万辆，其中大部分汽车是出口产品。泰国政府想要把汽车工业发展为亚洲底特律，制定了吸引对生产运输工具部件的行业进行投资的优惠政策，其中，对于特别重视的项目可以享受的优惠权益有：防抱死刹车系统、催化转换器、汽车电子喷射系统、汽车的传动系统、电动运输工具的电池、混合动力车或燃料电池汽车牵引发动机、调速器、汽车再生制动系统。广东对该行业拥有经验与技术，可以利用此机会在泰国发展。（5）大型基础设施项目，如高铁辅助工程和克拉地峡运河工程。[①]

随着亚洲基础设施投资银行和丝路基金的启动，泰国高铁项目成为中国高铁"走出去"战略的必争项目。近期，各项谈判工作已经接近尾声，一旦启动，广东企业可以参与相关辅助项目投标。另外一个大型基建设施项目，就是拟议中的克拉地峡运河建设项目。克拉地峡位于泰国春蓬府和拉廊府境内的一段狭长地带，为马来半岛北部最狭处，宽仅56公里。北连中南半岛，南接马来半岛，地峡以南约400公里（北纬7°—10°）地段均为泰国领土。据悉，2014年3月，克拉地峡运河计划启动。2015年5月15日，中泰两国在广州签署"克拉运河"合作备忘录。泰国克拉地峡运河项目预计耗时10年，耗资280亿—360亿美元。[②]

---

① 李聪：《粤泰经贸合作战略与模式研究》，硕士留学生学位论文，华南理工大学，2011年3月，第44—46页。

② 《中泰两国签署克拉运河合作备忘录》，中商情报网，http：//www.askci.com/news/finance/2015/05/19/9823mo5o.shtml。

第三节　泰国投资风险评估

一　政治风险评估

中国企业在泰国投资经商有不少优势和便利条件，但是，同时也面临着一定程度的不确定因素，特别是可能会受到泰国各种政治风险影响。

从时间节点上看，泰国的政治风险，有的是迫在眉睫的，有的是现实存在的，有的是隐性和潜在的。其中，主要包括以下几个方面：

一是军政权的合法性危机。以巴育为总理的军政府自 2014 年 5 月接管政权以来，至今已经超过一年。军政府刚上台时曾经承诺，将通过全民公决修改宪法，尽早还政于民。但是，最近巴育总理又明确表示，下一届大选最早也得在 2016 年 9 月以后才能举行。军政府的这种做法出尔反尔，可能会招致泰国主要政党的反对，从而引发新的政治危机。在当今民主化大潮下，军事政变和军人统治会遭到越来越多的批评，从而削弱泰国军政府统治的合法性。

二是政党纷争添变数。泰国政党政治很不成熟，小党林立，很难形成西方议会民主制度中的两党轮流执政、和平更迭的局面。市民社会、企业家和农村选民之间的政治和经济诉求存在较大的矛盾和差异。军队和王室的非政治化很难实现。由于泰国政党政治的不完善性，导致群众运动和街头政治成为泰国政治常态。自 2005 年以来，以城市中产阶级和工商业者组成的"黄衫军"及以农民和社会底层群众组成的"红衫军"两大利益群体交替进行的街头政治，致使泰国陷入无休止的社会政治动荡，社会严重分裂，导致泰国的民主政治陷入瘫痪，泰国政治陷入恶性循环：选举—街头暴力抗议—合法政府下台—选举—街头暴力抗议。毫无疑问，泰国持续的街头政治，对泰国的国际声誉、投资环境和旅游业造成了较大的消极影响。目前，尽管军人政府将街头政治暂时压制下来，但是，将来恢复大选以后，很难保证不再重演。

三是王位继承可能引起的动荡。泰王普密蓬驾崩，王储哇集拉隆功将继位，但是，王储并没有老国王的威望。老国王离世，王室在泰国政治生活中影响力降低，王室作为泰国政治结构中的"一极"将不复存在。王室—军队—政党三者之间存在的微妙平衡关系可能会打破，从而不利于泰国政局的稳定。

二　泰国宗教极端势力的风险评估

泰国南部马来分离运动从未停息，激进马来人以北大年为中心，成立了若干反政府组织和游击队，他们不时制造暴恐事件，严重扰乱了泰南各地甚至首都曼谷的社会环境，在很大程度上恶化了当地投资环境。

泰南部资源丰富，尤其富藏近海石油和天然气，多年来有关开发马北部、泰南部、印度尼西亚北部"成长三角"的议论很多，但因泰南马来人分离组织在泰马边界地区走私贩运逃税产品、军火、毒品，边界地区各种刑事犯罪活动严重，影响了这一地区的发展。泰南的分离活动虽然规模有限，但零星的暴力活动以及对企业的敲诈勒索对正常的经济秩序构成骚扰，致使南部的商业、投资及旅游业处于低迷状态。泰南亦是泰国橡胶的主要产地之一，约占全国总产值的20%，暴力冲突，造成橡胶生产和割胶工作不能正常进行，影响了泰国整体的橡胶产量，橡胶出口量严重下降，阻碍了国家经济的顺利发展，并直接影响了国际橡胶价格。泰国的旅游业也受到极大冲击，泰南地区的普吉、攀牙、宋卡等地是泰国著名的旅游胜地，由于泰南频频爆发的恐怖事件，外国游客不敢到该地区旅游。

泰南地区的恐怖活动和民族分离主义活动，对中国在泰国投资可能造成的最大影响，主要体现在克拉地峡运河工程的建设上。泰国政府对开凿克拉运河计划持比较谨慎的态度，主要考虑到泰南分离主义势力可能产生的影响。第一，由于北大年、也拉、陶公、宋卡及沙敦等泰南五府为马来人聚集区，分离主义势力活跃，暴力活动时有发生，不利于运河工程的勘测与施工；第二，五府均位于规划中的克拉运河以南地区，运河建成后将把五府与泰国国土主体分开，可能削弱泰国政府对北大年等地的管控；第三，运河通航后带来较大的经济收益，有可能强化南部的独立倾向。这些因素会引起泰国政府的高度警惕和不安，进而影响到政府对开凿克拉运河计划持比较谨慎的态度。[①]

三 经济风险评估

经济风险指经济前景的不确定性给经济实体带来的风险。在此，对泰国可能的经济风险进行评估。

1. 通胀风险

2008 年金融危机后，泰国原油、食品、日用品等价格的大幅波动，汇率的不稳定及进口货物主要国家物价大幅变动导致泰国通货膨胀率迅速降低，由 5.5% 降至 −0.8%，2009 年后开始回升，2011 年达到 3.8%。2011 年以后，泰国通胀率缓慢下降（图 4 −3）。

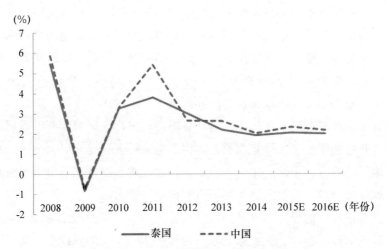

图 4 −3　中国、泰国 2008—2016 年通货膨胀率

注：人均 GNI 以现价美元计算，2015 年、2016 年为预测值。

数据来源：世界银行。

由于国内燃油零售价格仍持续滑落，包括柴油及汽油、液化石油

---

① 孙海泳：《克拉运河方案：挑战、意义与中国的战略选择》，《太平洋学报》2014 年第 7 期。

气（LPG）售价亦同样下降。同时，由于产量增加，新鲜食品价格也降低。预期燃油价格趋向持续下滑，预计未来两年泰国将维持低水平通胀率。

2. 利率风险

为适应国际发展形势以改善本国金融体系的落后局面，泰国政府自20世纪70年代开始进行金融自由化改革，其中就包括了对利率进行的市场化改革。1983年泰国实行双轨制贷款利率，对关键部分和重点领域起到了较好的保护和支持作用，促使国内经济快速发展。利率市场化完成后，泰国实际利率上升，在提升居民存款意愿的同时，也吸引了国际资金的大量进入。此外，整个金融系统效率的提高和国际竞争力的增强也极大地促进了泰国经济的快速发展。但是，大量外资涌入也使泰国面临"泡沫经济"的威胁和通货膨胀压力，这为日后亚洲金融危机的爆发埋下了隐患。20世纪90年代前半期，泰国许多银行业将大量高利率贷款投放到房地产行业，部分利率达到了30%。然而，此后房地产业的停滞使得银行呆账和坏账率陡增，商业银行倒闭，危机爆发。1997年7月，从泰国开始的金融危机席卷亚洲国家，泰国所受打击最为沉重。随着金融危机逐渐平息，泰国政府采取了低利率政策来恢复经济发展，银行业隔夜拆借利率从危机期间的两位数迅速下降到1999年年初的3%左右。此后到2011年第三季度前，泰国银行业隔夜拆借利率始终保持在5%以下，多数年份则保持在2%左右的水平上。

在2008年全球金融危机爆发以前，泰国银行业隔夜拆借利率曾上浮到接近5%的水平，而后随着危机的爆发和平复，利率水平逐渐下落到2009年的1%以下。进入2010年下半年后，泰国银行业隔夜拆借利率再次呈现出逐渐上升的趋势，但直至2011年10月前仍保持在4%的水平以下。此后，泰国政府银根紧缩，年平均实际利率从2011年的2.6%增长到2012年的5.7%，2013年以来，实际利率基本维持在5.5%左右。

3. 汇率风险

从1984年开始，泰国实行钉住"一篮子货币"的汇率制度。1999年至今，泰国仍坚持有管理的浮动汇率制度，这种汇率制度事实上以美元为中心设置浮动带。由于中国在泰国的投资多以美元结算，因此汇率风险主要分析泰铢对美元的风险。

2015 年年初至年底，泰铢汇率变动较小，在 32—36 区间内。2015 年 8 月美国的加息预期也吸引国际资本转战美国、撤离泰国，泰铢出现贬值。根据泰铢对美元的每月数据，取 6 个月为步长做移动平均可得 2015 年 10 月 1 日至 2016 年 12 月 1 日的每月汇率预测值（图 4 - 4），未来泰铢对美元的汇率将在 34.6—35.2 浮动。外汇汇率的波动，会给国际贸易者和投资者带来巨大风险，主要表现为贸易型汇率风险和金融型汇率风险。中国与泰国的贸易合作形式主要为双边贸易和双向投资，双边贸易中，中国是贸易逆差国，泰铢汇率上升将导致出口价格下降，增加中国对泰国的进口需求。近年来，两国双向投资额度逐年增加，泰铢汇率的不确定性增加了投资的汇率风险。

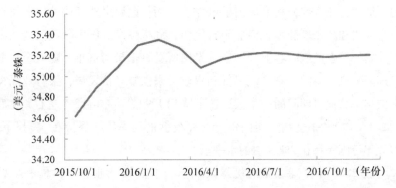

图 4 - 4　2015 年 10 月至 2016 年 12 月比索兑美元每月汇率预测值

数据来源：www.investing.com。

经历了东南亚金融危机后，泰国不断完善金融体系，坚持有管理的浮动汇率制度，虽然 2013 年来泰铢汇率波动强度减弱，但泰铢对美元上涨态势很难遏制，因此，在泰国开展经营活动要注意规避汇率风险。

4. 流动性风险

流动性风险指银行不能在某个时期使资产变现或者增加负债来获得资金的风险。泰国信贷增速及 M2 增速均处于温和的区间，并且相较于其他东南亚新兴市场，其增速处于较低水平。虽然 2008 年金融危机后经历了持续而温和的上升，但 2011 年又呈现下降趋势，预计未来将保持在 3.3% 左右。

就 2015 年来看，泰国国内流动性较为宽松，并且预计未来货币政策也会保持相对宽松，以支持经济复苏。但流动性能否继续保持宽松，则又与其他因素有关。首先，在政策利率下滑的背景下，虽然银行之间的竞争使得存款暂时增长，但保持存款增长则又是另一个难题，因为利率的下调使得存款资金寻求更高收益的金融产品。此外，汇率下跌也会导致资金流出，货币持有人可能将泰铢兑换成汇款更加稳定或强势的货币。这使当局面临两难，在利率水平已经很低的情况下继续降息，则会使得资金进一步流出，但若不降息，投资增速放缓又给经济复苏带来压力。

2015 年开始，从泰国政府大力借助财政政策来注入流动性来看，当局也希望在稳定与复苏间寻找平衡点。

5. 信用风险

信用风险指交易双方因为各种原因，而未能履行契约中的义务，造成经济损失的风险。当一国债务水平过高或因为各种原因而导致国家没有能力偿还债务时，违约就可能发生。泰国公共负债虽然自 2011 年起持续攀升，但水平不高，债务整体稳定，风险小。泰国公共债务上限为 GDP 的 60%，2015 年，这一比率为 47.5%。

受到国内经济刺激政策导致财政支出的扩大、国内 GDP 增速放缓及减税措施的影响，泰国的财政收支平衡有恶化的倾向。其中最为主要的冲击是 GDP 增速的放缓，较低的 GDP 增速不仅影响财政收入的增长，并且导致较低的通货膨胀率，共同作用使财政负担加重。其次，是为了刺激经济而扩张的财政政策，泰国当局为维护经济增长，2015 年加大了财政支出，释放流动性，投入大型基础设施项目的建设中，但当局表示财政投入能刺激经济增长，从一定程度上抵消债务风险。虽然距离债务规模上限还较远，但投资者应该关注这些风险的释放在未来是否会导致公共债务超过 GDP 的 60% 这一官方规定的安全值。

外债方面，泰国总体外债较为稳定且处于较低水平，2015 年为

37.9%。外债的偿付主要受汇率影响。由于 2015 年泰国国内的宏观经济因素及美元的强势，泰铢汇率受到很大的影响，产生了幅度较大的贬值，即便如此，由于泰国本身较低的外债水平，其偿债能力也没有明显的下降。总的来说，泰国总体债务稳定。

6. 外部冲击

外部冲击指经济系统和金融市场之外的事件或力量所引发的对经济体的影响。

从出口产品集中度来看，泰国的最主要出口商品是马达机电类产品，占总出口的 30% 左右，次之则为交通工具，所占比例为 12% 左右。相对来说，泰国出口商品种类比较多，而且出口比例分配相对均衡。出口产品集中度相对较低，能有效地降低贸易型外部冲击（图 4-5）。

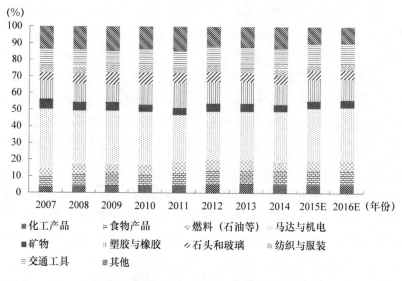

图 4-5 泰国 2007—2016 年的主要出口商品

注：2015 年、2016 年为预测值。

数据来源：世界贸易整合数据库（World Integrated Trade Solution）。

从出口市场集中度来看，泰国的出口市场比较均衡。2014 年，泰国最大的出口市场——中国，所占出口总额只为 11%。可见泰国的出口市场集中度低，出口贸易经济不会受到单个经济体的严重影响，有限地降低了贸易型外部冲击中经济体的外部冲击。

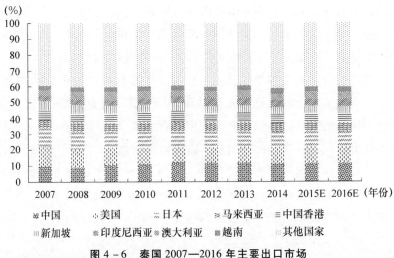

图 4 - 6 泰国 2007—2016 年主要出口市场

注：2015 年、2016 年为预测值。

数据来源：世界贸易整合数据库（World Integrated Trade Solution）。

从外贸依存度来看，2014 年，泰国的贸易总额与国内生产总值的比重为 142% 左右，而且由于近几年世界经济复苏缓慢，泰国的贸易总额不会有太大的提升，外贸依存度会保留在 140%—145%，处于东南亚国家的中等水平。泰国经济对世界贸易依赖性为一般水平。结合泰国的出口商品集中度、出口市场集中度和外贸依存度，两个集中度相对处于低水平，而外贸依存度在东南亚国家中为中等或一般水平，所以泰国受到的贸易型外部冲击会较小。

从外资占国内主权债务来看，泰国 2013 年时处于 19% 左右。而东亚地区这一指标最高的国家是马来西亚，达到 45%。可见泰国的外来资本占国内主权债务的比例处于比较低的水平。2008 年受全球金融危机的影响，泰国的外国直接投资净流入减少，从 2007 年的 113 亿美元下降到 2011 年的 25 亿美元。此后随着金融危机影响的消去，全球经济复苏，泰国的外国直接投资净流入得到大幅度上升，

2014 年泰国的外国直接投资净流入达到 128 亿美元。

2007 年以后，泰国的外汇储备持续增加。2013 年泰国的外汇储备是 1672 亿美元左右，约占国内生产总值的 42%，而国家债务占国内生产总值的 45% 左右，其中外来资本只占国家债务的 19%。可见泰国的外汇储备远远高于泰国国家外债。可以说，亚洲金融危机以来，泰国外汇储备水平的提高反映了其应对资本冲击的能力有所提升。

总之，泰国的资本账户开放程度高，面临较高的外部资本冲击。但是，经过亚洲金融危机的教训以及 21 世纪以来国内和国际经济金融货币体系的完善，泰国也提高了应对资本账户高开放程度所带来冲击的能力。同时，泰国的外来资本占国内主权债务的比例相对处于低水平，有效地减缓了资本的外部冲击。且自 2012 年起，泰国的外国直接投资净流入大幅上升并超过了 2008 年金融危机前的水平，可见外来投资者对到泰国投资持看好的态度。

四 泰国营商风险评估

1. 自然环境风险

泰国的自然灾害频繁而且类型较多，主要有洪水、泥石流、风暴、旱灾、地震、海啸、火灾等。近年来，泰国发生的重大自然灾害有 2004 年印度洋海啸，共造成 5395 人遇害，58550 人受到影响，总经济损失高达 3.9978 亿美元；2008 年的台风使 286 万人受影响，造成经济损失达 2160 万美元；2011—2012 年的大洪水使多个地区受到不同程度的影响，813 人死亡，950 万人受影响，经济损失达 40 亿美元。[1]

泰国从自然灾害中吸取教训，逐渐建立较为完善的灾害预警系统，并在自然灾害易发地区建立灾民援助体系，目前，泰国的灾害预警系统和灾民援助体系均已达到国际水平。泰国政府还非常重视向民众普及有关自然灾害知识，并将相关的自然灾害知识纳入教科书。[2]

---

① 亚洲减灾中心：《泰国 2012 年国家报告》，http://www.adrc.asia/nationinformation.php?NationCode=764&Lang=en&NationNum=09。

② 《灾后重建，泰国如何应对重大自然灾害》，国际在线，http://gb.cri.cn/19224/2008/06/16/882@2100413.htm，2008-06-16。

所以,泰国已有的灾害预警系统和减灾体系将有助于降低和控制自然环境风险,为开展商业活动提供一定保障。

据各国竞争力指标分析库（BVD – EIU Market Indicators & Forecasts）数据显示,2008—2013 年,与中国大陆、中国香港和印度相比,泰国的自然环境风险稳定不变而且处于较高风险状态。而在2013—2014 年,泰国的自然环境风险略有下降并且稳定不变。从大体上看,泰国的自然环境风险较高,但是近年来有下降的趋势。预计2016 年泰国的自然环境风险将大体上维持现有水平（图 4 – 7）。

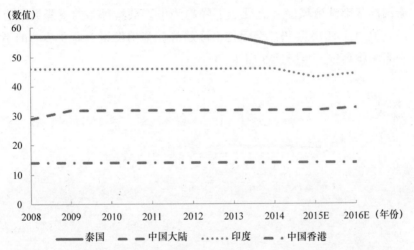

图 4 – 7 泰国、中国大陆、中国香港与印度 2008—2016 年自然环境风险

注:自然环境风险指标以 100 为最大值,风险越大数值越高。其中 2015 年与 2016 年的数据为预测值。

数据来源:各国竞争力指标分析库（BVD – EIU Market Indicators & Forecasts）。

2. 基础设施风险

泰国基础设施不足,为发展经济,政府投入较多资金,但因政局变化,投入波动较大。如 2013 年前后,泰国曾经出现政局波动,泰国基础设施发展规划（2012—2016 年）中所有基建项目遭到暂停并重新评估。2015 年泰国新政府将推动交通运输基础设施项目投资作为其重要任务之一,重新确定 2015—2016 年内实施投资总额为 1.6

万亿泰铢的 17 个建设项目的目标。预计 2016 年上半年，交通基础设施投资额将达到 1420 亿—1485 亿泰铢，同比增长 25%—30%。[①]
2015 年 9 月 29 日，泰国驻华大使在北京签署《亚洲基础设施投资银行协定》（以下简称《亚投行协定》），成为《亚投行协定》第 52 个签署方，这同样会对泰国基础设施建设提供资金等支持。

据各国竞争力指标分析库（BVD – EIU Market Indicators & Fore-casts）数据显示，泰国的总体基础设施风险较高，2013 年之前，泰国的总体基础设施风险高于中国和印度，但此后，随着泰国基础设施建设的加强，风险逐渐降低至印度的风险水平以下。从 2008 年开始，泰国的基础设施风险一直处于下降趋势中，虽然每年的下降数量有限，但预计 2016 年仍然会保持下降趋势，基础设施对商业活动的不利影响将会进一步降低（图 4 - 8）。

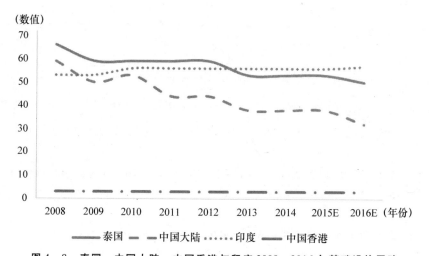

图 4 - 8 泰国、中国大陆、中国香港与印度 2008—2016 年基础设施风险

注：基础设施风险指标以 100 为最大值，风险越大数值越高。其中，2015 年与 2016 年的数据为预测值。

数据来源：各国竞争力指标分析库（BVD – EIU Market Indicators & Forecasts）。

① 中华人民共和国驻泰王国大使馆经济商务参赞处：《泰国政府拟加快推动交通基础设施投资》，http：//th. mofcom. gov. cn/article/jmxw/201509/20150901110916. shtml，2015 - 09 - 11。

3. 税收风险

考量一个国家的税收收入是否能够满足政府实现其职能的需要，主要看其宏观税负的高低。而宏观税负水平一般用一个国家一定时期内（通常为 1 年）的税收总量占 GDP 的比重来衡量。2008—2014 年，泰国宏观税负的波动区间大致为 15.16%—18.70%，平均值为 16.98%。2015 年的宏观税负的预测值则为 19.00%，2016 年的预测值为 19.00%。按照"拉弗曲线"，税率越高，政府的税收就越多，但税率提高到一定的限度时，企业将因经营成本过高而减少投资，随之收入减少（税基减小），从而导致政府的税收减少。所以，只有把税负定在居民可以承受的范围或者说最佳的区间内，社会投资才会不断增加，政府才能获得更多的税收。需要注意的是，最优宏观税负水平不是一成不变的，因国家或地区的不同而不同，也因一个国家或地区所处的历史时期的不同而不同。目前泰国的宏观税负约为 17%，与欧洲的福利国家约为 50% 的宏观税负水平相比税负很低，也低于 OECD（经济合作与发展组织）各国的 35% 左右的平均税负水平，可以认为，泰国目前的总体税负水平不高。这样的宏观税负水平在支撑政府的支出的情况下使得国内的税负痛苦指数偏低，利于国内企业的投资和居民的消费，而对于外国投资者而言，较低的宏观税负水平也意味着政府的宏观调控能力较强，利于资金安全。但是从总体趋势上看，2009 年以来，泰国的宏观税负水平趋势是上升的，如果这个上升趋势持续，则可以认为泰国在未来的宏观税负水平会偏高。

2009 年至今，泰国的税收收入不断增加，税收增长率的平均值为 8.99%，增长态势良好，增长速度较为稳定。就财政赤字而言，2008—2014 年，受全球经济危机影响，2008 年泰国财政为盈余 485 亿泰铢，而在 2009 年财政赤字激增至 3378 亿泰铢，可见泰国为了应对危机，政府支出出现了剧烈增加，抗危机能力较弱。就税收收入增长率和财政赤字增长率的对比而言，除去 2008 年前后泰国政府财政赤字剧烈波动的情况，2010 年之后，财政赤字的增长速度趋于平稳，并逐渐低于税收收入的增长速度，说明政府对于赤字的控制渐有成效（图 4 - 9）。

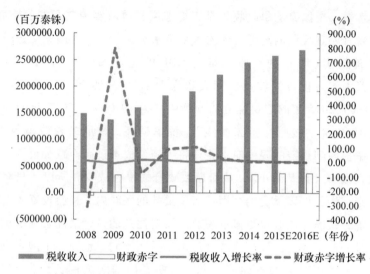

图 4 - 9　泰国 2008—2016 年政府税收与财政赤字情况

注：2015 年、2016 年为 IMF 的预测值。

数据来源：根据 Wind 资讯数据库、IMF 数据整理得出。

　　根据《稳定与增长公约》和《马斯特里赫条约》，在不对主权国家的预算和税收政策进行实际干预的情况下，以财政赤字率不超过 3% 为国际通用警戒线值从而确保各国财政的健康。泰国只有因经济危机影响下的 2009 年的财政赤字率高于 3% 的国际标准，其余年份则低于 3%，2012 年后趋于平稳，所以总体来看，泰国虽有一定的税收风险，但是总体可控。

　　根据 EIU（The Economist Intelligence Unit）的评分结果，从 2008 年至今，泰国的税收政策风险值稳定在 31 的水平，而英国在这一时期的均值为 18.85，美国的均值为 37，中国在这一时期的约值稳定在 38。对比东盟其他国家，印度尼西亚的均值稳定在 44，马来西亚的均值稳定在 25，菲律宾的均值稳定在 38，越南的均值稳定在 44，新加坡的均值稳定在 6。可以看出，泰国相对于一些发达国家和东盟的其他发展中国家而言，其税收政策风险值较低且波动小，代表着其税收政策的稳定，利于企业的投资，可以避免因投资国税收政策变化而导致的税后利润发生变化的风险。

综上，泰国目前总体税负水平不高，但宏观税负水平有一定的上升趋势。泰国虽然因 2008 年全球经济危机而面临巨大的赤字压力，但近年来泰国的收支情况逐步得到了改善，税收风险总体可控，趋势向好。

4. 行政效率

世界经济论坛发布的《2014—2015 年全球竞争力报告》指出，泰国政治环境不稳定，腐败风气盛行，而这些因素导致泰国在行政体制的排名下降，在全球 144 个国家排在第 93 名，在对政府人员的信任度方面，泰国排第 129 名，处于倒数国家行列。

据各国竞争力指标分析库（BVD – EIU Market Indicators & Forecasts）数据显示，泰国的政治无效性较高，但在过去 8 年间呈下降趋势，并且从 2011 年至今，泰国的政治无效性水平和印度基本一致。预计 2016 年泰国的政治无效性大体维持现有水平或者略有下降，这有助于商业活动的正常运营（图 4 – 10）。

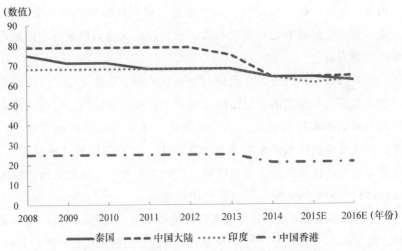

图 4 – 10　泰国 2008—2016 年政治无效性风险

注：2015 年与 2016 年的值为预测值；政治无效性风险最大值为 100，为极度风险，最小值为 0，为零风险。

数据来源：EIU Risk Briefing。

总体来看，泰国需要进行有效的政府体制改革，减少腐败贪污，为商业活动的开展提供良好稳定的政治环境。

结　论

随着近年来中泰交往的增多，特别是泰国作为最受中国人喜爱的旅游目的地，还有《泰囧》电影的热播，泰国对绝大多数中国人来说，是既熟悉又充满神秘色彩的微笑国土。

通过对泰国政治、经济和外交等方方面面的综合分析，以及笔者曾经多次在泰国访学考察的亲身经历，本文认为，泰国作为21世纪海上丝绸之路的重要节点和突破口，对吸引外来投资具有一定的有利条件。我们对泰国经商投资环境的基本判断是：

1. 泰国政局变而不乱，官僚阶层扮演中坚力量

由于泰国历史上长期处于封建统治，政党政治发育不成熟，军人势力较强，以及社会阶层的分化组合等原因，导致近年泰国政治力量结构处于过渡时期，出现政府频繁更替，街头政治和民粹主义盛行。但是，官僚阶层能够超越党派和政治分野，成为泰国政治结构的稳定器和中坚力量。

在泰国政治结构中，官僚阶层是基本的和不变的常量。泰国官僚阶级具有悠久和坚实的历史传统，进入工业化社会以后，泰国官僚阶层的人员结构和身份发生了一定的变化，除了传统政客和贵族成员外，一大批专业技术人士加入官僚队伍中。官僚阶层的这种新变化，既有力地挑战传统政客、贵族的特权，也大大加强了官僚队伍在泰国政治结构中的整体力量及其合法性统治地位。

目前泰国文官制度在管理上实行官衔和职位分类制。根据职位分类制，除王室外，泰国的高校、科研单位和警察部门等也实行官衔分类制。一般来说，级别、官衔与物质利益直接挂钩。泰国文官的招聘和选拔必须经过公开竞争考试，鉴于泰国政治文化中普遍盛行庇护制度，实际上，个人职位的升迁在很大程度上取决于上司及庇护者的信任和赏识。泰国现行文官法对各类文官的调动有着多方面的限制，而跨部门、跨行业的

调动尤其困难。正是由于这种行政制度的高度官僚化和专业化妨碍了各部间的合作与协调，形成了各行业文官的稳定性和封闭性。

泰国的官僚集团并没有因为民主化进程受到削弱反而得到加强。因为，随着现代化变迁带来的工业化运动和社会分化导致公共部门和私人部门对技术管理日益增加需求，需要专家治国。长期以来，不管泰国政局如何变化，不管是"两方联盟"还是"三方联盟"，谁也离不开官僚集团。

2. 泰国经商环境总体较为有利，但是风险仍然存在

商业环境吸引力是对于一国商业运营环境的综合评价指标。据各国竞争力指标分析库（BVD – EIU Market Indicators & Forecasts）通过计算安全风险、政治不稳定性风险、政治无效性风险、法律和改革风险、宏观经济风险、外贸交易和支付风险、金融风险、税收政策风险、劳动力市场风险和基础设施风险得出，泰国的经商环境虽然低于中国香港，但高于中国大陆和印度，指标数值在 2008—2015 年稳定在 6.5 左右，并预计以后几年略有上升（图 4 – 11）。

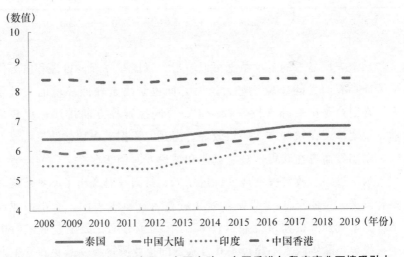

图 4 – 11　2008—2019 年泰国、中国大陆、中国香港与印度商业环境吸引力

注：2015—2019 年的指标数据为预测值。商业环境吸引力指标以 10 为最大值，数值越高表明该国商业环境的吸引力越大。

数据来源：各国竞争力指标分析库（BVD – EIU Market Indicators & Forecasts）。

根据世界银行《经商环境报告》2015 年最新统计资料显示，在世界上 189 个国家和地区中，泰国的经商环境综合便利程度排名为 26（表 4 - 8）。

表 4 - 8　　　　　　泰国的总体经商环境便利程度排名

指标名目	2015 年	2014 年	排名变化
创业	75	68	-7
办理施工许可证	6	11	5
电力供应	12	12	没有变化
财产登记	28	28	没有变化
获得信贷	89	86	-3
外来投资者保护	25	21	-4
纳税	62	63	1
跨境贸易	36	33	-3
合同执行	25	25	没有变化
破产解决	45	44	-1
经商环境综合便利程度	26	25	-1

资料来源：http：//www. doingbusiness. org/data/exploreeconomies/thailand。

从上表所显示的各项数据可以看出，泰国在办理许可证和电力供应方面拥有明显的比较优势，这两方面也是决定经商环境的关键要素。在财产登记、外来投资者保护、合同执行等方面排序也比较靠前，说明泰国在这些方面做得较好。但是，根据上表评估结果可以看出，泰国经商者在获得信贷、创业和纳税方面仍然存在一定的障碍。

为了进一步改善投资环境，近年来，泰国政府做出了不少政策调整和改进，主要包括：（1）加快工程许可证审批程序，为小型建设工程的审批加开快速审批通道；（2）在纳税方面，鼓励企业进行电子报税、免除年收入不超过 120 万泰铢的企业所得税、减免新开企业第一年的营业税、为新上市企业提供优惠银行贷款利率、减少房产交易的特种税和产权交易的抵押手续费、降低雇主缴纳社会保障金的额度、减少公司的利润税、减轻企业负担；（3）在创业方面，泰国政府商业发展部主动向企业发放注册条例、为企业注册提供一站式办理服务、合并原来分属 2 个部门的登记表为一张表；（4）在跨境贸易方面，提升电子通关系统效率，减少企业需要提交文件的数量，减少办理手续所需要的时间；（5）在保护外来投资者方面，强化董事的责任意识，当公司遭遇内部因股权变更造成的危机情况下，政府确保及时介入，采取对受困公司的补救措施。①

3. 中泰友好关系基础牢固，政治互信程度较高，经济上形成相互依赖的利益共同体

1975 年至今，中泰建交已经 40 周年，双边关系比较稳定和成熟。在一些重大的地区和国际事务中，中泰两国立场大多相近。可以说，泰国是中国在东盟国家中关系最稳定友好的国家之一，而且不存在重大矛盾分歧。中国对泰国的基本外交政策是坚持不干涉内政原则，无论是军人政府，还是文人执政，两国官方关系始终保持紧密而友好的势头，两国的地方政府和职能部门之间的合作也非常频繁和密切。

中泰双方均表示，愿意以 2012 年 4 月 19 日发表的《关于建立全面战略合作伙伴关系的联合声明》为指导，采取具体措施，落实《中泰战略性合作共同行动计划（2012—2016）》和《关于可持续发展合作谅解备忘录》，推进各领域务实合作。特别是在经贸领域，中泰双方将进一步加强交流与合作，通过中泰贸易、投资与经济合作联委会等机制，推动双边贸易便利化，促进双边贸易与投资的增长。在互联互通方面，中泰双方同意通过连接经过老挝和缅甸的铁路网络以及连通公路、港口和机场加强交通基础设施互联互通建设，便利本地区的货物与人员往来，推动本地区贸易和旅游发展。

广东作为中国改革开放的窗口和全国经济第一大省，以及全国最大的侨乡，具有其他省市不具备的优越条件。广东要充分利用中泰友好关系的大环境，积极推进粤泰经贸关系和人文教育交流。首先，利用本省的资金和技术优势，寻求与泰国政府和企业开展经济技术合

---

① World Bank Group, Doing Business, Measuring Business Regulation, Thailand, http://www.doingbusiness.org/data/exploreeconomies/thailand.

作，转移过剩的产能和资金。优先投资电子电器、农业深加工、陶瓷、房地产、交通运输等基础设施等领域。其次，充分利用在泰粤籍华侨华人众多的资源和有利条件，进一步推进粤泰人文教育和科技交流活动。"以侨为桥"，打好"侨牌"。最后，以泰国作为广东企业进军东南亚的桥头堡，充分利用中央推进21世纪海上丝绸之路计划的有利条件，积极参与湄公河合作和互联互通建设，进一步推进粤泰全方位合作关系向前发展。

4. 在泰国经商置业必须注意的其他有关事项

尽管在泰国的经商环境总体不错，但是，在政治制度、历史传统、宗教信仰等方面，中泰之间存在较大的差异性。因此，中国的企业家和商人要真正做到"入乡随俗"。第一，必须了解和尊重泰国的社会政治制度。泰国是一个君主立宪资本主义国家，与中国共产党领导下的社会主义制度有着巨大的差别，选举政治、多党制、街头政治等都是泰国的政治特色。第二，在泰国居住旅行、经商，禁忌之一就是，在公众场合不要议论或者打听王室隐私，更不能说出对泰王任何不敬的言论，否则，将会面临刑事起诉。第三，严格遵守泰国现行的各种法律法规，注重企业的诚信和声誉。泰国人信奉佛教，大多心地善良，诚实信用。第四，泰国是一个佛教国家，你可以不信佛教，但是必须尊重僧人。进出寺庙，严格遵守相关规定。第五，在泰华人大部分加入泰国国籍，成为当地国民，有的是好几代的华人家庭。与泰国华人打交道时，要尊重他们的家庭、理解他们的环境，处处为他们在泰国的安全和利益着想。第六、泰国南部治安情况相对不太乐观，如果在泰南投资旅行，还必须注意尊重伊斯兰教习俗，处理好各种关系，防范恐怖主义袭击可能造成的风险。

主要参考文献

一 统计与报告

[1] 广东经济年鉴：《广东统计年鉴》相关年份，http：//www.gd-

stats. gov. cn/tjnj。

[2] 亚洲减灾中心,《泰国 2012 年国家报告》,http：//www. adrc. asia/
nationinformation. php？NationCode = 764&Lang = en&NationNum = 09。

[3] 世界经济论坛：《2014—2015 全球竞争力报告》,http：//www3. we-
forum. org/docs/WEF_ GlobalCompetitivenessReport_ 2014 – 15. pdf。

[4] 世界银行：《经商环境报告》,http：//www. doingbusiness. org/
data/exploreeconomies/thailand。

二 著作

[1] 陈晖：《泰国文化概论》,世界图书出版公司 2014 年版。

[2] 段立生：《泰国史散论》,广西人民出版社 1993 年版。

[3] 林秀梅：《泰国社会文化与投资环境》,世界图书出版公司
2012 年版。

[4] ［泰］玛哈扎克里·诗琳通：《踏访龙的国土》,汇商银行有限
公司出版 1981 年版。

[5] ［新西兰］尼古拉斯·塔林：《剑桥东南亚史》,贺圣达等译,
云南人民出版社 2003 年版。

[6] 裴坚章：《中华人民共和国外交史 (1949—1956)》,世界知识出
版社 1994 年版。

[7] ［泰］披耶阿努曼拉查东：《泰国传统文化与民俗》,马宁译,
中山大学出版社 1987 年版。

[8] ［英］饶伟迅主编《泰国的政治变化：民主和参与》,厦门大学
东南亚研究中心、香港城市大学东南亚研究中心合译,厦门大
学出版社 2002 年版。

[9] 任一雄：《东亚模式中的威权政治：泰国个案研究》,北京大学
出版社 2002 年版。

[10] 田禾、周方冶：《列国志. 泰国》,社会科学文献出版社 2009 年版。

[11] 温广益：《“二战”后东南亚华侨华人史》,中山大学出版社
2000 年版。

[12] 杨锡铭：《潮人在泰国》,艺苑出版社 2001 年版。

[13] 余定邦、陈树森:《中泰关系史》,中华书局 2009 年版。

[14] 张锡镇、宋润清:《泰国民主政治论》,中国书籍出版社 2013 年版。

[15] 中山大学东南亚研究所:《泰国史》,广东人民出版社 1987 年版。

[16] 朱振明:《当代泰国》,四川人民出版社 1992 年版。

[17] 邹春萌、罗圣荣:《泰国经济社会地理》,世界图书出版公司 2014 年版。

三 论文

[1] 爱丽:《泰国旅游业对泰国经济发展的影响》,《商场现代化》 2013 年第 14 期。

[2] 陈梦瑶:《中泰贸易发展现状及前景分析》,硕士学位论文,吉林大学,2014 年。

[3] 邓丽娜:《浅析泰国的传统文化与民俗》,《赤峰学院学报》(哲学社会科学版)2013 年第 1 期。

[4] 何平:《泰国东北部地区老族的由来及其历史变迁》,《贵州民族研究》2011 年第 5 期。

[5] 胡国英:《论农业在泰国现代化中的地位和作用》,硕士学位论文,华东师范大学,2004 年。

[6] 李屏:《泰国华文教育史研究综述》,《东南亚纵横》2012 年第 4 期。

[7] 李玉年:《泰国华文学校的世纪沧桑》,《东南文化》2007 年第 1 期。

[8] 李馨、张春明:《中国—东盟高等教育合作制度比较研究——以中国、越南、泰国和新加坡的具体承诺为例》,《昆明理工大学学报》(社会科学版)2012 年第 1 期。

[9] 李滋仁:《泰国的外国投资》,《南洋问题》1980 年第 1 期。

[10] 秦永贵:《中泰建交前泰国政府对华人的政策以及影响》,学士学位论文,北京师范大学,2007 年。

[11] 任一雄:《政党的素质与民主政治的发展:从泰国政党的历史

与现状看其民主政治的前景》，《东南亚研究》2001 年第 5 期。

［12］王勇辉、管一凡：《中国对东盟教育服务贸易：优势、问题与对策——以东盟来华留学生教育为视角》，《东南亚研究》2014年第 5 期。

［13］汪慕恒：《泰国工业化的进展和对外贸易结构的变化》，《南洋资料译丛》1981 年第 2 期。

［14］［泰］史金纳：《泰国华侨社会史的分析》，魏嵩焘、林俊绵译，《南洋问题资料译丛》1964 年第 1 期。

［15］喻常森：《转型时期泰国政治力量的结构分析》，《东南亚研究》2007 年第 5 期。

［16］孟庆顺：《泰国南部问题的成因探析》，《当代亚太》2007 年第6 期。

［17］张志平：《泰国佛教的政治化——从宗教礼仪、功能、习俗上分析》，硕士学位论文，东北师范大学，2007 年。

［18］赵海方：《佛教对泰国政治现代化的影响》，《理论前沿》2014年第 9 期。

［19］郑长春、宋启宣：《试论广东地方高校留学生教育事业的发展》，《五邑大学学报》（社会科学版）2003 年第 5 期。

四　网站

［1］泰国银行：https：//www. bot. or. th/English/Pages/default. aspx。

［2］泰国投资促进委员会：http：//www. boi. go. th/index. php？ page = index。

［3］中华人民共和国商务部：http：//www. mofcom. gov. cn/。

［4］中国驻泰国大使馆经济商务参赞处：http：//th. mofcom. gov. cn/article/ddgk/。

［5］世界银行数据库：http：//data. worldbank. org. cn/topic。

［6］国际货币基金组织（IMF）国际金融统计（IFS）数据库：https：//www. imf. org/。

［7］各国竞争力指标分析库：https：//www. eiu. bvdep. com/。

［8］各国宏观经济指标宝典数据库：https：//www. eiu. bvdep. com/。

［9］广东统计网：http：//www. gdstats. gov. cn/。

［10］wind 资讯数据库：http：//www. wind. com. cn/。

［11］EIU Risk Briefing 数据库：http：//viewswire. eiu. com/。

第五章 印度尼西亚基本国情及投资风险评估

潘 玥 姜柯柯

印度尼西亚（以下简称"印尼"）幅员辽阔，国土面积为1904569平方千米，由约17508个岛屿组成，[1] 是世界上最大的群岛国家，有"千岛之国"之称，疆域横跨亚洲及大洋洲。扼马六甲海峡，具有重要的战略地位。陆上与马来西亚、东帝汶和巴布亚新几内亚接壤，泰国、新加坡、菲律宾和澳大利亚是其重要的隔海邻国。

根据印尼国家统计局2010年的数据，人口超过2.38亿，印尼是世界第四大人口大国，[2] 仅次于中国、印度和美国。印尼87.18%的人口信奉伊斯兰教，[3] 是世界上穆斯林人口最多的国家。

印尼是东盟创始国之一，是东南亚最大经济体，20国集团（G20）成员国中唯一一个发展中国家，因此，无论在政治上还是经济上，印尼都被视为东南亚大国，在东南亚地区有着举足轻重的影响力。

---

① Indonesia, Wikipedia, https: //id. wikipedia. org/wiki/Indonesia, last accessed by 28 December 2015.

② Penduduk Indonesia menurut Provinsi 1971, 1980, 1990, 1995, 2000 dan 2010, Kependudukan, Badan Pusat Statistik Indonesia, http: //www. bps. go. id/linkTabelStatis/view/id/1267, last accessed by 28 December 2015.

③ Kewarganegaraan, Suku Bangsa, Agama, dan Bahasa Sehari – hari Penduduk Indonesia, Badan Pusat Statistik Indonesia, 2011 – 01 – 01, http: //www. bps. go. id/index. php/publikasi/719, last accessed by 28 December 2015.

第一节 印尼基本国情

一 印尼政治特点与发展

1. 印尼的政治特点

(1) "潘查希拉"立国基础

1945年印尼宣布独立,"1945年宪法"规定"潘查希拉"(Pancasila)是印尼立国五项基本原则。[①]"潘查希拉"简称"建国五基",即信仰神道、人道主义、民族主义、民主和社会公正。"信仰神道"指的是要信仰最高真主,或必须有宗教信仰;"人道主义"指的是要坚持正义和文明的人道主义;"民族主义"指的是要坚持印尼的团结统一;"民主"指的是在代议制和协商的明智思想指导下的民主;"社会公正"指的是为全体印尼人民实现社会正义。

"潘查希拉"本是古代印度的佛教徒用于描述道德经的五条戒律,带有喜庆的意义。印尼借用"潘查希拉"作为自己的立国原则,因此,"潘查希拉"既是和平共处五项原则的代名词,也是印尼建国原则的代名词。印尼是一个多元化的社会,包括多个部族、宗教和意识形态,如果以单一宗教(伊斯兰教)作为印尼国家的指导思想,将不利于国家统一和民族建构。因此,"潘查希拉"原则力图把当时印尼存在的各种思想统一于民族主义的目标下,克服意识形态、宗教和部族等差异,为印尼的独立与统一,寻求最广泛的思想基础。

"潘查希拉"作为印尼的国家意识形态,其内核是多元、民主和社会公平的价值观,这对印尼这样一个多族群多宗教的国家而言至关重要。印尼在国家治理和日常生活中,也长期贯彻"潘查希拉"精神。印尼人普遍认为,人民无信仰则国家难有大成。然而,当前"潘查希拉"原则在印尼并没有得到充分体现,沦为空洞的口号。政府正着力在社会公众中加强"潘查希拉"精神所蕴含的善良、理智

---

① 王受业、梁敏和、刘新生:《列国志——印度尼西亚》,社会科学文献出版社2006年版。

和信誉的三大美德教育。

（2）比较成功的民主政治

印尼独立至今，共经历了三个时期：苏加诺领导的旧秩序时期（1945—1965年），苏哈托领导的新秩序时期（1966—1998年），以及后苏哈托时代的民主改革时期（1998年至今）。

1965年印尼发生"9·30"事件，苏哈托将军乘机推翻苏加诺的"旧秩序"统治，于1968年正式就任总统，开始"新秩序"时代，他借助军队建立稳固的威权统治，削弱政党，控制媒体和言论自由，打压非政府组织。1997年亚洲金融危机引发印尼的政治危机，统治印尼长达32年的苏哈托政权于1998年倒台，印尼进入后苏哈托时代，也就是民主改革时代。历任总统，如哈比比、瓦希德、梅加瓦蒂和苏西洛，通过释放政治犯、放宽新闻管制、实行多党制选举、军队非政治化、实行总统直选等，致力于民主化改革，印尼开始走向政治民主化。

虽然印尼民主转型时间不长，但取得了较大成绩。除了非政府组织空前活跃、言论和集会自由得到充分保障外，在两个方面表现尤为突出：一是民主选举合乎规范，政权更替平稳。1999年印尼进行了独立以来最民主的选举，2004年印尼进行了第一次真正的总统直接选举，苏西洛成功当选总统，并在2009年连任成功。2014年的印尼总统选举，是民主体制下的又一次权力和平与平稳转移，标志着印尼民主的成功和民主体制的巩固。二是多党政治，政党竞争和轮流掌权成为常态。苏哈托时期印尼只允许三个政党存在：专业集团党（Golkar）、团结建设党（PPP）和印尼民主党（PDI），但只有专业集团长期执政。改革时代印尼政党数量激增，1999年大选有48个合格政党参选，2004年第一次直选有24个政党参选；2009年大选又增为38个政党，最终9个政党入主国会；2014年大选共有10个政党获得参选资格，最终9个政党进入国会，前三名分别是斗争民主党（PDI-P）、专业集团党和大印尼行动党（Gerindra）。[①]

---

① 唐慧、陈扬、张燕、王辉编著《印度尼西亚概论》，世界图书出版公司2012年版。

然而，囿于印尼族群、文化和宗教的多样性与复杂性，以及经济发展水平相对落后、民众受教育程度不均衡等因素，印尼尚未达到"民主巩固"，仍处于"民主转型"中，如直选地方首长和总统时，存在明显的"贿选"和"买票"现象，贪污腐败现象也司空见惯。有人认为印尼的民主只是一袭华丽的外衣。但无论如何，印尼民主发展取得了一定成就，被认为是目前东南亚最民主的国家。

（3）伊斯兰政治化程度较低

印尼穆斯林约占全国总人口的87.18%，是世界上最大的伊斯兰国家，但是这个最大的伊斯兰国家，却是伊斯兰教对政治影响最小的国家，伊斯兰教没有被立为国教，国家实行政教分离，印尼呈现出伊斯兰教弱政治化特征。

表现之一是印尼立国基础不是伊斯兰教而是潘查希拉。潘查希拉第一基本原则是信仰神道，包括信仰伊斯兰教、基督教、天主教、佛教和印度教，几个宗教地位平等，伊斯兰教并没有因其信仰者众多而被定为国教。后来的历任总统和大部分民众一直遵守潘查希拉原则。

表现之二是伊斯兰教并非政治合法性标志。苏加诺政权合法性的基础是他不断掀起的革命运动，苏哈托政权合法性的基础是经济发展和政治稳定，改革时代的合法性基础是选民意愿和经济发展。在印尼，伊斯兰教很少成为政治动员的工具，政府和合法政党很少利用伊斯兰进行政治动员。

表现之三是伊斯兰教政党在政治中难以发挥较大作用。在印尼政治舞台上，始终是主张潘查希拉与民族主义的政党唱主角，如苏加诺时期是民族党，苏哈托时期是专业集团，改革时代是民主斗争党、专业集团和民主党等，伊斯兰教政党（包括建设团结党、星月党、正义党等）只能获得少数支持。

（4）中央与地方的关系较松散

印尼幅员辽阔，由四个主要岛屿组成，即苏门答腊岛、爪哇岛、苏拉威西岛和加里曼丹岛。印尼横跨四个时区，全国划分为30个省、两个特别行政区（亚齐和日惹）、一个首都特区（雅加达），共33个行政区。① 广阔的疆域使得统治权要覆盖所有群岛十分不易。

自印尼独立后，中央与地方的关系屡经变迁：在独立初期实行过短期的联邦制，在旧秩序与新秩序时期，中央集权造成了爪哇与外岛的对立，激烈时转变为分离主义运动。民主改革时代实行地方分权，印尼国会增设了地方代表会议（DPD）处理中央与地方的有关关系、地方自治的发展，以便在国会中反映地方的直接需求。除了地方代表会议以外，还有省人民代表会议、县/市人民代表会议。2015 年，印尼省人民代表会议变为由选民直选产生。

目前，印尼的地方政府拥有较大的自治权，突出表现在地方发展规划与地方法规上，有时各自为政，与中央政府的法规和政策相抵触。所以，新任总统佐科·维多多（Joko Widodo，以下称为"佐科威"）甚至公开要求，地方政府和中央政府的发展规划要相一致。这从一个方面反映出印尼地方政府与中央政府一定程度上的脱节。

2. 最近政治发展

2014 年 7 月 22 日印尼总统大选，佐科威以 53% 的得票率成为印尼首位平民总统。佐科威的出身毫无军人背景和政治裙带关系，他出身木匠家庭，家境贫寒，后从事家具贸易生意。他从政时间不长，但政绩不俗，他亲民、廉洁的作风给印尼政坛带来一股清新之风。从 2014 年 10 月至今，佐科威执政已近两年，可从如下几个方面对其主要业绩进行初评。

第一，相比于另一位总统候选人普拉博沃·苏比安托"鼓吹式"的执政理念和纲领，佐科威更为务实和亲民。佐科威的执政纲领着重于提高国民素质和生活水平，特别是在农业和基础建设方面。比如，佐科威政府为削减政府开支，上台后削减高达 400 兆印尼盾（约合 33.7 亿美元）的燃油津贴，② 用以发展基础设施建设。此举受影响的

---

① Indonesia, Wikipedia, http://id. wikipedia. org/wiki/Indonesia, last accessed by 28 December 2015.

② 《印尼上调补贴燃油价格对经济社会发展的影响》，中华人民共和国驻印度尼西亚共和国经济商务参赞处，2014 年 11 月 26 日，http://id. mofcom. gov. cn/article/ddgk/zwrenkou/201411/20141100811121. shtml。

主要是中产阶级，受惠的主要是平民阶层，佐科威政府希望借此缩减贫富差距，助国民脱贫，实现竞选时的承诺。

第二，在政治上，佐科威政府有着强国梦。2014 年 4 月 17 日佐科威总统在泗水伊斯兰大学学生运动组织成立 55 周年纪念会上做专题演讲，表示印尼要与美国、中国平起平坐。他在上台之初就提出将印尼打造成"海洋轴心"的宏大愿景，希望印尼成为"海洋大国"。

第三，在经济上，印尼经济延续了此前的发展势头，经济增长率达 5%。另外，佐科威着力以"开源节流"的方式发展印尼经济，"开源"包括雅加达大型海堤工程动工、推动"三卡"惠民生（健康卡、智慧卡和家庭福利卡）、取消燃油补贴、央行加息应对油价上涨、禁止原矿出口正式生效、启动 120 亿美元天然气项目、予以多个国家免签以发展旅游业等；"节流"包括政府削减内阁差旅费、宴会招待倡导"家常菜"等。

第四，在外交上，印尼与中国、美国和印度等大国交好，开展政治、经济和文化等一系列合作项目。佐科威政府力图塑造强势形象。在打击非法捕鱼问题上，印尼不惜冒着与菲律宾、泰国、越南和中国等国交恶的风险，击沉外国渔船，手腕强硬。2014 年年初，印尼坚决判处巴西、越南和澳大利亚籍毒贩，随后澳大利益声称要与印尼断交，但印尼的立场坚定，毫不退让。在国际问题上，佐科威政府一反之前历任政府"不介入、不参与、不表态"的风格，在敏感问题上公开表达印尼的立场与态度，力争东盟领头国的宝座，谋求更大的国际影响力。

佐科威政府取得了一些成果，但仍面临重重挑战。

第一大挑战来自竞争对手普拉博沃。2014 年 7 月 22 日选举委员会公布最终选举结果，普拉博沃愤而退选，随后，正式向宪法法院提起上诉。虽然最终败诉，但普拉博沃"强大"、"厉害"和"影响力"的公众形象已深入民心。阻挠佐科威的势力会在人民协商会议和人民代表大会（DPR）中延续，佐科威组合在国会中所占的席位仅为 37%。反对党联盟"红白联盟"则占 54% 的席位，形成"朝小

野大"的政治格局。① 佐科威政府的施政纲领和政策主张在国会遇到
重重阻力，如果无法得到各大政党的支持，联盟内部的相互制衡将严
重影响新政府的决策效率和决断力。这使得佐科威许多改革以及鼓励
投资的措施，很有可能仅仅是"看起来很美"，但难以落实。

第二大挑战是佐科威如何完成从"省长"到"总统"的角色转
变，用实际行动打消外界对他能否胜任总统一职的质疑。佐科威在印
尼政坛"圈外人"的身份，对他改革政风和整顿吏治是一把"双刃
剑"。少了传统政治精英圈的人情包袱，佐科威能更大刀阔斧进行改
革；但作为"外来者"，也相应需要面对既得利益者的对抗。在这一
点上，佐科威政府深受打击，由于削减燃油补贴，油价上涨，带动物
价出现明显上涨，加上印尼盾不断贬值，人民怨声载道，频繁进行示
威，佐科威的支持率也跌到历史低点。如何妥善协调这一问题，将极
大地考验佐科威及其团队的政治手腕。

二　印尼经济发展

1. 经济发展水平及趋势

印尼经济在独立初期发展缓慢，1950—1965 年 GDP 年均增长仅
2%。20 世纪 60 年代后期调整经济结构，经济开始提速，1970—
1996 年 GDP 年均增长 6%，跻身中等收入国家。1997 年受亚洲金融
危机重创，经济严重衰退，货币大幅贬值。1999 年年底印尼经济开
始缓慢复苏，GDP 年均增长 3%—4%。21 世纪以来人均 GDP 连年增
长，基本维持在 5%，只有 2009 年因全球经济危机，增长率为
4.6%。但 2012 年以来，印尼人均 GDP 不断走低，2014 年的跌幅达
3.8%，表明印尼的经济虽然总量上不断增加，但是速度明显放缓，
人民生活水平的提高仍然是当前经济发展的重点（图 5-1）。

---

① 《普拉博沃政党动议中止地方选举 佐科：将危害日渐茁壮民主制度》，《联合早
报》，2014 年 09 月 09 日，http://www.zaobao.com.sg/sea/politic/story20140909-386739。

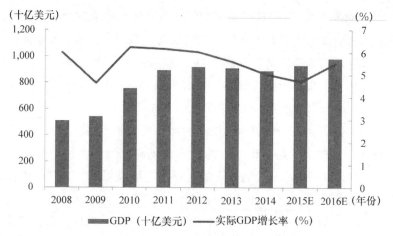

图 5 - 1   2008—2016 年印尼国民生产总值走势

注：国民生产总值以现价美元计算，2015 年、2016 年为预测值。

数据来源：世界银行。

2014 年印尼国内生产总值达 8498.2 亿美元，人均 GDP 为 3073.6 美元，增长率为 5.1%，并未达到国家收支预算修正案 5.5% 的预定指标，创 2009 年来的新低。之所以未达到预期 5.5% 的增长率，除国内市场发展不尽如人意外，也受到全球市场不景气的影响，大宗产品需求和价格双下降。

2. 产业结构变化

印尼的农业、工业和服务业均在其国民经济中发挥着重要作用。20 世纪 80 年代中期印尼制造业迅速崛起，而 90 年代服务业发展迅速，产业结构发生较大变化。1960 年农业在 GDP 中的比重还高达 54%，2004 年已下降到 17%，同时工业则从 14% 上升到 46%，服务业从同期的 32% 上升到 38%。[①] 进入 21 世纪后，制造业所占 GDP 的份额最大，其次是农业、畜牧业、林业和渔业以及贸易、酒店和餐饮业，矿业和采掘业紧随其后。虽然相对于其他产业，制造业遥遥领先，但是 2004—2013 年制造业在国民经济中所占的比例总体呈下降

① World Bank, *World Development Report*, 1976, 2006.

趋势，2013 年相较于 2004 年降幅高达 15.7%。贸易、酒店和餐饮业以及金融和房地产业也呈现总体下降的趋势。而呈现总体上升趋势的产业包括农业、畜牧业、林业和渔业、矿业和采掘业、建筑业以及运输和通讯业。其中，值得一提的是建筑业增速明显，2013 年相较于 2004 年增幅高达 51.5%（表 5 - 1）。

表 5 - 1　　　　　国民经济各产业在 GDP 中所占的比例　　　　　（单位:%）

产业类别	2004	2005	2006	2007	2008	2009	2010	2011	2012	2013
农业、畜牧业、林业和渔业	14.3	13.1	13.0	13.7	14.5	15.3	15.3	14.7	14.5	14.4
矿业和采掘业	8.9	11.1	11.0	11.2	10.9	10.6	11.1	11.8	11.8	11.2
制造业	28.1	27.4	27.5	27.1	27.8	26.4	24.8	24.4	24.0	23.7
电、气和水	1.0	1.0	0.9	0.9	0.8	0.8	0.8	0.8	0.8	0.8
建筑业	6.6	7.0	7.5	7.7	8.6	9.9	10.3	10.2	10.3	10.0
贸易、酒店和餐饮业	16.1	15.6	15.0	14.9	14.0	13.3	13.7	13.8	14.0	14.3
运输和通信业	6.2	6.5	6.9	6.7	6.3	6.3	6.6	6.6	6.7	7.0
金融和房地产业	8.5	8.3	8.1	7.7	7.4	7.2	7.2	7.2	7.3	7.5
服务业	10.3	10.0	10.1	10.1	9.7	10.2	10.2	10.6	10.8	11.0
总计	100	100	100	100	100	100	100	100	100	100

数据来源:印尼国家统计局报告, http://www.bps.go.id。

从国民生产总值构成（图 5 - 2）来看，工业对于印尼经济贡献最高，但工业增加值占 GDP 比重近年来略有下降。服务业增加值占其 GDP 的百分比较高，且呈现上涨趋势，2013 年后与工业增加值占比持平，农业增加值占比最低且保持稳定。预计 2015 年和 2016 年三大产业增加值占比保持现有水平，工业和服务业贡献仍最高。

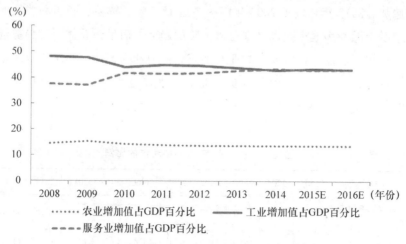

图 5 - 2　2008—2016 年印尼国民生产总值构成

注：2015 年、2016 年为预测值。

数据来源：世界银行。

3. 对外贸易

21 世纪以来印尼的进出口贸易情况，可分为"两起两落"四个阶段。2000—2008 年是印尼进出口贸易的稳定增长期，出口平均年增幅达 13.40%，进口平均年增幅达 31.72%，虽然进口额低于同期的出口额，但其增幅远超出口额。2008—2009 年，受世界金融危机的影响，印尼进出口贸易出现进入 21 世纪以来第一次下跌，进口跌幅为 14.97%，出口跌幅为 25.05%。2009—2011 年是印尼进出口贸易的快速增长期，进出口平均年增幅分别为 27.75% 和 24.89%。2011—2014 年是印尼进出口贸易的缓慢下降期，进口额先增后跌，出口额连年下降，年平均跌幅为 3.38%（表 5 - 2）。

2000—2012 年，印尼的出口额大于进口额，处于顺差状态，但两者的差距总体而言不断缩小。2012 年后，情况有所改变，印尼的进出口贸易出现逆差，进口额大于出口额。这实际上反映了印尼的经济发展情况，印尼从商品制造加工大国，慢慢开始转为一个全球瞩目的新兴市场。随着印尼国内经济的发展和"海洋强国"战略的推进，印尼的贸易逆差将进一步增大。

表 5 - 2　　　　　　　21 世纪以来印尼的进出口贸易情况　　（单位：十亿美元）

年份	2000		2001		2002		2003		2004	
	出口	进口	出口	进口	出口	进口	出口	进口	出口	进口
总值	62.124	33.515	56.321	30.962	57.159	31.289	61.058	32.551	71.585	46.525
年份	2005		2006		2007		2008		2009	
	出口	进口	出口	进口	出口	进口	出口	进口	出口	进口
总值	85.660	57.701	100.799	61.065	114.101	74.473	137.020	129.197	116.510	96.829
年份	2010		2011		2012		2013		2014	
	出口	进口	出口	进口	出口	进口	出口	进口	出口	进口
总值	157.779	135.663	203.497	177.436	190.032	191.691	182.552	186.629	175.981	178.179

数据来源：印尼国家统计局报告，http：//www.bps.go.id。

21 世纪以来，日本一直是印尼的第一大出口目的地。从 2009 年起，中国替代新加坡，成为印尼的第二大出口市场。除了中国大陆以外，中国台湾也是印尼重要的出口贸易伙伴。东盟国家是印尼主要的出口目的地，尤其是新加坡和马来西亚，以及近两年来后来居上的泰国。21 世纪以来，日本、新加坡、美国、中国、澳大利亚、德国、马来西亚、泰国和韩国都是印尼主要的进口来源国。2000—2003 年，日本是印尼第一大进口来源国；随后，2004—2009 年，第一的位置被新加坡占据；而从 2009—2014 年，中国成为印尼最大的进口来源国，另外，近年来，在榜单上的发达国家排名逐渐靠后，甚至被挤出前六，比如日本、美国、澳大利亚和德国。与此同时，更多的发展中国家，尤其是东盟国家的排名却不断上升，比如泰国和马来西亚。由此可见，随着经济的发展，印尼不仅仅需要发达国家附加值高、技术含量高的高档耐用品和高科技产品，也逐渐重视与周边东盟国家的经贸合作，进口一些粮食和日用品等（表 5 - 3）。

表5-3　　　　　　21世纪以来印尼的主要贸易伙伴国或地区

年份	出口目的地					进口目的地				
	第一	第二	第三	第四	第五	第一	第二	第三	第四	第五
2000	日本	新加坡	马来西亚	荷兰	中国香港	日本	新加坡	美国	澳大利亚	德国
2001	日本	新加坡	澳大利亚	马来西亚	荷兰	日本	美国	新加坡	澳大利亚	德国
2002	日本	新加坡	韩国	中国	中国台湾	日本	新加坡	美国	中国	澳大利亚
2003	日本	新加坡	韩国	中国	马来西亚	日本	新加坡	中国	美国	泰国
2004	日本	新加坡	韩国	中国	马来西亚	新加坡	日本	中国	美国	泰国
2005	日本	新加坡	韩国	中国	马来西亚	新加坡	日本	中国	美国	泰国
2006	日本	新加坡	中国	韩国	马来西亚	新加坡	中国	日本	美国	马来西亚
2007	日本	新加坡	中国	韩国	马来西亚	新加坡	中国	日本	马来西亚	美国
2008	日本	新加坡	中国	韩国	马来西亚	新加坡	中国	日本	马来西亚	美国
2009	日本	中国	新加坡	韩国	马来西亚	新加坡	中国	日本	美国	马来西亚
2010	日本	中国	新加坡	韩国	马来西亚	中国	新加坡	日本	美国	马来西亚
2011	日本	中国	新加坡	韩国	马来西亚	中国	新加坡	日本	韩国	美国
2012	日本	中国	新加坡	韩国	马来西亚	中国	新加坡	日本	马来西亚	韩国
2013	日本	中国	新加坡	韩国	马来西亚	中国	新加坡	日本	马来西亚	韩国
2014	日本	中国	新加坡	韩国	马来西亚	中国	新加坡	日本	韩国	马来西亚

数据来源：印尼国家统计局报告，http：//www.bps.go.id。

2014年印尼对外贸易呈现进出口"双下降"的态势。根据印尼中央统计局公布的数据，2014年印尼对外贸易总额3544.72亿美元，同比下降 3.98%，其中出口总额 1762.93 亿美元，同比下降 3.43%；进口总额 1781.79 亿美元，同比下降 4.53%，贸易逆差 18.86 亿美元。[①]

按非油气类产品（约占印尼对外贸易总额的 80%）统计，2014 年出口比重最大的商品品类为制造业，占 66.55%，其次为矿产品和农产品，其中珠宝及半宝石出口增长 66.95%，再次为车辆、动植物油、纸张和海产品；出口下降最大的产品为橡胶及半成品和矿物燃料及矿产品。

2014 年进口比重最大的商品品类为原料及辅料，占 76.44%，其次为机械设备和日用品，其中食品、残渣及废料进口增长 7.62%，再次为塑料及制品和有机化工产品（0.96%）；进口下降最大的产品为车辆，占 20.99%，其次为钢铁、钢铁制品和机械电子产品。

目前印尼的经济增长明显放缓，同时，也面临着许多日益突出的问题，比如高达 8.36% 的通胀率，大体一路走低的汇率，失业率居高不下，贫困人口较多，这些都成为印尼经济发展的障碍。在每一轮新兴市场国家的金融市场波动时，印尼盾（Rupiah）都是最为脆弱的货币。

4. 外来投资

1998 年东南亚金融危机以后，进入印尼的外国直接投资（FDI）急剧下降，社会暴动和恐怖活动使得投资者望而却步。进入 21 世纪以后，印尼的外国直接投资流入状况有所改善，开始出现增长之势。联合国贸易与发展会议的调查结果显示，2010—2012 年，印尼是外国直接投资的第九大目的地。而在 2012—2014 年，印尼的排名超过德国、泰国、日本和马来西亚，排在第 4 位，成为吸引外国直接投资最多的东南亚国家。[②] 据印尼中央投资统筹机构最近公布的数据，

① 《2014 年印尼对外贸易及与中国贸易情况》，中华人民共和国商务部官网，2015 年 2 月 3 日，http：//www.mofcom.gov.cn/article/i/jyjl/j/201502/20150200886288.shtml。

② 《外国直接投资 印尼位居第九大目的地》，《星洲日报》，2012 年 5 月 16 日，http：//www.malaysiaeconomy.net/world_economy/nation_major_econ/asean_economy/2012 - 05 -17/19349.html。

2014 年印尼实际吸引外国直接投资额为 285.3 亿美元，同比增长 13.5%，但与 2013 年增长 22.4% 相比增速减弱，总量也远低于预期的 420 亿美元。主要原因是印尼投资许可证申请程序繁杂，阻碍了投资项目实施，至 2014 年年底，共有约 330 亿美元投资项目受阻。[①]

一般来说，印尼外国直接投资的主要来源地是日本、新加坡、美国、韩国、英国和其他东盟国家。2013 年，印尼的最大外资来源国是日本，来自日本的外来直接投资额达 47.1 亿美元，紧接着是新加坡（46.7 亿美元）。排名第 3—5 位的分别是美国（24 亿美元）、韩国（22 亿美元）以及英国（11 亿美元）。其他国家共在印尼投资 135 亿美元，占 2013 年外来直接投资总额的 47.2%。

外国对印尼的投资方式主要有并购、建设—经营—转让（Build-Operate-Transfer，BOT）和投资设厂等。外国对印尼直接投资的类型也多种多样，主要分为三种：创建投资（绿地投资）、外商与当地企业合作以及外商收购印尼企业。

2004—2010 年，外国对印尼投资最多的是交通运输、仓储以及通信业，占 19.51%，达 38 亿美元；其次是采掘业，占 18.58%，约 36 亿美元；电力、燃气以及水务项目，占 9.58%，达 19 亿美元；金属、机械以及电子工业，占 9.1%，为 18 亿美元；化学与制药工业占 7.5%，约 15 亿美元。[②] 2014 年印尼吸引投资的主要领域为矿业、摩托车和交通工具、机械工业与电器、化工与医药以及食品行业。[③] 自 2014 年 1 月印尼政府禁止原矿出口以来，包括中国企业在内的许多国内外矿业企业纷纷在印尼着手投资建设冶炼厂，印尼禁止原矿出口政策初见成效，预计将吸引上百亿美元的投资。

总体来说，流入印尼的外商直接投资相对集中在雅加达和西爪哇

---

①　《印尼 2014 年吸引外资续保持增长》，中华人民共和国商务部网站，2015 年 01 月 29 日，http：//www. mofcom. gov. cn/article/i/jyjl/j/201501/20150100882552. shtml。

②　Penamanan Modal，"Badan Pusat Statistik Indonesia," 2011 – 01 – 01，http：//www. bps. go. id/index. php/publikasi/719，last accessed by 28 December 2015.

③　《2014 年印尼吸引投资预计将达创纪录的 420 亿美元》，中华人民共和国驻印度尼西亚共和国大使馆经济商务参赞处，2014 年 1 月 26 日，http：//id. mofcom. gov. cn/article/ziranziyuan/huiyuan/201401/20140100473777. shtml。

地区。对于印尼矿产资源的开发，外商直接投资主要分布在矿产资源比较丰富的地带。印尼有 3 个巨型金属成矿带，即南亚大陆边缘锡、钨、铜（钼）多金属成矿带；苏门答腊西南部—爪哇—鲁沙登格拉（东帝汶）中—新生代火山岛弧贵金属、铜、金（银）、铅锌成矿带；苏拉威西—马鲁古—伊里安查亚铜金、金、铅锑、镍、铬成矿带。[①]

5. 吸引外资政策和重点

印尼政府通过法律政策吸引外资、改善投资环境。在 1997 年亚洲金融危机以后，出台了《关于外资银行在印尼开设分行、分支机构、办事处的规定及程序》的 1999 年第 24 号政府条令，开始执行开放资本账户政策，旨在改善金融基础设施，支持直接投资和组合投资的资本流入。

2007 年正式颁布新的《投资法》，这是印尼有关投资政策的一次全面改革。新的《投资法》将原来的《外国投资法》和《国内投资法》合二为一，明确规定"公正地、无差别地对待外来投资"，内资和外资享有同等的法律地位，外资的待遇得到提升。另外，新法大幅延长土地权法定期限，其中商业用途的土地使用权最长为 95 年，建筑物土地使用权最长为 80 年，其他土地使用权最长为 70 年；旧法对应期限分别为 60 年、50 年和 25 年。土地权法定期限的延长，极大地增强了投资者的投资愿望。新法明确"投资协调委员会"负责协调，执行一站式综合服务平台（PTSP），批准公司成立和核发执照，协助投资者获得服务救济、财政便利和投资咨询，将大大简化投资批准程序，提高行政效率，减少部门掣肘，减少程序性腐败，保护投资者积极性。新法还明确了争端解决机制，规定争端出现时应协商解决，解决无果可通过诉讼程序或仲裁机构解决，这在很大程度上保护了投资者尤其是外国投资者的利益。

其他吸引外资的鼓励措施具体如下：

（1）进口税务与税收：2008 年印尼政府撤销了 2121 项有关地方

---

① 罗小洪、符海明、符鹤琴、冯增会：《印度尼西亚矿业投资环境》，《矿产勘探》2010 年 1 月，第 83 页。

税务与服务费的地方条例。印尼政府给予部分项目进口关税的减免与征收优惠，如进口生产期限为 2 年的产品所需的原材料及配件等。2010 年苏西洛将企业所得税降到 25%，以推动投资者加大投资力度。

（2）保税区：对于在保税区建立的企业，有以下优惠措施：对于进口生产过程中所需的资本货物、设备以及原料可免进口税、所得税及奢侈品的增值税；允许企业将 50% 的最终出口产品通过正常的进口手续转移到国内市场，若是非最终出口产品，可 100% 转移到国内市场；允许企业将自己的设备出借给保税区以外的或无出口加工资质分包商进行深加工，期限不超过 2 年；等等。

（3）综合经济发展区（KAPET）：为发展某些区域的经济建设，如印尼东部地区或偏远地区，印尼政府已开辟几个综合经济发展区。在这些区域内的投资者可享受一系列的优惠措施，如 30% 的投资补助、加速折旧和摊提、亏损结转可延长 10 年和降低股息税，等等。

2012 年苏西洛批准了关于投资总体规划的第 16 号总统条例，该条例是印尼直至 2025 年投资计划的主要指南，主要目标是进一步提升印尼的投资环境，增强经济竞争能力和投资力度。该规划主要对投资工作提出 7 项指导意见，即继续改善投资环境，推动投资的分布范围，着重发展粮食、基础设施和能源方面的建设，加强生态环境方面的投资，发挥微型、中小型企业投资建设的作用，为国内外投资提供方便或津贴，大力宣传吸引外资的政策与优惠条件。

佐科威上任后，表示发展基础设施建设将是他任期内的工作重点。据印尼《2015—2019 年中期建设发展规划》，印尼基础设施建设未来 5 年需约 4245 亿美元。未来 5 年，印尼将建设 2650 公里公路、1000 公里高速公路、3258 公里铁路、24 个大型港口、60 个轮渡码头、15 个现代化机场、14 个工业园区、49 个水库、33 个水电站，并为约 100 万公顷农田建立灌溉系统，预计所需资金约 4245 亿美元。①

而根据 2015—2019 年印尼政府的预算，基础建设领域支出预算

---

① Sasaran Pokok Pembangunan Nasinal Rpjmn 2015 - 2019, *Rencana Pembangunan Jang-ka Menengah Nasinal* 2015 - 2019, REPUBLIK INDONESIA, pp. 83 - 90, http：//www. social - protection. org/gimi/gess/RessourcePDF. action？ ressource. ressourceId = 50077.

为 905 亿美元，如果靠国家预算，难以完成所有基础建设项目，因此还需要印尼国企和国内外私营企业参与，并可通过公私合营（PPP）模式开展合作。①

其中，最突出的例子就是雅加达—万隆高铁项目。经过激烈竞争，中国夺得雅加达—万隆高铁项目。2015 年 10 月 16 日，中国企业联合体（BUMN China）和印尼国企联合体（BUMN Indonesia）正式签署雅万高铁项目合作协议，双方组建合资公司——印中高铁公司②，由其负责雅万高铁项目的建设与运营。雅加达—万隆高铁项目全长 142 公里，最高设计时速 250 公里，预计 2018 年建成，2019 年开通运营。届时，雅加达到万隆间的旅行时间，将由现在的 3 个多小时缩短至 1 小时以内。雅万高铁仅仅是印尼高铁建设计划的第一步，中方旨在形成"示范效应"，通过过硬的技术和质量，赢得印尼的信任和后续的高铁项目。这是中国"走出去"战略的重要一步，也是"一带一路"发展战略的重要组成部分。

6. 华人与印尼经济发展

华人是印尼一大部族，约占印尼总人口的 4.2%。印尼华人不是一个统一体，他们可分为上、中、下三个阶层：上层为少数华人企业集团，他们又可分为曾经依附于苏哈托家族的极少数华人企业集团和依法经营的华人企业集团；中层为华人中间阶层，他们是华人的主体和中坚力量；下层为华人小商贩和普通劳动者。③ 印尼国营企业控制着印尼 50% 的经济，包括所有国计民生的主要部门和行业。其余 50% 的经济活动分配是：农村经济部门、信息产业、合作社、小企业约占 15%，外资占 12%，其余 23% 掌握在私人企业家手中。而这 23% 的私人企业家中，外国资本占 10%，国内资本占 13%。就是在此 13% 的印尼国内资本企业中，华人资本企业占 70%。华人的经营

---

① 《综述：印尼基础设施建设未来 5 年需约 4245 亿美元》，新华网，2015 年 6 月 14 日，http：//news. xinhuanet. com/world/2015 - 06/14/c_ 127913787. htm。

② Cina sebut proyek kereta cepat ́unsur Cina sepenuhnya ́, BBC Indonesia, 16 Oktober 2015，http：//www. bbc. com/indonesia/berita_ indonesia/2015/10/151016_ majalah_ kereta-cepat_ cina，最后访问于 2015 年 12 月 21 日。

③ 温北炎：《印尼华人居安思危之我见》，《东南亚研究》2006 年第 5 期。

结构为：约有 170 名大企业家，5000 名中等企业家，25 万人为零售商、饭馆和商店经营者，其余为农民、渔民、工人和职员。一些金融和经济政策，只适用于上述 170 名大企业家，而与 800 万名华人不相干。[①]

近 30 年来，印尼华人的经营范围从种植业、商业向工业、金融业、旅游服务业等领域发展。商业方面，主要有进出口、批发零售业，构成了较完整的商业流通网络；工业方面，主要有炼钢、机械、电器、造纸、水泥、木材加工、纺织及制衣、食品加工、塑料、橡胶、卷烟等工业；金融业方面，全国华资银行超过 70 家，占民营银行总数的 80%，民营外汇银行 10 家，其中一半皆为华资经营。

20 世纪 60 年代起，尤其是 20 世纪 80 年代以后，印尼的华人企业集团得到了迅速发展，华人华侨的经营方式由家族经营转变为现代化企业，出现一批实力雄厚、与国际接轨的大集团公司，如三林集团、阿斯特拉集团、力宝集团、金光集团等，它们在印尼国家经济中都曾发挥过重要的作用。

1997 年亚洲金融危机，印尼成为重灾区，华人经济遭受巨大打击，损失惨重，华人财团的资本实力急剧缩减，华人中小企业举步维艰。但华人在逆境中求生存，通过缩小经营范围、优化产业结构、寻求国内外资源等方式，逐步走出困境。不少华商逐渐将发展重心转到新加坡和中国香港。伴随着印尼经济的复苏，华人企业集团已走出低谷，竞争优势逐渐恢复，并有了新的发展。

华人经济已成为印尼民族经济的一个重要组成部分，华人在资金、技术、设备、市场网络和经营管理上有一定的优势，在印尼经济发展中发挥重要作用，但华人并没有控制印尼的经济命脉。2014 年佐科威上台，对华人经济来说是一个利好信息。佐科威与工商界人士交好，在处理经济问题方面具有绝对优势，迎合了印尼百姓和外国投资者对于改善投资环境、稳定汇率和抑制通货膨胀等方面的期望。

---

① 吴崇伯：《当代印度尼西亚经济研究》，厦门大学出版社 2011 年版。

三　宗教与族群关系特点

1. 宗教信仰

印尼是一个多元宗教和人人信教的国家。"信仰神道"被写入宪法，宗教信仰自由是神圣不可侵犯的原则。印尼认可的宗教是伊斯兰教、基督教（新教）、天主教、巴厘印度教和佛教。此外，还有少数人信奉原始宗教和孔教，前者多居住在偏远山区的部族，后者为华人，孔教信徒多为同时信奉佛教、道教和孔教的"三教会"信徒。目前，印尼国家领导人口头承认孔教为宗教，并允许其开展宗教活动。

根据 2010 年印尼国家统计局的数据，印尼居民信奉伊斯兰教的人数最多（87.18%），基督教（6.96%）和天主教（2.91%）次之，巴厘印度教（1.69%）再次之，佛教（0.72%）和孔教（0.05%）信仰者较少。① 印尼是世界上穆斯林最多的国家，教徒属于逊尼派。其中绝大多数属于"红派"（Abangan），即名义穆斯林。他们实际上对伊斯兰教不甚了解或不严格履行其教规。与红派相对的是"白派"（Santri），即虔诚穆斯林，指的是认真履行伊斯兰教教义的穆斯林。红派在政治上主张建立世俗国家，白派严格遵从伊斯兰教教义，部分教徒主张建立伊斯兰教国家或至少建立伊斯兰教占重要地位的国家。印尼历届政府都反对以宗教立国，宪法明确规定印尼实行政教分离，而"印尼共和国总统必须是穆斯林"是不成文的规定。

值得注意的是，印尼有少数伊斯兰极端主义者，是印尼国内政治不稳、危及国家安全的一大隐患，以"伊斯兰祈祷团"（Jamaah Is-lamiyah）为首的恐怖主义十分猖獗，制造了多起爆炸事件，最突出的是"巴厘岛爆炸案"。2014 年起，"伊斯兰国"（ISIS）在印尼的势力日益壮大，使得印尼不得不将反恐提上议程。目前估计最少有 50

---

① Kewarganegaraan, Suku Bangsa, Agama, dan Bahasa Sehari – hari Penduduk Indone-sia, Badan Pusat Statistik Indonesia, 2011 – 01 – 01, http：//www. bps. go. id/index. php/publikasi/719, last accessed by 28 December 2015.

名印尼籍"圣战"分子身在叙利亚,他们很可能把在中东学到的战争技巧带回国。伊斯兰教极端主义与恐怖主义成为印尼亟待解决的问题之一。

2. 族群构成

严格意义上说,印尼是一个多部族而非多民族的国家。1928年的《青年誓言》表明,印尼是"一个民族,一个国家,一种语言",这是国家统一的政治文化基础。因此,有必要强调"民族"与"部族"的区别。"印尼民族"(Bangsa Indonesia)是对外名称,相当于中国的"中华民族"。但对内名称则有区别,中国称"民族",如"汉(民)族"或"少数民族";而印尼则称为"部族"(Suku Bangsa),如"爪哇族",印尼共有300余个部族和分支。根据2010年的数据,人数最多的是爪哇族,占总人口的40.22%左右。其他几个较大的部族有巽他族(15.5%)、巴达克族(3.58%)、马都拉族(3.03%)、巴达维族(2.88%)和米南加保族(2.73%)等。

根据2010年人口普查的数据,华人人口仅为283.2万人,仅占印尼总人口的1.2%。然而,这个数字远低于实际情况。由于苏哈托政权长达30多年的排华统治,使得大部分中年华人害怕承认自己的华人身份,担心招致政治迫害。而青年一代自其记事以来就隔绝于华人文化之外,信仰天主教或基督教,即使拥有华人血统,也并不认为自己是华人。保守估计,2014年印尼华人的数量超过1000万人,约占总人口的4.2%。

3. 宗教/族群冲突

印尼群岛是中国人最早移居的地区之一,也是海外华人华侨最多的地区。印尼华人主要来自福建、广东和海南三省。华人数量较多的城市有雅加达、万隆、泗水、茂物、棉兰和巴东等。

苏哈托时期印尼华人政治地位低下。印尼政府先后颁布了上百条限制华人的法令,华文学校被关闭,华文书刊被取缔,华人不能从政和从军,甚至宗教信仰和风俗习惯也被禁止。上述政策助长了社会上反华、排华的气焰,华人成为当地人发泄不满的对象,印尼历史上发生了多次"反华排华"暴动，1965 年至 1967 年、1974 年、1978 年、1980 年都曾出现过排华事件，最近的是 1998 年震惊全球的排华事件，华人遭到杀害和强奸。瓦希德和梅加瓦蒂上台后，先后废除多项限制华人的法令，开始公平对待华人。在几任总统的不懈努力下，华人在印尼的生存状况得到显著的改善。在政治方面，华人参政议政的权利得到大大提高。2012 年雅加达首都特区省长选举，华人钟万学（Basuki Tjahaja Purnama）和佐科威组合竞选胜出，钟万学成为印尼首位华人副省长。2014 年佐科威成功竞选总统后，钟万学受命出任代省长，成为印尼首位华人省长。这对于印尼华人而言，具有里程碑的意义。钟万学曾任东勿里洞县县长，是一名基督徒，他能以华裔基督徒的身份，在世界上穆斯林人口最多的国家登上政治高位，除了其廉正的施政作风外，也表明印尼人民逐渐开始淡化宗教和族群身份。

现在，佐科威总统继承上一任政府的华人政策，着力改善华人的社会状况，给予华人应有的政治、经济、文化和教育等权利。2014 年国会大选的 560 个席位中，华人议员有 15 人，占 2.68%。佐科威政府也充分肯定华人企业家在国家经济建设方面所做的突出贡献。外界普遍认为，印尼华人正处于历史的最佳时期。

此外，印尼的地方分离主义一直甚嚣尘上，直至改革时代，这一问题逐渐得到解决。2002 年东帝汶独立，2005 年印尼政府与自由亚齐运动签署和平协议，印尼开始从亚齐撤军，结束近 30 年的战乱。2006 年 7 月，印尼国会通过了亚齐管理法，同年 12 月，亚齐举行地方选举，前"亚独运动"领导人伊尔万迪·优素福（Irwandi Yusuf）和穆罕默德·那扎尔（Muhammad Nazar）当选为正副省长。

印尼种族冲突较为频繁，存在印尼人对华人、穆斯林对基督徒、爪哇人对外岛的暴力，但近年已大大减少。目前印尼的民主政治运行良好，种族冲突的可能性虽然存在，但不会有大规模的暴力冲突。

第二节　印尼对外政策及与中国关系

一　印尼对外政策

印尼是新兴工业化国家，也是世界上最主要的发展中国家之一，是亚太经合组织、东盟、伊斯兰会议组织、二十国集团等国际组织的成员国。截至 2014 年年底，印尼已与 132 个国家建交，在国外设大使馆约 95 个，总领馆 31 个。

印尼的外交政策目标主要有：

1. 重视国际组织

印尼一直坚信通过国际组织管理世界事务可以平衡大国的影响，其中联合国尤甚。在国际与地区事务中，印尼主张改组联合国、扩大安理会，促进南南合作和南北对话，积极参与亚太地区经济合作，关注中东、朝鲜半岛的局势等。

2. 维护印尼主权和领土

任何国家外交政策的基石都是保护本国领土完整与安全，这对印尼来说更为重要，因为印尼幅员辽阔、岛屿众多、人口构成复杂并分布广泛，因此，一方面要预防和打击分离主义运动，维护印尼的统一和完整，另一方面要打击外来入侵，维护主权和领土安全。

3. 保持独立积极的外交政策

从地缘政治的角度而言，印尼以东盟为依托，增强国家和地区防御力，维护海上安全和地区稳定。从全球战略而言，印尼实行独立自主的外交路线，以维护自身与地区安全利益。"独立""积极"的外交方针是印尼独立以来的外交基石。在此基础上，印尼不卷入大国纠纷，不卷入地区与国际冲突，实行不结盟的外交政策。

4. 中等国家定位的外交政策

印尼是中等国家，在处理大国关系上，印尼主张推行平衡原则。它与中国、美国、日本、印度等世界和地区大国都保持着密切关系，在世界范围内都不存在明显的敌国。作为东南亚最大的国家，印尼传统上在东盟扮演举足轻重的角色，印尼正不断回归到东盟政策驱动人的传统角色。在国际恐怖主义危及本国和地区安全的新形势下，印尼政府以积极姿态加强国家反恐合作，为外交事务增添新的活力。

二　印尼与东盟邻国关系

1. 印尼与新加坡的关系

新加坡是东南亚科技和经济最发达的国家，而印尼是东南亚最大的经济体。因此，两国的关系对东盟，乃至亚太地区的稳定和发展都有一定的影响。两国的政治关系几起几落，时有芥蒂，但两国的经贸往来却日益密切。

新加坡独立后，印尼与新加坡于 1966 年 1 月 1 日建交。由于李光耀与印尼强势总统苏哈托密切的个人关系，1965 年才从马来西亚独立出来的新加坡在建国后一段时期与印尼保持着良好关系。但在 1998 年苏哈托倒台后，李光耀对印尼发表的一些批评性言论使两国关系陷入低谷，吴作栋总理与印尼两位任期短暂的总统哈比比和瓦希德的关系更加紧张。李显龙上台后，两国关系才有所缓和，两国首脑进行会晤并达成共识，只有两国间理性和具有建设性的谈判才能实现"双赢"局面。目前双方仍有几个棘手问题（罪犯引渡问题、贸易透明度问题、走私与地区反恐、安全合作等问题）亟待解决。

2. 印尼与马来西亚的关系

印尼与马来西亚都是马来人为主的国家，尽管有不同的殖民历史，但是宗教、语言、文化与民俗都非常接近，按理应亲近和友善，但两国的关系却显得敏感而脆弱。

1957 年印尼与马来亚联邦建交。1963 年马来西亚建国时遭到印尼的强烈反对，认为一个统一的马来西亚将成为自己的威胁，两国断交。苏哈托上台后，认为对抗只能导致东南亚马来人的利益受损，因此，主动改善与马来西亚的关系，两国于 1967 年复交。之后两国关系发展相对平稳，1991 年成立印尼—马来西亚联合委员会，两国领导人接触频繁，就地区及东盟问题保持联系，协调立场。但印尼和马来西亚为争夺西巴丹岛和利吉丹岛的主权而长期纠纷，直至 2002 年国际法庭把两个岛礁判归马来西亚。2000 年，两国签署了交通、能源、多媒体等 8

个领域的合作谅解备忘录。由此，两国的经贸关系进一步密切。

3. 印尼与菲律宾的关系

1950 年 1 月印尼和菲律宾建交。印尼在穆斯林民族解放阵线与菲律宾政府谈判中发挥重要作用，最终促成和平协议的签署。2001 年两国签署了渔业、旅游、投资和能源等合作协议，就开启海洋划界谈判、加强防务安全合作和联合打击跨国犯罪达成一致。两国间原来存在划分领海与海域问题，根据"群岛原则"划分领海范围，并于 2014 年签署协议划定两国专属经济区界线以及领海范围。2014 年，两国领导人签署了《菲律宾—印度尼西亚 2014—2016 年行动计划》，计划内容包含两国间将进行广泛的经济、社会和文化交流，并出席两国高等教育合作谅解备忘录、两国联合打击国际恐怖主义谅解备忘录的签字仪式。

4. 印尼"烧芭"事件及与邻国关系

值得一提的是 2015 年的印尼"烧芭"事件。自 2015 年 8 月起，印尼"烧芭"，导致雾霾弥漫不散，持续三个月之久，不但在印尼国内造成人员伤亡，巨港中小学由于可吸入颗粒物 PM10 的指标而宣布停课，还导致马来西亚、新加坡、菲律宾和泰国等周边国家遭遇前所未有的严重雾霾和空气污染，被迫停课和关闭机场。

"烧芭"是华人的习惯说法，从字面上理解，即焚烧芭蕉树。实际上焚烧的不仅仅是芭蕉树，还包括草皮、灌木等各种雨林树种。其目的是清理地表的植物覆盖层，以获得可用于耕种的土地，也就是"刀耕火种"。无论是有意还是无意，"烧芭"都是人为的，因此，"烧芭"不等于森林火灾。20 世纪 90 年代初，村民自发的"烧芭"行为基本消失，取而代之的是私人种植园公司，他们出于成本的考虑，罔顾印尼国内的法律法规，有组织地实施大规模"烧芭"，获得可耕种的土地。据悉，机械清理至少需要每公顷 150 美元，而"烧芭"每公顷仅需 15 美元。近年来，"烧芭"的组织者多是在苏门答腊和加里曼丹的种植园主，其中又以棕榈园公司为甚。

"烧芭"表面上是经济问题，但已演化为国际问题。印尼是全球第一大棕榈油生产和出口国。全球市场对棕榈油的巨大需求，推动着印尼棕榈园产业不断迅速扩张。只要市场对棕榈油的需求仍在，棕榈园的产业给地方带来的税收、就业等利益仍在，非法"烧芭"的问题就不会消失，雾霾也不会消失。"烧芭"问题更是国际问题。印尼政府最近公布了怀疑有非法"烧芭"行为的公司名单，名单中有多家外国公司，其中有 1 家中国公司，1 家澳大利亚公司，5 家马来西亚公司。"烧芭"影响了印尼与邻国新加坡和马来西亚的关系，两国几次最严重的空气污染，几乎都与印尼苏门答腊岛的"烧芭"有关。如 2010 年由于"烧芭"的烟雾飘到马来西亚，时任总统苏西洛被迫通过媒体向马来西亚道歉。但苏西洛的道歉又在印尼国内引起轩然大波，因为印尼民众认为，在苏门答腊"烧芭"烧得最起劲的，都是马来西亚公司，印尼民众抗议马来西亚的"以邻为壑"。

由于利益驱动，印尼的"烧芭"问题很难"连根拔起"，但通过外交斡旋，加强外交事务中的经济合作，同时，印尼国内加大执法力度，治理"烧芭"并不是天方夜谭。苏门答腊岛"烧芭"最严重的地区包括南苏门答腊、廖内和占碑，而同样处于该地区的西苏门答腊，则几乎没有出现"烧芭"的情况。其主要原因在于西苏门答腊地方政府对非法"烧芭"采取了严格监管，严格审批种植园准证的发放。这些措施并无特别之处，只是西苏门答腊的地方政府把完善的法律条文都落到实处，依规执法而已。

三　印尼与大国关系

1. 印尼与美国的关系

1949 年 12 月 28 日印尼与美国建交。其后两国关系基本良好，只在个别时期恶化，如 1963 年美国宣布停止对印尼的援助，2004 年美国谴责印尼在东帝汶问题上违反人权，两国的关系恶化。1999 年后印尼进入民主转型，两国号称是世界上第一大和第三大民主国家，具有较多共同的民主价值观，美国支持印尼的民主进程，两国关系密切。印尼对于美国具有重要的战略价值，是美国在反恐、打击毒品等跨国犯罪方面的重要伙伴。2001 年"9·11"事件后，美国借助印尼打击恐怖主义势力，两国关系明显改善。2004 年苏西洛当选总统后两国关系进一步提升。2005 年以来，美国国会放宽了限制与印尼安全合作方面的条款，2010 年 7 月，美国同意恢复与印尼特种部队之间的国防和安全合作，这一合作曾于 1998 年因印尼在东帝汶及其他地区的反人权行为而被搁置。① 美国在印尼外交政策中占有相当重要的位置。目前，印尼借助美国在亚太地区的势力平衡中国的影响力。印尼面临新的安全环境，印尼在打击非法捕鱼、非法开采海洋资源以及走私等活动中期望得到美国的支持，两国高层互访频繁，并取得丰硕成果。2010 年 11 月两国签署了《全面伙伴关系协定》，加强在经贸、教育、军事、应对全球气候变化等方面的合作。2015 年两国将双边关系从"全面伙伴"提升至"战略伙伴"，印尼还表示有意加入跨太平洋战略伙伴关系协定（TPP）。

2. 印尼与日本的关系

1958 年 4 月 15 日印尼与日本建交。第二次世界大战时期日本曾占领印尼，这段历史曾一度影响两国关系的发展。直到苏哈托时期，两国关系才逐渐升温。

两国在天然气领域的贸易历史悠久。日本能源短缺，是世界上石油和天然气进口大国，印尼自然资源丰富，尤其是油气资源丰富，因此，多年来日本加强对印尼能源领域的投资。从 20 世纪 70 年代初至 2010 年长达 40 余年的时间里，日本一直是印尼最大的援助国。21 世纪以来，日本是印尼最大的出口国。2007 年两国签署了自由贸易协定，取消了 90% 商品的关税。

2011 年日本和印尼建立定期外交、国防和经济部长级会谈机制，印尼是继美国以后第二个加入上述机制的国家。日本对印尼的海上安全、打击恐怖主义提供了重要支持与援助。2013 年两国外长签署协议，加强两国的战略伙伴关系，尤其是在打击恐怖主义和加强经济合作方面。

印尼积极与日本发展双边关系的原因可归纳为两方面：一是受到

---

① 韦宝毅：《印尼与亚太地区主要国家的双边关系》，广西大学中国—东盟研究院官网，http://cari.gxu.edu.cn/info/1087/5973.htm。

可观的经济利益的驱动，二是希望借助日本的力量，平衡中国和美国在亚太地区的影响。①

四　印尼与中国关系

1. 印尼与中国关系的发展

中国与印尼于 1950 年正式建交。在 1955 年亚非会议上，中国、印尼、印度与缅甸共倡"和平共处五项原则"，秉承万隆精神，携手合作。1965 年印尼爆发"9·30 运动"，严重影响两国关系，1967 年两国断交，双方关系持续紧张，直到 1990 年两国才正式恢复外交关系。1994 年中国国家主席江泽民对印尼进行国事访问之后，双方高层互动频繁，两国关系有所进展，在政治、安全、经济、教育、投资以及能源等方面加强了合作。然而，1998 年印尼又爆发了严重的排华暴动，大批华人死伤，严重影响两国的关系。随着 1998 年排华事件的调查日益明朗，双边关系得以缓和，并逐渐得到了全面发展，两国领导人保持经常性互访与接触。

进入 21 世纪，中印尼关系进入快速发展时期，经贸、政治和文化等领域的交流得到进一步深化，在国际与地区事务中一直保持较好的合作与配合。2005 年两国元首签署了《中印尼关于建立战略伙伴关系联合宣言》，双方在民航、科技、教育、卫生、旅游等领域的交流与合作不断发展，并就农业、林业、渔业、矿业、交通、财政和金融等领域的合作签署了谅解备忘录。2006 年两国启动副总理级对话机制，并于 2010 年签署了《中印尼战略伙伴关系联合宣言行动计划》。此后，中国—印尼完成了《2005—2009 年战略伙伴行动计划》，2010—2015 年是中国—印尼战略伙伴第二份行动计划实施期，也是中国—印尼关系迈向深度合作的时期，双边合作更加紧密，多边协调更有成效。

2014 年佐科威总统上任后，中印尼两国交流与合作更加紧密，

---

① 韦宝毅：《印尼与亚太地区主要国家的双边关系》，广西大学中国—东盟研究院官网，http://cari.gxu.edu.cn/info/1087/5973.htm。

印尼"海洋轴心"的宏大远景，与习近平主席"21世纪海上丝绸之路"的提法不谋而合。中国和印尼共同参与"海上丝绸之路"建设，对东南亚地区具有重要的引领、辐射和示范作用。在中国提议建立亚洲基础设施投资银行（亚投行）后，印尼表达了加入的意愿，并寻求亚投行总部落户雅加达。

相信在双方的共同努力下，中印尼定能进一步深化经贸、政治、文化、军事和安全等领域的交流与合作，加强在地区和国际事务中的协调配合，共同促进亚洲与世界的和平、稳定与繁荣。

2. 中国与印尼的经贸关系

中印尼两国在贸易投资、工程承包和劳务合作等领域取得了快速的发展。印尼是中国在东盟投资最多的国家之一，来印尼寻求投资机会的中国企业数量不断增多，涉及领域日益广泛，大型投资项目不断涌现，充分显示了中国与印尼经贸合作的勃勃生机。

自1990年复交以来，中国与印尼的经贸关系发展迅速，中国已成为印尼最大的贸易伙伴，印尼也是中国在东盟的主要贸易伙伴之一。2001年以来中国与印尼双边贸易额呈上升趋势，2008年两国贸易额达到315亿美元，2009年受国际金融危机影响，中国与印尼贸易额下滑9.9%，但仍达到了283.8亿美元。[①] 随后有所回暖，2011年达到峰值，两国双向贸易额达到491.5亿美元，同比增长36.1%。此后，中印尼两国双边贸易增长明显放缓，2014年出现了负增长，主要是由于印尼禁止原矿出口后，印尼对中国的出口下降。据印尼国家统计局数据显示，2014年中国印尼双边货物贸易额为482.3亿美元，下降8.7%。其中，印尼对中国出口176.1亿美元，下降22.1%，占印尼出口总额的10.0%，下降2.4个百分点；印尼自中国进口306.2亿美元，增长2.6%，占印尼进口总额的17.2%，增长1.6个百分点。印尼对中国的贸易逆差为130.1亿美元，增长77.5%。详见表5－4。

---

① 《第九十九期 中国—东盟行业合作专刊》，中国—东盟商务理事会官网，2013年4月17日，http://www.china-aseanbusiness.org.cn/details.asp? id=9669。

表 5 - 4　　　　　2008—2014 年中国印尼双边贸易情况 （单位：亿美元,%）

年份	2008	2009	2010	2011	2012	2013	2014
贸易额	315.0	283.8	361.1	491.5	510.5	524.5	482.3
增长率	—	-9.9	27.2	36.1	3.9	2.7	-8.7

数据来源：印尼国家统计局。

2014 年印尼对中国出口最多的商品为矿物燃料、动植物油、杂项化学制品、木浆及纸浆、木材及其制品，上述五大类商品的出口额依次为58.8 亿美元、27.0 亿美元、13.9 亿美元、10.9 亿美元、8.8 亿美元，合占其对中国出口总额的 67.8%。印尼自中国进口的商品品类繁多，主要有机械设备、机电产品、钢铁制品、钢材、有机化学品，上述五类商品合计为 181.6 亿美元，占印尼自中国进口总额的 59.3%。除上述商品外，印尼自中国进口的主要商品还有有机化学品、塑料及其制品、无机化学品、肥料、干鲜水果、棉花、铝制品和音响器材制品等（图 5 - 3）。①

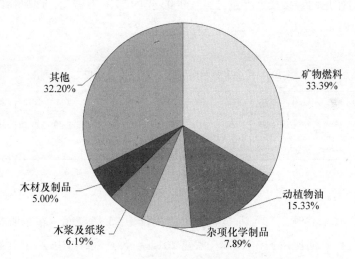

图 5 - 3　2014 年印尼对中国出口的商品类型

数据来源：印尼国家统计局报告。

---

① 《2014 年印度尼西亚与中国的双边贸易额为 482.3 亿美元》，中商情报网，2015 年5 月 16 日，http://www.askci.com/news/2015/05/06/1113354gfj.shtml。

截至 2014 年 12 月底，中国仅次于日本成为印尼第二大出口市场和第一大进口来源地。在印尼的十大类进口商品中，中国出口的机电产品、金属制品、纺织品、家具和瓷器处于较明显的优势地位；但中国出口的化工产品、塑料制品、光学仪器和运输设备等仍面临着来自日本、美国、法国、德国、韩国等国家的竞争。[①]

3. 印尼与中国双边投资情况

中印尼两国在自然资源、产业结构和进出口商品种类方面具有明显互补性，为两国的经贸合作奠定了坚实基础。近年来，中国对外投资增速加快。2014 年中国对外直接投资首次突破千亿美元，将很快成为净对外投资国。据中国商务部和国家外汇管理局统计，2014 年中国共实现全行业对外直接投资 1160 亿美元，同比增长 15.5%。在中国对外直接投资快速增加的过程中，中国对印尼的直接投资也不断增加。从投资流量来看，中国对印尼的直接投资从 2003 年的 2680 万美元，增加至 2012 年的 156338 万美元，是 2003 年的 58.3 倍。从投资存量看，中国对印尼的直接投资存量已经从 2003 年的 5426 万美元，增加到 2013 年的 456665 万美元，是 2003 年的 83.1 倍（表 5 - 5）。

表 5 - 5　　　　　2003—2013 年中国对印尼直接投资状况　　（单位：万美元）

年份	2003	2004	2005	2006	2007	2008	2009	2010	2011	2012	2013
流量	2680	6196	1184	5694	9909	17398	22609	20131	59219	136129	156338
存量	5426	12175	14093	22551	67948	54333	79906	115044	168791	309804	456665

数据来源：历年《中国对外直接投资统计公报》。

2014 年中国对印尼非金融类直接投资 10.5 亿美元，在东盟十国中居首位，同比增长 37.6%。截至 2015 年 3 月底，中国对印尼累计投资达 41.4 亿美元，据印尼投资协调委员会称，中资企业从 2014 年

---

① 《2013 年 1—9 月印度尼西亚货物贸易及中印双边贸易概况》，中国国际贸易促进委员会杭州市委员会官网，2014 年 1 月 7 日，http：//www.ccpithz.org/InformationalList.aspx？InformationID = 4357。

10 月下旬至今投资额已达 46 亿美元，主要投资领域为劳动密集型产业和基础设施建设，这仅是中国企业承诺投资 450 亿美元中的一小部分。① 外界预测，如果佐科威能简化该国的商业程序，中国可能很快就超越新加坡和日本，成为印尼最大的外资来源国。

中国对印尼的直接投资涉及能源、自然资源开发利用、基础设施建设、制造业和农业，投资领域不断拓展，大型投资项目逐渐增多，主要分布在西爪哇省、雅加达特区、万丹省、楠榜和中加里曼丹省。所采取的直接投资方式有并购、建设—经营—转让（Build - Operate - Transfer，BOT）、投资设厂和成立合资公司等。对于大型基础设施，中国企业显示出了相对优势，承揽大型项目的能力大幅提高。承包方式则逐步转向 EPC②、建设—经营—转让（Build - Operate - Transfer，BOT）、建设—拥有—经营—转让（Build - Own - Operate - Transfer，BOOT）等总承包方式。

4. 广东与印尼的经贸关系

广东是海外移民大省，近代以来移民海外的中国人中，广东人是人数最多、分布最广的。而印尼是广东人和福建人移民最多的国家之一，将近 500 万祖籍福建和广东的华裔生活在印尼这片土地上。印尼有大约 25% 的华人从商或兴办企业，其中，许多华商祖籍广东。华商企业家历来与中国的经贸关系密切，尤其是中华总商会、印中商会等华人社团在经贸合作中发挥了积极作用。2011 年广东省与印尼的双边贸易额达 124 亿美元。

广东作为中国改革开放的先行地区，又是中国的南大门，地理上离印尼很近，具有发展对印尼经贸关系的优势。邓小平视察南方之后，广东掀起了改革开放的新高潮，努力扩大海外市场，印尼因其丰富的棕榈油、油气等资源，被称为"赤道上的翡翠"。随着广东深入开展转型升级，省内不少企业将投资的目光转向印尼。同时，广交

---

① 《印尼基建约需 4245 亿美元》，中国能源建设集团安徽电力建设第一工程有限公司官网，2015 年 6 月 24 日，http://www.aepc1.com/nshow/? newsid = 2563。

② 即 Engineering Procurement Construction，是指公司受业主委托，按照合同约定对工程建设项目的设计、采购、施工、试运行等实行全过程或若干阶段的承包。

会、粤港澳—印尼商贸洽谈会等机制，为广东企业家投资印尼开启了一扇方便之门。2014 年广东对印尼的贸易额为 112 亿美元，其中，投资额约为 40 亿美元。

另外，印尼充分认识到广东在重振海上新丝路的中的重要角色，印尼将会加强与中国的合作，尤其是与广东省的合作。印尼目前开放了多种机制，并且通过税收减免，以及对来投资的企业给予优惠，希望与中国以及东盟各国加强互联互通，希望更多的中国企业、广东省企业到印尼投资。

印尼与中国的经贸关系发展态势良好，特别是中国倡导的"一带一路"战略，激励中国与周边国家的经贸关系不断发展，为广东、香港、澳门组成的"大珠三角"地区与印尼开展合作提供了新的机遇。

5. 南海问题

在南海问题上，印尼的态度比较微妙。

表面上，中印尼两国一直声称，两国不存在海上边界的争端。然而实际上，纳土纳海域的专属经济区是两国在南海问题上的主要交锋点。纳土纳群岛及其周边海域拥有丰富的油气和渔业资源，是重要的国际航道，有着重要的战略和经济意义。同时，纳土纳海域牵涉中国、中国台湾、越南、马来西亚、菲律宾和文莱六方的利益。印尼分别于 1969 年与马来西亚、2003 年与越南签订协议，解决了与马来西亚、越南的大陆架划界之争。① 然而，迄今为止，印尼与其他各方的纠纷非但没有解决的迹象，而且随时可能升级，影响着纳土纳及其周边海域的安全。近年来，中国在南海水域的经济活动日益频繁，使得印尼方面越发惴惴不安。从国际法的角度，两国的确不存在"领土争端"，然而实际上两国在纳土纳的专属经济区存在重叠部分，即印尼与中国的确存在专属经济区的争议。因此，在南海问题上，印尼并非"利益无关方"，而是"利益相关方"。

印尼虽然一直对外宣称在南海问题上的"中立"态度，不公开

---

① 常书：《印度尼西亚南海政策的演变》，《国际资料信息》2011 年第 10 期，第 25 页。

支持南海问题争端国家的任何一方，希望作为中立方和调停人，以国际法为准绳，促进南海问题的解决。但是印尼却反对中国对南海宣示主权的一切行为，比如，印尼反对中国印有"九段线"的新版护照，印尼官方媒体《罗盘报》用了"玩火"（main api）的字样。[①] 印尼方认为，"九段线"的诉求缺乏国际法依据。类似的事件还有印尼反对海南省实施《中华人民共和国渔业法》、反对中国划设东海防空识别区、反对中国对西沙群岛的领土主张，等等。

印尼对中国可谓又爱又恨。中印尼在纳土纳海域存在专属经济区的争议，然而两国却是心照不宣地否认。一方面，避免与中国发生冲突是因为印尼希望借助中国的力量，尽快地恢复两次金融危机对国民经济造成的打击，通过与中国营造和平稳定的外部环境，缔结经济合作协议，以谋求更大的国家利益。2014 年 11 月印尼总统佐科威在与中国外交部部长王毅会面时表示，印尼支持由中国主导的亚投行的建立，并且表达出乐于加入的倾向，而且希望借助"海上丝绸之路"项目加强两国的海洋合作。另一方面，"中国威胁论"在印尼仍有市场，印尼担心中国利用其强大的经济实力"控制"东南亚各国，尤其担心中国大陆凭借军事实力染指纳土纳群岛。再加上羸弱的佐科威政府迫切需要外部势力的支持，同时，美国也急切地拉拢佐科威政府，以求取得"重返亚太"战略的重要支持，增强在东南亚地区的控制权。于是，印尼适时地引入了更强大的外部势力与中国抗衡，即美日等国。

第三节　印尼投资风险评估

一　政治风险

1. 政府基本稳定

佐科威政府执政以来遭遇不少挑战。就目前的情况来看，党内团结问题并不明显，不存在内讧与纷争，也就是说，各大政党内部不存在严

---

① China Main Api di Paspor, Kompas, 24 November 2012, http：//tekno. kompas. com/read/2012/11/24/16413686/china. main. api. di. paspor, last accessed by 28 December 2015.

重分裂，政党的政治理念虽不尽相同，但仍在合理合法范围内表达，而小党又以大党马首是瞻，所以，两大派系间的同盟关系较为牢固可靠，但同时将对佐科威政府的施政产生重大的牵制作用。长远来看，发生弹劾总统、政权更替的可能性非常小。

即使印尼发生政权更替，也不会引起大的动荡。因为印尼已形成比较规范的选举制度，通过选举实现政权平稳更替已成为常态。

2. 社会动乱的可能性较小

困扰印尼的社会矛盾主要源于贫困、失业和腐败问题，这些问题可能引起抗议、示威和骚乱，将严重影响印尼的社会治安与经济发展。

贫困与失业问题一直萦绕着印尼，历任总统虽出台各种举措缓解这一问题，然而，降低贫困人口和失业率仍然任重而道远。前一任总统苏西洛在竞选时就承诺 5 年内把贫困人数降低一半，由 3600 万人降到 1800 万人，并决心让所有中小学生享受免费教育。虽然贫困与失业问题有所改善，中小学教育普及率大大提高，但苏西洛并没能实现他的竞选诺言。2013 年印尼的失业率为 6.25%，贫困率为 11.25%。[①] 2015 年印尼失业人数仍居高不下，目前的失业人数达 740 万人次，其中多介于 15 岁至 29 岁之间，60% 为青壮年。

印尼贪污腐败现象比较严重，据 2014 年国际组织"透明国际"的数据，印尼在 175 个调查国家和地区中，排名 107 位，仅得 34 分，属于"腐败比较严重"的国家。印尼社会"三歪风"（贪污腐败、官商勾结和裙带关系）泛滥，已成为一种社会顽疾，侵蚀社会的各个方面。印尼腐败基本可分为四种类型：寻租性腐败，即权钱交易、官商勾结；地下经济腐败，即走私；税收流失腐败，即偷税漏税；公共投资和公共支出腐败，即预算无度、中饱私囊。印尼民众对严重的贪污腐败现象十分不满，佐科威上台的重要原因是其清廉的形象，他面临的挑战之一是如何消除腐败。按照原计划，佐科威在上任第三天公布 34 名内阁成员，但延迟 5 日才正式公布内阁成员，原因是其中 8 位候选成员

---

① 张洁：《苏西洛执政十年与印尼的未来政治前景》，《当代世界》2014 年 6 月，http://webcache.googleusercontent.com/search? q = cache：BvxSyeTs82cJ：niis.cass.cn/upload/2014/06/d20140616104405007.pdf + &cd = 5&hl = zh – CN&ct = clnk&gl = cn。

涉嫌腐败调查。印尼贪腐问题的严峻性和普遍性可见一斑。

贫困和腐败是印尼社会矛盾最尖锐的地方，也是民众最容易爆发不满的地方，那么，这些社会矛盾是否会引发动乱呢？回答是否定的。

佐科威政府上台不久，民众会给新政府时间进行经济改革和治理腐败。印尼的贫困问题由来已久，不可能在一朝一夕解决。发展经济是解决贫困的根本之道，如印尼是东南亚乃至全球油价最低的国家之一，政府每年拨付大量预算资金用于燃油补贴，给经济发展带来了沉重负担。2014 年 11 月，印尼总统佐科威宣布上调部分补贴燃油价格。上调油价后，印尼政府将有更多财政空间，提高公共资本支出能力，并有助于改善财政平衡，使投资者更加看好印尼的经济发展前景。此举在印尼国内引发不同反应，在得到较多支持的同时，也无抗议，但与之前因油价上涨引发的示威和骚乱相比，这次规模较小，大部分城镇保持平静，没有演变为暴力抗议。也就是说，大部分民众对政府的经济政策是支持的，少部分民众会以游行、集会等方式表达不满，但不至于引起动乱。

腐败问题更不能在一朝一夕能够解决，佐科威政府致力于反腐，从佐科威组建内阁开始，就在"下一盘大棋"，表明了他打击贪腐问题的决心和魄力。印尼民众会给新政府时间，短期不会因此问题而激化社会矛盾。

3. 排华势力有所抬头，但不会发生排华运动

佐科威上台后，致力于改善各少数族裔的地位，并取得一定的成效。其中，华人的政治和经济参与度、社会文化自由度得到了一定的提升。加之中国和印尼两国关系日渐密切。外界普遍认为："印尼华人社会处于历史的最佳时期"。

印尼华人社会的确处于历史的最佳时期，然而并不意味着印尼社会不存在任何歧视华人的现象，也不意味着华人能与爪哇人、巽他人和马都拉人等原住民一样，平等地享有政治、经济、文化和教育等各项权利。针对华人或者针对中国的不和谐的声音一直存在。

2015 年 7 月 25 日，印尼一个名为"原住民党"（Partai Pribumi）的政党在该国法律和人权部获准注册，并于同年 8 月 17 日，也就是印尼独立 70 周年国庆日当天发表成立宣言，表示将为印尼的原住民

争取更多的权利，提高原住民的地位，不再当非原住民的仆人。该党公开反对"非原住民"享有平等公民权利的主张，将矛头对准了在印尼生活了世代，并早已安居乐业的华人。这些表明印尼民间潜伏着排华势力和极端种族主义分子，有人把中国对印尼的投资称为"新殖民主义"行为。如果佐科威总统和经济官员公开表示印尼欢迎中国的投资，就被认为是"卖国贼"。

此时反华势力抬头乃事出有因。首先，印尼经济持续走低。2015年以来，大宗商品价格锐减，直接影响了印尼的出口和外汇收入。同时，印尼货币的汇率一路下跌至17年来最低点，几乎接近了1998年金融危机时的汇率。1998年的亚洲金融危机，正是印尼爆发排华事件的重要催化剂。由于特殊的历史环境，当地的印尼华人多世代经商，比较富有。因此，当金融危机来临的时候，印尼其他部族和底层民众针对华人的行为，其实是一种仇富和发泄的行为。其次，政治因素也是排华势力抬头的重要原因。目前，印尼民众对新政府的期待和耐心正日益消减。佐科威总统上台后，取消了燃油补贴，这对印尼民众来说可谓雪上加霜。新总统的其他经济刺激政策却并未见成效，让民众大失所望。同时，分析人士指出，在佐科威的执政期内，原住民党这种带有明显种族歧视色彩的政党得以成立，恰好反映了佐科威政府是近些年来印尼最"弱"的一届政府。总之，如果佐科威政府振兴经济的措施不能奏效，印尼经济形势持续恶化，华人可能再次成为"替罪羔羊"。[1]

但我们相信1998年的历史不太可能重演。近些年来，中印尼之间的高层交往、经贸和民间往来日益频繁。同时，印尼华人和华社处境也大为改善。更重要的是，改革时代的印尼有通畅的表达意见渠道，民众可以通过选举、游行、示威、集会、投书报章表达诉求，而不会选择大规模街头暴动或革命的方式，也就是说，印尼民众表达意见的方式更为理智，印尼社会总体而言更为开放，所以从短期和中期来看，1998年动乱在印尼重演的可能性较小。

---

① 潘：《佐科维执政初期印尼华人社会状况初探》，《东南亚研究》2016年第3期，第77页。

4. 宗教极端主义与恐怖主义

印尼被公认为是东南亚恐怖活动的"重灾区","伊斯兰祈祷团"虽然受到沉重打击,力量已经明显削弱,但远没有根除。印尼恐怖主义者发起的恐怖主义活动,全部都与"伊斯兰祈祷团"和"基地组织"有着千丝万缕的联系。比如2002年至2005年发生的巴厘岛爆炸、雅加达万豪酒店爆炸、澳大利亚驻雅加达使馆爆炸等重大恐怖袭击事件,严重影响了印尼的社会治安与国际形象。

2014年印尼出现恐怖组织ISIS的支持者。截至2014年年底,有50个印尼人加入伊拉克和叙利亚的圣战行动,他们极有可能在印尼形成新的极端组织分支。"伊斯兰祈祷团",特别是由阿布·巴卡尔·巴希尔(Abu Bakar Ba'asyir)领导的唯一真主游击队(Jamaah Anshorut Tauhid)分支,被确信已经加入ISIS,其中一个印尼公民已被推举为ISIS印尼分部的领袖。

ISIS问题十分复杂,既是政治、经济、民族、宗教等各种矛盾的综合产物,又有历史、文化等方面的深刻背景。贫困、发展鸿沟、各种不公正、不合理的社会现象也是刺激恐怖主义问题滋生的温床。比如,ISIS在印尼的分支给予其支持者每月约330美元的"薪金",随即就组织了上百人的"支持者"上街游行示威,其中多为贫民。可见,部分印尼民众支持ISIS分支并非出于宗教信仰和政治理想,更多的是出于物质考虑。因此,解决恐怖主义问题应重在预防,从消除贫困,建立公正、合理的国际新秩序入手,防止恐怖主义问题的滋生与蔓延。印尼要解决ISIS问题,不只需要军事和政治上的严厉打击,以及进行广泛的跨国合作,还需要大力发展经济,缩小贫富差距。

但我们对ISIS问题不必过于担忧。ISIS问题引起大规模骚乱与暴动的可能性极低,另外,佐科威政府加强与国际反恐力量合作,有能力控制ISIS问题事态的发展。

二　国际安全风险

1. 地区安全度

印尼与周边国家整体安全形势较好。新加坡、马来西亚、澳大利亚和巴布亚新几内亚等国都是印尼的重要邻国，当前，印尼与上述国家关系正常，沟通交往紧密，虽然偶有摩擦，但没有爆发国与国之间的战争或地区冲突的可能性。

当然，该地区仍然存在一定的不稳定因素。第一，海洋争端是影响地区安全的重要因素。南海局势的日益紧张使得中国与东盟的整体关系趋于复杂。尽管印尼宣称自己不是主张国，但反对中国的"九段线"主张，如果南海争端不能妥善解决的话，印尼难免会因纳土纳群岛而卷入与中国的纠纷中。第二，亚太地区出现军备竞赛。2014年亚洲各国军费开支较 2010 年增长了 27.2%，区域内各国不断增加尖端武器。一些印尼学者认为，因安全困境而引起的该地区各国军事现代化，尤其是中美两国在本地区加强军事力量，有可能引发军备竞赛，进而影响地区安全和增加发生战争的可能性。第三，传统安全和非传统安全议题相互作用，对亚太地区安全构成一定挑战。在区域国家存在领土领海争端的情况下，印尼需要应对错综复杂的问题，如非法捕捞、海盗、海洋污染、海上资源和能源开发等。[1]

因此，上述地区的整体安全度较高，但从长期着眼，仍不能排除爆发地区冲突的可能性。

2. 与中国关系友好度

目前中国与印尼关系良好，其基础是经济互惠及大国博弈。

佐科威政府上台后，一方面，一改之前"不结盟、不表态、不出头"的外交政策，在外交事务中明确表态，手腕强硬，着力打击非法捕鱼行为，击沉外国非法渔船，其中包括 1 艘中国渔船。佐科威心怀强国梦，希望打造"海上轴心国家"，消除海洋资源冲突，在东盟中争当"领头国"，扩大国际影响力，争取更大的国际发言权。另一方面，佐科威政府在面对大国关系中，表现出明显的"骑墙"态势。以美国与中国为例，在国防安全上，加强与美国的合作；在经济发展上，加强与中国的合作。

---

① 朱滨：《印尼对地区安全的认知及其防务外交的应对》，《军事文摘》2015 年第 8 期。

佐科威上台前的一大竞选承诺就是，缩少印尼的贫富差距，大力发展基础设施建设。而在五年计划中，基础设施的建设需约 4245 亿美元，政府财政预算有限，存在巨大的资金缺口，亟待外国资本。而中国倡导的亚投行与佐科威这一施政纲领不谋而合。中国强大的经济实力，对印尼的经济发展有着巨大的推动作用。因此，印尼希望"搭中国的便车"，在短期内摆脱经济放缓的颓势，振兴和发展经济。所以，佐科威政府的"骑墙"战略在短期内不会改变。但"中国威胁论"深入民心，精英阶层畏惧中国利用经济控制印尼，于是需要借助美国的军事实力，震慑中国，达到一种"均势"。而在印尼民间，民众认为佐科威政府与中国"交往过密"，中国大打经济投资牌，有"新殖民主义"之嫌。因此，中国政府应该通过与印尼积极而公开的经贸往来，并在对印尼投资中更加重视规章制度，消除印尼民众对华偏见，拓宽合作领域，加强国防安全、反恐领域的沟通与合作，创造更稳定的中印尼外交环境。

对于"一带一路"的构想，印尼心存疑虑，一方面，印尼支持由中国主导的亚投行并积极参与，也希望借助"海上丝绸之路"加强两国的海洋合作。另一方面，"中国威胁论"在印尼仍有市场。印尼担心中国利用其强大的经济实力"控制"东南亚国家，尤其担心中国大陆凭借军事实力染指纳土纳群岛。所以，印尼要引入更强大的外部势力与中国抗衡，即美日等国。

目前印尼国力增强，新任总统锐意改革，其打造海洋强国的发展理念与中国的"海上丝绸之路"的提法不谋而合，印尼与中国在经济方面的合作更为密切。可以认为，中印尼处于双边关系的最好历史时期，当前印尼和中国的双边关系比历史上任何一个时期都要稳固和密切。印尼对中国的关系大方向上仍然是合作与和平，对于两国关系的前景应抱有乐观的态度。

三　经济风险

1. 通胀风险

2008—2016 年，印尼通货膨胀率变化总体呈下降趋势，但波动较大，如图 5 - 4 所示。2008 年金融危机后，原油、食品、日用品等物品价格的大幅波动，汇率的不稳定及进口货物主要国家物价的大幅变动导致印尼通货膨胀率迅速降低，并维持低通胀水平，直到 2012 年后才出现上升。2012 年后印尼维持 6% 的通胀率水平，其中食品饮料部门是通胀的主要来源，其次是烟草部门，接着是粮食部门。

综上所述，预计 2015 年、2016 年仍维持 6% 的通胀率。

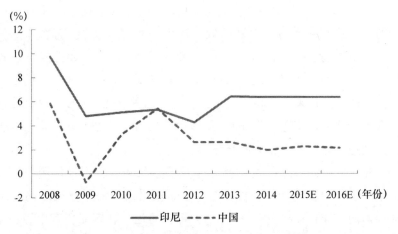

图 5 - 4　中国、印尼 2008—2016 年通货膨胀率

数据来源：世界银行。

2. 利率风险

2008—2016 年印尼实际利率如图 5 - 5 所示。由于中国与印尼同为经济开放体，受 2008 年金融危机冲击较大，因此在 2008 年到 2010 年利率走势相似。金融危机之后，印尼在股市、汇市、投资等多方面受到了很大的影响，年平均实际利率从 2008 年的 - 3.9% 增长到 2009 年的 5.7%。由于经历过 1997 年的亚洲金融风暴，印尼建立起比较完善的经济体系以及调控和监控体系，为了保证金融市场的稳定，印尼政府全面下调利率，降至 - 1.7% 以增加投资，扩大内需，为进出口贸易寻找新的国际市场。

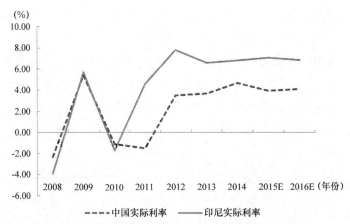

图 5 - 5　中国与印尼 2008—2016 年实际利率比较

注：2015 年、2016 年为预测值。

数据来源：世界银行。

由图 5 - 5 看出，2010—2012 年印尼年平均利率持续上涨，至 2012 年升至 7.8%。在全球经济危机下，印尼仍属经济快速增长、高利率的国家之一，对投资者的吸引力大增。此外，各种国际机构给予印尼正面的评级，国际大量热钱疯狂涌向印尼金融市场。2013 年随着美国经济持续复苏，美联储决定逐步退出量化宽松货币，印尼面临大批资本流出的压力，外债负担加重，并且严重影响了政府的财政状况和国际收支。2014 年，全球大宗商品价格大幅下挫，东欧、中东、东亚等地区地缘政治不稳定，也给资本流动带来很大的不确定性，加之受欧美、日本和中国等主要经济引擎的增长存疑等因素的影响，导致印尼经济增长放缓，印尼的年平均实际利率从 2013 年的 6.6% 增至 6.8%，增加幅度非常小。

预测 2016 年利率不会产生较大波动，小幅度下降刺激消费，扩大投资以促进经济发展。

3. 汇率风险

经历了 1997 年亚洲金融危机后，印尼不断完善金融体系，改善浮动汇率制度，取得了一定成果。但 2012 年以来印尼盾汇率持续上升，并没有下降或稳定趋势，短期内货币汇率波动强烈，近三年内美元兑印尼盾由 1：9000 直逼 1：15000，又在几天内拉回到 1：13000 左右，让踏准节奏的汇兑玩家狠捞了一笔。因此，中方企业在印尼开展经营活动时，要注意规避汇率上升风险。

根据印尼盾兑美元的每月数据，取 6 个月为步长做移动平均可得 2015 年 10 月 1 日至 2016 年 12 月 1 日的每月汇率预测值（图 5 – 6）。未来印尼盾兑美元的汇率将在 34.6—35.2 间浮动。

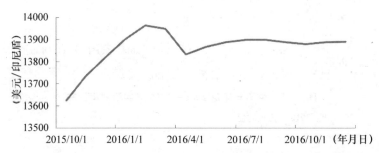

图 5 – 6　2015 年 10 月至 2016 年 12 月印尼盾兑美元每月汇率预测值

数据来源：www. investing. com。

4. 流动性风险

印尼信贷增速在 2008 年金融危机后快速回升，2012 年增速又开始放缓，预计 2015 年为 14.6%。总体来说，印尼信贷增速较为温和稳定。信贷增速放缓的部分原因是国内经济增长放缓及货币政策的趋紧，2013 年印尼曾多次上调基准利率，采取了更为谨慎的货币政策，这一方面是为了平息迅猛上升的物价，稳定通货膨胀预期，而另一方面则是为了稳定汇率，防止外资的进一步大规模流出[1]。

从图 5 – 7 可以看出，印尼货币市场利率自 2012 年缓慢上升，虽然幅度较小，相对稳定，但这也代表着流动性趋紧。印尼是一个非常依赖外资的国家[2]，大宗商品是其主要的出口品，因此，2015 年原油及大宗

---

① 中华人民共和国驻印度尼西亚共和国大使馆经济商务参赞处：《印尼政府采取措施应 对 货币 剧烈 贬值》，http：//id. mofcom. gov. cn/article/ziranziyuan/huiyuan/201412/20141200839082. shtml。

② 《印尼经济"大震荡"多重困局预警危》，每经网，http：//www. nbd. com. cn/articles/2013 – 09 – 05/771249. html。

商品的持续下跌给印尼带来很大的打击，外资容易因其投资吸引力下降而撤离印尼，并且，随着美元加息，印尼盾与其他新兴市场的货币一样产生了很大的贬值压力，并且今后在很长一段时间内仍有贬值的预期。

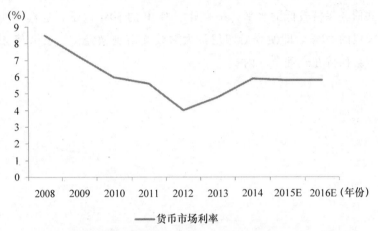

图 5 - 7　印尼 2008—2016 年货币市场利例

注：2015 年、2016 年为预测值。

数据来源：各国宏观经济指标宝典（BVD - EIU Country data）。

　　较快的信贷增长能支撑经济的增长，降息就是刺激信贷增长的措施，近年来许多国家已经进行了数次的降息与降准，希望走上经济快速复苏的道路。但当下印尼高企的通胀率及银行不良贷款率，甚至是汇率贬值压力等因素，都给降息带来阻碍。2015 年第一季度，印尼当局降低了基准利率，但仍然偏高。并且，由于外汇下行压力及通货膨胀率的压力，未来降息的幅度有限。此外，放缓的经济增速还影响到印尼的存款增长，资金供给的减少也是流动性收缩的原因。

　　由于对外资的高度依赖，印尼的流动性很容易受到国际流动性的变化而敏感波动。当前，全球流动性趋紧，印尼通过干预来维护外汇稳定，这对维护投资者信心是很有必要的。印尼政府面临两种选择：一是通过货币贬值来提振国内出口，刺激国内经济；二是稳定汇率，提高投资者信心。印尼政府可能采用第一种方式，因此，投资者更加要注意印尼盾贬值的风险。

5. 信用风险

信用风险指交易双方因为各种原因，而未能履行契约中的义务，造成经济损失的风险。当一国债务水平过高或因为各种原因而导致国家没有能力偿还债务时，违约就可能发生。从图 5 - 8 来看，印尼的公共债务保持较低的水平，一直处于 GDP 的 30% 以下，远低于国际警戒线的 50%。即便今后印尼扩大财政支出刺激经济，公共债务水平也会保持在合理范围内①。

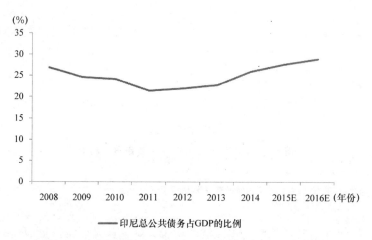

图 5 - 8　印尼 2008—2016 年总公共债务占 GDP 的比率

注：2015 年、2016 年为预测值。

数据来源：国际货币基金组织（IMF）。

由于印尼盾的大幅贬值，国际焦点更多集中在印尼的外债上。从图 5 - 9 可以看出，2011 年起印尼总外债水平持续上升，预计 2016 年将达 35%。虽然外债整体水平较低，但印尼汇率的大幅贬值将给债务的偿付带来一定负担。根据 IMF 估算，2015 年若汇率贬值 30%，就会使外债水平达到 GDP 的 50%。

---

①　中华人民共和国驻印度尼西亚共和国大使馆经济商务参赞处：《印尼国家债务风险可控，不会步希腊后尘》，http：//id. mofcom. gov. cn/article/ziranziyuan/tiyu/201507/20150701042865. shtml。

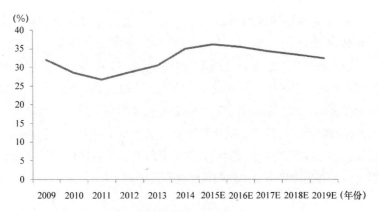

图 5 - 9　印尼 2009—2019 年总外债务占 GDP 的比例

注：2015 年—2019 年为预测值。

数据来源：国际货币基金组织（IMF）。

财政方面，受油价持续下跌的影响，印尼方面下调了对油价的补贴，提高燃油价格。此举被认为是可持续发展的财政政策，是有利于印尼推行经济改革的信号，政府能够改善财政收支情况，将更多的财政预算投入公共领域的基础设施建设中，适度合理的财政赤字能够提高经济增值，且对发展中国家很有必要[①]。

当前，除了主要来自汇率的冲击外，外债偿付能力还与在流动性偏紧下印尼的利率升高有关，虽然 2015 年年初经历了基准利率的下调，但长期来看国内利率仍偏高。国内经济放缓也拖累财政，几乎也是所有新兴市场面临的问题。

总体来看，印尼的债务风险较小，预计未来公共及外部总债务将保持稳定。

6. 外部冲击

（1）贸易型外部冲击

一国受到贸易型外部冲击的影响程度可通过三个维度来衡量。产

① 中华人民共和国驻印度尼西亚共和国大使馆经济商务参赞处：《印尼上调补贴燃油价格对经济社会发展的影响》，http://id. mofcom. gov. cn/article/ziranziyuan/huiyuan/ 201411/20141100811121. shtml。

品集中度（商品结构风险系数）、市场集中度（市场结构风险系数）和外贸依存度。

从出口商品集中度来看（图5-10），石油等矿物质燃料是印尼的第一大出口商品，占了出口总额的29%左右；次之为蔬菜出口，占了总出口的15%左右。印尼的主要出口商品分配相对均衡，前几大出口商品所占比例相对较低，而且矿物质燃料出口的比例有下降趋势。但是需要指出的是，占了接近30%出口额的石油等商品容易受到国际大宗商品价格的影响，尤其是世界主要产油国或欧佩克的影响。

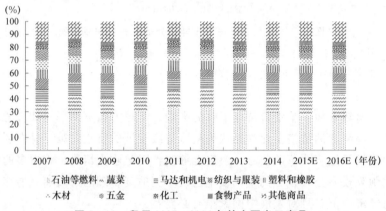

图5-10 印尼2007—2016年的主要出口商品

注：2015年、2016年为预测值。

数据来源：世界贸易整合数据库（World Integrated Trade Solution）。

从外贸依存度来看，2014年，印尼的贸易总额与国内生产总值的比重为48%左右，相对其他东南亚国家来说，这个比重处于低水平，新加坡这一比重超过200%，泰国、马来西亚等国都超过100%。因此，印尼的外贸依存度较低，其经济对世界贸易的依赖性相对较低。

结合印尼的出口商品集中度、出口市场集中度和外贸依存度来看，两个集中度相对处于低水平，外贸依存度相对其他国家来说也处于较低的水平，因此，印尼受到的贸易型外部冲击相对较少。

（2）资本型外部冲击

一国受到资本型外部冲击的影响程度可通过两个维度来衡量：资

本账户开放程度与外来资本占国内主权债务的比例。

从资本账户开放程度来看，1971 年印尼就取消了大部分资本管制，实现了资本账户的可兑换，成为最早开放资本账户的发展中国家之一。1997 年因为亚洲金融危机而临时加紧了资本管制，但是之后就取消了。

在外资占国内主权债务方面，2014 年，印尼的外资占国内主权债务的比例为 52%，高于马来西亚的 45% 和泰国的 19%。

在外国直接投资净流入方面（图 5 - 11），2008 年金融危机之后，印尼的外国直接投资净流入迅速增加，2014 年时已达到约 259 亿美元。与 2008 年相比，升幅超过 1.5 倍。而在 2014 年，泰国的外国投资净流入才达到 128 亿美元。

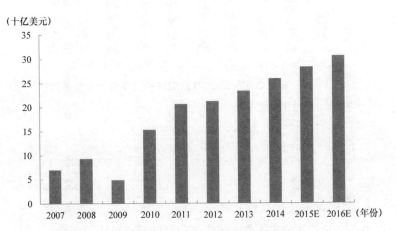

（十亿美元）

图 5 - 11　印尼 2007—2016 年的外国直接投资净流入

注：2015 年、2016 年为预测值。

数据来源：世界银行。

综合来看，印尼的资本账户开放程度和马来西亚在同一水平，处于较高程度的资本账户开放，而且，外来资本占国内主权债务的比例较高。同时，258 亿美元的外国直接投资净流入反映了印尼经济发展还需依靠外国投资拉动。总的来说，印尼的资本型外部冲击较高。

7. 外汇储备水平

2008 年后，印尼的外汇储备持续增加，2014 年时达 1118 亿美元（图

5–12）。2013 年，外汇储备占国民生产总值的比重约为 11%。相对于泰国的 42%，印尼这一比重较低，因此，仍需要提升外汇储备来增加抗击外部冲击的能力。印尼的外汇储备与国民生产总值较低的主要原因之一是其贸易总额与国民生产总值的比重，也处于相对较低的水平。

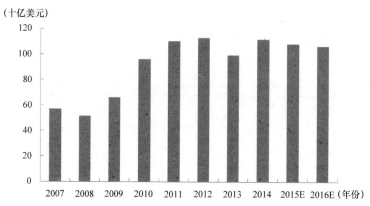

（十亿美元）

图 5–12 印尼 2007—2016 年外汇储备（单位：十亿美元）

注：2015 年、2016 年为预测值。

数据来源：世界银行。

四 商业风险

1. 基础设施建设有待完善

作为较低层次的中等收入国家，印尼的基础设施较为落后，基础设施建设不足，这也成为制约印尼经济增长的主要因素之一。公路方面，印尼公路质量不高，高速公路极少；铁路方面，印尼的全国铁路总长 6458 公里，爪哇岛的铁路占全国铁路总长的 75%；由于印尼的地理环境和旅游业的发展，空运与航运较为发达，但仍然存在运力不足的情况；电力方面，由于电力不足，企业发展对电力的需求并不能完全被满足，且这种情况因为个人和企业 7:3 的用电比例显得越发严重。

目前，基础设施落后已经成为印尼经济发展的瓶颈。2004—2009 年，印尼建成的高速公路只有 125 公里，新建高速公路项目进展缓慢，国内一半的公路质量较差。印尼的港口目前也已处于饱和状态。由于印尼的道路和港口仍较落后，导致商品的运输成本增加（印尼企业平均运输成本要占其总收入的30%），以至于商品在国内的成本高于直接进口。很多跨国公司希望进军这个东南亚规模最大、发展最快的市场，但落后的港口、频繁的停电以及糟糕的道路，让许多公司望而却步。①

据各国竞争力指标分析库（BVD - EIU Market Indicators & Forecasts），2008—2016 年的基础设施风险强度，印尼与中国大陆、中国香港以及印度这三个国家或地区比较，印尼的商业环境风险处于很高水平。虽然近年来其基础设施风险一直在不断下降，但仍然高于其他国家和地区（图 5 - 13）。

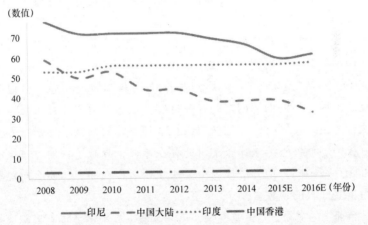

图 5 - 13　印尼、中国大陆、中国香港与印度 2008—2016 年基础设施风险

注：基础设施风险指标以 100 为最大值，风险越大数值越高。其中，2015 年与 2016 年的数据为预测值。

数据来源：各国竞争力指标分析库（BVD - EIU Market Indicators & Forecasts）。

　　根据世界银行在 2011—2014 年发布包含 249 个国家和地区的港口基础设施质量数据，2014 年印尼在此项指标上排名第 79，港口质量水平一般。综上，印尼的货物运输体系与物流便利程度与其他国家

────────────

①　《印尼基础设施发展情况分析》，中华人民共和国商务网，2012 年 06 月 20 日，http://www.mofcom.gov.cn/aarticle/i/jyjl/j/201206/20120608193636.html。

相比仍存在较大差距，基础设施、物流质量等许多方面均有待完善。

目前，印尼正加强基础设施建设。根据印尼《2015—2019 年中期建设发展规划》，未来 5 年印尼将建设 2650 公里公路、1000 公里高速公路、3258 公里铁路、24 个大型港口、60 个轮渡码头、15 个现代化机场、14 个工业园区、49 个水库、33 个水电站，并为约 100 万公顷农田建立灌溉系统。由于国家预算有限，政府将鼓励国企和国内外私营企业参与，并可通过公私合营（PPP）模式开展合作①。可以预期，若以上项目能够顺利进行，印尼的基础设施水平将会明显改善。

2. 法律风险

印尼政策法律连续性有待提高，审批程序繁杂。印尼的投资政策是"五年一改，十年一变"，地方性的小法规更是毫无标准可言，各层级之间由于利益关系各执一词，再加上村长、县长乃至省长这些掌握生杀大权的官员离任换届，时时刻刻考验着投资者们的脆弱心脏。

印尼部分政策的朝令夕改令不少外商无所适从，最典型的例子就是 2014 年的"禁矿令"。印尼的法律体系整体比较完整，但很多法律规定模糊，不同的部门之间存在冲突，法律的可操作性不强，实际的执行力更差。同时，印尼法律及执法环境比较复杂，由于地方自治与分权，印尼各省的法律条文可能存在差异，导致了各地在执法上也可能存在不同，地方法规与中央法规要么存在冲突，要么在税费上存在重复征收的现象。

台面下的交易更是鱼龙混杂，莫测真假，在中国商场上摸爬滚打过的企业家们也得时刻保持警惕。比如雅加达—万隆高铁项目就是典型例子，印尼政府先抛出橄榄枝，将连通雅加达—万隆两座大城市的高铁项目作为国家项目推出，经过中日双方由政府高层到承办机构各出奇招一番竞逐，当各方翘首以盼官方公布结果时，却爆出政府的新决策：高铁造价过高，政府财力无法担保，项目取消，改为修建中高速铁路，重新招标。顿时国际上一片哗然，后经多方磋商，政府决策又变：高铁项目仍然继续，由民间企业承办，政府提供政策便利，但不提供政府担保。

---

① 中华人民共和国驻印度尼西亚共和国大使馆经济商务参赞处：《未来 5 年印尼基础设施建设需约 4245 亿美元资金》，http://id.mofcom.gov.cn/article/ziranziyuan/jians/201506/20150601009653.shtml，2015－06－11。

日本于是退出战局，雅万高铁项目历经磨难最终由中国拿下。

另外，印尼政策法规解释决策权纷繁复杂、纠缠不清，一个项目的层层批复往往涉及诸多部门，警察、军队甚至移民局也来插手项目监管，路路都要通，手手都得硬，否则一个看似不起眼的地方性许可就能拖慢项目的整体进度，开工投产遥遥无期。

为改善投资环境，印尼政府从 1998 年开始陆续对外资政策做出重大调整，包括简化审批程序、提高办事效率、协调统一中央与地方的政策法规、予以外商税收优惠、为外国投资者提供更多的投资机会，等等。其中，简化审批程序，提高办事效率，是印尼吸引外资政策的调整重点。据印尼中央投资统筹机构最近公布的数据，2014 年印尼实际吸引外国直接投资额为 285.3 亿美元，同比增长 13.5%，但与 2013 年增长 22.4% 相比增速减弱。主要原因是印尼投资许可证申请程序繁杂阻碍投资项目实施，至 2014 年年底，共有约 330 亿美元的投资项目受阻。2015 年，针对投资审批程序繁杂的问题，印尼政府正式启动全国投资许可一站式综合服务平台。根据一站式服务规定，外国投资者可集中办理投资准证，以前完成许可证办理程序耗时超过 3 年（1125 天），一站式服务下预计时间缩短 80%。

加强政策法律的执行力与延续性，调整外资政策，开通投资许可一站式服务，减少审批环节和审批成本，让外商看到印尼政府对外开放的决心。相信不久的将来，印尼将迎来一个投资热潮。

3. 自然环境风险

印尼位于环太平洋地震带，境内多火山，是一个地震频发的国家。印尼的东部、西部以及沿海地区易遭受多种自然灾害的影响，这包括旱灾、洪水、山崩、海平面上升、地震等，其中洪水和地震的危害最为严重。近年来发生的重大自然灾害有：2004 年的印度洋海啸引发了地震，造成 16708 人死亡，53 万人受伤，经济总损失达 44.5 亿美元；2006 年的6.3 级爪哇地震造成 3.7 万人严重受伤，6 万多座房屋倒塌。一项最新的调查估计，40% 的印尼居民受到各种自然灾害的威胁①。

据各国竞争力指标分析库（BVD - EIU Market Indicators & Fore-

---

① 世界银行：《国家风险概览》，http：//sdwebx. worldbank. org/climateportalb/home. cfm? page = country_ profile&CCode = IDN&ThisTab = RiskOverview。

casts），2009—2013 年印尼的自然环境风险稳定不变，2013—2014 年，自然环境风险较大幅度下降（图 5 – 14），但是在 2014 年又有所反弹。与中国大陆、中国香港和印度相比，印尼的自然环境风险水平较高，而且预计 2016 年风险水平会保持在高位，这将对商业活动的运营造成一定的负面影响。

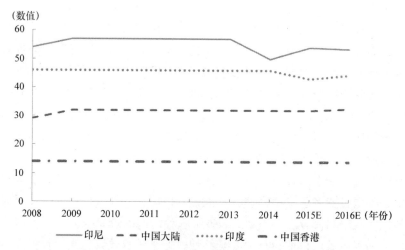

（数值）

2008 2009 2010 2011 2012 2013 2014 2015E 2016E（年份）

——印尼　－ －中国大陆　……印度　－·中国香港

图 5 – 14　印尼、中国大陆、中国香港与印度 2008—2016 年自然环境风险

注 1：自然环境风险指标以 100 为最大值，风险越大数值越高。

注 2：其中 2015 年与 2016 年的数据为预测值。

数据来源：各国竞争力指标分析库（BVD – EIU Market Indicators & Forecasts）。

印尼从过去的自然灾害中吸取教训，建立了全国性的应急管理体系和预警系统，并且建立了中央—省级—地方政府的三级灾害管理机构，各级管理机构有相应的预算、计划和执行部门[1]。逐渐完善的机构体系和丰富的自然灾害应对经验，都有利于印尼更好地应对各种自然灾害。但是，考虑到全球气候变化存在加剧的风险，印尼未来的自然灾害预计仍将频繁发生，自然环境风险存在上升的可能。

---

① 亚洲减灾中心：《印度尼西亚 2012 年国家报告》，http：// www. adrc. asia/ countryreport/ IDN/2012/IDN_ CR2012B. pdf。

4. 税收风险

考量一个国家的税收收入是否能够满足政府实现其职能的需要，主要看其宏观税负的高低。而宏观税负水平一般用一个国家一定时期内（通常为 1 年）的税收总量占 GDP 的比重来衡量。从图 5 - 15 可以看出，2008—2014 年，印尼宏观税负的波动区间大致为 10.85%—13.04%，平均值为 11.78%。2015 年宏观税负的预测值则为 11.80%，2016 年的预测值为 12.10%。根据"拉弗曲线"，就现阶段而言，印尼的宏观税负约为 11%，与欧洲福利国家约为 50% 的宏观税负水平相比税负很低，也低于 OECD（经济合作与发展组织）各国的 35% 左右的平均税负水平，与其他的东盟国家相比，排名也比较低，可以认为，印尼目前的总体税负水平不高。这样的宏观税负水平在支撑政府支出的情况下使得国内的税负痛苦指数偏低，利于国内企业的投资和居民的消费，而对于外国投资者而言，较低的宏观税负水平也意味着政府的宏观调控能力较强，利于资金安全。

图 5 - 15　印尼 2008—2016 年宏观税负

注：上图 2015 年、2016 年为 IMF 的预测值。

数据来源：根据 Wind 资讯数据库、IMF 数据整理得出。

2009 年至今，印尼的税收收入不断增加，税收增长率的平均值为 13.79%，增长态势良好，增长速度较为稳定。就财政赤字而言，2008—2014 年，受全球经济危机影响，2008 年印尼财政赤字为 165867 亿印尼盾，而在 2009 年财政赤字增至 937192 亿印尼盾，可见印尼为了应对危机，政府支出出现了剧烈增加。就税收收入增长率和财政赤字增长率的对比而言，除去 2008 年前后印尼政府财政赤字剧烈波动的情况，2010 年之后，印尼财政赤字的增长速度趋于平稳，并逐渐低于税收收入的增长速度，说明政府对于赤字的控制渐有成效。

根据《稳定与增长公约》和《马斯特里赫条约》，在不对主权国家的预算和税收政策进行实际干预的情况下，以财政赤字率不超过 3% 为国际通用警戒线值从而确保各国财政的健康，从图 5 - 16 可以看出，印尼财政赤字率一直低于国际通用的 3% 的标准，因而国内的税收风险较小，但需要注意其财政赤字率的上升趋势。

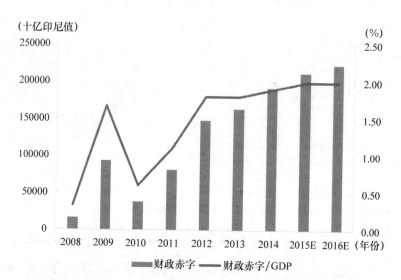

图 5 - 16　印尼 2008—2016 年政府财政赤字及其占 GDP 比重

注：2015 年、2016 年为 IMF 的预测值。

数据来源：根据 Wind 资讯数据库、IMF 数据整理得出。

根据 EIU（The Economist Intelligence Unit）的评分结果，从 2008

年至今，印尼的税收政策风险值稳定在 44 的水平，而英国在这一时期的均值为 18. 85，美国的均值为 37，中国在这一时期的值稳定在 38，对比东盟其他的主要国家来看，泰国的值稳定在 31，马来西亚的值稳定在 25，菲律宾的值稳定在 38，越南的值稳定在 44，新加坡的值稳定在 6。可以看出，印尼相对于一些发达国家和东盟的其他发展中国家而言，其税收政策波动小，代表着其税收政策的稳定，利于企业避免因投资国税收政策变化而导致的税后利润发生变化的风险，但是，其税收政策风险值总体评分偏高，有一定的税收政策风险。

综上，印尼国内宏观税负水平较低，税收收入增长稳定，虽然因 2008 年全球经济危机而面临一定的赤字压力，但近年来印尼的收支情况逐步得到了改善，税收风险总体可控。印尼的贸易保护尤其是其关税壁垒的程度较低，但有一定的税收政策风险。

结　论

1. 印尼吸引外来投资的优势和劣势

印尼是经济发展较快的发展中国家，适合投资，印尼竞争优势主要集中在六个方面：

第一，印尼民主政治稳健发展，新任总统佐科威作风亲民，着力打击贪污腐败，社会政治环境较为稳定，发生政变、暴乱和大规模游行示威的可能性较低。

第二，经济增长前景看好，经济主要依靠国内消费，市场潜力巨大，近五年 GDP 稳定保持 5%—6% 的增速，股市债市等金融领域均持续发展，有境外媒体预测印尼将继中日韩印度之后成为下一个 GDP 过万亿的亚洲经济体，标准普尔和穆迪亦对印尼的经济前景持乐观态度，主权信用评级设定为"稳定级"。

第三，市场化程度较高，金融市场充分开放，金融业潜力很大，前景非常明朗；绿地面积广大可自由交易，厂房原料货源充足造价低廉，建厂投资成本可控；着力发展基础建设，资金缺口巨大，需要大量外资注入，出台大量招商引资利好政策，为外商投资打开方便之门；政府提倡在各主要岛屿大力发展基础设施建设，开放交通、运输、水电、房地产等12大领域诚邀外资投资，由独立部门投资统筹局（BKPM）协调各地区各部门助力外资进驻。

第四，印尼国土面积广阔，石油和天然气等自然资源也十分丰富，对采掘业、制造业和冶炼业有着巨大的推动作用；地理位置重要，控制着关键的国际海洋交通线，马六甲海峡战略地位关键，是太平洋与印度洋之间的天然国际商道，是美国、日本和欧洲国家的石油、天然气运输的必经通道。

第五，印尼人口众多，人口数量居世界第四，并匀速增长，是海外最大的华人定居国，大城市居民有一定的购买力，住宅及商业地产市场远未饱和，价格也年年攀升；有丰富、廉价的劳动力，这将保证其充足的劳动力供应；大量投资有利于创造新的本地就业机会，降低外资企业的雇佣成本，缓解印尼的失业问题。

第六，作为"千岛之国"坐拥巨量海洋资源，海洋渔业、养殖业及海路运输等行业潜力巨大，新任总统佐科威更在东亚高峰论坛会上提出将印尼打造为"海洋轴心"、海洋强国，佐科威政府着力发展海洋经济，铺设港口网络等相关基建设施，与中国政府鼓励企业"走出去"及建设海上丝绸之路的政策导向不谋而合。

但是印尼的竞争劣势也同样明显，主要表现在：基础设施有待完善、法律风险高企、自然灾害发生率较高、税收存在重复征收现象、劳动力价格低廉但素质有待提高，等等。

根据世界经济论坛《2014—2015年全球竞争力报告》[①]，印尼在全球最具竞争力的144个国家当中排名第34位。但在亚洲，印尼并没有跻身亚太地区前十名，输给了新加坡、马来西亚和泰国。印尼的竞争力排名只比菲律宾和越南更佳。

图5-17展示了2008年金融危机后印尼、中国大陆、中国香港与印度的指标走势。由图中的指标走势可以看出，自2008年开始，

---

① 世界经济论坛：《2014—2015全球竞争力报告》，http://www3.weforum.org/docs/WEF_ GlobalCompetitivenessReport_ 2014-15. pdf.

印尼的商业环境吸引力及其变化的情况与印度相似，均处于较低水平。但在 2014 年，印度逐渐领先于印尼，由于印尼的商业环境吸引力在短期内并没有显著增长，可以预计这种差距在 2016—2019 年仍将保持甚至有所扩大。

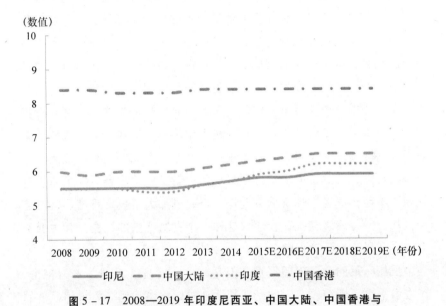

图 5 - 17　2008—2019 年印度尼西亚、中国大陆、中国香港与
印度商业环境吸引力

注：2015—2019 年的指标数据为预测值。商业环境吸引力指标以 10 为最大值，数值越高表明该国商业环境的吸引力越大。

数据来源：各国竞争力指标分析库（BVD - EIU Market Indicators & Forecasts）。

2. 对中国企业投资印尼的建议

对意欲前往印尼投资的中国企业，提出如下建议：

第一，中国企业应从观念上建立起对印尼投资环境的正确认识，多做长远布局。如在洽谈高铁项目之前，中铁在印尼早已开设分公司，并承接过如加里曼丹铁路建设等项目，对印尼的实际情况有一定了解，熟知印尼做事风格较为随意反复，才能在政府宣布项目取消的情况下继续坚持努力磋商，且了解印尼政府财力有限这一事实并有所准备，才能在项目受挫情况下迅速拿出关键性的政府零担保方案。同时，应建立与当地企业的协同合作，尤其是依靠一些有实力的当地华人企业。如高铁项目也离不开华人企业家的助力，项目洽谈过程中，中铁高层曾多次走访与政府高层私交甚笃的华商领军人物，在此基础上提出的方案更契合印方需求。印尼华人对印尼市场复杂性的了解和应对能力远高于中国人，在商业活动中也有更丰富可靠的人脉及资源积累，无论短期还是长期合作都十分有利。近年中国投资印尼也呈现一个新趋势，国企虽实力雄厚但决策过慢，易错失时机，所以在项目合作对象的选择上，印尼华人企业更倾向与民间私企合作。

第二，中方企业应有一定的资金实力和风险承受能力，这是投资印尼项目不可或缺的条件。印尼市场上中国投资最热门的应数能源矿业类和基建设施类项目，这两类项目都具有项目周期较长、证照手续繁多的特点，尤其是矿产资源项目在印尼新矿业法出台后要求原矿石必须在本地建厂经过加工后方允许出口，更加大了投资难度。既然是长久战，又得逐级获批，在印尼这样一个贪腐严重的社会，其中的资金成本和风险性不言而喻。

虽然印尼的贪腐问题严重，但是印尼政府高度重视并着力打击，民主政治也不断完善。因此，从长远来看，贪腐问题必将得到显著的改善。但短期来看，贪腐现象普遍，中方企业在与地方政府打交道时，"小费"、"好处费"、"介绍费"等非常规费用，无疑增加了企业的运营成本，降低了企业的办事效率。但中方企业应该对此问题抱有信心，在与地方官员接触时，要更加谨慎，遇到索要贿赂的情况，需要保留证据，必要时考虑向商会、上级主管部门、肃贪委员会（KPK）和财务稽查局（BPK）揭发举报。

第三，建议中国企业赴印尼投资时，必须高度重视并努力适应印尼法律及执法环境的复杂性，尤其是中央与地方的法规。同时，中方企业应加强与当地政府沟通，更加重视合同细则与当地法律法规的对接，可聘请专业律师，以避免不必要的法律纠纷和经济损失。

中方企业投资印尼时，中方企业应以合同行事，有选择性地带去中国的技术工人，同时雇用一定比例的印尼工人，为印尼本地工人提供就业机会，应对当地员工做好职业素质与技能培训。通过加强培训和加强管理，相信消极怠工和"磨洋工"等问题将得到一定程度的改善。同时，在带去中国工人时，应严格依照印尼法律规定，妥善办好相关的手续，并且对工人做好出国前的培训教育工作，避免由于手续不齐、上街没有携带身份证明而导致工人遣返等不必要的麻烦。

以发展的眼光来看，印尼的经济潜力较大，印尼经济仍处于快速增长阶段，加上现任总统佐科威高度重视与中国开展经贸合作，尤其是在基础设施建设领域，因此，该领域具有较大的发展空间。印尼是中国在东南亚地区开展承包工程业务最大的潜在市场。随着近年来中印尼两国关系和经贸关系的日益密切，特别是中国向印尼提供28亿美元优惠出口买方信贷的落实和高铁项目的签订，双方在包括承包工程在内的基础设施领域合作面临着难得的发展机遇。①

主要参考文献

一　报告与调查

［1］IMF. 2014 Article IV Consultation – Staff Report；Press Release；and Statement By The Executive Director For Indonesia. Washington，D. C. IMF，2015.

［2］《物流绩效指数调查》，世界银行，http：//data. worldbank. org. cn/indicator/LP. LPI. INFR. XQ。

［3］《2014—2015 年全球竞争力报告》，世界经济论坛，http：//www3. weforum. org/docs/WEF_ GlobalCompetitivenessReport_ 2014 – 15. pdf。

［4］Doing Business 2015：Economy Profile 2015 – Indonesia，World Bank，http：//www. doingbusiness. org/data/exploreeconomies/ ~/media/gi-awb/doing%20business/documents/profiles/country/IDN. pdf？ver =2.

---

① 中华人民共和国驻印尼共和国大使馆经济商务参赞处：《印尼启动 2015—2019 年建设计划，为中国企业潜在市场》，2013 年 11 月 4 日，http：//id. mofcom. gov. cn/article/ziranziyuan/huiyuan/201311/20131100396488. shtml。

［5］《印尼2012年国家报告》，亚洲减灾中心，http：//www.adrc.a-sia/countryreport/IDN/2012/IDN_ CR2012B.pdf。

［6］商务部国际贸易经济合作研究院、商务部投资促进事务局、中国驻印尼大使馆经济商务参赞处编《对外投资合作国别（地区）指南——印尼（2014年版）》，2014年，第17—21页。

二　专著

［1］梁敏和：《印度尼西亚文化与社会》，北京大学出版社2002年版。

［2］王受业、梁敏和、刘新生：《列国志——印度尼西亚》，社会科学文献出版社2006年版。

［3］梁敏和：《印度尼西亚文化概论》，世界图书出版广东有限公司2014年版。

［4］姜永仁、傅增有等：《东南亚宗教与社会》，国际文化出版公司2012年版，第359—409页。

［5］何政主编：《印度尼西亚经济社会地理》，世界图书出版公司2014年版。

［6］唐慧、陈扬、张燕、王辉编著：《印度尼西亚概论》，世界图书出版公司2012年版。

［7］吴崇伯：《当代印度尼西亚经济研究》，厦门大学出版社2011年版。

［8］许焕兴、赵莹华编著：《国际工程承包》，东北财经大学出版社2009年版，第233—224页。

［9］杨眉、李卫编著：《印度尼西亚共和国经济贸易法律汇编》，中国法制出版社2006年版。

［10］《企业境外法律风险防范国别指引》系列丛书编委会编著：《企业境外法律风险防范国别指引——印度尼西亚》，经济科学出版社2014年版。

［11］韦红、王勇辉编著：《印度尼西亚国情报告（2015）》，社会科学文献出版社2015年版。

三　论文与网文

［1］范若兰：《从印尼社会特点看伊斯兰教与政治的关系》，《当代亚太》2005 年第 5 期。

［2］张东奎：《东亚经济体利率市场化研究》，博士学位论文，吉林大学，2012 年。

［3］王海金、毕家新、谢进：《印尼汇率制度变迁研究》，《区域金融研究》2009 年第 12 期，第 44—49 页。

［4］孙秀玲：《中国资本账户开放的研究》，博士学位论文，山西财经大学，2005 年。

［5］刘星等：《税收风险的生成机理及防范研究》，《企业经济》2004 年第 10 期，第 180—181 页。

［6］白彦锋：《建立防范和化解我国税收风险的长效机制》，《税务研究》2007 年第 5 期，第 93—94 页。

［7］潘玥：《佐科维执政初期印尼华人社会状况初探》，《东南亚研究》，2016 年第 3 期，第 71—81 页。

［8］Neubig T, Sangha B., "Tax Risk and Strong Corporate Governance," *Tax Executive*, 2004（2）：p. 114.

［9］《印尼经济社会概况》，《价值中国》2010 年 07 月 04 日，http：//www. chinavalue. net/Finance/Blog/2010 - 7 - 4/410819. aspx。

［10］《中央统计局公布 5 月份通胀率为 0.5%》，《印尼商报》2015 年 6 月 4 日，http：//mp. weixin. qq. com/s?＿＿biz＝MzA3NjQyMDg5NA＝＝&mid＝207938547&idx＝2&sn＝606fbdbafc4bb89faabcc11dc99bea75 & 3rd＝MzA3MDU4NTYzMw＝＝&scene＝6#rd。

［11］中华人民共和国驻印尼共和国大使馆经济商务参赞处：《印尼政府采取措施应对货币剧烈贬值》，2014 年 12 月 8 日，http：//id. mofcom. gov. cn/article/ziranziyuan/huiyuan/201412/20141200839082. shtml。

［12］中华人民共和国驻印尼共和国大使馆经济商务参赞处：《印尼

盾贬值或为印尼扩大出口带来机会》，2014 年 12 月 19 日，ht-tp：//id. mofcom. gov. cn/article/whzhch/redianzhuizong/201412/20141200841310. shtml。

［13］《印尼经济"大震荡"多重困局预警危机》，每经网，2013 年 9 月 5 日，http：//www. nbd. com. cn/articles/2013 － 09 － 05/771249. html。

［14］中华人民共和国驻印尼共和国大使馆经济商务参赞处：《印尼国家债务风险可控，不会步希腊后尘》，2015 年 7 月 10 日，ht-tp：//id. mofcom. gov. cn/article/ziranziyuan/tiyu/201507/20150701042865. shtml。

［15］中华人民共和国驻印尼共和国大使馆经济商务参赞处：《印尼上调补贴燃油价格对经济社会发展的影响》，2014 年 11 月 8 日，ht-tp：//id. mofcom. gov. cn/article/ziranziyuan/huiyuan/201411/20141100811121. shtml。

［16］世界银行：《国家风险概览》，http：//sdwebx. worldbank. org/climateportalb/home. cfm？page = country_ profile&CCode = IDN&ThisTab = RiskOverview。

［17］中华人民共和国驻印尼共和国大使馆经济商务参赞处：《未来 5 年印尼基础设施建设需约 4245 亿美元资金》，2015 年 6 月 11 日，ht-tp：//id. mofcom. gov. cn/article/ziranziyuan/jians/201506/20150601009653. shtml。

四 网站

［1］世界银行数据库：http：//data. worldbank. org. cn/topic。

［2］联合国数据库：http：//data. un. org/。

［3］国际货币基金组织（IMF）国际金融统计（IFS）数据库：ht-tps：//www. imf. org/。

［4］各国竞争力指标分析库：https：//www. eiu. bvdep. com/。

［5］各国宏观经济指标宝典数据库：https：//www. eiu. bvdep. com/。

［6］海关信息网：http：//www. haiguan. info/。

［7］中华人民共和国商务部网站：http：//www. mofcom. gov. cn/。

［8］中国国家统计局国际数据库：http：//www. stats. gov. cn/。

［9］广东统计网：http：//www. gdstats. gov. cn/。

［10］Wand 资讯数据库：http：//www. wind. com. cn/。

［11］EIU Risk Briefing 数据库：http：//viewswire. eiu. com/。

［12］印尼国家统计局，http：//www. bps. go. id。

第六章　菲律宾基本国情及投资风险评估

菲律宾是东南亚的一个群岛国家，处于西太平洋，北面隔吕宋海峡与中国台湾省相望，南面和西南面隔着巴拉巴克海峡、苏拉威西海与印度尼西亚、马来西亚相望，西濒南中国海与越南相望，东临太平洋。菲律宾国土面积 29.97 万平方公里，由 7000 多个岛屿组成，吕宋岛、萨马岛和棉兰老岛等 11 个主要岛屿占全国总面积的 96%。菲律宾属于季风型热带雨林气候，高温多雨，湿度大，年平均气温27℃，年降水量达 2000—3000 毫米。①

菲律宾矿产资源丰富。矿藏主要有铜、铁、金、银、镍、铬等 20余种，其中铜蕴藏量约 48 亿吨、镍 10.9 亿吨、金 1.36 亿吨。另外，铁、钼、锰、稀土、石灰石等矿物的储量也较为丰富。自印度尼西亚原矿出口禁止法令生效以来，菲律宾已成为世界上最大的镍矿出口国。菲律宾全国森林覆盖率为 53%，森林总面积 1579 万公顷，其中保护区面积 327 万公顷，可采伐的商业林区面积 1006 万公顷，有乌木、紫檀等名贵木材。菲律宾水产资源较为丰富，鱼类有 2400 多种，金枪鱼资源居世界前列，已开发的海水、淡水渔场面积为 2080 平方公里。②

---

① 《菲律宾简介》，中华人民共和国外交部网站。
② 同上。

2015 年菲律宾人口达到 1.01 亿，是全球第 12 个人口过亿的国家。菲律宾是多族群国家，马来族占菲律宾全国人口的 85% 以上，包括他加禄人、邦班牙人、伊洛戈人、维萨亚人和比科尔人等。少数族群及外来后裔有华人、阿拉伯人、印度人、西班牙人和美国人，还有为数不多的原住民。菲律宾是多宗教国家，国民约 85% 信奉天主教，约 4.9% 国民信奉伊斯兰教，华人多信奉佛教，原住民多信奉原始宗教。国语是以他加禄语为基础的菲律宾语，英语是官方语言。[①]

第一节　菲律宾基本国情

一　菲律宾政治特色

1. 菲律宾的家族政治

菲律宾独立后，效仿美国作为本国政治体制的模板，建立三权分立和政党制度，被美国称为"民主橱窗"，认为菲律宾是其民主体制成功"出口"的典范。但是到今天为止，菲律宾政治发展存在腐败严重、施政效率低下、反政府武装的越发活跃等问题，令人怀疑其民主的质量。而追寻这些乱象的根源，不得不提菲律宾的家族政治。

家族政治，从概念上来讲，在前资本主义的国家中，是一种具有合法性的政治常态，但在现代民主政治中，它被认为是一种缺乏合法性的政治现象，即政治家族通过其掌握的强大的政治与经济资源，以直接或间接的方法渗透、影响其所在国家或地区的政治运作。从菲律宾的政治现实来看，菲律宾政坛的竞争实质上就是政治家族之间的权力竞争。1987 年菲律宾在摆脱了马科斯数十年的独裁统治后，选出了第八届国会，然而正如本尼迪克特·安德森指出的，"200 名众议员中，130 位属于所谓的'传统政治家族'，同时，另外 39 位是这些

---

① 中华人民共和国外交部：《菲律宾国家概况》，http：//www.fmprc.gov.cn/web/gjhdq_ 676201/gj_ 676203/yz_ 676205/1206_ 676452/1206x0_ 676454。

家族的亲属。只有 31 位议员在 1971 年前没有选举记录且与这些老的强势家族没有瓜葛……24 位选举产生的参议员中，尽管有几位非传统人物，但'戏单上的演员'大多数由 1972 年前的显赫家族成员构成。"①也就是说，恢复民主体制的首次国会选举就已经出现了政治家族垄断的状况。这一情况直到近来的菲律宾大选都没有出现太大变化，据亚洲管理政策中心研究院（Asia Institute of Management Policy Center）的一份研究报告显示：（1）2010 年选出的第 15 届国会（众议院）议员中至少 115 席，也就是 68% 有亲戚是第 12 届、13 届、14 届和 15 届国会的议员，或者是 2001 年、2004 年、2007 年和 2010 年当选的地方官员。有 144 席议员与 2001 年、2004 年和 2007 年选出的其他议员或地方官员有关联。（2）根据他们所作的财产、负债和资本净值申报，来自政治家族的议员（平均资本净值 5200 万比索）似乎比那些非政治家族议员（平均资本净值 4200 万比索）更加富有。（3）政治家族成员也主导着主要政党的成员构成。力量—自由菲律宾运动党的 76%，自由党的 57%，民族主义人民联盟的 74%，国民党的 81% 的成员来自政治家族。（4）26—40 岁的议员中有 77% 属于政治家族，41—55 岁的议员中有 64% 来自政治家族。② 至于总统，菲律宾独立之后的 15 位总统中至少有 13 位是沾亲带故的。总统阿基诺三世的母亲科拉松·阿基诺是前总统，而科拉松·阿基诺的丈夫贝尼尼奥·阿基诺则是当年与马科斯独裁政府斗争的反对党领袖，最终遇刺身亡，在菲律宾家喻户晓。阿基诺三世之所以能当选总统，很大程度上是因为其政治家族的强大实力与威望。在菲律宾地方，每一个省市及小城镇都可看到政治家族的影子，这些政治家族经过少则一两

① Benedict Anderson, *The spectre of Comparisons*: *Nationalism*, *Southeast Asia*, *and the World*, London and New York: VERSO, 1998, pp. 221.

② Satur C. Ocampo, Political dynasties still dominate Congress, *Global Balita*, October 1, 2011, http://globalbalita.com/? s = Political% 2Bdynasties% 2Bstill% 2Bdominate% 2BCongress.

代人、多则四五代人的努力经营，在地方上形成近 150 个"政治王朝"。①

家族政治使得菲律宾的民主成为一种形式。从表面上看，菲律宾的民主制度确实运行着，总统和国会选举除了在马科斯"戒严法"时期都按期举行，民众的投票率也不低，②然而围绕着这一表象的，是无尽的腐败与暴力。特别是菲律宾的政党政治严重畸形，政治精英的效忠对象是个人而非政党。家族政治给菲律宾政府结构留下两个特点：第一，一般不要求国家领导人同民众保持直接联系。就总统选举而言，最重要的条件是要有能力提供回报，以博得投票集团的支持。第二，对政党的忠诚并不重要，所以各个政党没有必要提出可供识别的纲领。③ 对于政客们来说，自身所在的大家族利益才是最重要的，为此可以随时变更自己的党籍。普通民众当然有选举权，但是，由于菲律宾政坛被政治家族所把持，普通人无法也无力参加所谓"3G"（guns, goons and gold）的选举体系，到头来手中的选票也只是成为他们为台上政客喝彩或喝倒彩的工具而已。

政治家族之间的斗争从未间断，最近和最突出的例子，就是菲律宾总统阿基诺三世和前总统阿罗约的斗争，或者更准确地说，是他们所各自代表的两个政治家族的斗争，美国《时代》周刊称其为"王朝决斗"。2010 年 6 月，即将上台就任的阿基诺三世宣布将设立所谓的"真相委员会"，彻底调查前任总统阿罗约及其同党的种种罪行。但是，由于当时的最高法院被阿罗约提名的大法官们所控制，所以调查僵持不下。政府和最高法院甚至围绕着能否禁止阿罗约夫妇出境展开一轮又一轮的"较量"，最后支持阿罗约的大法官科罗纳甚至被弹劾下台。除此之外，军队中效忠前政府的将领也被"清算"。种种乱

---

① Sheila S. Coronel, Yvonne T. Chua, Luz Rimban, and Booma B. Cruz, *The Rulemakers: How the Wealthy and Well-Born Dominate Congress*, Quezon City, Philippines: Philippine Center for Investigative Journalism, 2004, pp. 256 - 260.

② 以 1946—1969 年的数据来看，投票率一直在 70% 以上。

③ ［新西兰］尼古拉斯·塔林主编《剑桥东南亚史》Ⅱ，王士录等译，云南人民出版社 2003 年版，第 331 页。

象，无不缘起于菲律宾根深蒂固的家族政治。

2. 菲律宾的教会势力

菲律宾宗教情况复杂，数量众多，由于最早到达菲律宾群岛的是西班牙殖民者，所以罗马天主教在菲律宾的实力最强、影响最大。

1565 年西班牙殖民者黎牙实比远征队在菲律宾的宿务建设了第一个殖民点，而当时远征队中就有 5 名随队的传教士。传教事业与殖民势力的扩张如影随形。西班牙人在菲律宾采取的是政教合一的政策，行政当局与教会当局关系密切。纵观整个西班牙殖民时期，双方的关系可以说是比较好的，一方面西班牙传教士使菲律宾民众皈依天主教，有效地消除了土著居民的抵抗情绪；另一方面，行政当局也为传教事业提供政策上必要的便利。除此之外，由于行政当局的人手不足，传教士在地方事务的管理上影响非常大，涉足医疗、慈善、教育等事业，同时负责监督市镇选举和公共事务。各城镇教区的神父实际上就是教会和政府的综合体，几乎掌握着地方的一切大权，是西班牙殖民统治最有效的捍卫者。教会的经济实力也十分强大，实际上是菲律宾土地的主要所有者。① 到西班牙殖民后期，菲律宾天主教会对菲律宾政治的影响更是达到了顶峰，教区神父基本上在市政府的每一个部门都起着重要的作用。

美属时期，美国首先以军政府管辖菲律宾，其后变为派遣总督统治的文官政府取而代之，开始以美国本国的民主制度对菲律宾加以改造，处于三权分立结构之外的宗教势力被排除在了各级殖民机构外。美国人还设法用各种手段消除西属时期天主教会的各种特权：一是美国殖民政府通过购买教会地产的方式，部分地改变了菲律宾的土地占有制度；二是借助菲律宾人及菲律宾新教徒来排挤西班牙天主教势力，然后又借助罗马天主教会的权威迫使西班牙天主教会交出手中的权力；三是文化教育领域大力推行美式思想文化，淡化天主教对于菲律宾群众的影响。结果，美国殖民时代天主教会势力逐渐退出政治领

---

① 这些教会所掌握的土地在美国殖民时期转移到了上文提到的政治家族手中，成为了他们最重要的参政来源和经济基础。

域，专注于宣扬教义和教化民众。①

到了菲律宾共和国时期，宗教信仰自由和政教分离原则没有改变，天主教会依然没有直接参与政治的空间，而是通过影响民众进而依靠民主程序来间接影响政治。尽管教会已经退出了政治领域，但是在精神领域，教会依然凭借着天主教在广大菲律宾信教群众心中至高的地位拥有强大的精神感召力，这使得天主教会能对广大菲律宾群众发挥较大影响。以人口增长问题为例，菲律宾的人口自然增长率长期处于较高水平，为了经济社会的可持续发展，菲律宾政府曾多次想要推行人口计划政策，但遭到天主教会的强烈反对，因为教会在生育问题上与罗马教廷保持一致，即不准离婚、不得实行计划生育、不得堕胎。信教群众一般都会在诸如此类的问题上倾向教会，又因为美式的民主程序，最后使得政府想要或是已经推行的政策不了了之。此外，教会也能通过发表言论影响选民的投票意向，进而影响政治活动。

二　菲律宾的经济

1. 菲律宾经济发展概况

20 世纪 60 年代以来，菲律宾采取对外开放政策，积极吸收外来投资，经济开始发展，并在 1982 年被世界银行评为"中等收入国家"（现为中低收入国家）。90 年代初，菲律宾采取了一系列的经济振兴政策，经济得到较快发展。但 1997 年亚洲金融危机爆发，使菲律宾经济大受打击，之后缓慢恢复。2000 年以来，菲律宾经济年均增长率在 5% 左右，比过去 20 年的平均增长率要快。截至 2014 年，菲律宾国内生产总值为 2846 亿美元，人均国内生产总值 2737 美元。2014 年国内生产总值增长率为 6.1%，是亚洲经济增长第二快的国家，仅次于中国的 7.4%（图 6-1）。

---

① 周东华：《战后菲律宾现代化进程中的威权主义起源研究》，人民出版社 2010 年版，第 48 页。

(十亿美元)

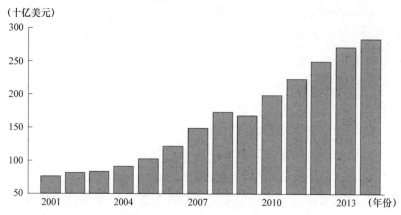

图 6 - 1　菲律宾 2001—2014 年国内生产总值增长

资料来源：http：//zh. tradingeconomics. com/philippines/gdp。

　　菲律宾的经济结构以第三产业最为突出，2014 年农业总产值
GDP 占比 11.3%；工业 GDP 占比 31.2%；服务业 GDP 占比
57.4%。三大产业吸纳的就业人数从 2011 年的 3719 万人上升到
2014 年的 4000 万人，其中吸纳人数最多的是服务业（54%），其
次为农业（30%），最后工业（16%）。菲律宾的固定资产投资占
GDP 的比重与其他东南亚国家相比处于较低的水平，2014 年为
20.5%，家庭消费占 GDP 的比重则高达 72.5%，对于一个发展中
国家来说，应该有大量的基础设施等需要政府的固定资产投资，而
菲律宾的家庭消费占 GDP 比重却接近甚至赶超了许多发达国家的
比重，这是很不正常的。菲律宾的经济结构失调还体现在工业占
GDP 的比重过低上，正常来说，发展中国家随着经济结构的不断转
型，劳动力应当从农业转向工业和服务业，出口向高附加值和多样
化方向发展。然而在菲律宾，工业占 GDP 的比重从 1980 年的 39%
降到 2011 年的 32%，再降到 2014 年的 31.2%。为经济提供增长
动力的主要靠服务业。

　　菲律宾经济发展很不平衡，吕宋岛经济发展水平最高，其工业和
农业都居全国第一位，大部分的工业都集中在马尼拉大都会的市郊。
区域经济发展也不平衡，以最发达的马尼拉地区和最贫穷的棉兰老岛

2002—2009 年的生产总值为例，2002 年，前者是后者的 47 倍，到了 2009 年这一比值为 42 倍。菲律宾民众收入差距居高不下，基尼系数 (Gini Coefficient) 已经达到了 0.46（2012 年数据）[1]，在亚洲"名列前茅"。

菲律宾国内存在失业率高和就业不足的问题。2013 年菲律宾国内劳动参与率为 63.9%，就业率为 93.6%，失业率为 6.4%，2014 年这组数据分别为 64.3%、94%、6.0%。大约有 40% 的人受雇于非正规的经济部门，不充分就业率高达 18.7%。菲律宾国内劳动力过剩严重，国内提供的就业岗位需求远不能满足劳动力的供给，向外输出劳动力成为了菲律宾人的选择。据估计，海外菲律宾劳工超过 1000 万人，大多从事建筑、家政、娱乐等职业，薪酬水平远高于国内平均收入。海外劳工汇款每月大约 20 亿美元，对家庭和国家贡献良多，对经济的发展和平衡国际收支有着重要作用。

菲律宾国家经济发展署在 2011 年发布了菲律宾《2011—2016 年中期发展规划》，提出实现包容性增长、创造大量就业和减少贫困等三大战略，根据该规划，2011—2016 年菲律宾政府要实现的主要经济和社会指标为：国内生产总值的增长保持在 7%—8%，到 2016 年实现人均收入 3000 美元，在未来 20 年使人均收入上升至 5000 美元；在减少贫困方面，到 2015 年贫困率降至 16.6%，比 1991 年的 33.1% 减半；创造就业方面，每年创造 100 万个就业岗位，促使失业率保持在 6.8%—7.2%。[2]

2. 菲律宾的贸易与投资

21 世纪以来，菲律宾进出口增速较快，2014 年出口总额增长 9%，达到 618 亿美元。其中，电子和半导体类产品是菲律宾出口的重要产品（图 6 - 2）。

---

① 0.4—0.5 的基尼系数表示收入差距较大
② 数据来源于菲律宾国家经济发展署，经过整理，http://devplan.neda.gov.ph。

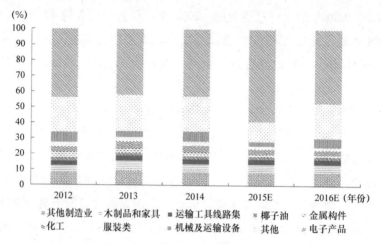

图6-2 菲律宾主要的出口商品

注：2015年、2016年为预测值。

数据来源：菲律宾统计局（Department of Statistics Philippines）。

菲律宾的主要贸易伙伴是日本、中国和美国。菲律宾市场对外开放度有限，其国际贸易总额仅相当于 GDP 的 64.7%，在东盟国家中排名倒数第 2（图6-3）。

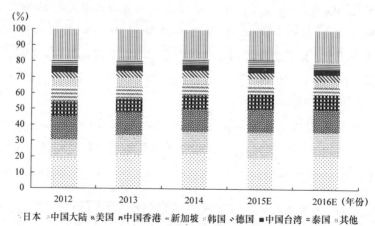

图6-3 菲律宾出口至各国或地区的比例

注：2015年、2016年为预测值。

注1：数据来源：菲律宾统计局（Department of Statistics Philippines）。

菲律宾外来投资增长缓慢，在过去的 40 年中，菲律宾每一年度所吸收的外国直接投资很少超过 20 亿美元。[1] 近年有所增长，2013年吸引外商直接投资为 37 亿美元，2014 年增加到 62 亿美元，外商主要投资于金融保险、房地产、制造业、采矿业以及批发零售业。据《2014 年联合国人类发展报告》，菲律宾外国直接投资仅占 GDP 的1.12%，在东盟国家中垫底（缅甸未公布数据）。另据世界银行《2014 年全球营商环境报告》，菲律宾在 189 个经济体中仅排名第 108位，其中"开办企业"便利度排名第 170 位。[2]

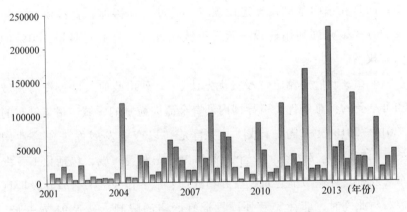

图 6 - 4　21 世纪以来菲律宾外国直接投资情况

资料来源：http://zh. tradingeconomics. com/philippines/foreign - direct - investment。

3. 菲律宾吸引外资政策及领域

早在 20 世纪 60 年代，菲律宾就制定了吸引外来投资的政策，规定投资者除享有其宪法规定的基本权利外，还享有以下权利：（1）

① 申海平：《菲律宾外国投资"负面清单"发展之启示专题研究》，《法学》2014 年第 9 期，第 39 页。

② 中国商务部驻菲律宾经商参处：《2014 年上半年菲律宾经济形势浅析》，http://yzs. mofcom. cn/article/zcfb/201409/20140900730883. shtml。

可将投资清算后的全部资金以投入货币种类按撤资时汇率汇出；（2）可将投资收益以投资货币种类按汇出时汇率汇出；（3）可按汇出时汇率折成外国货币偿付国外贷款本金和利息、技术协助合同转让费和其他费用；（4）菲律宾政府承诺不没收外国投资和企业资产，如有特殊需要，政府将给予投资者公正补偿等。1979 年菲律宾加入关贸总协定后，特别是实施经济结构调整及自由化以来，政府制定了一系列吸引外资的政策：一是除特别限制或禁止外资进入的领域外，一般来说，允许外资 100% 控股；二是取消对外国银行设立分行的禁令，终止电信垄断，放开对石油产品价格的管制，取消对外商投资零售业的限制；三是外商土地租赁期限从 50 年延长至 75 年；四是在国内基础设施建设领域，通过公开招标、直接谈判或协议的方式，允许利用建设—营运—转让方式，外商可拥有 100% 的所有权。①

菲律宾政府还制定"投资优先计划"，列出政府鼓励投资的领域和可享受的优惠条件，引导国内外资金流向鼓励的领域。最新发布的"2014—2016 投资优先计划"，主旨是"以产业发展促进包容性增长"。该计划将 7 大类、22 个产业列为优先发展领域，包括化工、汽车、农机、环保节能建筑、废弃物处理、能源以及公私合营建设项目等。与此同时，菲律宾对外国投资有严格的限制，从 1991 年开始，菲律宾政府将所有投资领域分为三类，即优先投资领域、限制投资领域和禁止投资领域，绝大多数领域外资比例不得超过 40%。菲律宾国家经济发展署会公布限制外资项目清单（表 6 - 1），该清单每两年更新一次。②

① 中国信保：《菲律宾投资与经贸风险分析报告》，《国际融资》2006 年 11 期，第62 页。

② 安邦咨询：《2014 年度菲律宾投资风险报告》，http：//www. dayananconsulting. com/9th - regular - foreign - investment - negative - list - 2/。

表 6 - 1　　　　　2012 年菲律宾限制外资项目清单（第 9 版）

清单 A：宪法及特定法律中规定的禁止外资所有的项目	完全禁止外资的项目	大众传媒；所有依赖专业技能的行业（比如各类工程、医药、化工等）；实际资本低于 250 万美元的零售企业；合作社；私人安保公司；小型矿企；海洋资源开发利用和小规模内河资源的开发；建设运营斗鸡场；核武器的制造与维护；生物武器和化学武器制造与维护；烟花爆竹
	外资最多占 20% 的项目	私人无线电通信网络
	外国资本最多占 25% 的项目	私人猎头公司；使用本地资金建设和维护公共设施；参与国防项目建设
	外资最多占 30% 的项目	广告业
	外资最多占 40% 的项目	勘探、开发、利用自然资源；占有私人土地；公共事业运营；设立和管理教育机构；大米和玉米的栽培、生产、研磨、加工和贸易（除零售外），以及获得大米、玉米和相关副产品；与国营或政府控制的公司、企业、机构及市政公司签署协议供应原材料、货物和商品；承包和运营"建设—经营—转让"（BOT）项目；运营远洋渔船；财产评估公司；拥有公寓
	外资最多占 49% 的项目	租赁公司
	外资最多占 60% 的项目	证券交易委员会（SEC）规定的金融企业和投资机构
清单 B：因安全、国防、健康和道德风险及对中小企业的保护等原因而对外资所有权进行限制的项目	外资最多占 40% 的项目	制造、维护、储存、拆解须经菲律宾国家警署（PNP）批准的产品和原料；制造、维护、储存、拆解须经菲律宾国防部（DND）批准的产品；制造和分解危险物品；蒸汽桑拿浴室、按摩诊所及其他有可能危及公共健康和道德的行业；所有的赌博性项目，除非其中有菲律宾娱乐及博彩公司（PAGCOR）的股份；仅依靠国内市场、实际资本不足 20 万美元的企业；仅依靠国内市场、实际资本不足 10 万美元、掌握先进技术或至少拥有 50 名雇员的企业

　　因此，外国资本投资菲律宾可选择的行业相对较少，且面对不小的变数。一旦有新的行业被纳入限定清单，相关外资企业很可能遭遇打击，无论是撤资还是转卖，都会承受很大损失。相对而言，菲律宾

政府对于大型外国企业的限制较少，而对中小投资者的限制较多，后者面对的风险更大。

三 菲律宾的族群问题

1. 山地少数族群问题

菲律宾尚存在 60 多个生活在内陆山区、从事原始的捕猎、采集和简单农业的族群，这些族群人口都比较少，生存艰难，处于被边缘化的地位。

山地少数族群被边缘化的根源在于历史上的土地问题。世代生活在山地的各少数族群早就约定俗成地将自己聚居区的土地当成是共有公用财产。然而随着西班牙殖民者的到来，殖民者无视山地人的历史惯例与传统，强行通过法律，实行土地的王室所有制，土地所有权和册封权形式上归西班牙国王所有。这一制度被后来的美国殖民政府延续，而且更加强化，甚至实行土地登记制度，将这些少数族群的土地当作"公共土地"分配给"合法申请者"使用。后来，虽然菲律宾1987 年宪法第 22 款第 2 条承认少数族群在国家统一与发展的框架内有保护本土文化群体的权利，在穆斯林棉南老岛和高山地区设立自治区，但只是承认这些权利并不能改变山地人的窘况。政府的造林计划、1992 年的全国保护区域一体化制度法案、1995 年的矿业法案等都在山地人的聚居区内实施。这些项目本意上虽然是友善的，却实际上影响了山地人最直接的生计来源，因为对于他们来说，一些简单的农业就可能为他们带来最直接的收入。此外，菲律宾政府强行推行的"文明进步"和"现代化"计划给山地人带来了灾难性后果，导致一些山地部落濒临消亡。

山地少数族群为了生存和发展展开斗争，提出如下几点诉求：第一，尊重祖居地并取得继承权；第二，不受现实政治约束；第三，民族文化自决。他们成立了"菲律宾少数族群协商会议"和"争取少数族群权利联盟"，每年定期开会协商，并将协商结果汇报给政府，要求政府在尊重少数族群权利的情况下推进民族一体化进程。他们拥有自己的武装力量：人民解放军和菲律宾共产党领导的人民民主战线。菲律宾的山地少数族群问题至今仍没有得到很好的解决，需要注意的是，他们的斗争并不属于分离主义运动，他们追求的是宪法中民族自决权的实行。

2. 摩洛民族分离主义问题

"摩洛"指信仰伊斯兰教的摩洛人。历史上，在西班牙殖民者到来前，菲律宾南部已经形成了分散的伊斯兰社会。西班牙殖民者于1571 年占领马尼拉，后来相继占领了中部和北部，随后开始向南部扩张，由此开始了与南部穆斯林长达 300 年的战争。19 世纪中期，南部穆斯林政权被征服，然而南部穆斯林和北部基督徒的仇恨不会因此画上句号。后来的美国殖民政府推行民族同化政策，冲击了当地原本的社会结构，此外土地政策和移民政策更是压缩了南部穆斯林的生存空间，摩洛人的反抗越来越激烈，族群矛盾进一步激化。

菲律宾独立后，和上文提到的山地少数族群一样，穆斯林聚居区的发展被忽视，享受不到菲律宾发展的成果。从 1951 年起，棉兰老岛和苏禄群岛爆发的摩洛人起义日益频繁，并且在 20 世纪 60 年代由穆斯林知识分子领导，逐渐演变为摩洛分离主义运动。当局与分离主义武装的战斗打打停停，一些最为极端的分离分子甚至采取恐怖主义的方式进行反抗。现在，菲律宾南部的主要分离主义势力有摩洛伊斯兰解放战线（MILF）、摩洛民族解放阵线（MNLF）和阿布沙耶夫武装（Abu Sayyaf）。

第二节　菲律宾与中国关系

一　菲律宾与中国的外交关系

菲律宾与中国是隔海相望的邻居，1975 年 6 月 9 日中国与菲律宾正式建立外交关系，在政治上菲律宾支持中华人民共和国，尊重和承认一个中国原则。中国与菲律宾关系正常化之后，两国在政治外交、经贸科技、文化教育等领域稳步发展。

自 1986 年阿基诺政府执政以来，中菲关系进入渐缓阶段，菲律宾致力于发展同中国之间的友好合作关系，之后的历届菲律宾政府延续这一基本政策积极推进中菲友好关系的发展。合作关系进程开始于菲律宾总统阿斯特拉达访问中国时，双方签署了《中华人民共和国政府和菲律宾共和国政府关于二十一世纪双边合作框架的联合声明》，标志着两国关系迈出了新的一步。阿罗约总统时期两国关系发展进入历史上的最高峰，她不仅频频访问中国，而且将中菲建交日（6 月 9 日）定为"菲华友谊日"。中国政府也积极促进中菲关系的发展，2005 年胡锦涛主席对菲进行国事访问，双方发表《中华人民共和国与菲律宾共和国联合声明》，两国友好合作关系上升到战略合作关系。但是，自 2010 年 6 月阿基诺三世就任菲律宾总统以来，中菲关系发展受到阻碍，原因很多，但其中最主要的就是中菲南海争端问题。

南海是由中国、越南、菲律宾、马来西亚、印度尼西亚与文莱所包围的一个半封闭海，海域面积达 350 万平方千米。[1] 南海中分布着许多岛屿、岩礁、沙洲、珊瑚礁及礁石，一般分为四个群岛，分别被称为西沙群岛、东沙群岛、中沙群岛和南沙群岛。众所周知，南沙群岛是中国神圣不可侵犯的领土，但是中菲两国在南海领土问题上一直存在摩擦。在 20 世纪 70 年代，菲律宾就以 200 海里领海权为依据，陆续派兵占领中国南海的 8 个岛礁，并且从 1976 年开始与美国、瑞典的公司合作在南海海域勘探石油。中国提出抗议，双方致力于以政治外交手段解决领土矛盾。90 年代南沙群岛的争端又开始加剧，1995 年 5 月在菲律宾军方的策划和组织下，菲两艘军舰和一艘运载菲律宾和外国记者的游船编队驶往中国南沙群岛美济礁进行所谓"采访"活动，中国政府对此进行强烈抗议。[2] 由此引发了美济礁和黄岩岛主权纠纷，使中菲关系一度跌落低谷。此后，又发生了多起中国渔民被菲律宾海军骚扰、扣押事件。如 1999 年 5 月和 7 月，菲律

---

① 国家海洋局海洋发展战略研究所课题组编著《中国海洋发展报告（2011）》，海洋出版社 2011 年版，第 19—20 页。在南海地理的介绍方面，这本年度版的中文报告比国际海道测量组织（IHO）出版物更为详细，列出了地理坐标和主要转折点的经纬度。

② 岳德明：《中国/菲律宾关系大事记》，中国网，http://www.china.com.cn/chinese/zhuanti/nysg/841409.htm，2005 年 04 月 18 日。

宾海军两次撞沉我渔船。2012 年 4 月 10 日，菲律宾海军企图在南海黄岩岛附近抓捕中国渔民，被中国海监船制止，双方随后发生对峙。黄岩岛事件使这一地区的局势骤然变得十分紧张，领土主权问题上的争端给中菲关系蒙上了一层阴影。

以往双方都能以较为理性的方式处理南海争端问题，最高领导人多次声明"和平发展，共同磋商"的原则，有问题双方积极沟通，共同解决。近年来，菲律宾总统阿基诺三世在南海问题上态度强硬，扣押中国渔船，增加军事建设，制造黄岩岛事件，中菲之间围绕南沙群岛主权的争端日益加剧，严重影响了中菲两国关系的健康发展。

二　中国和菲律宾的经贸关系

1. 中菲经贸关系发展的基本情况

中菲建交时，中菲双边年贸易额仅为 7200 万美元，① 之后逐年增长，双边贸易往来不断扩大，呈现了良好的发展势头。随着双边关系的发展，两边经济关系日益紧密，为了进一步促进双方经贸快速健康发展，两国签署了一系列双边协定。主要有：1975 年的《中华人民共和国和菲律宾共和国双边投资保护协议》，1979 年的《中华人民共和国政府和菲律宾共和国政府民用航空运输协定》，1990 年的《中华人民共和国和菲律宾共和国旅游合作协定》，1999 年的《中华人民共和国和菲律宾共和国双边投资保护协议》，1999 年的《中华人民共和国政府和菲律宾共和国政府防止双重征税及逃税的协议》，2000 年的《在中国和菲律宾设立银行机构的备忘录》，2001 年的《中国贸易促进会与菲律宾商会合作协议》，2002 年的《中菲双边旅游合作备忘录》，2003 年的《中国人民银行与菲律宾中央银行货币互换协议》，由中方援建的"中菲农业技术中心"于 2003 年 3 月在菲竣工。2004 年两国签署《渔业合作谅解备忘录》。2004 年 9 月 1 日于北京签订

---

① 《菲律宾移民须知：中菲经贸关系》，http://abroad.edu.ifeng.com/flbym/80/91165.html。

《中华人民共和国旅游局和菲律宾共和国旅游部旅游合作执行计划》。[①] 2011 年两国经贸部门签署《经贸合作五年发展规划》。[②] 一系列双边协定的签订涉及经贸领域的多个方面,包括关税、金融、航空等,双边协定的签订表明中菲两国经贸关系的进一步深入。

21 世纪以来,随着中菲友好合作关系的深入发展,中菲关系进入"黄金时期",中菲贸易步入快速发展阶段。据中国海关统计,2002—2007 年,中菲贸易连续 6 年增幅超过 30%(分别为 48%,79%,42%,32%,33%,31%)。2007 年中菲贸易创历史纪录,达到 306 亿美元。[③] 2008 年受全球金融危机的影响,中菲贸易额大幅度下滑,为 285.8 亿美元,2009 年又降到 205.3 亿美元。随着经济的复苏回暖,中菲贸易恢复快速发展势头,2010 年双边贸易额为 277.46 亿美元,2013 年为 380.7 亿美元,其中中国出口额为 198.4 亿美元,增长 18.6%,进口 182.3 亿美元,下降 7.2%。2014 年中菲双边贸易额为 444.42 亿美元,较上年增长 16.75%,其中中方出口 234.59 亿美元,同比增长 18.27%,进口 209.83 亿美元,增长 15.1%,中方贸易顺差为 24.76 亿美元。2002 年中国首次成为菲律宾的第十大贸易伙伴,而到了 2014 年中国已经成为菲律宾的第二大贸易伙伴(图 6-5)。

中国对菲律宾的投资有所增加。据中国商务部统计,2014 年中国企业在菲新签工程承包和劳务合作合同额 117.36 亿美元,完成额 89.58 亿美元。2014 年中国对菲律宾非金融类投资 5769 万美元。截至 2014 年年底,中国对菲累计非金融类投资额为 4.58 亿美元。[④]

---

① 《中菲重要双边文件》,中国驻菲律宾大使馆,http://www.fmprc.gov.cn/ce/ceph/chn/zfgx/zzgx/t233337.htm,2006 年 1 月 29 日。
② 《中菲重要双边文件》,中国驻菲律宾大使馆,http://www.fmprc.gov.cn/ce/ceph/chn/zfgx/zzgx/t537544.htm,2015 年 3 月 17 日。
③ 《中菲经贸关系概况》,中国驻菲律宾大使馆,http://www.fmprc.gov.cn/ce/ceph/chn/zfgx/jmgx/t539282.htm,2010 年 1 月 26 日。
④ 《2014 年中菲经贸合作概况》,中国驻菲律宾大使馆,http://www.fmprc.gov.cn/ce/ceph/chn/zfgx/jmgx/t1277542.htm,2015 年 7 月 1 日。

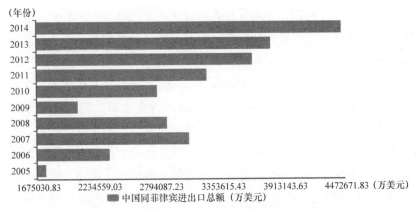

图 6 - 5　2005—2014 年中国同菲律进出口走势

　　资料来源：中华人民共和国国家统计局网站。http：//data. stats. gov. cn/adv. htm？m = advquery&cn = C01 。

三　中国和菲律宾的文化、教育、科技关系

　　中菲在文化、教育、科技等领域的交流与合作不断深化，成果显著，签署了一系列合作文件。到 2015 年 3 月为止，两国签署了 14 个双年度文化合作执行计划，举行了 13 次科技合作联委会会议，共确定了 244 个科研合作项目，主要有：《科技合作协定》（1978 年）、《文化合作协定》（1979 年）、《中菲刑事司法协助条约》（2000 年）、《信息产业合作备忘录》（2001 年）、《打击跨国犯罪合作备忘录》（2001 年）、《引渡条约》（2001 年）、《打击贩毒合作协议》（2001 年）、《海事合作谅解备忘录》（2005 年）、《卫生和植物卫生合作谅解备忘录》（2007 年）、《教育合作谅解备忘录》（2007 年）、《文化遗产保护协议》（2007 年）、《体育合作备忘录》（2011 年）、《旅游合作谅解备忘录》（2011 年）等一系列合作文件。2004 年，双方建立年度防务安全磋商机制。①

　　两国地方政府之间的交流和合作也不断增强。目前，中菲结有 27 对友好省市，省级的有：上海市和大马尼拉市、海南省和宿务省、

　　① 《中菲双边关系概况》，中华人民共和国驻菲律宾共和国大使馆，http：// www. fmprc. gov. cn/ce/ceph/chn/zfgx/zzgx/t537544. htm。

山东省和北伊洛戈省、安徽省和新怡诗夏省、湖北省和莱特省、北京市和马尼拉市、江西省和保和省、广西壮族自治区和达沃市、福建省和内湖省、广西壮族自治区和宿务省、河南省和达拉省。市级的有：广州市和马尼拉市、杭州市和碧瑶市、无锡市和普林塞萨港市、厦门市和宿务市、沈阳市和奎松市、三亚市和拉普拉市、抚顺市和利巴市、淄博市和万那威市、石狮市和那牙市、柳州市和穆汀鲁帕市、贺州市和圣费尔南多市、哈尔滨市和卡加延－德奥罗市、来宾市和拉瓦格市、兰州市和阿尔贝省、北海市和普林塞萨港市、黄冈市和依木斯市。① 这不仅深化了地方之间的合作，也有利于推动两国关系的向前发展，拓宽两国务实合作领域。

21 世纪以来，以弘扬中华文化、加强中国软实力为目的的汉语教学在菲律宾取得了较快发展。自 2001 年起，中国开始向菲律宾派遣汉语志愿者教师，在菲律宾开展汉语教学。中国派出汉语教师人数逐年增加，据国家汉语国际推广领导小组办公室统计，菲律宾是中国派出汉语教师最多的国家之一，位居全球第二。汉语教学不仅遍布菲律宾全国各地华人学校，而且已进入部分菲律宾主流学校。2011 年 1 月汉语正式成为继西班牙语、法语、日语、德语之后菲律宾教育部规定的菲律宾中学又一外语选修课程。到 2015 年，中国在菲律宾共设有四所孔子学院，分别为：中山大学和雅典耀大学合办的雅典耀大学孔子学院、西北大学和布拉卡国立大学合办的布拉卡国立大学孔子学院、福建师范大学和红溪礼士大学合办的红溪礼士大学孔子学院和厦门大学与国立菲律宾大学合办的国立菲律宾大学孔子学院。②

四 菲律宾华侨华人与中菲关系

在中菲外交关系发展的过程中，华人华侨同样发挥了重要作用，是发展中菲关系一个不可忽视的重要因素。

① 《中菲双边关系概况》，http：//www.fmprc.gov.cn/ce/ceph/chn/zfgx/zzgx/t537544.htm。

② 《中菲文化交流概况》，http：//www.fmprc.gov.cn/ce/ceph/chn/zfgx/whjy/t537705.htm。

菲律宾华人华侨充当了两国政府沟通和联系的桥梁,为增进两国友好合作关系建言献策。菲华人积极组建菲律宾对华友好社团,施加政治和社会影响力。同时,他们还通过华文报纸和当地媒体宣扬中菲传统友好关系,创造良好的社会氛围,以促进两国友好关系的发展。菲律宾华人华侨团体通过发起宗亲会、同乡会等多种华人社团组织赴中国侨乡考察,沟通中国侨乡与菲律宾华人社会的联系。有些华商还直接来华投资,开展双边贸易,加强两国经贸联系。可以说,菲律宾华人华侨为促进中菲两国政治与外交关系的全面发展作出了突出的贡献。

首先,在双方尚未正式建立外交关系之际,华人华侨凭借自身独特的地位和拥有的资源开展公共外交,努力营造良好社会氛围,促成菲律宾政府官员访华,支持两国发展正常的外交关系。1974 年 9 月,马科斯夫人第一次访华后,为消融菲律宾国内弥漫着的反华气氛,华人华侨团体向菲律宾民众传达菲中关系和解的信号。1975 年 6 月 9 日,中国总理周恩来与访华的菲律宾总统马科斯在北京签署建交联合公报,两国正式建立大使级外交关系。菲律宾华人华侨各界 40 多个民间团体共 1500 多人举行盛大晚宴,庆祝菲中建交。10 月 1 日,马尼拉华人社团邀请菲政界、军界及民间精英共聚一堂,举办晚会,庆祝中菲建交后的第一个中国国庆日。① 在华人华侨团体的积极推动下,中菲之间民间文化交流自此丰富起来。

其次,华人在菲律宾取得了较高的政治经济地位,有机会随菲律宾领导人出访中国,在这个过程中,他们努力发挥自身的积极作用,为中菲关系的发展及时建言献策,发挥沟通两国关系的桥梁作用。在华人华侨的多方活动下,从 1982 年到 1986 年,中菲两国多座城市缔结为友好城市,如 1982 年 8 月,经中菲了解协会碧瑶分会牵线,碧瑶市长与杭州市长签订两市友好协定。华人华侨还推动这些友好城市安排互访活动和建立友好合作的互助关系,增进两市间的经济、文化、科技、旅游等方面的友好合作。通过缔结友好城市,双方之间的经济、文化交流增多,形成了良好的交流氛围,提供了双边交流的平台。

---

① 《菲华各界庆祝中菲建交后第一个国庆节》,《东方日报》1975 年 10 月 2 日。

另外，菲律宾华人华侨非常重视和家乡的关系，通过发起宗亲会、同乡会等社团赴家乡考察，了解家乡当地的情况，加强中国侨乡与菲律宾华人社会的联系。他们热心家乡基础设施建设，捐款修建公路、桥梁和水利等公共设施，并资助家乡学校、医院、农场等公益事业发展。华人华侨团体对故乡的贡献很大程度上促进了当地经济的发展，不少华人华侨还热心资助家乡选派留学生出国进修，或者帮助菲律宾华人青年学生到中国学习民族传统文化，加强双方的文化交流和传承。

最后，菲律宾华商通过各种方式来加强菲律宾与中国大陆的经贸联系。中国经济快速增长，投资带来的高额回报吸引着菲律宾华商，他们借助华人社团组织之间固有的社会联系，利用与中国侨乡的血缘宗亲、地缘关系和语言相通的先天优势，投资中国大陆。这些投资给他们带来了收益，也促进了中国的发展。

在中菲两国经济合作不断深入，文化教育、科技交流不断深化的形势下，菲律宾华人华侨顺应时代的发展，利用自身的特殊有利地位，一方面积极融入菲律宾主流社会，在菲律宾求生存、谋发展，努力发挥自己的政治、经济、社会影响力；另一方面，在中菲两国发展友好合作关系的过程中发挥积极作用，利用自身的文化优势，营造了良好的社会氛围，并在一定程度上施加政治影响力，促进了两国友好关系的发展。因此，菲律宾华人华侨作为两国公共外交的主体，在促进双边贸易的发展和文化的交流过程中发挥着积极作用。

第三节　菲律宾投资风险评估

一　政治风险分析

1. 政治家族垄断资源

菲律宾政治和经济命脉基本上被 100 多个政治家族所控制，大部分总统、省长、市长、议员出身于政治家族，200 多家上市公司有60% 控制在 10 个家族手中。这些政治家族还通过联姻、结盟等手段组成支持网络，控制了大多数地方政府。这些盘根错节的政治家族构成了菲律宾的特权利益集团，一旦某个统治者试图打击腐败，需要面对三重压力:一要面临那些贪官污吏和他们背后势力的挑战;二是敌对家族及其背后势力的攻击;三是还要面对来自自己阵营内部的压力。因此,在菲律宾贪污腐败的成本非常低,即便被媒体曝光,也不意味着就会受到严惩;即便被判刑,也不意味着政治生命的终结。如前总统阿罗约在卸任后被控贪污下狱,但判决迟迟未到。前总统埃斯特拉达在任上因贪腐问题被弹劾并判刑,但很快被特赦,之后仍出任首都马尼拉市市长,两个儿子也依靠他的政治资源步步高升。①

据各国竞争力指标分析库(BVD – EIU Market Indicators & Forecasts)数据分析,2008—2009 年,菲律宾的政治无效性风险略有上升,在随后 5 年稳定不变。在 2014—2015 年,政治无效性风险下降至 2008 年的水平,预计 2016 年,菲律宾的政治无效性风险会略有增长,与印度相近。总体而言,菲律宾政治无效性较高,对商业活动的影响不容忽视(图 6 - 6)。

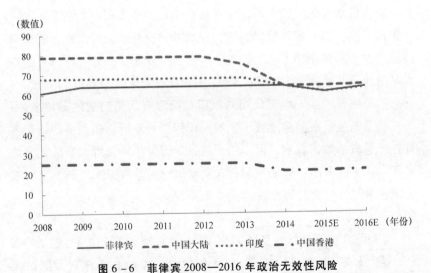

图 6 - 6　菲律宾 2008—2016 年政治无效性风险

注:2015 年与 2016 年的值为预测值;政治无效性风险最大值为 100,为极度风险,最小值为 0,为零风险。

数据来源:EIU Risk Briefing。

---

① 安邦咨询:《2014 年度菲律宾投资风险报告》,http://www.dayananconsulting.com/9th – regular – foreign – investment – negative – list – 2/。

2016 年为菲律宾大选年，在阿基诺三世领导下的菲律宾腐败风日益盛行，民众支持率较低。2016 年的菲律宾政坛纷争不断，在菲律宾新总统就任以前以及就任之初，菲律宾国内政治环境有可能不够稳定。

2. 社会贫富不均，菲律宾南部治安混乱

2010 年阿基诺三世以"反腐、减贫"竞选纲领赢得菲律宾民心并成功当选总统，但 2014 年菲律宾民间独立发展研究机构 IBON 基金会在全国范围的一次民调显示，77.4% 的民众认为过去三年贫困问题没有改善，仅有 14.8% 的民众认为贫困问题得到改善。67% 的菲律宾民众声称自己家庭目前"贫困"，仅有 27.1% 的民众表示自家"不贫困"。[1] 因此，尽管菲律宾近年来经济增长较快，但由于国家政治和经济命脉掌握在少数政治家族手中，社会阶层固化严重，贫富差距悬殊，民众对此深感不满，常见由此引发的小规模社会骚乱。不少人铤而走险，加入各种犯罪组织，导致菲律宾社会治安混乱，菲律宾被称为"亚洲绑架中心"。菲律宾绑架事件大致分三类：第一类是在大马尼拉及其他城市绑架商人特别是华裔商人或其家眷以勒索赎金；第二类是阿布沙耶夫组织及其他穆斯林反政府武装制造的绑架事件；第三类是其他反政府武装或小犯罪集团因各种不同动机制造的绑架事件。菲警方的数据显示，近十年平均每 3 天发生一起绑架案件，平均每年发生 100 多起。这还不包括人质家属未向警方报案、私下交付赎金解决绑架案件。外界估计，此类未报警案件，至少占已报警案件总数的 50% 以上。[2]

2014 年 1 月至 9 月，有 18 名中国公民在菲律宾死于谋杀、绑架等案件，这大大高于往年平均值。[3] 2014 年以来，中国驻菲律宾大使馆多

---

① 《多数菲律宾人指腐败和贫困问题未见改善》，凤凰网，http://news.ifeng.com/a/20140627/40929820_0.shtml。

② 《菲"绑架产业"怎样炼成》，新华网，http://news.xinhuanet.com/world/2014-04/13/c_126384682.htm。

③ 《今年已有 18 名中国人在菲律宾遇害》，新浪网，http://news.sina.com.cn/o/2014-09-23/120430900973.shtml。

次提醒中国公民勿往菲律宾高风险地区。中国驻菲大使馆发布的"风险提示与赴菲须知"信息称，菲律宾南部的8市6镇，是菲律宾政府确定的最高恐怖威胁风险地区，8市为：三宝颜市（Zamboanga City）、帕嘎蒂安市（Pagadian City）、哥打巴托市（Cotabato City）、塔古隆市（Tacurong City）、科嵘纳塔市（Koronadal City）、桑托斯将军市（GeneralSantos City）、拉米坦市（Lamitan City）、伊沙贝尔市（Isabel City）；6镇为：马京达瑙省（Maguindanao Province）的安帕图安镇（Ampatuan Town）、布鲁安镇（Buluan Town）；苏禄省（Sulu Province）的迪奥普—迪奥普镇（Tiop - Tiop Town）、霍洛镇（Jolo Town）、因达南镇（Indanan Town）、帕特库尔镇（Patkul Town）。此外，菲律宾首都地区大马尼拉区（MetroManila（NCR））和菲南部卡加颜德奥罗市（CagayanDeOro City）、基塔巴湾市（Kidapawan City）也为恐怖威胁高风险地区。

菲律宾警察系统的腐败和低效是导致社会治安混乱的重要原因。警察在菲律宾民众心目中形象不佳，常常与无能、敲诈和腐败联系在一起。近年来，菲律宾国内枪击、绑架、凶杀、人身伤害、抢劫、强奸和汽车盗窃等案件频发，破案率却仅有35%。此外，很多警察本身就是绑匪。2014年9月1日，在大马尼拉地区发生的中国公民被绑架事件就是由12名警察策划实施的，其中甚至还包括一名警察总监。2014年9月8日，大马尼拉地区一个轻轨站发生的绑架中国公民事件则是两名菲律宾警察所为。菲前总统埃斯特拉达曾说："涉嫌参与绑架事件的人当中，半数以上是警察或军人。"① 因此，中资企业人员在菲律宾的人身安全问题需要谨慎考虑。但是，菲律宾社会治安不好主要在菲律宾南部地区、而菲律宾北部和中部地区，恶性的社会犯罪还是较少。由于信仰天主教，民众心态也较为平和，很少有极端的排外情绪。

---

① 《媒体解读菲律宾绑架行当：半数以上是警察军人》，环球网，http://world.huanqiu.com/article/2014-09/5144440.html.

3. 菲律宾南部分离主义运动和极端组织恐怖活动猖獗

菲律宾国内恐怖组织、分离势力主要集中在南部棉兰老岛和中部比萨扬群岛部分地区。目前，"摩洛民族解放阵线"（摩解）、"摩洛伊斯兰解放阵线"（摩伊解）和"阿布沙耶夫武装"是菲律宾南部分离主义组织中势力最大的三股力量，对外国企业和投资者的威胁最大。其中最为臭名昭著的是具有极端宗教色彩的阿布沙耶夫恐怖组织，尽管人数较少，但由于手段残忍、不计后果，也更偏重于对外国人发动恐怖袭击，使得该组织给外国游客和投资者造成的恐慌要远大于摩解和摩伊解。自 2014 年 6 月以来，阿布沙耶夫武装多次公然宣誓效忠伊斯兰国（IS），其与国际恐怖主义合流势必将给菲律宾和周边区域带来更大威胁。

分离组织和恐怖主义势力导致菲律宾国内安全局势不稳，还表现在：其一，菲律宾军方对和平进程以及对阿基诺三世的耐心有限，菲律宾军方一些人对于阿基诺三世未能对摩洛伊斯兰解放阵线采取更加强硬的政策感到恼怒。其二，菲律宾军方说自己缺乏资源，因此让各家公司雇用私人武装来保护自己的生意，这会造成叛乱组织和恐怖分子对矿井和其他企业的更多袭击。其三，阿基诺承诺打击侵犯人权和犯罪行为，但私人武装依然是农村地区的一大特色。

国际智库"经济与和平研究所"2014 年发布的全球恐怖主义指数排名，菲律宾在全球 162 个国家中位列第 9 （图 6 - 7），被列入该年度最受恐怖主义影响的 10 个国家之一。研究报告指出，2012—2013 年，菲律宾的恐怖主义显著增加，2013 年造成 292 人死亡的约 499 个事件被认为是由恐怖分子主导的，死亡人数比 2012 年翻了一倍多。2013 年菲律宾有 438 座城市遭受了恐怖袭击，棉兰老岛的哥打巴托市遭遇恐怖袭击的次数最多。①

---

① 《澳发布全球恐怖主义指数》，北京晨报网，http://www.morningpost.com.cn/2014/1120/137754_ 2.shtml。

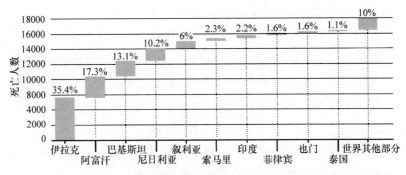

图6-7　2013年最受恐怖主义影响的10个国家（死亡比例）

资料来源：The National Consortium for the Study of Terrorism and Responses to Terrorism（START），Global Terrorism Index Report 2015.。

尽管在过去20年中，菲律宾国内的民族和解进程已经取得了重大进展，但要彻底解决恐怖主义和分离主义问题还有很长的路要走。未来几年菲律宾政府军同恐怖主义武装和分离主义分子的大规模冲突仍有可能爆发，菲律宾国内，尤其是南部地区投资风险较高。

4. 由于南海冲突不断，菲律宾有一定的反华风险，但新任总统有可能改善对华关系

中菲南海主权争端日益尖锐，主要表现在：其一，美国和菲律宾签署新安全协议，加强了美国在菲律宾军事存在以及对菲律宾军事装备供应和军事援助，包括在菲律宾部署侦察机。其二，菲律宾在南海主权诉求上采取新的方式，阿基诺三世曾告诉路透社，中国拒绝就南海问题进行国际仲裁后，菲律宾考虑了至少其他五种方案，推行其主权诉求。其三，加强南海海域商业活动。菲律宾已批准两项在南海海域的油气合约，一家英国—菲律宾合资企业可能在2016年晚些时候就在中菲存在争议的礼乐滩进行钻探。其四，菲律宾想要联合国仲裁南中国海领土之争。其五，扩大为保护其在南中国海有争议水域的领土与经济利益而升级空军与海军的国家开支，包括升级空军海军装备和雷达站的开支。

在这种情况下，菲律宾阿基诺三世政府频繁制造事端，大肆抨击

中国政府，肆意滥用武力抓捕中国渔民，在仁爱礁、黄岩岛等地与中国海上执法力量对抗，中菲关系不断恶化，菲律宾民间的反华情绪也再一次被点燃。2014年菲律宾警方破获一起大案，数位嫌疑人阴谋对中国驻菲律宾使领馆和在菲中国企业发动恐怖袭击。中菲两国因南海问题关系紧张，意味着中国投资者在菲律宾将面临更为恶劣的安全环境。

但是，新任总统杜特尔特上台后，改变阿基诺三世的强硬立场，愿意与中国进行谈判，中菲关系有改善的可能性。

二 菲律宾经济风险评估

1. 经济增长较为快速稳定

2008—2014年菲律宾GDP增速快速稳定。从GDP总量来看（图6-8），虽然2008年全球金融危机遏制了其GDP增长势头，但菲律宾经济很快恢复快速增长，2010年由于全球经济复苏带动其出口增长，菲律宾GDP增长达到7.3%，创35年来最高纪录。2012年以来，菲经济保持快速增长势头，2012年和2013年GDP同比分别增长6.8%和7.2%，2014年回落到6.1%，但仍是亚洲经济增长第二快的国家，仅次于中国。预计菲律宾在接下来的两年中，经济将保持强劲增长势头。[①]

2. 物价较为稳定，通胀风险较低

2008年金融危机后，菲律宾的通货膨胀率快速降低，2009—2014年通胀率在3%—5%之间波动，对比菲律宾通货膨胀率的历史数据，3%—5%的波动区间属于"良性"通胀率。未来两年国际油价处于低位和食品价格增速放缓可能导致通胀率的下降，与其他东南亚主要国家相比，菲律宾整体通货膨胀率处于中间水平，相较中国而言，通胀率的波动范围稍大，国内物价较稳定。

根据各国宏观经济指标宝典（BVD-EIU Country data）的预测，

---

① 中华人民共和国驻菲律宾经商参处：《2014年菲律宾宏观经济概况》，http://ph. mofcom. gov. cn/article/ddgk/zwjingji/201506/20150601025416. shtml，2015-06-27。

2015 年与 2016 年菲律宾国内物价较稳定，预计未来两年菲律宾能够维持温和的通货膨胀率。

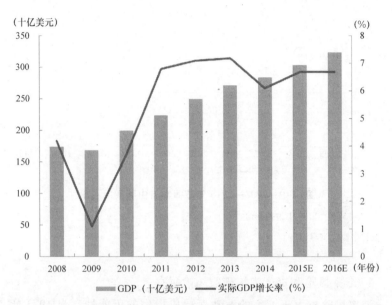

图 6 - 8　2008—2016 年菲律宾 GDP 走势

注：GDP 以现价美元计算，2015 年、2016 年为预测值

数据来源：世界银行。

3. 利率风险相比中国较小

　　菲律宾与中国 2008—2016 年的实际利率如图 6 - 9 所示。由图中可以看出，菲律宾实际利率相比中国更加平稳。2008 年世界金融危机对菲律宾经济有一定冲击，菲律宾 2008 年实际利率为 2%，至 2009 年一路飙升为 5.6%。2009 年下半年，因政府经济刺激计划的有效实施和海外侨汇的不断增长，菲律宾经济开始复苏，形势好转，通胀温和，维持在目标区间内，到了 2011 年实际利率已经降至 2.5%。宽松的货币政策和扩张性的财政政策，使菲律宾达到了扩张需求、刺激产出增加的目的。与此同时，菲律宾 2011 年以来 GDP 增速持续升高，且通胀率趋于温和，经济增长前景改善。

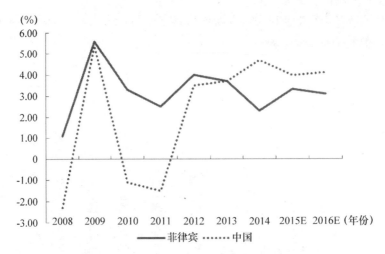

图 6 - 9   2008—2016 年菲律宾与中国实际利率

注：2015 年、2016 年为预测值。

数据来源：世界银行。

4. 汇率风险和资产泡沫破裂风险犹存

汇率风险指由于汇率的波动而造成损失的可能性。自 1973 年以来，菲律宾解除国家外汇管制，实行更富有弹性的浮动汇率管理制度，实际上是将菲律宾货币比索与美元挂钩，形成了一种盯住美元的汇率制度。2008 年全球金融危机之后，受世界各主要国家纷纷出台大规模经济刺激计划的影响，菲律宾的资本流入急剧增加，导致比索兑美元汇率上升了 25%，并导致促使该国十年期国债收益率下降至前所未有的 3.61%。[①] 虽然 2013 年来比索汇率波动强度减弱，但菲律宾外债和外汇储备占比仍然很高，因此在菲开展经营活动要注意规避汇率风险。

但菲律宾的基准利率正处于历史最低水平，这助长了资产和信贷泡沫。菲律宾的消费支出增长极快，个人储蓄率急剧下滑，贷款猛增，货币发行量大幅上升，股市和不动产价格大涨，这些都表明该国

---

① 安邦咨询：《2014 年度菲律宾投资风险报告》，http：//www. dayananconsulting. com/9th - regular - foreign - investment - negative - list - 2/。

资产泡沫的严重程度。目前，中国经济增速放缓，欧洲经济增长缓慢，其他新兴市场表现萎靡，在这样的大环境下，菲律宾资产泡沫有破裂的可能。如果发生这种情况，菲律宾的中资企业资金链将遭遇严峻考验，在企业资产估值、结算和汇兑等方面有可能面临较大的损失。

5. 政府信用风险较低，外汇储备水平较高，国际收支改善

2008 年金融危机后，菲律宾政府负债持续下降，2014 年中旬以来的世界原油价格持续下跌，也使菲律宾政府财政盈余增加，有足够的储备应对债务问题。菲律宾的政府债务问题并不严重。[①]

菲律宾本身的中期财政赤字预算目标为 GDP 的 2%。2014 年达 GDP 的 3%，已经超过了这一目标，虽然政府今后可能继续加大财政支出，并在 2016 年达到 5% 的水平，但由基础建设的投入而产生的短期政府赤字水平超过目标值的风险并不那么令人担忧。菲律宾央行也表示，尽管超过了 2% 的中期目标，但赤字更多的是对教育、基建、医疗等方面的投资，这些投资将在未来转化为长期增长，消化投资成本。

菲律宾中央政府债务组成方面，有 33% 的外债，67% 为内债。在外债中，以外币计价的债务接近 100%，汇率的波动会影响债务的偿还，菲律宾比索贬值会增加偿债负担，但从亚洲各国货币对美元的汇率看来，比索汇率相对稳定。而就债务的偿还期限看来，菲政府的短期外债占总外债的比例不到 5%，有良好的偿债能力。

从国家总体外债的角度看，菲律宾总体外债占 GDP 的 27.3%，并且呈逐年下降的趋势，这与菲律宾政府的财政盈余、强劲的 GDP 增速以及比索的升值密不可分，[②] 这些因素也使得菲律宾的偿债能力增强。总的来说，过去 10 年菲律宾在政府债务控制方面取得一定成效，其债务风险总体可控。

---

① IMF. 2015 Article IV Consultation—Staff Report, Press Releasf, and Statement by the Executive Director for Philippines, Washington, D. C. IMF, 2015.

② IMF. 2015 Article IV Consultation—Staff Report, Press Release, and Statement by the Executive Director for Philippines, Washington, D. C. IMF, 2015.

　　2010 年以后，菲律宾的外汇储备大幅增加，从 2010 年的 620 亿美元增加到 2012 年的 830 亿美元，增幅达 34%。之后趋于平稳状态。其外汇储备的快速增长主要来自 2008 年金融危机后国际收支的进一步改善，以及菲律宾出口创汇的不断增加。之后趋于平稳且有小幅度下降，是因为受到 2013 年以来国际黄金价格下降和比索贬值的影响。

　　从外来资本占国内主权债务的比例来看，2008—2009 年金融危机之后，外国投资者持有菲律宾主权债务的占比逐步下降并趋于低水平的平稳状态。2010 年，受 2008 年金融危机影响，菲律宾发生了大量的资本外流。之后，主权债务逐步回升，但是外资持有主权债务比例下降至低比例，菲律宾面对的资本型外部冲击减少（图 6 – 10）。

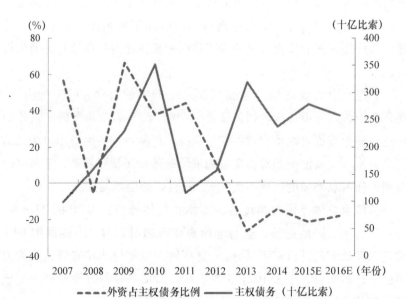

图 6 – 10　菲律宾主权债务及外资比例

注：2015 年、2016 年为预测值。

数据来源：菲律宾财政部（DOF）。

　　综合来看，菲律宾受到的外来资本冲击较小，主要原因在于菲律

宾的资本账户开放程度有限，2008 年金融危机之后，外资持有主权
债务比例降低，国内主权债务增加。影响资本账户开放程度的主要原
因是菲律宾出于国家安全领域的考虑，限制外资在菲律宾的投资
范围。

6. 贸易型经济受外部冲击可能性较大，但外部贸易冲击对菲律
宾经济的影响在下降

一国贸易型经济受到外部冲击的影响程度可通过三个维度来衡
量，产品集中度（商品结构风险系数）、市场集中度（市场结构风险
系数）和外贸依存度。

从产品集中度来看，菲律宾的出口商品主要是电子产品，从
2012 年至今，电子产品的出口占总出口的 42%—44%，其他出口
商品的占比较低，例如第二大出口商品的占比低于 10%（图 6 -
2）。这反映了菲律宾近乎一半出口额集中于单一商品的问题，而其
他出口商品占比较低，比较分散。以电子产品为主要出口产品也使
得菲律宾的出口总额易受到国内劳动力成本和全球电子技术革新的
影响。

从市场集中度来看，菲律宾主要的三大出口国（日本、美国和
中国）的出口额占其出口总额的 50% 左右（图 6 - 3）。可见，菲律
宾经济发展对主要出口国经济的依赖程度较高，容易受到主要出口国
经济波动的影响。

从外贸依存度来看，菲律宾进出口总值在 GDP 中的占比持续下
降（图 6 - 11）。从 2012 年的 45.66% 一路下降，并且预测 2016 年依
存度会下降到 42.6%。这说明外部贸易冲击对菲律宾经济的影响在
下降，每年下降的幅度为 1% 左右。

综合来看，菲律宾的出口集中在电子产品和其他制造品，出口商
品单一且为低端密集型产品，容易受到外部冲击；同时，菲律宾出口
市场相对集中于三个国家，成长动力单一，容易受到这些国家经济波
动的影响。但是，其对外贸依存度在下降，虽然能缓解贸易型外部
冲击对菲律宾经济的影响，但是下降幅度较低，效果不大。

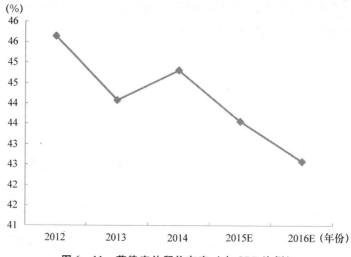

图 6 - 11 菲律宾外贸依存度（占 GDP 比例）

注：2015 年、2016 年为预测值。

数据来源：菲律宾统计局（Department of Statistics Philippines）。

三 菲律宾商业环境风险评估

1. 劳动力资源充沛，素质较高，劳动力市场风险小

菲律宾劳动力资源优势明显，拥有大量教育程度较高、具备英语能力的廉价劳动力。且菲律宾政府对劳动力规范管理，就业法规严格。

近年来，菲律宾劳动力就业率持续保持在90%以上，劳动参与率也稳定在65%左右。菲律宾教育水平高，2008 年该国 10 岁以上人口识字率达95.6%，在东盟十国中名列前茅，80%的国民能熟练使用英语。菲律宾人口结构较为年轻，劳动力结构也偏向年轻，15 岁以下人口超过 3000 万人，占总人口的33.4%；15—60 岁人口为 5515 万人，占总人口的60%，其人口平均年龄仅为23 岁。丰富的劳动力资源使菲律宾成为世界上最大的劳动力输出国之一，其海外劳工人数超过 1000 万人，约占全国人口的10%。2014 年菲律宾海外劳工汇回国内的汇款额达 269.24 亿美元，相当于其国内生产总值的 8.5%，推动了菲律宾国内消费增长。菲律宾劳动力廉价，普通劳动者的平均月薪在 260 美元左右，技术人员月薪在 440—840 美元。首都大马尼拉市工资水平最高，日最低工资约为 10—11 美元。①

2. 关税相对较低，税收风险和财政风险较小

考量一个国家的税收收入是否能够满足政府实现其职能的需要，主要看其宏观税负的高低。而宏观税负水平一般用一个国家一定时期内（通常为 1 年）的税收总量占 GDP 的比重来衡量。2008 年以来，菲律宾宏观税负的波动区间大致为 12.10%—13.60%，平均值为 12.73%（图 6－12）。根据"拉弗曲线"，菲律宾的宏观税负约为 13%，与欧洲的福利国家约为 50% 的宏观税负水平相比税负很低，也大大低于 OECD（经济合作与发展组织）各国 35% 左右的平均税负水平，即使和其他发展中国家相比，排名也比较低，可以说，菲律宾的总体税负水平不高。但菲律宾企业的经营成本在东盟地区是较高的，尤其是在税收方面。当前菲律宾公司税税率高达 30%，在东盟各国排名第一，几乎达到新加坡和文莱的两倍。并且菲律宾还对各类交易行为征收 12% 的增值税，只有涉及农业生产和个人服务的相关交易可以免缴。对于某些商品，菲律宾还征收税率较高的消费税，以抑制消费需求，比如烟、酒、机动车等。此外，菲律宾房产税、印花税、利息税的税率也在东盟各国排在前列。外国企业到地方投资，还需要向当地政府缴纳不动产税和物权转移税。由于政治腐败，地方税的缴纳情况就更难以预料了。②

---

① 菲律宾国家统计协调委员会，教育、劳工数据，http：//www.nscb.gov.ph/stattables/；中华人民共和国商务部：《对外投资合作国别（地区）指南——菲律宾》，2013 年，第 8、22 页。
② 安邦咨询：《2014 年度菲律宾投资风险报告》，http：//www.dayananconsulting.com/9th－regular－foreign－investment－negative－list－2/。

图 6 - 12　菲律宾 2008—2014 年宏观税负

注：上图 GDP 的统计方式为支出法。

数据来源：根据 Wind 资讯数据库整理得出。

　　从图 6 - 13 可以看出，除去 2009 年税收的负增长，菲律宾政府的税收收入不断增加，税收增长率的平均值为 9.34%，增长态势良好，增长速度较为稳定。就财政赤字而言，菲律宾受 2008 年金融危机影响明显，2008 年其财政赤字增长率为 447.52%，2009 年虽减小为 338.26%，但仍然很高，可见菲律宾为了应对危机，政府支出出现了剧烈增加。就税收收入增长率和财政赤字增长率的对比而言，除去 2008 年前后菲律宾政府财政赤字剧烈波动的情况，2010 年以来菲律宾的财政赤字增速基本上小于税收的增长速度，说明政府对于赤字的控制成效显著。

　　在财政风险方面，菲律宾风险可控。依据《稳定与增长公约》和《马斯特里赫条约》，在不对主权国家的预算和税收政策进行实际干预的情况下，以财政赤字率不超过 3% 为国际通用警戒线值，从而确保各国财政的健康。从图 6 - 13 可以看出，菲律宾 2009 年和 2010 年因金融危机影响，赤字率高于 3% 的国际标准，有一定的财政风险，但从 2010 年至今，其财政赤字率呈现下降趋势，2011—2014 年的财政赤字率均在 3% 以下，并且 2014 年的财政赤字率已经下降到了 0.6%。因此,菲律宾政府虽然因 2008 年金融危机而面临一定的赤字压力,但近年来菲政府的收支情况不断改善,税收稳定增长的状态与赤字的减少为政府收支情况的改善和各项职能的顺利实现提供了经济基础。

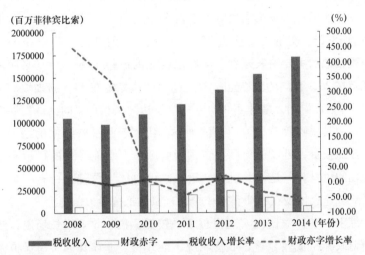

图 6-13 菲律宾 2008—2014 年联邦政府税收与财政赤字情况

数据来源:Wind 资讯数据库。

菲律宾进口关税税率由菲律宾关税委员会确定公布,出口关税的税率由海关总署确定。菲律宾《关税与海关法》将应税进口商品分为 21 类,进口关税税率一般为 3%—30%,其中征收 30% 关税的商品为制成品,包括烟酒、部分农产品、各类服装、汽车、摩托车整车等。对于出口关税,菲律宾仅对以下出口商品征收税率均为 20% 的关税:木材、圆木、饰面用薄板和胶合板、金属矿砂及其精矿、金、银、矿渣水泥、硅酸盐水泥、船用燃料油、石油沥青、未加工的 AB-ACA(一种产纤维的植物,产于菲律宾)、香蕉、菠萝、椰子及椰子产品、糖及糖制品、烟草、小虾和对虾。[1] 但需要注意的是,从 2010

---

[1]《菲律宾对外国投资合作的法规和政策(2014 年版)》,南博网,http://philippines. caexpo. com/zcfx_ flb/fghj_ flb/2015/07/15/3648291. html。

年 1 月 1 日起，中国与包括菲律宾在内的东盟 6 个老成员国之间，对共 7000 多种产品实行零关税，达 90% 以上。2012 年 1 月 1 日起，中国与菲律宾在内的 6 个东盟老成员对二轨正常产品实施零关税，5 月起菲律宾对一般敏感产品调整关税至 20% 以下。[①]

根据 EIU（The Economist Intelligence Unit）的评分，从 2008 年至今，菲律宾的税收政策风险值稳定在 38 的水平，而英国在这一时期的均值为 18.85，美国的均值为 37，中国在这一时期的值稳定在 38，对比东盟其他的主要国家来看，印度尼西亚的值稳定在 44，马来西亚的值稳定在 25，泰国的值稳定在 31，越南的值稳定在 44，新加坡的值稳定在 6。可以看出，菲律宾相对于一些发达国家和东盟的其他发展中国家而言，其税收政策风险值的波动小，代表着其税收政策的稳定，利于企业的投资，可以避免因投资国税收政策变化而导致的税后利润发生变化的风险。但是，其税收政策风险值总体评分偏高，有一定的税收风险，这也体现在菲律宾对于金融危机的抵抗能力偏弱上。

综上，菲律宾国内宏观税负水平较低，税收收入增长稳定，政府控制财政赤字成效显著，收支状况不断改善。菲律宾的贸易保护尤其是其关税壁垒的程度较低，总体上利于中国与其经贸合作的稳定、深入发展，但由于菲律宾抵抗世界经济金融风险能力有限，需注意在全球经济状况不稳定下的投资风险规避。

3. 腐败问题严重，行政效率低下

根据透明国际 2014 年发布的相关报告，菲律宾清廉指数为 38，

---

① 根据东盟自由贸易区的产品分类标准，除已有降税安排的早期收获产品外，其余产品分为正常产品和敏感产品两大类。在正常产品中，产品又分为一轨产品和二轨产品两类。两者的共同点是最终税率均为零，区别仅在于二轨正常产品的关税在按降税模式降到 5% 以下时，可保持不超过 5% 的关税，在比一轨正常产品更晚的时间降为零。对中国和东盟老成员，应在 2012 年 1 月 1 日取消二轨正常产品的关税，对东盟新成员，应在 2018 年 1 月 1 日取消二轨正常产品的关税。一般敏感产品则是一段时间后把关税降到相对较低的水平，且最终税率低于高度敏感产品。中国和东盟老成员应不迟于 2012 年 1 月 1 日将其关税削减至 20% 以下，2018 年 1 月 1 日进一步削减至 5% 以下；东盟新成员应不迟于 2015 年 1 月 1 日将其关税削减至 20% 以下，2020 年 1 月 1 日进一步削减至 5% 以下。具体可参见齐虹丽主编《中国—东盟自贸区法律协议条文释义》，经济管理出版社 2011 年版，第 148—151 页。

排名位列第 85 位，在全球 175 个国家和地区中位于中下游。[①] 但菲律宾的实际状况远不是这几个简单的数字所能体现的。菲律宾政坛的腐败由来已久，从马科斯、埃斯特拉达到阿罗约，菲律宾几任总统都深陷贪腐丑闻，甚至因此下台、入狱。据菲律宾一家民间独立机构于 2014 年 4 月的调查，64.9% 的民众认为过去三年菲律宾的腐败问题并未减轻，仅有 22.3% 的民众认为有所改善。[②] 2015 年 1 月罗马教皇方济各访问菲律宾时，甚至公开呼吁菲律宾政府面对腐败问题，应聆听遭受"可耻的社会不平等"的穷人的诉求。

菲律宾腐败严重影响了外国投资。据菲律宾《商业镜报》报道，腐败导致菲律宾商业环境恶化，对菲律宾低下的外国投资水平难辞其咎。2012 年菲律宾吸引外资只有 27.97 亿美元，远低于新加坡的 565 亿美元、印尼的 198.5 亿美元、马来西亚的 100.7 亿美元，菲律宾尽管与越南、印尼等国相比腐败程度差不多，但在越南、印尼等国贿赂的回报是可期的，在菲律宾却难以得到保证。菲律宾冗杂的政府办事手续也给腐败滋生提供了土壤。[③] 腐败使得菲律宾行政效率低下，法律难以执行，企业的生存和发展环境非常恶劣。对于外资企业更是如此，由于缺乏当地关系网，在同菲律宾本土企业竞争时，外企更容易遭遇敲诈勒索，沦为"潜规则"的牺牲品。菲律宾各级政府行政手续非常烦琐，层层设卡，在菲律宾办理企业开业登记平均需要 80 天。尽管菲律宾也曾出台过很多鼓励外国投资的政策法规，可是由于贪腐和基层官员办事效率低下，真正得到落实的屈指可数。

4. 基础设施风险较高

相比其他东盟成员，菲律宾的基础设施方面的劣势明显。基础设施不足，已有设施老旧是其主要问题。公路方面，国道和省道仅占全

---

① 《菲律宾清廉指数列全球第 85》，环球网，http://china.huanqiu.com/News/mofcom/2014-12/5228267.html。

② 《多数菲律宾人指腐败和贫困问题未见改善》，中国新闻网，http://www.chinanews.com/gj/2014/06-27/6329161.shtml。

③ 《菲律宾腐败影响外国投资》，中华人民共和国商务部网站，http://www.mofcom.gov.cn/article/i/jyjl/j/201403/20140300531478.shtml。

国公路的 28%，道路密度为 0.72 公里/平方公里。① 铁路方面，可运营的铁路仅有 400 多公里。据各国竞争力指标分析库（BVD – EIU Market Indicators & Forecasts）数据分析，2008—2016 年菲律宾的基础设施风险指标数值如图 6 – 14 所示。数据显示，菲律宾的基础设施风险一直处于高位，2015 年和 2016 年预测指标有所下降，但仍然是基础设施风险数值极高的国家。

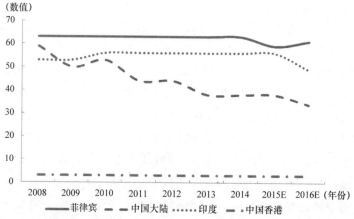

图 6 – 14　菲律宾、中国大陆、中国香港与印度 2008—2016 年基础设施风险

注：基础设施风险指标以 100 为最大值，风险越大数值越高。其中，2015 年与 2016 年的数据为预测值。

数据来源：各国竞争力指标分析库（BVD – EIU Market Indicators & Forecasts）。

由于基础设施落后，菲律宾的水、电、气价格都很高，没有任何政府补贴。如在马尼拉西部地区，工业用水的单价在 65—66 比索/立方米，约合 1.5 美元/立方米，此外还要征收 20% 的环保费、20% 的污水处理费和 12% 的增值税。2012 年 4 月起，菲律宾居民用电价格为 0.2485 美元/千瓦时，排名世界第一；工业用电价格为 0.1728 美元/千瓦时，排名世界第二。即便如此，当地电力资源依然紧张，经

---

① 中华人民共和国商务部：《对外投资合作国别（地区）指南——菲律宾》（2014年），2013 年，第 15 页。

常需要拉闸限电。①

在世界银行给出的 2014 年物流绩效指数中（见表 6-2），菲律宾也是东南亚国家中较落后的几个国家之一，各项指标均表现不佳。其中，物流设施基础建设方面表现尤其糟糕，在所有参评国家中排名靠后，与其他东南亚国家差距明显。在物流绩效指数的各项指标中，国际航运的表现略好，但根据世界银行在 2011—2014 年发布的包含 249 个国家和地区的港口基础设施质量数据，2014 年菲律宾在港口质量上得分为 3.5，排在第 179 位。所以综合来看，菲律宾基础设施体系不健全，尤其是首都马尼拉交通状况极为糟糕，这是企业投资马尼拉需要注意的问题。但菲律宾的国际航运状况略好于公路和铁路。

表 6-2　　　　　2014 年东南亚部分国家物流绩效指数

国家	综合得分	海关	基础设施	国际航运	物流质量	易追踪性	合时性
新加坡	4.00　(5)	4.01　(3)	4.28　(2)	3.70　(6)	3.97　(8)	3.90　(11)	4.25 (9)
日本	3.91　(10)	3.78　(14)	4.16　(7)	3.52　(19)	3.93　(11)	3.95　(9)	4.24 (10)
中国香港	3.83　(15)	3.72　(17)	3.97　(14)	3.58　(14)	3.81　(13)	3.87　(13)	4.06 (18)
中国台湾	3.72　(19)	3.55　(21)	3.64　(24)	3.71　(5)	3.60　(25)	3.79　(17)	4.02 (25)
韩国	3.67　(21)	3.47　(24)	3.79　(18)	3.44　(28)	3.66　(21)	3.69　(21)	4.00 (28)
菲律宾	3.00　(57)	3.00　(47)	2.60　(75)	3.33　(35)	2.93　(61)	3.00　(64)	3.07 (90)
中国	3.53　(28)	3.21　(38)	3.67　(23)	3.50　(22)	3.46　(35)	3.50　(29)	3.87 (36)

注：数据来源：世界银行物流绩效指数调查 http://data.worldbank.org.cn/indicator/LP.LPI.INFR.XQ. 该调查衡量贸易和运输相关基础设施的质量（1＝很低至 5＝很高），受访者按照从 1（很低）至 5（很高）打分来评价贸易和运输相关基础设施（如港口、铁路、公路、信息技术）的质量。调查国家共 160 个，分数是全部受访者的平均分数。括号中的数据表示本国在此单项上的排名。

5. 自然灾害风险较高

菲律宾群岛地形多以山地为主，占全国总面积 3/4 以上；有 200

① 安邦咨询：《2014 年度菲律宾投资风险报告》，http://www.dayananconsulting.com/9th-regular-foreign-investment-negative-list-2/。

多座火山，其中活火山 21 座。东部的太平洋面是台风发源地，每年 6—11 月多台风。靠海的 60 个市政府和 10 个大城市以及 60% 以上的居民会受到海平面上升的威胁。菲律宾平均每年会受到 20 个台风的影响，其中 8—9 个台风会登陆菲律宾，台风带来的洪涝等造成大量人员伤亡。[①] 2011 年 12 月的一场暴风雨曾导致菲律宾南部卡加延 - 德奥罗和伊利甘两座城市 1200 多人死亡、几十万人无家可归。[②]

据各国竞争力指标分析库（BVD - EIU Market Indicators & Forecasts）数据分析，从 2008 年至今，菲律宾的自然环境风险处于较高水平，总体来看，相比于其他国家的自然环境风险而言，菲律宾的自然环境风险很高，而且预计 2016 年这一趋势将保持不变，这对未来的商业活动造成的潜在影响不容忽视（图 6 - 15）。

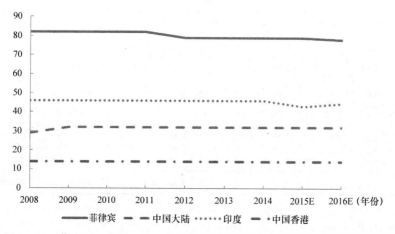

图 6 - 15　菲律宾、中国大陆、中国香港与印度 2008—2016 年自然环境风险

注：自然环境风险指标以 100 为最大值，风险越大数值越高。其中 2015 年与 2016 年为预测值。

数据来源：各国竞争力指标分析库（BVD - EIU Market Indicators & Forecasts）。

---

① 世界银行：http：//sdwebx. worldbank. org/climateportalb/home. cfm？page = country_profile&CCode = PHL&ThisTab = RiskOverview。

② 《路透社分析菲律宾面临的主要政治经济风险》，http：//www. cetin. net. cn/cetin2/servlet/cetin/action/HtmlDocumentAction？baseid = 1&docno = 486207。

根据德国联合国大学发布的《2011 全球风险报告》，菲律宾位居最易受自然灾害及气候变化影响的国家排名第三位，而菲律宾对灾害的应对乏力加剧了灾害风险的潜在影响。[①] 由于菲律宾的地理环境恶劣和行政效率低下，自然环境风险难以在短时间内降低，这对未来的商业活动会造成不利的影响。

结　论

根据对菲律宾自然环境、政治外交、社会文化和经济运行状况的分析，虽然菲律宾的商业环境对投资者的吸引力一般，但从 2008 年至今，其商业环境吸引力有不断增加的趋势（图 6 - 16）。综合考虑，菲律宾人口众多、市场潜力较大、经济发展快速、社会相对稳定、民众心态平和，如果中菲政治关系能够改善，2017 年菲律宾将是值得投资的沃土。

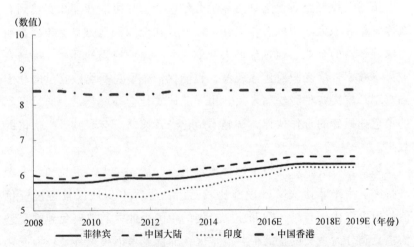

图 6 - 16　2008—2019 年菲律宾、中国大陆、中国香港与印度商业环境吸引力

注：2015—2019 年的指标数据为预测值。商业环境吸引力指标以 10 为最大值，数值越高表明该国商业环境的吸引力越大。

数据来源：各国竞争力指标分析库（BVD - EIU Market Indicators & Forecasts）。

[①]《菲律宾自然灾害风险排名世界第三》，中华人民共和国商务部网站，http://www.mofcom.gov.cn/aarticle/i/jyjl/j/201109/20110907732848.html。

在世界银行给出的 Doing Business 指标当中，2015 年菲律宾在 189 个调查国家中排名第 95 位，相较于 2014 年排名（第 86 位）下降 9 位。此项排名具体考虑包括如开始设立贸易、获得建造许可、获得电力支持、财产登记、获得信用支持、保护少数投资者、支付税收、跨国贸易、合同执行力、解决破产问题这 10 个方面的内容，可以综合衡量在一国境内完成一整个小型或者中型商业活动周期的难易程度。① 2015 年，除了在获得电力支持和合同执行力两个方面的投资便利性没有变化外，其余项目上排名均有下降。尤其是菲律宾通过一项政策限制货运卡车在马尼拉地区通行后，投资者的投资变得更为困难。这表明菲律宾的商业环境便利性及总体吸引力在 2014—2015 年间并没有得到改善，甚至有倒退的趋势，投资风险较高。

中国企业在菲律宾投资应注意下述问题：②

第一，投资企业要选择可靠的合作伙伴，尽可能在菲律宾找到有雄厚背景和强大实力的合作伙伴，最好是在全国和地方具有相当影响力家族经营的企业，通过他们去帮助企业迅速适应当地环境，提高企业办事效率，享受政府优惠政策，也能保护企业免受腐败官员的勒索和盘剥，解决各种纠纷与矛盾。由于菲律宾社会环境复杂，通过可靠的渠道选择好的合作伙伴，实施本地化经营策略，会起到事半功倍的效果。

第二，投资企业要慎重选择投资地点，优先考虑马尼拉和几个经济特区。由于菲律宾基础设施比较落后，尽管不少地区具备投资价值，但投资代价高昂。在菲律宾投资的中国企业尤其要避免到饱受恐怖主义和分离主义困扰的棉兰老地区，而优先考虑投资环境较为成熟的大马尼拉市和苏比克、卡加延、克拉克等经济特区。

---

① 世界银行：Doing Business 2015：Economy Profile 2015 – Philippines，http：//www. doingbusiness. org/data/exploreeconomies/ – /media/giawb/doing% 20business/documents/profiles/country/PHL. pdf？ ver = 2。

② 安邦咨询：《2014 年度菲律宾投资风险报告》，http：//www. dayananconsulting. com/9th – regular – foreign – investment – negative – list – 2/。

第三，投资企业要仔细研究菲律宾的法律政策。菲律宾法律法规对外资企业有诸多限制条款，建议加强与当地律师事务所或会计师事务所合作，进入市场前充分论证，进入市场后做好各种预案，防范风险。

第四，投资企业要认真考察调研，熟悉菲律宾投资环境。菲律宾岛各地文化差异较大，在进行投资前，应进行认真细致的实地调研，准确掌握项目实际情况。由于大多数菲律宾民众生活水平较低，喜欢物美价廉商品，对产品品质要求不高，可采取低价促销策略。此外，菲律宾不同宗教信仰的人群，有不同的商品喜好和禁忌，应注意投其所好，在不同宗教族群聚集区有不同的商品偏向。

第五，菲律宾人口众多，英语普及，民风淳朴，人力资源丰富。但菲律宾人工作效率较低，大多不愿带薪加班。中国企业要顺应当地文化习俗，发展新的企业文化。

第六，中国企业应加强产品宣传，提高菲律宾人对中国产品的认知度和认可度，提高中国品牌的影响力。一方面，从中国产品品质和品种看，我们的产品完全有能力扩大对菲律宾的出口。但在广告宣传方面，中国企业做得较少，比日本主要品牌的广告宣传力度要小得多，这方面亟待提高。另一方面，菲律宾仿冒和侵权问题相当严重，对于专利或自创商标的产品，建议在菲律宾智能财产局注册登记，以获得法律的保障。要让菲律宾人买中国产品，就要以最好的中国品牌进入菲律宾市场。

主要参考文献

一　报告与调查

[1] 商务部国际贸易经济合作研究院、商务部投资促进事务局、中国驻菲律宾大使馆经济商务参赞处编：《对外投资合作国别（地区）指南——菲律宾（2014 年版）》。

[2] 国家海洋局海洋发展战略研究所课题组编著：《中国海洋发展报

告（2011）》，海洋出版社于 2011 年出版。

[3] 安邦咨询:《2014 年度菲律宾投资风险报告》，http：//www. dayananconsulting. com/9th – regular – foreign – investment – nega-tive – list – 2/。

[4] 世界经济论坛:《2014—2015 全球竞争力报告》，http：//www3. we-forum. org/docs/WEF_ GlobalCompetitivenessReport_ 2014 – 15. pdf

[5] 世界银行:《物流绩效指数调查》，http：//data. worldbank. org. cn/indicator/LP. LPI. INFR. XQ。

[6] The National Consortium for the Study of Terrorism and Responses to Terrorism (START)，*Global Terrorism Index Report* 2015.

二 专著

[1] [新西兰] 尼古拉斯·塔林主编:《剑桥东南亚史》 Ⅱ，王士录等译，云南人民出版社 2003 年版。

[2] 金应熙主编:《菲律宾史》，河南大学出版社 1990 年版。

[3] 齐虹丽主编:《中国——东盟自贸区法律协议条文释义》，经济管理出版社 2011 年版。

[4] 许焕兴、赵莹华编著:《国际工程承包》，东北财经大学出版社 2009 年版。

[5] 李涛、陈丙先编著:《菲律宾概论》，世界图书出版公司 2014 年版。

[6] 马燕冰、黄莺编著:《菲律宾》，社会科学文献出版社 2007 年版。

[7] Sheila S. Coronel, Yvonne T. Chua, Luz Rimban, and Booma B. Cruz, *The Rulemakers*：*How the Wealthy and Well – Born Dominate Congress*, Quezon City, Philippines：Philippine Center for Investi-gative Journalism, 2004.

[8] Benedict Anderson, *The spectre of Comparisons*：*Nationalism*，*Southeast Asia*，*and the World*, London and New York：VERSO, 1998.

三 论文与网文

[1] 申海平:《菲律宾外国投资 "负面清单" 发展之启示专题研

究》，《法学》2014 年第 9 期，第 39 页。

[2] 周颖：《菲律宾的汇率制度及国际收支状况》，《亚太经济》2006
年第 2 期。

[3] 刘星等：《税收风险的生成机理及防范研究》，《企业经济》2004
年第 10 期。

[4] 白彦锋：《建立防范和化解我国税收风险的长效机制》，《税务研
究》2007 年第 5 期。

[5] 中国商务部驻菲律宾经商参处：《2014 年上半年菲律宾经济形势
浅析》，http：//yzs. mofcom. gov. cn/article/zcfb/201409/2014090
0730883. shtml。

[6] 岳德明：《中国/菲律宾关系大事记》，中国网，http：//www.
china. com. cn/chinese/zhuanti/nysg/841409. htm。

[7] 中国驻菲律宾大使馆：《中菲重要双边文件》，2006 年 1 月 29 日，
http：//www. fmprc. gov. cn/ce/ceph/chn/zfgx/zzgx/t233337. htm。

[8] 《中菲双边贸易增速居东盟次席，专家指需增互信》，中国新闻网，
2011 年 8 月 31 日，http：//www. chinanews. com/cj/2011/08 –
31/3296611. shtml

[9] 中华人民共和国驻菲律宾经商参处：《2014 年菲律宾宏观经济概
况 》， http：//ph. mofcom. gov. cn/article/ddgk/zwjingji/201506/
20150601025416. shtml。

[10] 中国驻菲律宾大使馆：《2014 年中菲经贸合作概况》，2015 年 7
月 1 日。http：//www. fmprc. gov. cn/ce/ceph/chn/zfgx/jmgx/
t1277542. htm。

[11] 《中国与菲律宾的经贸合作提速四大领域商机无限》，新浪网，
http：//gov. finance. sina. com. cn/zsyz/2004 – 08 – 04/19548. html。

[12] 中华人民共和国驻菲律宾共和国大使馆：《中菲双边关系概况》，
http：//www. fmprc. gov. cn/ce/ceph/chn/zfgx/zzgx/t537544. htm。

[13] 《多数菲律宾人指腐败和贫困问题未见改善》，凤凰网，ht-
tp：//news. ifeng. com/a/20140627/40929820_ 0. shtml。

[14] 《菲"绑架产业"怎样炼成》，新华网，http：//news. xinhua-

net. com/world/2014 – 04/13/c_ 126384682. htm。

[15]《今年已有 18 名中国人在菲律宾遇害》，新浪网，http：//
news. sina. com. cn/o/2014 – 09 – 23/120430900973. shtml。

[16]《媒体解读菲律宾绑架行当：半数以上是警察军人》，环球网，
http：//world. huanqiu. com/article/2014 – 09/5144440. html。

[17]《中国企业在菲律宾投资、贸易、承包工程注意事项》，和讯
网，http：//news. hexun. com/2012 – 12 – 20/149279264. html，
2012 – 12 – 20。

[18]《菲律宾清廉指数列全球第 85》，环球网，http：//china. huan-
qiu. com/News/mofcom/2014 – 12/5228267. html。

[19]《路透社分析菲律宾面临的主要政治经济风险》，中国航天科技信息
网，http：//www. cetin. net. cn/cetin2/servlet/cetin/action/HtmlDoc-
umentAction？ baseid = 1&docno = 486207。

[20] 中华人民共和国商务部：《菲律宾自然灾害风险排名世界第
三》，中国航天科技信息网，http：//www. mofcom. gov. cn/aar-
ticle/i/jyjl/j/201109/20110907732848. html。

[21]《菲律宾腐败影响外国投资》，中华人民共和国商务部网站，ht-
tp：//www. mofcom. gov. cn/article/i/jyjl/j/201403/20140300531
478. shtml。

[22]《菲律宾央行：计划重启与人民币货币互换》，中国金融信息
网，http：//app. xinhua08. com/print. php？ contentid = 1394428。

[23]《中国企业在菲律宾投资、贸易、承包工程注意事项》，和讯
网，http：//news. hexun. com/2012 – 12 – 20/149279264. html。

[24]《专访菲律宾央行副行长基尼孔多：新兴市场央行不存在"魔
法公式"》，《第一财经日报》，http：//www. yicai. com/news/
2014/06/3980498. html。

[25]《菲律宾 GDP 增幅超 GNI 增幅》，凤凰财经，http：//finance.
ifeng. com/roll/20120911/7017516. shtml。

[26]《台风"海燕"重创菲律宾 物价上涨通胀率创新高》，中国新
闻网，http：//www. chinanews. com/gj/2014/01 – 08/5712048.

shtml。

［27］中华人民共和国商务部：《菲律宾等东南亚国家的经济面临增
速锐减的风险》。

［28］Neubig T, Sangha B. , "Tax Risk and Strong Corporate Govern-
ance," *Tax Executive*, 2004（2）.

［29］Satur C. Ocampo, "Political dynasties still dominate Congress,"
Global Balita, October 1, 2011, http：//globalbalita. com/? s =
Political%2Bdynasties%2Bstill%2Bdominate%2BCongress.

四　网站

［1］菲律宾国家经济发展署：http：//devplan. neda. gov. ph。

［2］菲律宾国家统计协调委员会：http：//www. nscb. gov. ph。

［3］菲律宾统计局（Department of Statistics Philippines）：https：//
psa. gov. ph/。

［4］世界银行：http：//sdwebx. worldbank. org。

［5］中华人民共和国国家统计局：http：//data. stats. gov. cn。

［6］中华人民共和国商务部：http：//www. mofcom. gov. cn/。

［7］Doing Business, http：//www. doingbusiness. org.

［8］Global Balita, http：//globalbalita. com.

［9］Tradingeconomics, http：//zh. tradingeconomics. com/philippines/
exports.

第七章　越南基本国情及
投资风险评估

黄云静　邱国盛

越南全称越南社会主义共和国（The Socialist Republic of Vietnam），位于中南半岛东部，北面与中国接壤，西面与老挝、柬埔寨交界，东面和南面濒临南海，总面积 329556 平方公里。越南地形狭长，拥有长达 3260 公里的海岸线，整个国土版图呈现 S 形状，人们往往用"一根扁担挑起两个箩筐"来形容越南的版图："一根扁担"是指纵贯越南中部的长山山脉，"两个箩筐"分别指的是南部的湄公河三角洲和北部的红河三角洲，这两个三角洲土地肥沃，盛产大米，被誉为越南的"粮仓"。

越南地处北回归线以南，属热带季风气候，高温多雨，年平均气温 24℃ 左右，年平均降雨量为 1500—2000 毫米。北方分春、夏、秋、冬四季。南方雨旱两季分明，大部分地区 5—10 月为雨季，11月至次年 4 月为旱季。

越南人口为 9000 万人（截至 2013 年 11 月），共有 54 个族群，其中主体族群为京族，占总人口的 86%，岱依族、傣族、芒族、华人、侬族人口均超过 50 万人。主要语言为越南语（官方语言、通用语言、主要民族语言）。佛教为越南第一大宗教，次之为天主教，其后为和好教与高台教。

越南共分为 63 个省和直辖市。首都设在河内（Ha Noi），为直辖市，面积 3324.3 平方公里，人口 693.69 万人（截至 2013 年 12 月），是越南的政治、经济和文化中心。胡志明市（旧称西贡）也是直辖市，面积 2095.6 平方公里，人口 781.82 万人（截至 2013 年 12 月），为越南人口密度最大的城市和最繁华的商业贸易和经济中心。①

越南为社会主义国家，由越南共产党领导，从 1986 年起实行全面革新开放，迄今取得举世瞩目的发展成就，2014 年人均国内产值超过了 2000 美元，步入了中低收入国家行列。

第一节　越南基本国情

一　革新开放以来越南的政治发展与特点

1. 越南特色的社会主义民主政治

越南是当今世界上仅存的几个由共产党领导的社会主义国家之一。根据越南现行宪法（2013 年宪法）的表述：

——越南是"属于人民的、由人民所组成、一切为了人民的社会主义法制国家"。

——越南共产党是"越南工人阶级的先锋队，同时也是越南劳动人民和越南民族的先锋队，是工人阶级、劳动人民和全民族利益的忠诚代表，以马克思列宁主义和胡志明思想作为思想基础，是国家和社会的领导力量"。

越南从 1986 年开始全面革新开放，在大刀阔斧展开经济革新的同时，有序地推进政治民主化进程。越南把西方的民主政治与越南传统政治文化相结合，创造了富有民族特色的民主政治体系，其特点是顶层分权与集体决策相结合、多数民主与协商民主相结合、民主建设与法制建设相结合。

（1）顶层分权与集体决策

自越共九大（2001 年）以后，越南形成"四驾马车"格局，即越共总书记、国家主席、国会主席、政府总理的分权模式：总书记兼任中央

---

① 越南中央政府网站：http://www.chinhphu.vn/

军委书记，拥有实际的军权，但不担任国家元首；政府总理掌管最高行政权力，负责领导政府的行政管理工作；国家主席为国家元首，拥有名义上的军权和其他象征性权力。国会主席掌管最高权力机关——国会。就党内权力运作而言，越南共产党实行集体领导，总书记领导下的中央政治局为越共的集体决策机构，不设政治局常委。越共的重大决策均由该机构制定。第十二届中央政治局委员会由 19 人组成。

（2）多数民主与协商民主

西方的多数民主制度是富有效率的一种制度，但是通常以牺牲公平和少数人的利益为代价，隐藏社会不稳定因素。越南长期保留村社社会，有着公共协商的传统。在政治改革过程中，越南人民充分发挥了自己的智慧，创造出具有越南特色的民主政治体系，这就是多数民主与协商民主的结合。

首先看选举中协商民主与多数民主的结合。"越南祖国阵线"是越南的统一战线组织，在越南协商民主中扮演重要角色。例如，越南国会选举中候选人是协商确定的。为了充分体现"民主、平等"的原则，确保将"德才兼备""代表人民意志和愿望"的人选入国家最高权力机关，通常越南祖国阵线中央委员会及各省、直辖市委员会组织召开由相应国家机关、政治组织、社会政治团体及军方参加的协商会议，最后确定正式候选人名单，在国会选举日通过差额直接选举，最终选出国会代表。十三届国会的候选人经历了三轮协商，才最终确定正式候选人名单。

其次看决策中协商民主与决策民主的结合。革新开放以来，越南共产党历届全国代表大会的政治报告均在事前公开征求意见，先咨询，后决策。一开始在党内征求意见，后来发展到向全民征求意见。另外，党内及政府决策过程也实行协商制度。越南在 1997 年和 2007年颁布的有关法令都对一些特别的法律和政治议题必须在地方层面公开化做了规定："保证人民有权利知道，在村一级必须和人民直接讨论并决策。必须经过与人民协商和咨询才能由政府官员做出决策。"①

---

① 参阅越南国会常务委员会 2007 年颁布的第 34 号法令（www.chinhphu.vn No.34/2007/PL – UBTVQH11），越南政府网站。

这些针对草根民主的法令是在目前越南政治体制内新出现的，旨在增加公众声音的立法。与法律改革相应的是国会作为讨论并通过法律的机构，其作用越来越大。在过去的 10 多年里，国会通过了一系列有关性别平等、基层政治体制改革、冲突和地方争议调解的法案。①

此外，越南共产党领导机构的选举也实行酝酿、协商与投票选举相结合。

（3）民主化进程与法制建设相辅相成

越南在开放民主政治的同时加强法制建设，越南的法律体系在革新开放不长的时间内迅速完善，这是革新开放成功的重要保障。仅在 1987 年 4 月至 1992 年 3 月第八届任期内，越南国会制定了《外国在越南投资法》、《国籍法》、《刑事诉讼法》、《1992 年宪法》、《监察法》、《继承法》等 6 项法律，数量远远超过先前历届国会立法的总和。九届国会制定了越南当代立法史上最具代表性的《越南民法典》，颁布了《劳动法》等一批重要的法律。此后越南国会不断出台各项程序法和实体法，以适应国家现代化发展的需要。宪法乃国家根本大法，从 1992 年起，越南不断修改完善宪法，2013 年更是对宪法进行了大量修订，使之成为一部全新宪法。2015 年 11 月 25 日，越南第十三届国会第十次会议通过越南首部《全民公投法》。迄今为止，越南已经形成比较完善的法律体系。

完善的法律体系为越南民主改革保驾护航，既明确了公民的权利、义务，又规范、约束了民众的行为，保证民主改革有序进行。

2. 近年来越南政治发展趋势与前景

总的来看，目前越南中央高层呈现分权制衡的倾向，在"四驾马车"中，总书记的权力和影响力相对减弱，而政府和国会的实际权力不断得到强化。其中尤为突出的是国会地位和权力不断提升。

越南国会的地位提升始于 1992 年宪法的制定与实施。该宪法规

---

① Bach Tan Sinh, "Civil Society and NGOs in Vietnam: Some Initial Thoughts on Developments and Obstacles", Paper presented at the Meeting with the Delegation of the Swedish Parliamentary Commission on Swedish Policy for Global Development to Vietnam 26/2 – 3/3/2002, at Horison Hotel, March 2, 2001.

定通过直接选举和差额选举产生国会代表。国会代表候选人的提名需
经过所在单位、居住社区和祖国阵线（统一战线组织）的三轮无记
名投票，候选人的简历和财产等情况均在新闻媒体上公布，之后候选
人需与选民直接对话，接受选民质询，并陈述行动计划，最后再通过
规定的差额直选产生正式代表。以第十三届国会选举为例，2011 年 5
月 22 日，越南第十三届国会代表选举投票在全国各地展开，约 6200
万选民在全国 9.1 万个投票点进行投票，从 827 名候选人中选出 500
名国会代表，差额比例达到 39.5%。国会代表产生方式的改革大大
增强了人民群众的参政意识。同时，越南国会的立法职能得到强化，
按照规定，国会制定每部重要法律都由全体国会成员讨论表决，这也
增强了代表的责任感和使命感。更重要的是，越南国会的监督职能逐
步得到加强和完善，主要体现在以下两方面：

国会监督职能之一——质询制度与否决制度。越南 1992 年宪法
赋予国会和国会代表质询权利和职能。政府的每一位部长都要面对国
会代表的质询。质询分为几个步骤，先由国会代表在老百姓中征集各
类意见，进行书面质询，各部部长进行书面答复。对部长们的书面答
复不满的地方，国会代表将在国会会议召开阶段，公开当面质询。当
面质询的主要做法是，在国会开会期间安排专门时间，供代表们就某
些问题质询政府、最高检察院或最高法院官员，同时允许电视台和广
播电台全程跟踪直播。

此外，国会代表通过行使否决权对政府部门进行监督。自从
1992 年宪法实施以来，越南国会否决政府方案并不鲜见，影响最大
的当属国会否决"梦工程"——高铁新干线方案以及阻止主办亚运
会。早在 2009 年 8 月，越南政府便经由越南国家铁路公司与日本新
干线公司达成初步合作意向，经过近一年的准备，于 2010 年 5 月正
式将此案提交越南国会审议。这是由总理、第一副总理（均为越共
中央政治局委员）和诸位实权部长（建设部、交通部、投资部等）
牵头的重大国家计划。但越南国内反对声此起彼伏。十二届国会七次
会议期间，大家争议激烈。代表们质疑 560 亿美元的投资预算非越南
国力可承受。最后 427 名议员（共 493 名，部分议员未能与会）投

票表决，结果 185 名投赞成票，占 37.53%；208 名投反对票，占 42.19%；34 名议员投弃权票，占 7.96%，议案未获半数以上代表赞同，被否决。[①] 另外，越南国会通过否决追加资金从而阻止了越南主办亚运会。2012 年，越南曾争取到承办 2019 年第 18 届亚洲运动会的资格，但在筹办过程中不断追加资金，远远超过预算，遭到国会代表质疑，追加资金方案未获通过，亚运会筹委会无米下炊，运动设施建设难以为继。2014 年 4 月 18 日，越南政府不得不宣布放弃承办 2019 年原定在越南河内举行的第 18 届亚洲运动会。

　　国会监督职能之二——建立起信任投票制度（Confidence Vote）。2012 年 11 月 21 日，越南国会通过信任投票案。根据该法案条文，国会将针对包括国家主席、国家副主席、国会主席、国会副主席、国会各委员会主任、国会常务委员会各成员、政府总理、副总理、部长、政府其他成员、最高人民法院院长、最高人民检察院检察长、国家审计长等实施信任投票；省级代表大会将针对一些重要官员实施信任投票。首次国会信任投票于 2013 年 6 月 10 日举行。当天，正在河内参加越南第十三届国会第五次会议的国会代表对由国会选举产生或由国会任命的 47 名国家领导人进行信任投票。接受投票的 47 名领导人包括：国家主席、副主席，国会主席、副主席，各专门委员会主任，总理、副总理，以及各部部长等。投票结果，在"四驾马车"中（越共总书记不是国会选举的，故不必参与信任投票），国家主席的好评票最多，阮晋勇的差评票最多，因此受到警告。而其他部级官员中，差评最多，即信任票数得票率最低的是越南国家银行行长阮文平；差评最少，即信任票数得票率最高的是国会副主席阮氏金银。

　　第二次信任投票于 2014 年 11 月 15 日举行，越南第十三届国会第八次会议对由国会推选或批准的任职者举行信任投票，50 名官员全部获得通过，但得票率各不相同。485 名国会代表参与投票，根据投票结果，国会副主席阮氏金银以 390 票成为获得"非常

　　① 《国会否决高速铁路项目》，越南网 2010 年 6 月 19 日：http://vnn.vietnamnet.vn/chinhtri/201006/quoc‑hoi‑bac‑nghi‑quyet‑duong‑sat‑cao‑toc‑917086。

信任"票数最多的官员（好评最多），而卫生部部长阮氏金进则以192票成为得到"信任度低"票数最多的官员（差评最多）。此外，越南国家主席张晋创、政府总理阮晋勇和国会主席阮生雄得到"非常信任"的票数分别为380票、320票和340票。

由于国会地位和权力提升，对行政权力和司法权力发挥了实质性制衡作用。随着民众参与意识不断增加，民意对越南政府的决策影响越来越大。如何引导民意，善用民意，成为越南共产党和政府面对的重大课题。

二 越南经济发展

1. 经济发展水平与趋势

革新开放以来，越南持续保持较高的经济增长率。从1991—1995年，国内生产总值年均增长率为8.2%；从2001—2005年和2005—2008年，国内生产总值（GDP）年均增长率分别为7.5%和7.84%。2008年以来，受到世界性金融危机的冲击，越南经济增长有所放缓，不过仍然维持5.6%的经济增长率（表7-1）。2015年经济增长率达到几年来的新高，约为6.11%。

表 7 - 1   **越南历年经济增长率**

年代	增长率
1991—1995	8.2%
2001—2010	7.2%
2011	6.5%
2012	5.03%
2013	5.4%
2014	5.6%

资料来源：据越南政府历年统计数据整理。

虽然越南经济增速较快，但由于起点低，故目前还是比较落后的

发展中国家，根据 2015 年 4 月国际货币基金组织发布的数据，2014
年越南 GDP 总量为 1860 亿美元，世界排名第 56 位；人均 GDP 为
2053 美元，世界排名第 135 位。

2. 产业结构变化与调整

1994 年，越南工业产值在国内生产总值中的比重首次超过农业，
当年的农业产值占 27.43%；工业产值占 28.87%；服务业产值为
43.70%。随着革新开放，越南工业化水平迅速提高，到 2013 年，农
业产值下降到 18.38%，工业产值上升到 38.31%，服务业基本保持
不变。外资和国内私人投资主要集中在制造业和服务业。从 GDP 构
成来看，服务业对于越南经济贡献最高，工业次之，农业增加值占其
GDP 的百分比最低。近年来越南的产业结构较稳定，预计 2015 年和
2016 年三大产业增加值占比保持现有水平（图 7－1）。

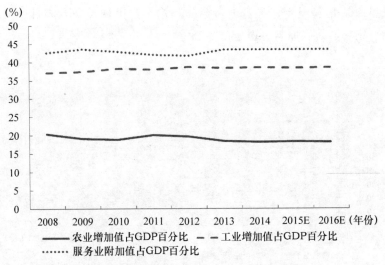

图 7－1　越南 2008—2016 年 GDP 构成

注：2015 年、2016 年为预测值。

数据来源：世界银行。

3. 对外贸易

在革新开放过程，越南积极参与经济一体化进程。1995 年成为

东盟一员后，越南加入了东盟自由贸易区的进程，1998 年 11 月加入亚太经济合作组织（APEC），2007 年 1 月加入 WTO。近年来，越南更是积极推行自由贸易区战略，至 2015 年 12 月止，已经签订了 12 项自由贸易协定，其中包括以东盟、欧盟、欧亚联盟、TPP 为平台的多边自由贸易区和越南与有关国家建立的双边自由贸易区。越南正在商谈的自由贸易协定有 4 个，其中包括地区全面经济伙伴关系（Regional Comprehensive Economic Partnership，RCEP）的谈判，以及与以色列的双边自由贸易谈判。① 越南积极的自由贸易区战略极大地促进了越南的对外贸易。

越南的出口商品过去以初级产品为主，随着革新开放，初级产品出口逐年下降，2005 年为 49.7%，2012 年下降到 30.7%，其中大米、腰果、咖啡等农产品出口额均居世界前列。同期工业产品从50.3% 上升到 69.2%。越南的进口商品主要是工业产品，2012 年占进口商品的 76.3%，主要进口商品是汽车、机械设备及零件、成品油、钢材、纺织原料、电子产品和零件。

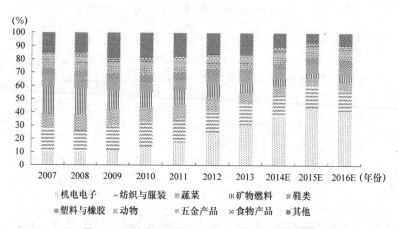

图 7 - 2　越南 2007—2016 年主要的出口商品

注：2014—2016 年为预测值。

数据来源：世界贸易整合数据库（WITS）。

---

① 《自由贸易协定》（Hiệp định Thương mại Tự do ,FTA），http：//www. trungtamwto. vn/fta

越南的主要贸易伙伴是中国、美国、东盟、日本、韩国、欧盟。其中主要进口市场为中国、东盟、韩国、日本、欧盟、美国。从 2004 年起，中国连续 11 年成为越南最大进口来源国和最大贸易伙伴。主要出口市场为欧盟、美国、东盟、日本、中国，其中美国、欧盟、日本市场容量大，消费需求旺盛；而东盟、中国不仅市场容量大，而且与越南存在自由贸易协定，关税率低，甚至为零，因而成为越南出口的主要市场。近年来，越南最大的贸易顺差来自美国，而最大的贸易逆差则来自中国，见表 7 - 2。2014 年，越南最大的出口贸易市场为美国，贸易顺差达 223 亿多美元；最大的进口市场为中国，贸易逆差接近 290 亿美元。

表 7 - 2　　　　　　　　　　**2014 年越南主要贸易伙伴**　　　　　单位：千美元

国家和地区	出口	进口
中国	14905644	43867923
东盟	19090189	22998205
美国	28655653	6284319
欧盟	27907376	8893011
日本	14704212	12908788

资料来源：越南国家统计局 http：//www.gso.gov.vn。

4. 外来投资

越南于 1987 年颁布第一部外来投资法，1988 年开始引进外来投资。至 2013 年为止，越南共吸引外资项目 17434 项，金额约 2687 亿美元，到位资金约 1117 亿美元（表 7 - 3）。而在 2014 年年度，截至 12 月 15 日，越南全国新批投资项目共有 1558 个，其协议资金为 156.4 亿美元，比 2013 年增长 9.6%。另外，增资项目 594 个，增资资金为 45.8 亿美元，相当于上年同期的 62.4%。

表 7 - 3   越南外来投资一览表

年份	项目（个）	注册资金（百万美元）	到位资金（百万美元）
1988—1990	211.0	1603.5	..
1991	152.0	1284.4	428.5
1992	196.0	2077.6	574.9
1993	274.0	2829.8	1117.5
1994	372.0	4262.1	2240.6
1995	415.0	7925.2	2792.0
1996	372.0	9635.3	2938.2
1997	349.0	5955.6	3277.1
1998	285.0	4873.4	2372.4
1999	327.0	2282.5	2528.3
2000	391.0	2762.8	2398.7
2001	555.0	3265.7	2225.6
2002	808.0	2993.4	2884.7
2003	791.0	3172.7	2723.3
2004	811.0	4534.3	2708.4
2005	970.0	6840.0	3300.5
2006	987.0	12004.5	4100.4
2007	1544.0	21348.8	8034.1
2008	1171.0	71726.8	11500.2
2009	1208.0	23107.5	10000.5
2010	1237.0	19886.8	11000.3
2011	1191.0	15618.7	11000.1
2012	1287.0	16348.0	10046.6
2013	1530.0	22352.2	11500.0
总额	17434.0	268691.6	111692.9

资料来源：越南国家统计局 http：//www.gso.gov.vn。

　　截至 2014 年，越南外来投资者中排名前五名的分别为日本、新加坡、韩国、中国台湾、英属维京群岛（表 7 - 4）。其中，日本多年位居越南外来投资者榜首，投资企业遍及越南 63 个省市中的 49 个。据日本贸易振兴机构（JETRO）首席代表川田敦相称，日本 30% 的对外投资企业将越南视为投资首选之一。2014 年 2 月 JETRO 发布报告指出，越南已成为日本对外投资的首选，超过了印尼、泰国和菲律宾。① 而韩国正在挑战日本作为越南最大外资来源国的地位。2014 年韩国超过日本，成为越南最大的外来投资来源国。随着越南与韩国于 2015 年 5 月签署自由贸易协定，韩国投资越南的势头将更加迅猛。中国香港在 2014 年成为越南第二大外资来源地，仅次于韩国。2014 年 1 月 1 日至 12 月 15 日，中国香港对越投资 30 亿美元，新项目 99 个，增资项目 23 个。2014 年年度，越南排名前四名的外来投资者分别为韩国、中国香港、新加坡及日本。

表 7 - 4　　　　　　　　　　越南前十名外来投资国家和地区

国家/地区	项目（个）	注册资金（百万美元）
总额	15932.0	234121.0
日本	2186.0	35179.9
新加坡	1243.0	29942.2
韩国	3611.0	29653.0
中国台湾	2290.0	28020.3
英属维京群岛	523.0	17152.1
中国香港	772.0	12524.4
美国	682.0	10696.3

---

　　① 中华人民共和国驻越南胡志明市总领事馆经济商务室：《越媒称越南可能将吸引更多的日本投资》，http://hochiminh.mofcom.gov.cn/article/jmxw/201408/201408006 91279.shtml。

续表

国家/地区	项目（个）	注册资金（百万美元）
马来西亚	453.0	10,376.3
中国	992.0	7,551.2
泰国	339.0	6,400.9

资料来源：越南国家统计局 http：//www.gso.gov.vn。

1993 年国际社会恢复对越援助，2013 年越南获得的官方发展援助（ODA）64.85 亿美元，其中以日本的援助最多，约占三分之一。

三 越南吸引外资的政策

1. 相关法规

（1）投资法规

越南第一部《外国投资法》于 1987 年颁布，规范并引导外国在越南的投资。2005 年，越南以《投资法》代替了此前的《外国投资法》，对外商和国内投资实行统一管理，使国内外投资者在同一法律框架下公平地进行生产和经营。《投资法》将投资行业分为禁止、限制和鼓励三大行业类型，外国投资者可以在法律不禁止的行业和领域，选择 BOO、BOT、BTO 和 BT 等投资方式或者独资、合资、并购等方式进行投资。同时颁布了《投资法》和《企业法》实施细则，实现行政审批手续"一个窗口"服务。

2014 年 11 月 26 日，越南第十三届国会第八次会议通过了《投资法》修正案。修订后的《投资法》于 2015 年 7 月 1 日实施。修改要点如下①：

a. 新《投资法》最大的变化是建立了"新型接近方式"（Approaching Method）。之前，该法规定了哪些领域允许进行投资，而新法仅列出了禁止投资的领域，原则上，公民、企业可以在该禁止清单

① 越南《投资法》（2014 年），Luật doanh nghiệp số của Quốc Hội 67/2014/QH13 ngày 26/11/2014）；Revised laws to improve business conditions, *Vietnam News*, December, 04 2014。

以外的任何领域进行投资。

　　b. 禁止投资行业从 51 个削减到了 6 个，分别为人体器官、组织和尸体贸易、卖淫、人类无性生殖、毒品及违禁化学品贸易（附清单）、违禁及濒危野生动植物贸易（附清单）。

　　c. "附条件的经营行业"（Conditional Business Sectors）有 267 个，公民、企业必须满足法律规定的条件进行投资。不过，新法列出的 267 个行业也将"条件"控制到最少，有些也仅仅只需申领经营许可证。例如，目前在越南开餐馆已几乎不设门槛，但在发达国家开餐馆需要满足很多条件，食品卫生与安全非常严格等。

　　d. 简化有关办事手续和程序：今后越南本地企业投资不需再申请投资许可证，但外商投资项目则需申领投资许可证，这是越南首次采取此种做法。对各项手续程序进行简化、将向外国投资商颁发投资许可证时间缩短到 15 天的时间。

　　《投资法》的修订使办事程序更加透明，有助于降低成本。鼓励人们将资金投资企业而非存入银行、购买黄金或美元。

　　2015 年 6 月 29 日，越南政府宣布，为了进一步开放市场吸引外国投资，决定取消外资在当地注册公司的持股比例限制。而现行法律规定，外资持股比例不得超过企业总投资的 49%。取消持股限制将不仅能够促使外资公司加大对越南资本市场的投资，而且同时也能刺激越南企业积极拓宽市场，提高自身竞争力。

　　（2）企业法规

　　2014 年 11 月 26 日，越南第十三届国会第八次会议通过了《企业法》修正案。修订后的《企业法》于 2015 年 7 月 1 日实施。以下是值得注意的新内容①：

　　关于企业类型——分为四类：责任有限公司、两合公司、股份公司（可发行股票）、责任无限公司。经常雇佣 10 个劳工以上的经营个体户，应该办理成立企业的手续。

---

　　①　越南《企业法》（2014 年，Luật doanh nghiệp số của Quốc Hội 68/2014/QH13 ngày 26/11/2014）；Revised laws to improve business conditions, *Vietnam News*, December, 04 2014.

关于企业法人代表——企业可设多位法定代表人。有限责任公司和股份公司可以有一位或多位法定代表人。视企业的管理要求而定，企业可以按公司章程规定，决定法定代表人的人数、管理职务及具体权限和义务。企业须确保起码有1名法定代表人在越南居住。对于企业只有1名法定代表人，则须在越南居住。若离开越南，要以书面授权别人履行法定代表人的权限和义务。若届满授权期限，企业的法定代表人仍未返回越南，获授权者可以继续履行获授权范围的法定代表人的权限和义务直至企业法定代表人返回工作岗位，或企业注册人、董事会决定安排其他人做企业法定代表人。

关于印章使用——逐步减少印章的使用。新法规定，企业可自行决定公司印章的内容和设计，鼓励使用电子签名以逐渐代替印章。从2015年7月1日起，企业有权决定印章的形式、数量和内容，按要求确保有企业名、编号，同时要向管理机关申报图章形式和内容，以在国家的营业注册网站上公布。

关于筹资期限——缩短筹资期限至90天。有限责任公司注册人，成员要在签发企业注册证后的90天内，缴交足够已承诺的资金，现行规定是36个月。然而，对于在2015年7月1日之前成立的有限责任公司，筹资期限仍根据公司章程规定。另外，新版《企业法》缩短审核、签发企业营业注册的时间为3个工作日，从接受卷宗之日起计。

关于经营范围——企业登记证上废除列载经营产业项目的规定。根据修订后的《企业法》，越南公民有权在法律未禁止的领域开展经营，企业营业执照中不需列明营业范围。

（3）税收法规

关税——越南现行关税制度包括四种税率：普通税率、最惠国税率、东盟自由贸易区税率、中国—东盟自由贸易区优惠税率。原产于中国的商品享受最后一种优惠税率。根据中国—东盟自由贸易区货物贸易协定，到2015年，除少量敏感产品外，对95%以上的商品征收零关税。

企业所得税——越南国会于2013年6月19日通过《企业所得

税》修订案，其中规定[1]：

a. 企业自2014年1月1日起适用22%的所得税率，而自2016年1月1日起，改为适用20%的所得税率；对于年度总营业额不超过200亿越盾的企业，则自2014年7月1日起开始适用20%的税率。

b. 从事经济适用房投资经营的企业，经济适用房销售、出租收入征收10%的税率。

c. 报章法规范从事印刷报章，含在报章提供广告服务活动；依据出版法规定从事出版活动的机关所得，亦一律适用10%的所得税。

此外，越南国会通过的前述《企业法》修正案，亦允许企业将其营运亏损额，转列入后续的年度，并准予在应课税的企业所得税中扣减，转列入的期限自发生亏损的后续年度计起，不得超过5年。

2015年2月12日，越南政府颁布了税收新政策，其中包含了企业所得税税收新规定。新政策从8月6日起生效。根据新的企业所得税优惠政策，生产企业（不含特别消费税的课税项目、采矿项目）自投资之日起15年内，享受所得税率为10%的政策优惠。享受优惠的生产企业至少符合以下两个条件中的一个：一是项目规模不低于6万亿越盾（约合2.7亿美元），获得投资许可证后3年内放款，投产3年后，企业营收不少于10万亿越盾（约合45.5亿美元）；二是项目规模不低于6万亿越盾（约合2.7亿美元），获得投资许可证后3年内放款，投产3年后，企业吸纳劳动力不少于3000人。[2]

2. 鼓励投资的重点

当前和今后一段时间，越南鼓励重点投资的领域包括：基础设施、环保产业（新能源、生态保护）、农、林、渔业、高新技术产业（新材料、生物技术）、机械制造等。

越南基础设施落后，亟待改善，但受制于资金短缺。据悉，2001—2010年，越南基础设施所需资金约占GDP总量的11%，而越南实际投入基础设施领域的资金只约占GDP的8%—9%，资金缺口

① 越南《企业所得税法》（2013年修订，Luật số 32/2013/QH13 sửa đổi, bổ, một số điều của luật thuế TNDN）。

② 越南政府2015年第12号决议（Số12/2015/NĐ-CP）。

较大。预计至 2020 年，越南基础设施所需资金仍将占到越南 GDP 总量的 10%—11%。2012 年 1 月 16 日，越共中央十一届四中全会颁布关于《建设基础设施配套体系，使越南到 2020 年基本成为迈向现代化的工业国》决议，提出将集中发展交通、电力、水利及应对气候变化、城市建设、工业区和经济区、商业、通讯、教育培训与科学工艺、医疗卫生、文化旅游和体育十个重点基础设施领域。据越南《投资报》报道，越南计划投资部上报政府总理的最新报告称，2011—2015 年越南基础设施建设的投资需求为 2200 万亿—2300 万亿越盾（约合 1100 亿—1150 亿美元）。其中包括，交通领域 1100 万亿—1150 万亿越盾（约合 550 亿—555 亿美元），电力领域 427 万亿越盾（约合 213.5 亿美元），城市与农村基础设施领域 220 万亿越盾（约合 110 亿美元）等。2016—2020 年基础设施建设的投资需求为 3700 万亿—3800 万亿越盾（约合 1850 亿—1900 亿美元）。[1]

越南受制于经济发展水平，资金和技术短缺，亟须民间资金尤其是外资的参与。越南政府鼓励采用 PPP（Public Private Partnership）模式展开基础设施建设的合作，以解决越南在基础设施投资资金不足的问题。[2] 2010 年 11 月 9 日，越南政府颁布了第 71 号法令《公私合作伙伴关系（PPP）试点条例》。2013 年 3 月，越南计划投资部公布政府总理关于公私合作（PPP）模式投资新规定草案，进一步扩大和加强对投资者的保护。2015 年 2 月，越南政府出台了关于促进民间参与公私合作模式（PPP）投资以及选用投资商的议定书，被视为越南 PPP 项目的重要法律框架，获得国际金融组织和投资商高度评价。根据《公私合作伙伴关系（PPP）议定书》，国家将通过 PPP 模式吸收国内外私人资金投资包括公路、铁路、机场、海港、电站、输配电路，甚至是国家机关办公驻地等多个领域。

PPP 基础设施项目属政府鼓励投资项目，投资人可以享受相应的

---

① 中华人民共和国驻越南社会主义共和国大使馆经济商务参赞处：《越南 2011 – 2020 年需要 3000 亿美元发展基础设施》，http：//vn. mofcom. gov. cn/article/ddgk/zwjingji/ 201111/20111107831756. shtml。

② 武晋晋：《越南：机遇与风险并存》，《进出口经理人》2013 年第 11 期。

税收、土地租金减免等方面的优惠政策支持。

第二节　越南对外政策及与中国关系

一　革新开放以来越南对外政策的演变

1986 年 12 月越共"六大"召开，决定实行全面的革新开放，并制定了"广交友，少树敌，创造有利的国际环境，为国内经济建设服务"的外交方针。以此为契机和新起点，越南逐步调整外交政策。1988 年越共通过被誉为"体现了越南共产党新的外交战略"的 13 号决议——《关于新形势下的对外政策任务》，决定调整与中国、美国和东盟的关系，为经济建设营造和平、稳定的国际环境。这是越南外交调整的重大突破。此后，越南积极参与全面政治解决柬埔寨问题的历史进程。1989 年 9 月，越南宣布从柬埔寨撤军，为政治解决柬埔寨问题铺平了道路。

1991 年 6 月越共召开第七次全国代表大会，在坚持"六大"的外交方针的同时，为适应"冷战"结束前后国际形势的变化，进一步推进外交政策调整，明确提出要扩大对外友好合作关系，表达了"越南希望成为国际社会所有国家的朋友"的意愿。1991 年 10 月，全面政治解决柬埔寨问题的《巴黎协定》在法国巴黎签订，越南融入国际社会的最后障碍得到清除，同年 11 月，越南与中国恢复正常邦交关系。

1992 年 6 月在越共七届三中全会上，总书记杜梅提出新形势下越南的外交政策是："开放性、多样化、全方位的外交政策，既包括政治、经济、文化、科学技术方面，也包括党、国家和人民团体，非政府组织等方面。"这是越南共产党首次提出"多样化，全方位"外交政策的基本原则和行动方针。①

1995 年越南与美国建交。至此，越南与联合国五大常任理事国均建立外交关系。1995 年 7 月 28 日，越南正式加入东盟，成为东盟

---

① 黄真、黎氏秋红：《革新开放后的越南外交战略与中越关系》，《东南亚纵横》2010 年第 1 期。

第七个成员国，走出了参与区域合作的第一步、也是至关重要的一步。这意味着它得到本地区邻国的接纳，这是越南对外关系的重大进展。

1996 年 6 月越共召开"八大"，把多样化、多方化、全方位的外交纲领进一步具体化，提出把对外关系分为四个层次：第一为邻国与本地区东盟的各成员国；第二为传统友好国家；第三为发达国家；第四是发展中国家及不结盟运动成员国和其他国际组织。同时还强调政党外交、民间外交、公共外交、国际组织（非政府组织）外交的重要性。这标志着越南外交战略与外交政策逐渐趋向成熟。

2001 年 4 月召开的越共"九大"以"扩大对外关系，主动与国际经济接轨"为主题专门论述了越南的对外关系。在继续坚持多样化、多方位外交的基础上，提出了外交工作的重点，即优先发展与邻国和大国的关系，同时加强与国际组织的合作。这是在 21 世纪全球化进程不断推进的背景下，越南谋求加快融入国际经济体系的外交战略部署。2006 年 11 月 7 日，越南成为世贸组织第 150 个成员国。

近年来，随着地区局势的变化，越南的外交政策亦在不断调整之中。总的来看，越南奉行大国平衡和依托地区组织——东盟的外交政策。越南的国家利益、国家实力、地理位置是影响其对外政策的主要因素。建设现代化的中心任务、中等规模、发展中国家的实力以及与中国相邻、有着漫长的海岸线、与中国存在领土争端，决定了越南的外交战略与政策：大国平衡与依托东盟。

二　越南与东盟邻国的关系

越南与东盟邻国中的老挝、柬埔寨和菲律宾的关系最为密切。

越南和老挝、柬埔寨在近代历史上曾经同属法国印支联邦的一部分，处于法国殖民统治之下；20 世纪上半叶，这三个国家的革命志士组成印支共产党，共同开展反抗法国殖民统治，争取民族独立的斗争。这种历史上的密切联系影响至今，老挝和柬埔寨成为越南最密切的邻邦。而越南与菲律宾的密切关系则是近几年才逐渐形成的，主要基于在南海问题上的共同利益诉求而寻求合作。

1. 越南与老挝关系

越南与老挝于 1962 年 9 月 5 日建交，两国长期保持特殊团结友好关系。越南于 1975 年解放南方，并于 1976 年实现全国统一。1977年越南与老挝签订了为期 25 年的《老越友好合作条约》，将两党、两国的特殊关系以法律文本的形势确定下来。条约规定：老挝与越南在政治、国防、经济、边界、外交、文化、教育等方面开展了广泛的合作；两国从中央、省、县和基层的各个层次上开展党对党、政府对政府、军队对军队、群众组织对群众组织之间的合作与交流；越南在老挝驻军；老挝与越南的最高层保持着经常性的接触；在经济合作方面，主要是由越南向老挝提供经济和技术援助，在老挝的每一个经济部门都设立了专门机构，负责沟通协调合作，形成了定期的包括高层政治代表团和基层技术代表团等在内的各种交流机制；在发展对外关系上，特别是处理与第三国关系问题上，两国通过沟通与协调，保持态度和政策上的一致性。①《老越友好合作条约》于 2002 年到期。到期之前，2001 年，越共中央总书记农德孟访问老挝期间，双方发表了《联合声明》，这是继续发展双边特殊关系的指导性文件。

在 2009 年的一次越南和老挝两国最高领导人的会晤中，双方就巩固和提升双边特殊关系达成了共识：第一，不断巩固、培育和深化双边特殊而独特的政治联系；第二，将经济合作的水平提高到政治合作水平的高度，促进地区间的合作，积极鼓励和制定阶段性的经济合作任务，着手解决存在的困难；第三，继续加强安全和国防领域的合作，协调一致、共同抵制敌对势力对两国革命事业破坏和对两国关系的分裂行为；第四，积极交流双方对国际形势的信息，在地区和国际论坛特别是在两国共同参与的组织框架内的协调与合作。②

老挝与越南的特殊关系超越了条约文本的约束，已经成为传统、共识与默契。越老高层往来频繁，而且言必提两国特殊友好关系。

目前，越南正在加大对老挝的投资力度，至 2014 年 9 月，越南

---

① 方芸：《革新开放以来老挝与越南特殊关系的新发展》，《东南亚纵横》2010 年第 1 期。

② 同上。

投资老挝的项目 413 个，投资总额约 50 亿美元，是老挝第二大投资国。2013 年双边贸易总额达 11.26 亿美元①。2012—2013 年，在越南留学的老挝留学生 6400 多人②，目前在老挝国家大学留学的越南留学生共 390 人③。

2. 越南与柬埔寨关系

越南与柬埔寨于 1967 年 6 月 24 日建交。建交以来，两国有过密切的合作关系，亦曾经兵戎相见。柬埔寨现任政府领导人洪森与越南有深厚的渊源，目前柬埔寨与越南关系良好。

越南和柬埔寨保持着密切的经贸合作关系。在投资方面，截至 2015 年 4 月，越南企业在柬埔寨投资项目共 171 个、注册资金总额为 32 亿美元，在越南对外投资项目数量和金额中分别占 18% 和 22%。目前，越南位居柬埔寨外来投资者的第五名。在贸易方面，越南目前是柬埔寨第三大贸易伙伴，截至 2014 年年底，越柬双边贸易总额达 33 亿美元，两国表示将力争在尽早时间内实现 50 亿美元的目标。④

3. 越南与菲律宾关系

越南与菲律宾于 1976 年正式建交。近年来，由于南海形势变化，越南和菲律宾走得越来越近，希望在南海问题上展开合作。2010 年 10 月，双方签署国防合作协议。2011 年 10 月，两国海军签署"关于加强双方合作与信息互换的备忘录"，并于 2012 年 3 月达成机制，确保驻扎在侵占的中国南沙岛礁上的两国海军人员进行交流。2014 年 6 月，越南与菲律宾海军官兵在侵占的中国南子岛上举行了足球赛和联欢活动。2014 年 11 月 24 日，越南海军副参谋长阮文俭少将率领由

---

① 越南中央政府网站：http://www.chinhphu.vn/。

② 黄氏花（Hoàng Thị Hoa）：《在越南的老挝留学生达 6400 多人》（Hơn 6.400 lưu học sinh Lào học tập tại Việt Nam），Vietnam News：http://www.vietnamplus.vn/hon - 6400 - luu - hoc - sinh - lao - hoc - tap - tai - viet - nam/184464.vnp。

③ 《在老挝过新年的越南留学生》（Lưu học sinh Việt Nam tại Lào đón Tết cổ truyền Ất Mùi），越南之声（VOV），19/02/2015 http://www.vov.vn/nguoi - viet/luu - hoc - sinh - viet - nam - tai - lao - don - tet - co - truyen - at - mui - 384285.vov。

④ 越南中央政府网站：http://www.chinhphu.vn/。

HQ－011"丁仙皇"号和 HQ－012"李太祖"号两艘"猎豹"3.9
级导弹护卫舰组成的越南海军编队以及 200 多名官兵和船员，抵达菲
律宾首都马尼拉南方港，对菲律宾进行正式访问。这是越南海军舰艇
编队首次访问菲律宾，两国海军进行了联合搜救训练。①

　　2015 年 11 月 17 日，越南国家主席张晋创和菲律宾总统阿基诺
三世就建立越菲战略伙伴关系发表《联合声明》，双方一致同意建立
正式的战略伙伴关系，为实现战略伙伴关系愿景，越菲将在政治、经
济、国防安全、司法和执法、海洋、文化社会、科学技术 7 个主要领
域加强合作。其中有关国防安全方面的合作，《声明》提出"双方维
持越菲国防合作联合工作组年度会议机制；实施现有关合作协议和机
制，旨在加强两国各个军兵种力量之间的合作；双方将在合适时间并
以合适形式开展两国海军联合活动；促进双方在防长会议
（ADMM）、防长扩大会议（ADMM＋）、东盟地区论坛（ARF）、东
盟陆军总司令非正式会议（ACDFIM）等多边防务论坛的合作"。在
海洋合作方面，《声明》提出"以海洋合作视为两国关系支柱为方
针，通过对话和联合活动加强双方航行安全管理机构和海上执法机构
的务实合作，以及开展能力建设；轮流举行越菲混合委员会有关海洋
合作的外交部副部长级会议（每两年举行一次或按照对方的建议）；
继续实施越南海上警察和菲律宾海岸警卫队及两国有关机关的合作协
议，其中包括维持上述机关之间的热线电话；促进渔业领域合作与活
动，符合各自国家规定和法律及国际法的原则促进东海（按：即南
海）海事合作，包括在东海上双方达成一致的区域组织适合的联合
活动"。②

　　分析家普遍认为，越南和菲律宾确立战略伙伴关系的主要目标之
一就是在南海问题上进行合作，实现利益最大化。这或许在一定程度

　　① 《越南海军舰艇编队首访菲律宾 两军将联合训练》，中国新闻网：http：//
mil. huanqiu. com/world/2014－11/5215821. html。

　　② Vietnam, the Philippines issue joint statement, VOVwold , November 20, 2015：ht-
tp：//vovworld. vn/en－US/News/Vietnam－the－Philippines－issue－joint－statement/
386366. vov。

上牵制中国在南海问题的主张和行动。

三 越南与大国关系

近年来，随着地区形势的变化，尤其是美国奥巴马政府推行重返亚太的战略，以及南海局势复杂化，越南外交战略也在调整之中，实行大国平衡外交。越南与联合国安理会五个常任理事国（中国、美国、英国、法国、俄罗斯）均建立了战略伙伴或全面伙伴关系，与印度、日本等国家亦保持密切的合作关系。越南的大国平衡外交或多或少隐含着平衡中国地区影响力的考虑。

1. 越南与美国关系

越南曾经与美国进行了长达十年的战争，在越南战争结束后长期处于敌对状态。"冷战"结束后，为了打破美国禁运，改善越美关系，越南作出了积极的努力，例如，配合美国寻找越战美军失踪人员，向美国公开了不少与越战美国战俘有关的秘密材料，等等。通过越美双方努力，1994年2月4日，美宣布取消对越贸易禁运。1995年7月11日，美国总统克林顿宣布"同越南实现关系正常化"。

奥巴马上台后，加快重返亚太进程。美国的亚太再平衡战略以遏制中国为主要目标，越南需要美国平衡中国在南海地区的影响力，于是两国达成了某种程度的默契，建立起稳定的双边政治关系，在战略层面发展全方位的互动。2010年2月，美国国防部发表的《四年防务评估报告》，清晰地表达了未来四年美国在东南亚的战略，把越南定位为发展中"可预期的战略伙伴"。而越南出于南海局势的考虑，亦表达了加强与美国合作的意愿。在双方的积极推动下，越美关系发展迅速，建立起政治安全、国防战略对话机制，每年举行会晤，讨论两国关心的问题，包括南海问题。

2010年8月17日，越南和美国在河内举行了首次副部长级国防政策对话会。主要讨论双边关系问题，也交换了对中国军事现代化的看法。8月8日，美军航母"乔治·华盛顿"号抵达越南岘港附近的南海海域。一批越南高层军方人士8日登舰参观，越南政府官员和美国驻越南大使等人陪同参观。10日，美国海军伯克级导弹驱逐舰

"约翰·麦凯恩"号亦到达岘港，并与越南海军展开了为期四天的联合训练。越南外交部发言人阮芳娥宣称："美国军舰进入越南港口，对越南来说有重大的战略意义，这显示了国防事务上的地区平衡。我认为美国将在区域内扮演更加重要的角色。"①

2011年，双方签署了促进双边国防合作备忘录，内容包括越南继续参加英文培训计划和军医合作活动，每年接待美国军舰访问越南，允许美国太平洋司令部在越南若干地方展开人道协助活动。此外，双方继续在搜寻救灾活动进行合作等。

2013年7月25日，美越两国宣布建立全面伙伴关系。越南官方媒体高度评价此事标志越美国关系"真正进入了新纪元"，"真正成为了越美关系重要的里程碑"。

2. 越南与俄罗斯关系

越南同苏联于1950年1月30日建交。苏联解体后，俄罗斯联邦继承了苏越外交关系，两国关系十分密切。1994年两国签署《友好关系基本原则条约》。2001年越俄建立战略伙伴关系，2012年越俄决定将两国关系提升为全面战略伙伴关系，这为深化两国关系，推动两国务实合作打开新纪元。

俄罗斯不仅为越南提供海上油气资源开发的重要支持，而且帮助越南武装海空力量。

能源领域是越南与俄罗斯传统合作领域，长期以来，两国在能源开发方面进行密切合作。2012年越南争取到俄罗斯国有天然气工业公司与越南油气集团一起开发位于越南专属经济区内的两块油气区域。两国还在俄罗斯和其他国家从事油气开采合作，尽管俄罗斯在市场开放方面比较严格，但却同意越南参与在俄罗斯任何地方的石油开采项目，以及远东地区的社会经济发展项目，显示两国关系密切。

越南还与俄罗斯展开密切的军事合作。据联合国的统计数据，2008—2011年，越南从俄罗斯进口的武器总额达18.8亿美元，约占

----

① 李金明：《南海问题：美国从中立到高调介入》，《世界知识》2010年第24期，第34—35页。

俄当时武器出口总额的 6.3%。世界武器贸易分析中心主任伊戈尔·科罗特琴科认为，2013—2016 年，俄罗斯武器三大进口国将发生变化，印度仍将保持第一位，伊拉克将上升至第二位，第三位将是越南。①

在经贸合作方面，至 2014 年年底，俄罗斯在越投资项目有 92 个，注册资金 20 多亿美元。越南在俄投资项目有 17 个，注册资金 25 亿美元，主要集中于石油、银行、贸易等领域。2013 年两国贸易总额达到 40 亿美元。俄罗斯和越南领导人希望在 2020 年前将两国贸易额提高至 100 亿美元。②

3. 越南与日本关系

日本是越南的重要经济伙伴，两国都与中国有着领土和海洋权益争端，近年来两国关系越来越密切。2009 年，越日建立致力于亚洲和平与繁荣的战略伙伴关系，建立战略伙伴对话、防务对话和合作委员会等机制。越南总理阮晋勇明确表示，"为了该地区的和平稳定，包括日本在内的各国都应提供合作"，并称希望日本等地区外国家能够积极参与。两国在与中国领土争端问题上持共同立场并相互支持。日本首相安倍晋三再次担任日本首相后，首次出访第一站就来到了越南，表明了日本政府对越南的重视。

"冷战"结束以来，日本一直是越南最大的双边援助国，援助额逐年增加。2013 年 1 月，安倍访问越南时承诺在未来 20 年中给予越南 5 亿美元的政府发展援助（ODA），此外，安倍与阮晋勇还就海洋安全问题进行了交流。安倍公开呼吁越南与日本联起手来，共同应对中国在本地区"日益活跃的行动"。由于日本法律不允许利用 ODA 援助军事组织，因此，日方将建议越南政府把海上警察从人民军中分离出来，以便实现日本海上巡逻船对越出口，强化日越两国在南海问题上的紧密合作，以对抗中国日益增加的南海维权行动。2013 年 9 月 16 日，日本防卫大臣小野寺五典率领的日本高级军事代表团对越

---

① 《专家称印度将成俄武器最大进口国 中国退居第四》，中新网：http://www.chinanews.com/gj/2013/12-04/5581538.shtml。

② 越南中央政府网站：http://www.chinhphu.vn/。

南进行正式友好访问，双方就加强海洋安全领域合作进行了磋商，认为日本和越南在海洋的安全合作可以展开更加深切的合作，日本的防卫相还特别考察越南海军的设施，日本要向越南提供海军和空军的装备，包括侦察的装备，日本强调越南在南海、日本在东海加强军事合作可以在两面制约活跃的中国海军的行动。①

自 2009 年 10 月越南与日本经济伙伴协定签订后，大大地促进了越南商品的出口，尤其是对越南的农产品、服装产品、海鲜等产品进入日本市场提供了便捷的通道。越南与日本 2013 年双边贸易额达256 亿美元。越南出口日本的主要商品包括服装、纺织、鞋类产品、配饰品等；进口日本的主要商品包括机械、配件、计算机、电子产品等。②

越南每年得到日本政府的援助基金达 2000 亿日元，约占日本援助资金的 30%。日本外务省和越南财政部提供的数据显示，2008—2013 年，日本为越南提供的援助金额为 100 亿美元。2014 年，日本出资 18 亿美元，在河内建造一个新的国际机场和一条通往河内的多车道高速公路。③

四　越南与中国关系

1. 越南与中国关系的演变

胡志明领导的越南民主共和国于 1945 年 9 月 2 日建立，在长达 5 年的时间内没有得到国际承认。中华人民共和国于 1949 年 10 月 1 日建立，1950 年 1 月 18 日，越南民主共和国与中华人民共和国正式建立外交关系。中国是世界上首先承认越南民主共和国的国家之一。在中国带动下，不久，苏联宣布与越南建交，朝鲜等社会主义国家也纷纷与越南建交。

回顾 20 世纪五六十年代越中之间密切友好的关系，可以说是双

---

①　"日本欲拉拢越南在东海及南海海域夹击中国"，凤凰网，2013 年 9 月 19 日：ht-tp：//news. ifeng. com/mil/jqgcs/detail_ 2013_ 09/19/29746383_ 0. shtml。

②　越南国家统计局 http：//www. gso. gov. vn。

③　越南中央政府网站：http：//www. chinhphu. vn/。

方历史上最密切的时期，正如胡志明主席曾称越中关系是"越中情谊深、同志加兄弟"。中国曾经大力支持越南抗法斗争和抗美斗争，当时越南胡志明等国家领导人和中国领导人联系十分密切，民间来往也很密切，各种交流活动十分活跃。

1976 年越南全国统一后，中越关系恶化，1979 年发生了边境冲突。1991 年 11 月，中越恢复正常邦交关系。

越南当前的外交政策主要服务于以下国家利益：经济社会发展、国家安全、提升地区和国际影响力。这三大外交政策目标，无论从哪方面看，都与中国息息相关。

首先，经济社会发展——要促进经济社会发展，需要引进外资和先进技术、寻找资源（能源）。中国与越南有着密切的经贸关系，连续多年成为越南最大的贸易伙伴。越南对中国经济依赖度较大。

其次，国家安全——越南的国家安全可以细分为国土安全和政权安全。在国土安全问题上，中国与越南海陆相邻，越南对中国心存戒备和疑虑；而在政权安全方面，涉及越南共产党作为执政党地位的稳固问题，需要中国的支持。因此，中国在越南国家安全中的地位微妙，这使得越南对中国政策处于两难的境地。

最后，提升地区和国际影响力——这涉及越南的国际定位问题，亦与中国密切相关，一不小心就触及彼此的势力范围和利益关切。越南要提升地区和国际影响力，其影响的区域目标分为三个层次：印支—东南亚—亚太。无论哪种定位，都可能与中国的利益存在交叉重叠。目前越南的定位相对务实与理性：立足于印支和东南亚。

基于以上考量，中国在越南对外政策中居于核心地位。越南领导人比较审慎处理对华关系。早在 1999 年 2 月 25 日越南共产党总书记黎可漂访问中国，双方共同发表《中越联合公报》，确定两党对越中关系的十六字指导方针："睦邻友好、全面合作、长期稳定、面向未来。" 2002 年 7 月和 11 月中越两国高层领导人互访，把中越睦邻友好和全面合作关系推向新的高度，提出两国人民要永做"好邻居、好朋友、好同志、好伙伴"，标志着中越友好外交关系迈进了一个新的里程。

当前越南对华政策可以概括为防范中合作，合作中防范，同时借助美国等大国势力平衡中国的地区影响力。而中国为了维护稳定的周边环境，尽可能避免冲突。因此，目前中越关系的特点是合作与冲突并存。2010年以来，中越之间局部冲突、摩擦呈现上升趋势，但仍以合作为大局。每次冲突发生之后，双方很快采取措施修复双边关系。中越高层保持正常往来，高层次跨部门中越双边合作指导委员会（2006年举行首次会议，每年一次）的运作，军方建立了联络热线，遇到问题及时沟通，这是中越关系得以维系的重要原因。在2014年发生了正常化以来最严重的反华事件之后，中越双边关系很快恢复正常，双边贸易额创历史新高。

2. 中国与越南经贸合作

自1991年中越双边关系正常化以来，双边贸易额快速增长。1991年双边贸易额为3223万美元，2000年上升至29亿5700美元，比1991年增长78倍，中国成为越南第三大贸易伙伴，仅次于日本和新加坡；2004年中国成为越南最大贸易伙伴。此后至2014年，中国持续11年成为越南的最大贸易伙伴。根据越南统计总局的数据，2014年中国继续为越南最大进口市场，金额约为437亿美元，从中国进口商品148亿美元，逆差约为289亿美元，双边贸易总额达到585亿美元，[①] 比起1991年，增长超过1500倍。而越南对华贸易额亦上升至东盟国家对华贸易的第二位。李克强总理提出力争2017年中越双边贸易额达到1000亿美元。

投资方面，1991年11月25日，中国大陆第一个合资企业获得越南计划与投资部的批准在河内成立。随着双方贸易日益发展，中国对越南的投资也日益增加。据越南计划与投资部最新统计数据资料，2014年中国大陆在越南的投资项目有1082个，登记资金总额达79.4亿美元，在101个在越南投资的国家和地区中，中国投资额位居第9，平均每个项目规模大约734万美元。[②] 中国在越南63个省市中的

---

① 越南国家统计局 http：//www.gso.gov.vn。
② 越南计划与投资部：http：//www.mpi.gov.vn。

55 个省中均有投资项目,中资企业主要以大型基础设施项目、制造业、房地产业投资为主。[①] 至 2016 年 3 月,中国大陆在越南有 1346 个投资项目,总金额达 104 亿美元,在越南外来投资者中排第 9。[②]

值得注意的是,不只是中国企业到越南投资,越南的企业也开始在中国出现,截至 2015 年上半年,已经有 13 个项目,注册资金达到 1600 万美元。[③] 虽然越南对中国的投资数量尚少,但说明中越之间已经开始了双向投资。

此外,从 2002 年起,中国已经成为越南最大的客源国。2005 年,越南接待中国游客 71 万余人次。2011 年,越南接待中国游客 140 万人次,占其国际游客总人数的 1/4。根据越南旅游总局公布的资料,越南 2013 年接待国际旅客约 757 万人次,其中来自中国旅客人次最多,达 190 万人次,占 25%。[④] 即使是在 2014 年,中越冲突频繁发生后,赴越旅游的中国人数也只是短暂下降,稍后即大幅度回升。

随着越南经济迅速发展,不断增加的富裕阶层和中产阶级成为越南出境游的主力。中国国家旅游局官网数据显示,2010—2014 年,其同期(1—11 月)累计增长率分别为 10.49%、9.62%、11.94%、19.46% 和 22.2%。2014 年 11 月,越南访华旅游人数增长最快,11 月为 18.29 万人次,同比增长 49.5%。2015 年 1—5 月,越南来华游客为 84.03 万人次,其中 5 月份为 19.40 万人次,排在客源国韩国、日本、美国之后,居第四位。[⑤]

3. 广东与越南的经贸合作

广东在越南与中国的经济合作中占有重要的地位。这是因为广东

---

① 王健:《越南专家:越南在中国的投资项目稀少》,中国日报网 2014 年 12 月 22 日:http://news.sina.com.cn/w/2014 - 12 - 22/135831313561.shtml。

② 《越南—中国投资合作概况》(Tinh hình hợp tác đầu tư Việt Nam - Trung Quốc),越南计划与投资部外国投资局:http://fia.mpi.gov.vn/tinbai/4360/Tinh - hinh - hop - tac - dau - tu - Viet - Nam - Trung - Quoc。

③ 王健:《越南社科院中国研究所原所长杜进森博士:中越经贸投资现状及潜能》,中国日报中文网 2015.4.27,chinadaily.com.cn。

④ 越南旅游总局:http://www.vietnamtourism.gov.vn/。

⑤ 中国国家旅游局:http://www.cnta.gov.cn/。

与越南地理位置相邻，而且两地经济发展存在一定的互补性。2001
年，中国与越南的贸易总额达到 30.47 亿美元，而这一年广东与越南
之间的贸易总额达到 3.19 亿美元，占中国与越南之间贸易总额的
1/9；2006 年，广东与越南的双边贸易额为 16.02 亿美元，约占中越
贸易总额的 1/6；2008 年，在全球金融危机爆发、中国及广东外贸均
趋于大幅下降的情况下，广东与越南经贸往来不但没有收缩，反而呈
现出大幅增长的势头。2009 年，广东与越南贸易总额已经超过 50 亿
美元，与上一年相比增长幅度高达 55%，占越中贸易总额的 1/4。根
据广东省政府的统计数据，近五年（2008—2014 年），广东与越南进
出口额年均增长 29.6%，远高于广东与东盟同期进出口 10.2% 的年
均增幅，2013 年广东与越南贸易总额达到 122.9 亿美元，占中国与
越南贸易总额的 18.8%，将近 1/5；2014 年，广东与越南贸易总额
达 145.8 亿美元、比上年增长 18.7%，占中越两国贸易总额的
17.4%，接近 1/5。① 目前，越南是广东第四大贸易伙伴。

表 7-5　　　　　　　　近年来广州地区对越南的贸易额　　　　单位：美元

年份	贸易额	同比增长%
2008	321894727	21.7
2009	500459815	55.5
2010	775454661	55.0
2011	921914668	18.9
2013	833169433	-9.6
2013	951482360	14.2
2014	1312170443	37.9

数据来源：广州海关。

　　投资方面，近年来，随着中国改革进程的推进和广东经济进入转
型发展期，广东企业大举进军越南，投资设厂。目前，一批知名家电

① 广东省政府网站：www.gd.gov.cn。

和通信企业已在越南投资设立生产基地和营销网络，开展工程承包等业务。这些广东著名的大企业在越南发展都不错，例如美的、TCL、华为、中兴等厂商已经在越南设厂生产、建立自己的销售网络和参加工程承包。广东名牌大企业的产品物美价廉，深受越南人青睐，在越南不仅站稳了脚跟而且知名度越做越大，已经能够和日美欧产品相媲美。

据广东省政府的数据，截至 2013 年年底，广东累计在越南设立投资项目 75 个，中方协议投资额 5.3 亿美元，占广东对东盟协议投资额的 20.5%。目前，越南是广东在东盟的第一大投资市场。①

第三节　越南投资风险评估

一　政治风险

影响未来越南政治稳定的主要因素来自以下各方面：

首先是经济增长与发展。越南的人均 GDP 已经超过 2000 美元，民众已经初尝经济发展成果，对发展的期望值在上升。过去几年经济增长放缓，民众的失望情绪在增长。所幸从 2014 年开始，经济增长提速。2015 年 TPP 谈判成功，预期未来越南经济更加快速增长。越南经济与政策研究院称，TPP 将有助于越南 GDP 提速 1 至 2 个百分点。其中，将促进投资增长 9.2%，消费增加 69 亿美元，生产增加 24 亿美元。到 2025 年，纺织服装业将为越南增加 600 万个工作岗位。② 这对越南国内稳定是利好的因素。

其次，越共政权的稳定程度。越共政权的主要威胁来自国内外反对势力。在内部，一些人对政府官员贪污腐败深感不满，要求政府开展反腐斗争；一些激进派要求加快政治改革，实行西方式多元民主政治。2016 年 1 月下旬，越南共产党举行了第十二次全国代表大会，

---

① 广东省政府网站：www.gd.gov.cn。
② 中华人民共和国驻越南胡志明市总领事馆经济商务室：《越媒称 TPP 谈判结束给越南带来新机遇》，http://hochiminh.mofcom.gov.cn/article/jmxw/201510/20151001126988.shtml。

产生包括总书记在内的新一届中央领导。阮富仲继续留任总书记,这有利于维持国内政治稳定,从而有利于越南经济发展。

影响越共政权稳定的外部因素主要来自海外越侨反共势力。自从1975 年越南解放后,大量南越遗民逃亡海外,组建各种反越共政府组织,这些反政府组织的最大基地是美国。目前共有大约 150 个越南反政府组织在美国公开活动,一些组织被美国当作反对越南政府的工具。这些反政府组织总是伺机行动,成为威胁越南国内政治和社会稳定的重要因素。近年来,这些反对势力又把反越共与反华联系在一起,2014 年 5 月发生的反华暴力活动就是反对势力里应外合的结果,反政府组织趁机制造反华骚乱,不仅威胁越南国内稳定,而且在国际上造成恶劣的影响,令越南政府陷入被动。越新组织(也译"越南更新革命党",简称"越新党")是越侨海外反政府组织的代表,其前身系南越海军副司令黄基明建立的"解放越南民族统一阵线",该组织成立于 1982 年 9 月,总部设在美国加州,目标是采用一切手段推翻越共在南越的统治,恢复灭亡的南越共和国。2004 年 9 月,原组织解散,越新组织成立,宣布放弃暴力手段,改用和平方式"自下而上"地谋求越南民主化。但在越南国内,该组织仍因其敌视政府而于 2007 年被定性为恐怖组织。越新组织在国际上尤其是在西方国家异常活跃,其组织成员经常与美国等西方国家的国会议员以及国际人权组织接触,批评越南的人权状况,呼吁国际社会关注越南人权问题。在 2014 年 5月反华浪潮后,越南警方称,被列为恐怖组织的越新组织的很多成员利用群众抗议中国行为的时机,煽动打砸抢活动。①

二　国际安全风险

越南与东盟邻国关系良好,彼此间发生大规模冲突和战争的可能性极低。

越南与其陆上邻国老挝和柬埔寨关系良好,特别是与老挝存在非

---

① 《揭秘海外越南反政府组织 领土争端中浑水摸鱼》,《环球时报》2014 年 6 月 9日:http://mil. huanqiu. com/history/2014 - 06/5014873. html。

常密切的、特殊的双边关系；越南和柬埔寨虽然存在领土和边界争端，不时会发生一些有限度的矛盾和冲突，但均在可控范围内。

越南与泰国在暹罗湾存在着海洋权益争端，但两国正在寻求合作解决问题，发生冲突的可能性很低。

越南与菲律宾、马来西亚对南海的声索主张存在重叠，不过出于共同对付中国的考虑，它们之间保持克制，越南甚至还希望与菲律宾联手对付中国，并且已经与菲律宾建立起越来越密切的安全合作关系。

越南对中国在经济方面依存度高，但南海争端等问题会影响两国关系。如前所述，中国连续十多年成为越南最大的贸易伙伴，投资额也在不断上升。但越南最大的逆差来自于与中国的贸易，因此，越南强烈要求中国增加从越南的进口贸易；另外，一些中国产品质量问题导致越南民众对中国产品的不信任，亦影响中国企业、中国商人乃至普通中国人和中国政府在越南民众中的形象。总之，在经济方面，越南不得不依赖中国，但又有诸多不满。

而目前和未来一段时间内，中越关系最大的风险来自南海争端。中国和越南都主张对南沙群岛拥有全部主权，矛盾很难协调。近年来，在越南政府和媒体的舆论导向影响下，越南民众对中国的负面情绪和负面评价在不断增长，2014 年反华暴动就是这些负面情绪的总爆发。

因此，未来不排除中越之间发生局部规模冲突的可能性，但爆发全面战争的可能性较小。

三 经济风险

1. 宏观经济风险

（1）增长风险

一国之经济增长一般用 GDP 的增速表示。自从 2008 年全球金融危机爆发以来，越南经济增长放缓，银行体系面临坏账高企的不利局面，而国内需求也维持疲软。但外国直接投资的稳定流入帮助提高出口，受到出口强劲的推动，越南经济增长率逐渐回升。世界银行专家认为越南制造业、出口行业和外国投资三大因素快速增长将助推该国经济稳步增长，预测 2015 年 GDP 增长率为 6% ，2016 年为 6.2%[1]（图 7 - 3）。

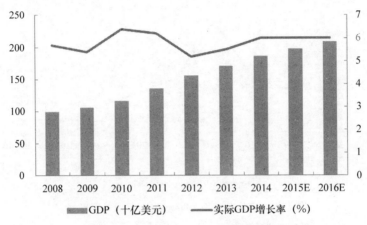

图 7 - 3　越南 2008—2016 年 GDP 走势

注：GDP 以现价美元计算，2015 年、2016 年为预测值。

数据来源：世界银行。

（2）通胀风险

东南亚主要国家中，越南通货膨胀水平较高。2008 年和 2011 年的通货膨胀分别达到 23.1% 和 18.7% 。不恰当的货币政策是越南通胀的最大原因，并且由于商品价格高企、最低工资标准提升、电力价格上涨等原因，通胀难以得到实质缓和。在政府调整了财政和货币政策后，越南通胀上升之势得到了缓和[2]。2011 年后通胀率持续下降，2013 年的通货膨胀已经降至 6.6% ，2014 年降到 4.08% 的低通胀率水平。相较中国而言，越南通胀率的波动幅度较大，通胀率较高（图 7 - 4）。

---

① 中国驻越南经济参赞处：《世界银行（WB）对今明年越南经济表示乐观》http://vn. mofcom. gov. cn/article/jmxw/201506/20150601016136. shtml，2015 - 06 - 17。

② 《"抗通胀"成为 2011 年越南经济关键词》，网易财经，http://money. 163. com/11/1216/13/7LDAKLKK00253B0H. html，2011 - 12 - 16。

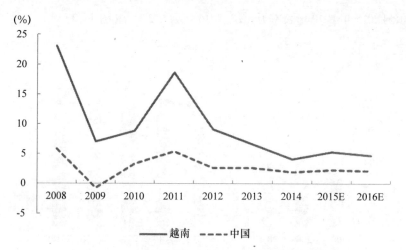

图 7 - 4   中国与越南 2008—2016 年通货膨胀率

注：2015 年、2016 年为预测值。

数据来源：世界银行。

2. 利率风险

2010 年越南紧缩银根，存贷款利率上调。2011 年在原油等大宗商品价格不断走高、劳动力成本上升等大趋势下，越南面临较大的通货膨胀压力。自 2011 年 11 月份以来，越南央行已先后多次上调反向回购利率，2011 年 1 月以来该利率一直保持在 11% 的水平，同时政府采用紧缩银根的货币政策上调存贷款利率来提高实际利率，以抑制经济过热。从 2011—2012 年，实际利率由 - 3.6% 升至 2.3%，上升幅度为 164%。2012 年以来，越南政府采取有效措施，在抑制通货膨胀、稳定宏观经济方面取得了显著的成绩，全年通货膨胀率为 6.81%。2014 年越南政府继续采取较为宽松的货币政策，下调存贷款利率，促进信贷增长，2014 年实际利率小幅下调。

2015 年以来，政府鼓励私人参与投资，实际利率小幅上涨，提高投资的平均收益，引起产出/资本比率的上升，促进国际资本流入来加快经济增长。

越南 1986 年实行经济体制改革，革新开放起步较晚，但是改革步伐较快。越南与中国作为为数不多的社会主义国家，两国的改革在很多方面都有一定的相似性。由图 7 - 5 中实际利率波动比例与走势可以看出，面对市场冲击，越南所面临的利率风险稍高于中国。

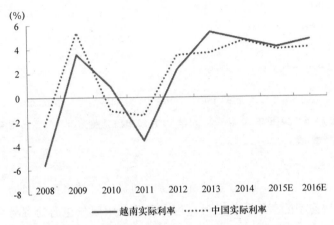

图 7 - 5　越南与中国 2008—2016 年实际利率

注：2015 年、2016 年为预测值。

数据来源：世界银行。

3. 汇率风险

由于中国在越南的投资多以美元结算，因此，汇率风险主要分析越南盾对美元的风险。

2008 年以来，越南国家银行共进行了 6 次越盾对美元的官方汇率一次性贬值，并调整银行间外汇市场上外汇买卖的交易区间，所以越盾的汇率走势较为陡峭，越盾对美元的官方汇率累积的贬值幅度高达 30%，其中一次性贬值累积的贬值幅度为 24.9%[①]。2013 年开始，越盾对美元汇率逐渐处于平稳阶段，2015 年为了维护汇率市场稳定以及保护越南出口地位，越南央行分别于 1 月、5 月、8 月三次主动促使越南盾贬值。

根据越盾对美元的每月数据，取 6 个月为步长做移动平均可得 2015 年 10 月 1 日至 2016 年 12 月 1 日的每月汇率预测值（图 7 - 6）。未来越盾对美元的汇率将在 22134—22176 之间浮动。

---

① 王志刚：《革新开放以来越南汇率制度的演变》，《东南亚研究》2013 年第 3 期。

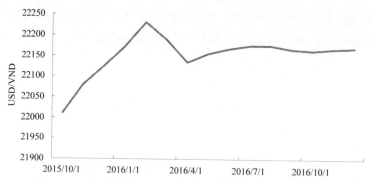

图7-6 2015年10月—2016年10月越南盾兑美元每月汇率预测值

数据来源：www. investing. com。

外汇汇率的波动，会给国际贸易者和投资者带来巨大风险，主要表现为贸易型汇率风险和金融型汇率风险。中国与越南的贸易合作形式主要为双边贸易和单向投资。双边贸易中，中国是贸易顺差国，越南是贸易逆差国，越盾对美元汇率上升将导致出口价格下降，增加中国对越南的进口需求。近年来，中国向越南投资额度逐年增加，加上产业向越南转移，越盾汇率的持续上升，越盾贬值将降低投资价值。

经历了东南亚金融危机后，越南不断完善金融体系，保持有管理的浮动汇率制度，虽然2013年后越盾对美元汇率开始平稳，但越盾对美元上涨态势很难遏制，因此，在越南开展经营活动要注意规避汇率风险。

4. 流动性风险

2008年全球金融危机后越南的信贷增速非常不稳定。由于发达国家的量化宽松政策，大量流动性涌入越南等新兴经济体，使信贷大幅攀升，2009年信贷增速高达45%，随后又迅速回落。2011年为了抑制较高的信贷增速带来的高通货膨胀率，当局采取了紧缩的货币政策，提高存款准备金率，限制了银行存款的利率上限。但这些用来维持物价稳定的举措也使银行资金紧缺，短期内流动性匮乏，从而直接影响了中小企业的融资，使其经营困难①。越南在吸收流动性的过程

---

①　中华人民共和国驻越南社会主义共和国大使馆经济商务参处：《越南控制流动性取得一定成效》，http：//vn. mofcom. gov. cn/article/sqfb/201106/20110607588306. shtml。

中存在不少困难，这些困难更多是信贷增速下降过快所导致，原本宽松的货币条件突然紧缩，使得很多企业经营难以维持。

2012—2013 年，越南延续了信贷增速的下滑，相对于金融危机前后，其信贷水平处于低位，政府采取了降息等适度宽松的货币政策予以应对，但到了 2014 年，政府又表示其信贷增速水平难以达标，即信贷增速略微缓慢。可见，越南在控制信贷增速与通货膨胀率目标之间难以达到平衡，但是，保持这些指标的相对稳定却是可持续发展的重要条件。

5. 信用风险

从 2008 年金融危机后，越南的公共债务呈现上升态势，持续处于高位，超过 50%，预计 2016 年公共债务将占 GDP 的 59%，这一水平超过了国际经济线划定的 50% 的上限标准，接近越南 65% 的法定上限，且今后仍将保持高位。债务风险越来越受到越南政府的重视，当局采取了相对紧缩的财政政策，并强调财政赤字不会用在金融体系的改革及国有企业的重组上，但即便如此，越南依然没有改变公共债务持续攀升的局面。政府希望在中期内将公共负债水平控制在 45% 左右，按照现在债务发展的情况来看，这个目标将很难达成。虽然国家快速发展的同时往往都会积累较多的债务，这不一定是坏事，但一旦经济开始放缓，偿还这些债务就是迫切需要解决的问题。

相比其他中低收入国家，越南债务不减反增，又受国际疲软的经济形势影响，其债务存在较大风险。而且越南的债务平均到期期限特别短，80% 的未到期政府债券都是短期债券，这意味着政府必须频繁地滚动发行新债，而政府目前正面临着如何支付这些债券的困境。越南的公共财政预算状况很可能会进一步恶化，从而推升风险溢价和利率，并最终进一步拖累国内经济。①

6. 外部冲击

（1）贸易型外部冲击

一国受到贸易型外部冲击的影响程度可通过三个维度来衡量：产

---

① 《中国模式的翻版：越南政府债务危机》，华尔街见闻，http://wallstreetcn.com/node/219166。

品集中度（商品结构风险系数）、市场集中度（市场机构风险系数）和外贸依存度。

从产品集中度来看（图 7 - 2），从 2011 年起，越南的最大出口商品是机电电子产品，2013 年时已占到出口的 30.7%，预测 2016 年时占比会上升到 40%。机电电子产品的快速上升主要得益于外国直接投资，例如电话通讯、电脑及零件和其他电子产品[1]。2007 年以来，越南的第二大出口产品是纺织与服装商品，其出口长期保持在总出口的 15%—18% 之间的水平。

从市场集中度来看（图 7 - 7），长期以来，越南的出口市场集中度较为稳定，其最主要的三大出口市场分别是美国、日本和中国。近几年，美国、日本和中国市场的出口份额分别稳定保持在 17%—20%、10%—12% 和 9%—12% 的水平。2013 年，越南在这三国的总出口份额占到 38.3%。而在美国和日本两大主要市场中，越南的主要出口产品是服装与服饰、鞋类和木制品等。

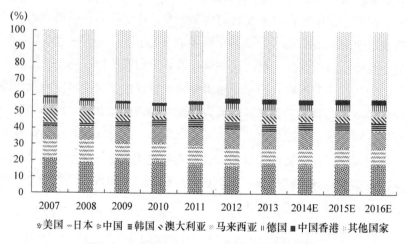

图 7 - 7　越南 2007—2016 年主要的出口市场

注：2014—2016 年为预测值。

数据来源：世界贸易整合数据库（WITS）。

---

[1]　International Merchandise Trade Vietnam 2013.

从外贸依存度来看，越南的外贸依存度变化情况可以分为两个阶段：

第一阶段（2007—2009 年）：依存度百分比从 2007 年的 155% 下降到 2009 年的 136%，下降幅度接近 20%。其原因是美国、欧盟是越南的主要贸易伙伴，而且美国还是越南的第一大出口国，2007—2009 年美国华尔街次贷危机引发的全球金融危机，使得美国与欧盟的国际贸易额较严重下降，从而拉低越南的对外贸易额，使得越南外贸依存度下降。

第二阶段（2010 年至今）：随着世界各个主要经济体政府通过实施有效财政政策与货币政策来挽救经济危机，例如美联储的量化宽松政策和中国的 4 万亿救市资金，全球经济开始复苏，越南国际贸易随之增加。越南的外贸依存度从 2009 年的 136% 上升到 2014 年的 169% 以上，升幅接近 34%。

总的来看，越南的外贸依存度处于平稳上升趋势，预测 2016 年将上升到 183% 的水平。

（2）资本型外部冲击

一国受到资本型外部冲击的影响程度可通过两个维度来衡量，资本账户开放程度和外来资本占国内主权债务的比例。

从资本账户开放程度来看，越南政府对外商投资政策非常宽松，有 400 万美元注册资本就可开办银行，外商可以投资地产、零售业、酒店和歌舞厅等行业。美元、人民币和黄金在市场上均可流通[1]。从 2014 年年初开始，越南开始放宽外资在金融机构的持股限制，从 2014 年 2 月 2 日起，允许外国战略投资者最多持有该国金融机构 20% 的股份，而此前该限制是 15%。越南的资本开放程度较高，但目前越南经济仍不够发达，抵抗外部危险能力较差[2]。

---

① 黄晓东：《越南的开放政策与投资环境》，《特区经济》1993 年第 1 期。
② 《开放的越南，享用外资的两难》，凤凰财经，http://finance.ifeng.com/a/20150505/13682482_0.shtml。

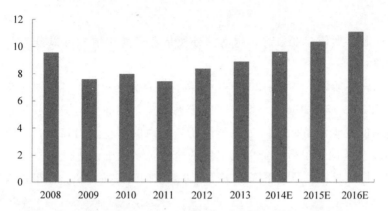

图 7 - 8　越南 2008—2016 年外国直接投资净流入（以十亿美元计）

注：2014—2016 年为预测值。

数据来源：世界银行（The World Bank）。

从外来资本占国内主权债务比例来看，越南公共外债及公共担保外债占政府债务余额的比重一直低于 60%，与处于同一信任系数级别的其他发展中国家相比，属于中等水平。2008—2011 年为平稳时期，比例保持在 56% 到 60% 的水平。2012 年开始比例平滑下降，到 2013 年外资占国内主权债务仅为 48.7%。主要原因是 2013 年越南的国家债务比 2011 年上升了 40%，而 2013 年越南的公共外债及公共担保外债比 2011 年上升了 16%。预测 2016 年这一比例将会下降到 40% 左右。而越南国家债务增长迅速的主要原因是帮助陷入困境的国企注入资金或者重组。

（3）外汇储备水平

从国家外汇储备水平来看，2010 年越南的外汇储备处于最低水平 125 亿美元，然后逐年增长，2014 年时越南外汇储备已经超过 300 亿美元，涨幅超过 150%。2014 年第一季度越南央行购买 77 亿美元增加外汇储备，但并未引发通胀，有助于稳定越南外汇市场。预测 2016 年越南的外汇储备将会继续增加到 480 亿美元。越南在次贷危机之后大量增加外汇储备显示了宏观经济趋于稳定且越盾价值得到巩固，有助于促进经济发展和提升越盾在越南经济乃至在世界上的位置和潜力。

越南外汇储备水平的增加，有益于国家信用评级在国际上得到更加积极的评价，提高国内外投资者对越南投资环境安全的信心。

四　商业环境风险

1. 基础设施风险

据各国竞争力指标分析库（BVD – EIU Market Indicators & Fore-casts）数据分析，2012 年之前，越南的基础设施风险处于高位，甚至存在上扬的趋势。但在 2012 年以后，该项风险得到显著控制，风险数值急剧下降。2008 年以来越南政府在基本建设上的投入不断增长，其中 2011 年的增长幅度最大，这也部分解释了越南的基础设施风险在 2012 年前后显著降低的原因。

越南政府重视基础设施建设，在财政状况并不宽裕的情况下不断增加对基础设施的投入。政府还大力推动基础设施建设项目的社会化，充分利用官方开发援助资金等填补项目资金缺口，完成了多项高速公路等项目的施工建设[1]。2015 年 3 月，越总理表示越南将会在 2020 年前后开始发展高速铁路计划[2]。同年 6 月，越南国家银行行长阮文平在北京出席亚投行章程签署仪式，正式加入亚洲基础设施投资银行[3]。

预计越南政府在基础设施建设上的支出仍将会不断增长，而东盟经济共同体、亚投行等经济组织和机构将会进一步助力越南的基础设施建设，为其提供更多的基础设施建设资金和援助。以上都有助于越南在近期不断降低其基础设施风险。

---

① 中华人民共和国驻越南社会主义共和国大使馆及商务参赞处：《越媒谈 ODA 资金在越交通基础设施建设中的作用》，http://vn. mofcom. gov. cn/article/ztdy/201508/20150801077599. shtml，2015 – 08 – 11。

② 中华人民共和国驻越南社会主义共和国大使馆及商务参赞处：《越南将在 2020 年后发展高速铁路》，http://vn. mofcom. gov. cn/article/jmxw/201503/20150300910503. shtml，2015 – 03 – 16。

③ 中华人民共和国财政部，《亚洲基础设施投资银行协定》签署仪式在北京举行. http://www. mof. gov. cn/zhengwuxinxi/tupianxinwen1/201506/t20150629_ 1262855. html，2015 – 06 – 29。

2. 税收风险

考量一个国家的税收收入是否能够满足政府实现其职能的需要，主要看其宏观税负的高低。而宏观税负水平一般用一个国家一定时期内（通常为 1 年）的税收总量占 GDP 的比重来衡量。2008—2014年，越南宏观税负的波动区间大致为 17.70%—22.40%，平均值为19.52%。2015 年的宏观税负的预测值则为 17.50%，2016 年的预测值为 17.60%（图 7 - 9）。2010 年后，越南的宏观税负水平呈现下降趋势，趋向于 17% 的水平。与欧洲的福利国家约为 50% 的宏观税负水平相比，越南的税负很低，也低于 OECD（经济合作与发展组织）各国的 35% 左右的平均税负水平，可以认为，越南目前的总体税负水平不高。这样的宏观税负水平在支撑政府的支出的情况下使得国内的税负痛苦指数偏低，利于国内企业的投资和居民的消费，而对于外国投资者而言，较低的宏观税负水平也意味着政府的宏观调控能力较强，利于资金安全。

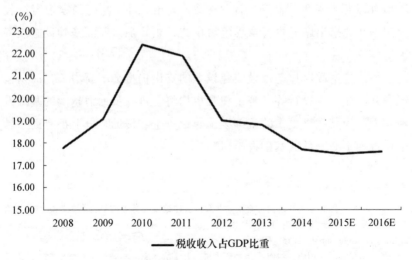

图 7 - 9 越南 2008—2016 年宏观税负

注：2015 年、2016 年为 IMF 的预测值。

数据来源：根据 Wind 资讯数据库、IMF 数据整理得出。

2008 年至今，越南的税收收入不断增加，税收增长率的平均值为 16.36%，增长态势良好，增长速度较为稳定（图 7 - 10）。就财政赤字而言，受全球经济危机影响，2009 年越南的财政赤字增长率为 379.30%，可见，越南为了应对 2008 年全球金融危机，政府支出出现了剧烈增加。就税收收入增长率和财政赤字增长率的对比而言，越南财政赤字波动率较大，平均赤字增长率高于税收收入增长率，说明越南政府在控制赤字方面力度尚有不足。

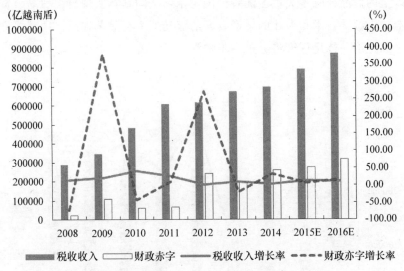

图 7 - 10　越南 2008—2016 年政府税收与财政赤字情况

注：2015 年、2016 年为 IMF 的预测值。

数据来源：根据 Wind 资讯数据库、IMF 数据整理得出。

根据《稳定与增长公约》和《马斯特里赫条约》，在不对主权国家的预算和税收政策进行实际干预的情况下，以财政赤字率不超过 3% 为国际通用警戒线值从而确保各国财政的健康。从图 7 - 11 可以看出，越南除 2008 年、2010 年、2011 年三个年份外，其财政赤字率均高于国际通用警戒值，说明其财政赤字占 GDP 比重较大，且没有明显的下降趋势，可以初步认为越南的财政赤字率较高，财政面临一定的赤字压力，有一定的财政风险。

　　再来看越南的贸易保护尤其是关税壁垒的程度。越南与中国均为
WTO 成员国，越南根据加入 WTO 的承诺，逐步取消了进口配额限
制，基本按照市场原则进行管理，奉行的是自由贸易政策，承诺将在
2020 年消除贸易壁垒，互惠原则、透明度原则、市场准入原则、非
歧视性原则等适用于两国的经贸活动。而根据《中国—东盟自由贸
易区货物贸易协定》，从 2011 年开始，越南每两年削减从中国进口商
品的进口关税，到 2015 年，除了少量敏感的产品外，越南将对 95%
以上的商品征收零关税。随着中国与东盟之间基本实现自由贸易，资
金、资源、技术和人才的生产要素的流动效率会显著提高，中越双方
之间经济一体化程度将会进一步加深。

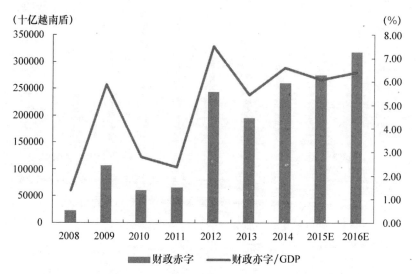

图 7-11　越南 2008—2016 年政府财政赤字及其占 GDP 比重

注：上图 2015 年、2016 年为 IMF 的预测值。

数据来源：根据 Wind 资讯数据库、IMF 数据整理得出。

　　综合评估，越南国内宏观税负水平较低，但越南政府在控制赤字
方面力度尚有不足，财政赤字率较高；另外，越南的贸易保护尤其是
其关税壁垒的程度较低，但有一定的税收政策风险。

3. 自然环境风险

越南的主要自然灾害为风暴和洪水，并且受到瘟疫、旱灾、泥石流的不同程度的影响。越南大部分海岸线会受到台风的影响，每年将遭到6—8次的台风袭击；每年约有130万人群受到旱灾的影响。自然灾害对越南经济的影响较大，每年自然灾害损失高达国内生产总值（GDP）的1%—1.5%。过去10年，越南自然灾害损失总额达91万亿越盾（约合45亿美元）[①]。

据各国竞争力指标分析库（BVD - EIU Market Indicators & Forecasts）数据分析，2008—2013年，与中国大陆和印度相比，越南的自然环境风险水平稳定不变且维持在较低的水平（图7 - 12）。但在2013—2014年，越南的自然环境风险大幅上升近10个点，随后又稳定不变。预计2016年越南的自然环境风险大体上维持现有水平，但不排除仍有上升趋势，这对于未来商业活动的影响不容忽视。

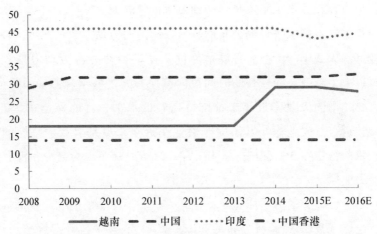

图7 - 12　越南、中国、中国香港与印度2008—2016年自然环境风险

注1：自然环境风险指标以100为最大值，风险越大数值越高。

注2：2015年与2016年的数据为预测值。

数据来源：各国竞争力指标分析库（BVD - EIU Market Indicators & Forecasts）。

[①]　中华人民共和国驻越南社会主义共和国大使馆经济商务参赞处：http://vn. mofcom. gov. cn/article/jmxw/201208/20120808286640. shtml。

越南在过去几年颁布了减灾预警系统的相关法律法规，制定了应对气候变化的国家战略，且在减灾方面取得成就：因灾害而失踪或死亡的人数比例降低了 8%；过去 5 年因自然灾害受伤的比例降低了 17%。但是由于越南属于严重受气候变化影响的国家之一，因此，随着全球气候问题的频繁出现，越南自然灾害将频繁发生。气候变化加大台风发生的频率，并且随着台风向南部移动的倾向加大，在未来可能会影响到越南的主要经济城市——胡志明市。海平面上升将加剧洪水的危害性，同时将会引发大型暴风雨以及台风。夏季和冬季的降雨量增多也可能加大洪水和泥石流发生的可能性。随着未来的降雨量分布越来越不均匀，旱灾发生的可能性加大①。

4. 劳动力风险

越南劳动力素质较高、勤劳能干、工资低廉，具有较强的竞争力，但也存在技术水平不足、劳动效率低等问题。

根据越南国家统计局公布的数据，越南的劳动力数量充足，且结构较好。以 2013 年公布的数据为例，青年劳动力占劳动力总数的 60% 以上，越南会在较长的时间段内都保持充足的年轻劳动力供应。而且，越南的失业率近年来都维持在较低水平，目前稳定在 2% 左右，接近自然失业率。其不完全就业率近年来更是有较大幅度的下降，目前稳定在 3% 左右。总体而言，劳动力就业较为充分，没有较大的失业风险。

尽管年轻劳动力供应充足，也有一些值得注意的问题。根据世界经济论坛（WEF）最新公布的 2013—2014 年全球竞争指数排名榜，越南劳动力市场效率指标下跌了 5 位，排在第 56 位，低于马来西亚（24）、文莱（26）、泰国（37）、印尼（38）等国，但高于菲律宾（59）、老挝（81）、柬埔寨（88）、缅甸（139）。越南的劳动力虽然

① 世界银行：http://sdwebx.worldbank.org/climateportalb/home.cfm? page = country _ profile&CCode = VNM&ThisTab = ImpactsVulnerabilities。

相对便宜，但近年来劳动力价格也在不断上升，罢工现象越来越频繁，影响到投资者的利益。2014年反华骚乱中一些中资企业的越南雇员就趁机滋事，发泄对收入待遇的不满。

总体来说，虽然存在技术水平不足、劳动效率低等问题，但越南劳动力市场依然具有较强的竞争力。

5. 法律风险

革新开放以来，越南国会的地位不断提升，其立法功能亦得到发挥，越南已经建立了比较健全的法律体系。但是，在越南从事经济活动仍然面临一定的法律风险：一是已有的政策法规存在着不透明、不明确的问题，可能会影响投资者的判断和决策，进而影响投资者的利益；二是已有法律的实行问题，即使法律条文很完善，但是执行起来不到位甚至无法执行的现象并非个别现象；三是越南的法律法规不断变化，尤其是经济法律法规经常修改，可能会影响企业的生产经营；四是还存在国家征收和政府违约等风险，尤其是投资周期长的项目，面临的法律政策变化风险更大。

结　论

革新开放中的越南是一个充满活力的新兴经济体。越南投资营商环境的主要优势在于自然资源丰富，劳动力价格低廉，国内政局稳定，投资政策比较优惠。而风险则主要来自基础设施、政策法规和金融体系的不完善，以及政府官员贪腐等方面。

据各国竞争力指标分析库（BVD–EIU Market Indicators & Forecasts）通过计算安全风险、政治不稳定性风险、政治无效性风险、法律和改革风险、宏观经济风险、外贸交易和支付风险、金融风险、税收政策风险、劳动力市场风险和基础设施风险的分项指标平均值得出，2014年越南商业环境吸引力得分不到6分，远远低于中国香港，也低于中国大陆和印度（图7–13）。

（数值）

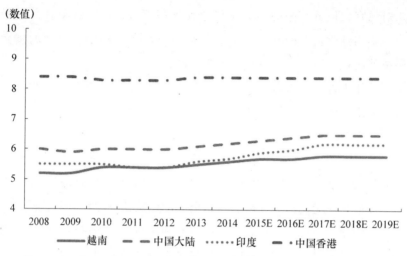

图 7 - 13　2008—2019 年越南、中国、中国香港与印度商业环境吸引力

注：2015—2019 年的指标数据为预测值。商业环境吸引力指标以 10 为最大值，数值越高表明该国商业环境的吸引力越大。

数据来源：各国竞争力指标分析库（BVD - EIU Market Indicators & Forecasts）。

在世界银行给出的 Doing Business 指标当中，2015 年越南在 189 个调查国家中排名第 78，相较于 2014 年排名下降 6 位。此项排名具体考量包括如开始设立贸易、获得建造许可、获得电力支持、财产登记、获得信用支持、保护少数投资者、支付税收、跨国贸易、合同执行力、解决破产问题这 10 个方面的内容，可以综合衡量在一国境内完成一整个小型或者中型商业活动周期的难易程度①。2008 年以来，越南在税收、获得信贷支持、保护少数投资者等方面出台多项措施不断改善商业环境。虽然 2015 年相对排名下降 6 位，但其与其他国家的差距不断减少，商业环境不断改善。

总体来看，越南是一方充满商机的热土。2015 年 10 月，越南与其他 TPP 成员国达成基本协议，更增添了越南对投资者的吸引力。据经

---

① 世界银行，Doing Business 2015：Economy Profile 2015，http：//www - wds. world-bank. org/external/default/WDSContentServer/WDSP/IB/2014/11/05/000477144_ 20141105084 333/Rendered/PDF/920750WP0Box380580Malaysia00Public0. pdf。

济专家分析，越南将在以下三方面受惠于 TPP：一是有利于越南经济增长，促进出口贸易。跨太平洋战略经济伙伴协定（TPP）为史上最大的贸易协议，涵盖世界经济规模约 40%，贸易额占 30%。TPP 大部分成员国为全球消费大国，市场需求大。美国及日本的入口关税减少，将令越南的服务业和制造业受惠。TPP 协定生效后，越南对该市场的出口预计将大幅度增长。据 Eurasia 报告，协定可让越南经济在 2025 年前增长 11%，同期出口将增长 28%。二是有利于越南吸收外商直接投资。越南加入 TPP 意味着将放开对外资的监管，进一步降低电信、金融保险业的市场准入条件，对投资者富有吸引力。三是有利于越南体制改革，创造更透明的营商环境，提高国家竞争力。①

主要参考文献

一　专著

［1］梁志明等：《当代越南经济革新与发展》，鹭江出版社 1996 年版。

［2］黄云静等：《发展与稳定：反思东南亚国家现代化》，时事出版社 2011 年版。

［3］潘金娥：《越南政治经济与中越关系前沿》，社会科学文献出版社 2011 年版。

［4］蔡荣鑫：《"益贫式增长"模式研究》，科学出版社 2010 年版。

［5］陈明凡：《越南政治革新研究》，社会科学文献出版社 2012 年版。

二　论文和网文

［1］黄云静、张胜华：《越南近年来发展海洋经济的主要举措》，《南海学刊》2015 年第 1 期。

---

① 《加入 TPP 对越南经济有何影响？》（Sau khi ký kết, TPP sẽ tác động thế nào tới kinh tế Việt Nam?），越南财政网：http：//tapchitaichinh. vn/nghien－cuu－－trao－doi/trao－doi－binh－luan/sau－khi－ky－ket－tpp－se－tac－dong－the－nao－toi－kinh－te－viet－nam－70166. html。

［2］黄云静：《越南革新开放与区域平衡发展》，《社会主义研究》2011 年第 4 期。

［3］黄云静：《越南与广东的经贸合作；现状、机遇、挑战与展望》，《东南亚纵横》2011 年第 7 期。

［4］黄云静：《全国统一后越南政府消除南北发展差异的措施及其效果》，《南洋问题研究》2010 年第 1 期。

［5］王志刚：《革新开放以来越南汇率制度的演变》，《东南亚研究》2013 年第 3 期。

［6］黄晓东：《越南的开放政策与投资环境》，《特区经济》1993 年第 1 期。

［7］白彦锋：《建立防范和化解我国税收风险的长效机制》，《税务研究》2007 年第 5 期。

［8］武晋晋：《越南：机遇与风险并存》，《进出口经理人》2013 年第 11 期。

［9］黄真、黎氏秋红：《革新开放后的越南外交战略与中越关系》，《东南亚纵横》，2010 年第 1 期。

［10］方芸：《革新开放以来老挝与越南特殊关系的新发展》，《东南亚纵横》2010 年第 1 期。

［11］《越南—中国投资合作概况》（Tình hình hợp tác đầu tư Việt Nam – Trung Quốc），越南计划与投资部外国投资局：http：//fia. mpi. gov. vn/tinbai/4360/Tinh – hinh – hop – tac – dau – tu – Viet – Nam – Trung – Quoc。

［12］中华人民共和国驻越南胡志明市总领事馆经济商务室：《越媒称 TPP 谈判结束给越南带来新机遇》，http：//hochiminh. mofcom. gov. cn/article/jmxw/201510/20151001126988. shtml。

三 网站

［1］越南政府：http：//www. chinhphu. vn/。

［2］越南国家统计局：http：//www. gso. gov. vn。

［3］越南人民报：http：//www. nhandan. org. vn/。

［4］越共电子报：http：//dangcongsan. vn/cpv/。

［5］越南经济时报：http：//vneconomy. vn/。

［6］世界银行：http：//www. worldbank. org。

［7］世界经济论坛：http：//www. weforum. org。

［8］世界银行数据库：http：//data. worldbank. org. cn/topic。

［9］联合国数据库：http：//data. un. org/。

［10］国际货币基金组织（IMF）国际金融统计（IFS）数据库：ht-
　　　tps：//www. imf. org/。

［11］各国竞争力指标分析库：https：//www. eiu. bvdep. com/。

［12］各国宏观经济指标宝典数据库：https：//www. eiu. bvdep. com/。

［13］EIU Risk Briefing 数据库：http：//viewswire. eiu. com/。

［14］中华人民共和国驻越南社会主义共和国大使馆经济商务参处。

［15］海关信息网：http：//www. haiguan. info/。

［16］中华人民共和国商务部网站：http：//www. mofcom. gov. cn/。

［17］广东统计信息网：http：//www. gdstats. gov. cn/。

第八章 老挝基本国情及投资风险评估

尤洪波 戴程均

老挝的国名是老挝人民民主共和国（The Lao People's Democratic Republic）。它是东南亚唯一的内陆国家，也是世界上为数不多的社会主义国家之一。老挝的国土面积为 23.68 万平方公里，人口 691 万人。

老挝的自然资源丰富，矿产种类多样，储量较大，一些矿产具有良好的找矿前景。目前，得到开发的矿产资源主要有铜、金、银、铅、锌、铁、锡、锰、盐、铝土、宝石、石膏等。老挝还具有丰富的水资源和森林资源。据统计，老挝每年的水资源总量为 1900 亿立方米，人均水资源达到 3.5 万立方米/年。老挝的森林面积约为 1230 万公顷，森林覆盖率为 52%，出产红木、柚木、紫檀、安息香、胖大海、花梨木、达玛树脂、葛藤、虫胶、茴香、砂仁、松木和紫胶等木材和特产。有些品种储量大，品质高，如老挝产的安息香品质优良，年出口量曾达到 30 吨，占世界市场的 70%。

老挝人口稀少，在东南亚国家中仅仅高于新加坡和文莱，80% 的人口分布在湄公河沿岸以及其他河谷平原地区，20% 分布在山区。老挝的族群众多，共有 49 个族群。这些族群分属老泰语族系、孟—高棉语族系、汉藏语族系和苗瑶语族系。老挝的宗教有佛教、基督教、印度教、伊斯兰教和原始宗教等。其中，佛教的信徒最多。

老挝的经济发展水平较低，属于不发达国家。但近年来经济发展较快，前景看好。

第一节 老挝基本国情

一 老挝政治发展与特点

1. 老挝政局长期稳定

老挝是一党执政的社会主义国家。老挝人民革命党是老挝的执政党，也是该国唯一的政党。老挝人民革命党前身是印度支那共产党老挝支部。1955 年 3 月 22 日，该支部独立建党，名为"老挝人民党"，1972 年改为现名。老挝人民革命党长期领导老挝人民进行英勇的革命斗争，在抗美救国期间，击败了美国的干涉和右派的猖狂进攻，最终于 1975 年 12 月建立了老挝人民民主共和国，取得了革命的胜利。

社会主义政权建立以后，老挝开始了社会主义建设。老挝人民民主共和国成立之初，进行国有化改造，导致经济停滞不前，外交上亲苏亲越，与中国的关系冷淡甚至紧张。20 世纪 80 年代中期，在不利的国际国内环境下，老挝的经济困难进一步加剧。国际上，中国的改革开放政策已经取得显著成效；戈尔巴乔夫上台后，苏联的外交政策也酝酿着巨大的变革。鉴于国内国际形势的深刻变化，老挝及时调整内政外交政策。1986 年 11 月，老挝人民革命党第四次全国代表大会召开，凯山·丰威汉作了政治报告，对老挝社会主义建设正反两个方面的经验教训进行了必要的总结和深刻的反思，决定实行革新开放。这是老挝历史上具有重要转折意义的会议，会议确定的革新开放路线一直延续下来，事实上已经成为老挝的基本国策。在革新开放路线的指引下，老挝经济开始焕发活力。80 年代末苏东剧变，社会主义阵营不复存在。由于老挝人民革命党应对及时，老挝受到的冲击较小，政局依然保持稳定，经济继续发展。在 1997 年的东南亚金融危机和 2007—2009 年的世界金融危机中，老挝仍保持较高经济增长率，综合国力持续增强。

老挝新老交替、权力交接的过程相当顺利。2006 年是老挝政治发展中具有转折意义的年份。当年3月，老挝人民革命党第八次全国代表大会召开。朱马里·赛雅颂接替第二代最高领导人坎代·西潘敦，成为老挝新的最高领导人。朱马里于1936年6月3日生于阿速坡省，1954年参加革命，长期从事军事工作，并在总参谋部和国防部担任重要职务。1991年，担任国防部长。2001—2006年任国家副主席。朱马里不仅担任老挝人民革命党中央总书记，还担任了国家主席和中央国防治安委员会主席。他的当选标志着老挝第三代领导人全面接管了党、政、军的核心权力。新的领导层上台后，政局稳定，经济持续发展，各项工作稳步进行。

2. 近年来老挝人民革命党不断加强党的执政能力建设

老挝人民革命党认识到，其执政能力的高低在很大程度上决定了老挝社会主义事业的兴衰成败。因此，老挝人民革命党高度重视并不断加强执政能力建设。

第一，坚持社会主义方向，大力加强思想建设。老挝人民民主共和国成立初期，对内全面模仿苏联模式，对外亲苏亲越。因此，在苏东剧变的过程中，老挝感受到了很大的压力。面对"冷战"之后的新形势，老挝借鉴中国和越南的经验，结合本国的实际情况，提出了革新开放的六项基本原则，即坚持马列主义，坚持老挝人民革命党的领导，坚持民主集中制，坚持人民民主专政，坚持爱国主义和国际主义，坚持社会主义道路。六项基本原则成为老挝人民革命党治党治国的基础。老挝人民革命党深刻认识到，只有切实坚持六项基本原则，才能在风云变幻的国际形势下坚持老挝的社会主义方向，老挝的社会主义事业才能兴旺发达，老挝人民革命党才能在西方和平演变战略的进攻下立于不败之地。

第二，加强组织建设，进一步严格干部的选拔任用程序。老挝党政干部选拔任用的原则：（1）坚持老挝人民革命党的领导。这是选拔干部的首要原则，体现了老挝人民革命党作为执政党的核心作用。（2）就选拔对象来讲，要求拟提拔干部德才兼备。（3）就选拔程序来讲，要求坚持民主集中制。（4）就选拔机构来讲，要求遵循稳定、效率和按需行事的原则。与此同时，对于官员的违法违纪行为，加大

打击力度，绝不纵容姑息。2013 年，万象省纪委查处违法违纪干部
90 人，华潘省纪委查处违法违纪干部 67 人，沙拉湾省纪委查处违法
违纪干部 38 人。

第三，狠抓作风建设，加大惩处腐败的力度。老挝国会、政府和
老挝人民革命党制定法律法规和党纪规章，严厉打击贪污腐败。包
括：（1）老挝国会制定相关法律法规。2005 年 7 月，老挝颁布第一
部《反贪污法》。2009 年，老挝加入《联合国反腐败公约》。2012 年
12 月，颁布《反贪污法（修正案）》。（2）老挝人民革命党出台各种
规章制度，从党内明确责任、加强监督。2005 年 7 月，老挝人民革
命党制定了《关于领导干部政治责任的规定》。2012 年 3 月，老挝人
民革命党中央纪检工作会议制定了《中央委员会和政治局关于新条
件下加强纪检监督和反贪污腐败的决议》、《政治局关于党员干部禁
止事项的规定》、《政治局关于高级干部政治职责的规定》和《关于
加强党委对党组织和党员监督工作的规定》。（3）老挝政府制定反腐
战略，强制要求干部申报财产。2012 年 3 月，老挝政府颁布了
《2012—2020 年国家反贪污腐败战略（草案）》和《关于领导管理干
部财产和收入申报的总理令》。2014 年，老挝政府颁布《关于财产申
报的第 159 号政令》，严格规定党政军以及国有企业干部必须上报自
己和家属的各类财产收入。

经过长期不懈的努力，老挝人民革命党的党建工作取得显著成
绩，党的队伍不断扩大，执政能力得到显著增强。据统计，2006 年，
党员约为 13 万人，基层党支部约 1 万个。2013 年，党员人数增加到
199013 人，基层党支部增加到 14408 个。另外，"坚强党支部"创建
活动也取得积极进展。2013 年，4520 个党支部被评为"坚强党支
部"。

二　老挝经济发展

1. 经济发展水平及趋势

1975 年老挝革命取得胜利后，经济上照搬苏联的模式，开始进
行社会主义改造运动。其主要做法是农业合作化、工业国有化和商业

统购统销。老挝的社会主义改造运动对国民经济造成了极大地破坏。农业合作化沉重打击了农民的生产积极性，工业国有化造成了资金、技术和相关人才的大量外流，商业统购统销使得商品奇缺、店铺关门、商业萧条。由此可见，老挝人民民主共和国成立初期的经济政策并不成功。

1986 年老挝人民革命党召开第四次全国代表大会，明确了老挝仍处于社会主义初级阶段的现实，决定以经济建设为中心，全面推行革新开放的政策。首先，在农村实行土地制度改革，分田到户。1990 年，老挝解散国营农场和农业合作社，将土地重新分配给农民，颁发土地证，农民拥有经营权、转让权、继承权和出售权。其次，对于工商业，逐步推行租赁制、承包制和股份制。1990 年，老挝政府发布了《关于把国营企业转为其他所有制形式的决定》，拉开了工商业改革的序幕。1991 年，老挝政府决定：经济效益差的企业一律私有化，经济效益好的军需企业、邮电企业和电力企业仍为国有，其他经济效益好的企业则分别采取私有化、股份制或租赁制的形式。经济改革显著地促进了老挝经济的发展。

2001 年 3 月，老挝人民革命党"七大"召开。七大制定了2001—2015 年老挝社会经济发展目标：国内生产总值保持年均 7% 的增长率，至 2015 年年底，基本摆脱落后状态，初步实现第一产业、第二产业和第三产业的均衡发展。该计划分三个阶段实施：第一阶段为 2001—2005 年，目标是人均 GDP 达到 550 美元。第二阶段为2006—2010 年，目标是人均 GDP 达到 750 美元。第三阶段为 2011—2015 年，目标是人均 GDP 达到 1200—1500 美元。

老挝革新开放初期，经济曾经短暂下行，1987 年和 1988 年都出现了负增长，不过下降的幅度并不大。从 1989 年至今，老挝经济虽然有高低起伏，但是一直处于增长的状态。1997 年东南亚金融危机对很多国家的经济造成沉重打击，老挝经济也受到影响，经济增长的速度明显下降。1998 年，外资流入速度放缓，老挝中南部地区遭遇洪涝灾害，木材制品出口量下跌，当年国内生产总值的增长速度只有4%。之后，老挝经济缓慢恢复，2003 年增幅突破 6%，2005 年突破

7%。2005 年至 2014 年的十年之间，增长速度都在 7% 以上。近十年是老挝经济飞速发展的时期，2005 年 GDP 只有 27.4 亿美元，2006 年增加到 34.5 亿美元，2007 年为 42.2 亿美元，2008 年为 54.4 亿美元，2010 年为 71.8 亿美元，2011 年为 82.8 亿美元，2012 年为 93.6 亿美元，2013 年为 111.9 亿美元。2014 年 GDP 升至 117.7 亿美元，约为 2005 年 GDP 的 4.3 倍（图 8-1）。十年之间，老挝的 GDP 翻了两番有余。

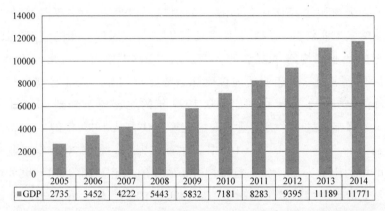

图 8-1 2005—2014 年老挝国内生产总值的增长（单位：百万美元）

数据来源：世界银行，http://data.worldbank.org/。

随着国民经济的高速发展，老挝人均 GDP 也有了较快的提升。1988 年，老挝人均 GDP 仅有 149 美元。1998 年，增长到 248 美元，比 1988 年增长了 66%；2008 年达到 900 美元，增速相当惊人。2010 年以来，老挝人均 GDP 继续稳定增长。2010 年为 1147 美元，2014 年增长到 1760 美元。从老挝国内生产总值和人均 GDP 的实际增长情况来看，老挝人民革命党七大制定的 2001—2015 年社会经济发展战略所规定的主要经济指标已经超额完成。

老挝政府重视消除贫困工作，每年投入大量资金，该项工作目前已经取得了很大的进展。2011 年，老挝召开了第一次消除贫困和发展经验总结大会。2011 年，全国 143 个县中已经有 87 个县实现脱贫，占全国县总数的 60.8%；全国 105.3 万户家庭中已经有 85.4 万户家庭实现脱贫，占全国家庭总数的 81.1%。2014 年年底，脱贫的县达到 113 个，占全国县总数的 79%；脱贫家庭 96.1 万户，占全国家庭总数的 91.3%。老挝提前一年完成了将贫困家庭的比重减少到 10% 以下的目标。

2. 产业结构变化及调整

老挝是传统的农业国。1975 年以前，农业在国民经济中居绝对主导地位，占这一时期国内生产总值的 90%—95%。革新开放之初，农业在老挝国民经济中仍占据主导地位。1990 年，农业占 GDP 的 60.7%，工业仅占 14.4%，服务业占 24.1%。经过多年的经济发展，老挝的产业结构有了明显的改变。从表 8-1 中可以看出，1990—2014 年，老挝三大产业的地位变化趋势比较明显。农业呈现出整体下降的趋势，在 GDP 中的比重从 1990 年的 60.7% 下降到 2014 年的 25%，降幅超过一半。工业上升的速度最快，从 1990 年的 14.4% 上升到 2014 年的 29%，在 GDP 中的比重扩大了一倍。2012 年工业在 GDP 中的比重为 28.3%，首次超过了农业的比重（26.9%）。服务业也是老挝经济增长较快的产业，从 1990 年的 24.1% 上升到 2014 年的 39%，在 GDP 中的比重升至原来比重的 1.6 倍。2004 年服务业在 GDP 中的比重达到 38.0%，超过了农业的比重（36.7%）。2014 年，在老挝的三大产业中，农业的比重已经降至最低，占 GDP 的 25%，而工业的份额则显著上升，达到 29%，名列三大产业中的第二位。服务业在 GDP 中的比重为 39%，列第一位。

表 8-1　　　　1990—2014 年老挝产业结构的变化　　　　（%）

年份	农业	工业	服务业	进口税
1990	60.7	14.4	24.1	0.9
1995	54.3	18.8	24.5	2.5
2000	51.8	22.6	25.0	0.7
2005	34.4	22.0	37.3	6.3

续表

年份	农业	工业	服务业	进口税
2010	29.6	25.9	38.1	6.5
2014ᴾ	25.0	29.0	39.0	7.0

注1："进口税"（Import Duties）在老挝GDP核算表中，与农业、工业和服务业一样，单独列出。由于计算方法的差异，1990—2001年进口税占GDP的比重与2002—2014年进口税占GDP的比重有明显差别。但由于进口税占老挝GDP的比重一直较低，从2002—2014年的数据来看，介于5.6%—7.4%之间，因此，对研究结果的影响似可以忽略。

注2：2014ᴾ是指该年度数据为初步统计数据，以后可能会有调整。

数据来源：根据老挝银行相关数据整理（老挝银行 http：//www.bol.gov.la）。

　　经过多年的发展，老挝的产业布局日趋合理，但是各产业的发展水平仍然很低。老挝的农业技术落后，主要表现在单位亩产较低，农业设施落后，抗灾能力差，机械化程度很低。老挝的工业基础薄弱，缺乏资金、技术、设备和专业人才，加工业、采矿业、建筑业和水电业是老挝主要的工业部门。这些部门对外国资本和技术的依赖较为显著。老挝的第三产业发展迅速，但是仍然较低。交通运输与通讯、金融服务、酒店与餐饮、批发零售是老挝第三产业的主要部门，其中，批发零售业的比重最大。但是，其发展水平仍处于起步阶段。大型连锁超市和百货商场数量很少。便利店的数量也很有限，全国400多家，万象仅有53家。

　　旅游业是老挝第三产业的重要组成部分。革新开放以后，老挝旅游业得到迅速发展，目前是该国发展最快的新兴产业之一。老挝的自然景观、人文景观和历史古迹都有鲜明的特色，蕴藏着丰富的旅游资源。截至2009年，老挝共有1493处景点，包括自然景点849处，文化景点435处，历史名胜古迹209处。其中，琅勃拉邦和占巴塞省的瓦普寺已经被联合国教科文组织列为世界文化遗产。另外，万象市的塔銮、玉佛寺、凯旋门，琅勃拉邦的光西瀑布，占巴塞省的孔埠瀑布，万荣市的岩洞和南松河，波乔省的金三角等也是著名的旅游景点。2013年，老挝被欧盟理事会评为"全球最佳旅游目的地"。近年来，老挝与500多家外国旅游公司签署合作协议，开发了15个国际旅游口岸，外国游客数量增长迅速，旅游收入也相应增长。2000 年，外国游客人数为 73.7 万，旅游收入为 1.1 亿美元。2014 年，外国游客人数增加到 415.9 万，旅游收入达到 6.4 亿美元，人数和收入分别是 2000 年的 5.6 倍和 5.8 倍（表 8－2）。泰国、越南和中国是老挝前三大游客来源国。

表 8－2　　2000—2014 年老挝的外国游客人数和旅游收入

单位：千人/百万美元

年份	2000	2001	2002	2003	2004
游客人数	737.2	673.8	735.7	636.4	894.8
旅游收入	113.9	103.8	113.4	87.3	118.9
年份	2005	2006	2007	2008	2009
游客人数	1095.3	1215.1	1623.9	1736.8	2008.4
旅游收入	146.8	173.2	233.3	275.5	267.7
年份	2010	2011	2012	2013	2014[P]
游客人数	2513.2	2723.6	3330.1	3779.5	4158.7
旅游收入	381.7	406.2	513.6	595.9	641.6

注：2014[P]是指该年度数据为初步统计数据，以后可能会有调整。

数据来源：根据老挝银行相关数据整理（老挝银行 http://www.bol.gov.la）。

3. 对外贸易

进出口贸易是老挝经济发展的主要动力之一。革新开放后，老挝对外贸易增长迅速。1991 年，对外贸易总额为 4 亿美元；2006 年增加到 19.4 亿美元；2010 年升至 38.1 亿美元；2014 年的对外贸易总额初步统计为 69.3 亿美元，是 2006 年的 3.6 倍、1991 年的 17.3 倍（表 8－3）。老挝的主要贸易伙伴是泰国、中国、越南、澳大利亚、日本、瑞士和其他东盟国家。1997 年 7 月老挝申请加入世界贸易组织，2012 年 10 月成为该组织的成员国。老挝不仅重视与周边国家的经贸关系，而且积极开拓西方发达国家的市场。由于老挝是世界最不发达国家之一，因此，美国、欧盟、日本、加拿大、澳大利亚和新西兰等西方国家在市场准入、产品配额和关税减免等方面给予老挝多方面的优惠待遇，为老挝开展对外经济合作提供了有利条件。

表 8 - 3　　　　　　　　2006—2014 年老挝的对外贸易　　　　　　单位：百万美元

	2006	2007	2008	2009	2010	2011	2012	2013	2014^P
出口	882.0	922.7	1091.9	1052.7	1746.4	2189.6	2270.7	2263.9	2662.0
进口	1060.2	1064.6	1403.2	1461.1	2060.4	2404.2	3055.1	3080.9	4271.2
总额	1942.2	1987.3	2495.1	2513.8	3806.8	4593.8	5325.8	5344.8	6933.2
差额	-178.2	-141.9	-311.3	-408.4	-314.0	-214.6	-784.4	-817.0	-1609.2

注：2014^{P}是指该年度数据为初步统计数据，以后可能会有调整。

数据来源：根据老挝银行相关数据整理（老挝银行 http：//www.bol.gov.la）。

老挝主要出口商品有矿产、电力、服装、木材制品、农产品和咖啡等。2006—2014 年，农产品、咖啡、电力和矿产的增幅较大，分别为 7.3 倍、7.1 倍、5.6 倍和 2.6 倍。在主要出口产品中，农产品和咖啡虽然增幅最大，但是波动幅度也是最大的。以咖啡为例，2006 年出口额为 9.8 亿美元，2012 年增加到 114.9 亿美元，是 2006 年出口额的 11.7 倍。但是，2013 年咖啡出口量又狂降至 19.8 亿美元，仅为 2006 年的 2 倍。2014 年出口量大幅回升，为 70 亿美元，相当于 2012 年的 61%。造成这种状况的原因主要是老挝农业生产落后，容易受到灾害天气的影响。矿产和电力是老挝最重要的出口产品，出口额比较平稳，近年来呈现出总体上升趋势。长期以来，矿产在老挝出口商品的比重居于第一位。2006—2014 年，矿产占对外贸易总额的比重最低为 35.8%（2010 年），最高为 60.0%（2007 年）。2014 年的比重为 48.3%，将近出口额的一半（表 8 - 4）。出口的矿产中，铜和金的金额最大，比重最高。

表 8 - 4 2006—2014 年老挝的主要出口商品 单位：百万美元

年份 种类	2006	2007	2008	2009	2010	2011	2012	2013	2014ᴾ
木制品	97.8	89.6	65.7	41.7	37.4	81.7	131.1	143.4	133.7
咖啡	9.8	28.9	18.5	21.7	26.1	67.8	114.9	19.8	70.0
农产品	22.2	16.6	52.7	91.4	169.0	152.2	220.8	238.8	161.2
服装	127.5	126.3	256.0	127.1	171.1	219.9	183.9	156.2	201.7
电力	101.2	84.2	108.0	100.6	113.2	327.2	502.2	589.8	570.2
矿产	498.8	553.1	561.7	446.6	625.4	1241.6	946.9	971.4	1286.1
其他	- -	- -	- -	223.5	604.2	99.3	172.5	143.9	238.8
总额	882.0	922.7	1091.9	1052.7	1746.4	2189.6	2270.7	2263.9	2662.0
增幅	59.5%	4.6%	18.3%	-3.6%	65.9%	25.4%	3.7%	-0.3%	17.6%

注：2014ᴾ是指该年度数据为初步统计数据，以后可能会有调整。

数据来源：根据老挝银行相关数据整理（老挝银行 http：//www. bol. gov. la）。

老挝进口商品以工业品和消费品为主。目前，老挝的进口商品大致可以分为资本货物、中间产品和原材料、消费品、金银、电力和其他商品。以 2014 年为例，中间产品和原材料的进口额为 18.5 亿美元，占进口总额的 43.3%，居第一位。中间产品和原材料又可以划分为制衣原料、钢铁、石化产品和其他商品。资本货物的进口额为 12.6 亿美元，占进口总额的 29.5%，居第二位。资本货物的主要种类有车辆与配件、机器与零件、塑料与橡胶、肥料、科研设备和光学设备等（表 8 - 5）。由此可见，中间产品和原材料、资本货物是目前老挝的主要进口商品。

表 8 - 5 　　　　　　2006—2012 年老挝的主要进口商品　　　单位：百万美元

年份 进口种类	2006	2007	2008	2009	2010	2011	2012
资本货物	495.6	592.9	567.6	920.2	1066.3	1423.7	1602.3
消费品	440.2	361.3	611.4	373.2	670.4	867.6	1352.7
服装材料	98.7	80.4	175.2	67.0	60.3	14.0	18.8
金银	10.5	10.1	20.2	59.7	209.8	51.9	8.6
电力	13.0	17.7	26.9	39.2	50.8	40.9	63.4
其他	2.2	2.2	1.9	1.7	2.9	6.1	9.4
总额	1060.2	1064.6	1403.2	1461.1	2060.4	2404.2	3055.1
增幅	20.2%	0.4%	31.8%	4.1%	41.0%	16.7%	27.1%

数据来源：根据老挝银行相关数据整理（老挝银行 http：//www.bol.gov.la）。

老挝对外贸易的迅猛发展为其经济增长提供了有利的条件。但是，老挝对外贸易也存在一个积重难返的问题，即长期的贸易逆差。1991 年，老挝贸易逆差为 1 亿美元，1997 年达到 4.9 亿美元，6 年间贸易逆差飙升了将近 4 倍。1998—2011 年，老挝的贸易逆差额起起落落，最低点是 2007 年的 1.4 亿美元，最高点是 2009 年的 4.1 亿美元，尚能够维持在较为稳定的范围之内。但是近三年来，老挝贸易逆差进一步升高。2012 年为 7.8 亿美元，2013 年为 8.2 亿美元，2014 年为 16.1 亿美元（表 8 - 3）。

4. 外来投资

老挝于 1975 年建立社会主义政权以后，经济上采取激进的国有化政策，造成了大量资金的外逃。在"左"的思想影响下，吸引外资的工作无从谈起。革新开放后，老挝政府认识到，吸引外资是促进经济发展的重要动力，由此改变相关政策，出台吸引外资的法律法规，大力引进外国直接投资。

老挝的自然资源和水电资源非常丰富，成为吸引外国投资的主要领域。2001—2012 年，外国在老挝的投资项目共有 4470 个，投资金额为215.3亿美元，单个项目平均投资金额为482万美元。矿业是外国投资最多的领域，投资金额为55.1亿美元，项目数量282个，单个项目平均投资额为1953万美元。水电行业是老挝吸引外资名列第二的领域，投资金额为50.6亿美元，项目数量33个，单个项目平均投资额为15318万美元。农业居于第三位，吸引了26.1亿美元，项目990个，单个项目平均投资额为264万美元。服务业位居第四位，投资金额为23.7亿美元，项目684个，单个项目平均投资额为346万美元。工业与手工业名列第五位，投资金额为21.1亿美元，项目942个，单个项目平均投资额为224万美元。酒店名列第六位，投资金额为11.2亿美元，项目430个，单个项目平均投资额为260万美元。前6个领域的投资金额合计为187.7亿美元，占据了外国投资总额的87.2%。其余9个领域的投资金额均在10亿美元以下，合计金额为27.6亿美元，占外国投资总额的12.8%（表8-6）。

从单个项目的平均投资额来看，水电名列第一，达到1.53亿美元，遥遥领先于其他领域。名列第二位的是通讯，单个项目平均投资额为3084万美元。名列第三位的是矿业，单个项目平均投资额为1953万美元。名列第四位的是银行，单个项目平均投资额为1114万美元。名列第五位的是卫生，单个项目平均投资额为533万美元，已经不足1000万美元。单个项目平均投资额不足100万美元的领域有贸易、制衣、教育和咨询，分别为90万美元、85万美元、40万美元和39万美元。

表8-6　　　　2001—2012年外国在老挝主要领域的投资　　单位：百万美元

序号	领域	项目数量	投资额	单个项目平均投资额
1	矿业	282	5508	19.53
2	水电	33	5055	153.18
3	农业	990	2614	2.64
4	服务业	684	2367	3.46
5	工业与手工业	942	2106	2.24

续表

序号	领域	项目数量	投资额	单个项目平均投资额
6	酒店	430	1118	2.60
7	通讯	25	771	30.84
8	建筑业	150	721	4.81
9	林业	211	395	1.87
10	银行	29	323	11.14
11	贸易	332	299	0.90
12	制衣	110	94	0.85
13	咨询	173	67	0.39
14	卫生	12	64	5.33
15	教育	67	27	0.40
总计		4470	*21528	4.82

注：包括老挝本国的投资额。

数据来源：根据老挝工业与商务部相关数据整理（老挝工业与商务部 http://www.moic.gov.la/）。

老挝前三位的投资国分别是周边的中国、泰国和越南。1989—2014 年，中国向老挝投资了 830 个项目，金额约为 54 亿美元，投资项目和金额均居第一位。中国投资项目的数量占外国投资项目总数的 29.8%，投资金额占外国投资总额的 33.1%。泰国向老挝投资了 746 个项目，金额约为 44.6 亿美元，投资项目和金额均居第二位。泰国投资项目的数量占外国投资项目总数的 26.8%，投资金额占外国投资总额的 27.4%。越南向老挝投资了 421 个项目，金额约为 34 亿美元，投资项目和金额均居第三位。越南投资项目的数量占外国投资项目总数的 15.1%，投资金额占外国投资总额的 20.9%。中国、泰国和越南三国投资金额共计 132.5 亿美元，占外国投资总额的 81.3%，投资项目共计 1997 个，占外国投资项目总数的 71.6%。其他比较重要的投资国主要有韩国、法国、日本、荷兰、马来西亚、挪威和英国（表 8-7）。

表 8 - 7　　　　　　　1989—2014 年外国对老挝的投资　　　　单位：百万美元

序号	国家	项目数量	投资额	百分比（%）
1	中国	830	5397	33.14
2	泰国	746	4455	27.36
3	越南	421	3394	20.84
4	韩国	291	751	4.61
5	法国	223	490	3.01
6	日本	102	438	2.69
7	荷兰	16	434	2.67
8	马来西亚	101	382	2.35
9	挪威	6	346	2.13
10	英国	52	198	1.13
总计		2788	16286	100.00

数据来源：老挝计划与投资部 http：//www. investlaos. gov. la/。

5. 吸引外资政策和重点

为更好地吸引外国投资，老挝先后于 1988 年、1994 年、2004 年和 2009 年通过四部《投资法》。目前，仍在施行的是 2009 年的《促进投资法》。老挝实行全方位的吸引外资政策。具体表现为：

第一，对于投资地域和行业的限制很少。对于投资的地域，老挝没有任何限制，外国投资者可以在老挝全国范围内进行投资。对于投资的行业，老挝给予的限制是：不得投资于危及社会治安、严重破坏环境、危害人身健康、破坏文化传统的领域。除此之外，外国投资者可以投资和经营各个领域、各种行业。

第二，较大幅度的税收优惠。老挝根据地理位置和投资条件，把投资区域划分为三类：一类投资区，地处偏远，交通不便，投资条件较差，这是最受鼓励的投资区域。二类投资区，地理位置一般，投资条件一般，这是中等鼓励的投资区域。三类投资区，地理位置优越，投资条件较好，这是一般鼓励的投资区域。三种投资区的投资分别享有不同的税收减免政策。对于投资于医院、幼儿园、各类学校和研究机构的投资者给予更大的优惠。老挝又把鼓励投资的项目分为三类：第一类，属于最优先鼓励的项目，享受的税收优惠最大；第二类，属于次优鼓励的项目，享受的税收优惠次之；第三类，属于一般鼓励项目，享受一般的税收优惠。

老挝实施地域和行业相结合的投资优惠政策。具体做法如下："(1) 在一类投资区内投资，属于一类优先鼓励投资的项目将免除10年利润税；属于二类中等鼓励投资的项目将免除6年利润税；属于三类一般鼓励投资的项目将免除4年利润税。(2) 在二类投资区内投资，属于一类优先鼓励投资的项目将免除6年利润税；属于二类中等鼓励投资的项目将免除4年利润税；属于三类一般鼓励投资的项目将免除2年利润税。(3) 在三类投资区内投资，属于优先鼓励投资的项目将免除4年利润税；属于中等鼓励投资的项目将免除2年利润税；属于一般鼓励投资的项目将免除1年利润税。矿产开采、电力、植树等项目遵照有关法律规定执行。(4) 特别鼓励政策，即投资医院、幼儿园、普通学校、职业学校、专科学校、大学、研究分析中心等公益事业享受免除租赁场地费和土地特许经营费的优惠：在一类区投资，享受免除租赁场地费和土地特许经营费的优惠15年；在二类区投资，享受免除租赁场地费和土地特许经营费的优惠10年；在三类区投资，享受免除租赁场地费和土地特许经营费的优惠3年。投资建医院、幼儿园、普通学校、职业学校、专科学校、大学、研究分析中心等将根据本法第五十一条规定的基础上再多免除5年利润税。"[1]

第三，明确了鼓励投资的具体行业。革新开放以来，老挝鼓励外资全面进入农业、工业、手工业和服务业。目前，老挝特别鼓励外国投资的行业有如下7个种类：(1) 出口创汇企业；(2) 农林和手工业；(3) 先进科学和技术的研发和使用、环保技术的研发；(4) 人力资源开发、劳动技能培训、医疗保健；(5) 基础设施建设；(6) 重要工业用原料与设备的生产；(7) 旅游业。

----

① 宋波龙：《老挝〈促进投资法〉研究》，广西大学硕士学位论文，2013年，第9—10页。

为了更好地利用外国资金、技术和管理经验，老挝借鉴中国等国的经验，尝试设立经济特区和经济专区，计划到 2020 年设立 10 个经济特区和 29 个经济专区。截至 2012 年 12 月，老挝已经设立了 4 个经济特区和 17 个经济专区。这 4 个经济特区是：沙湾—色诺经济特区、磨丁黄金城经济特区、金三角经济特区和普乔经济特区。17 个经济专区是：万象市龙庭高尔夫专区、万象市湖南工业园、万象市东坡西专区、万象—努通工贸园区、塔銮湖专业经济区、赛色塔综合开发区、万坎开发区、普侨经济专区、会山专区、西潘敦专区、旺岛专区、巴松波萝芬高原专区、石缸平原专区、农康专区、南横口岸专区、老堡边境贸易区和会晒—清孔湄公河大桥桥头专区。

第二节　老挝对外政策及与中国关系

一　老挝对外政策的演变

1975 年老挝人民民主共和国成立之后，在外交上采取亲苏亲越、敌视中国的政策。老挝在建立社会主义政权的过程中，得到了越南的支持和帮助。新政权成立之后，两国关系迅速升温，越南向老挝派遣了大量专家和顾问，并直接派遣军队驻扎在老挝。1977 年，老越两国签署了《老越友好合作条约》。之后，两国在政治、经济、军事和外交领域保持密切合作。总的来说，老挝受到越南的影响很大。

20 世纪 80 年代中后期，国际形势急剧变化。戈尔巴乔夫提出了新思维，苏联的内政外交政策开始根本性地改变，东欧国家酝酿着剧烈的变革。美苏关系出现缓和的迹象，中苏开启了关系正常化的进程。在此背景下，苏联对老挝、越南的政策也随之调整。为了适应国际形势新的发展变化。老挝开始改变原来的外交政策。在中老关系方面，老挝适时发出和解的信号，使得中老两国于 1988 年实现关系正常化。在老越关系方面，越南撤回了大量专家、顾问和军队，老越两国继续保持特殊关系。老挝与苏联等国家的关系也得到了相应地调整。在东欧剧变和苏联解体的过程中，老挝受到的冲击较小，政局继续保持稳定。

"冷战"后，老挝采取全方位的务实外交政策。第一，与周边邻国发展友好关系。在巩固老挝和越南的特殊关系的同时，大力发展与中国的友好合作关系。与泰国、缅甸和柬埔寨的关系不断深入。第二，重视发展与西方国家的关系。老挝与日本、法国、德国、瑞典等国保持友好关系，并获得了大量的经济援助。老挝与美国的关系持续发展。第三，积极参与地区和国际合作。1997 年，老挝加入东盟，与东南亚国家的关系进一步密切。2012 年，老挝加入世界贸易组织。

2011 年，老挝人民革命党"九大"召开，重申继续坚持和平、独立、友好与合作的外交路线，提出了多样化、多方位、多边、多层次和多形式的"五多"外交方针，确立了四个外交政策的重点：第一，保持同越南的特殊关系。第二，加强与中国的全面战略合作。第三，加强与东盟国家的睦邻友好。第四，积极争取国际经济和技术援助。[1]

二　老挝与东盟邻国关系

1. 老挝与越南关系

老挝和越南两国存在特殊关系，这种特殊关系又被称为"特殊团结友好关系"[2]。老越两国的特殊关系源于共同的抗法救国的历史，并在越南战争的过程中进一步深化，至"冷战"结束后仍然延续，但是已经有所调整。

老挝和越南在历史上曾经有边界问题。越南战争期间，越南以抗美需要为由，曾经借用了老挝的一些领土。1975 年老挝人民民主共和国成立后，双方继续进行边界谈判，1987 年 10 月，两国签订《老越边境议定书》，解决了边界问题。2008 年，老越两国开始在边界联合实施密度立碑勘探，至 2013 年 7 月，共立碑 834 块，立碑工作基本完成。

目前，老越两国关系相当密切，表现在多个方面：第一，在政治

---

① 《世界知识年鉴（2013—2014）》，世界知识出版社 2014 年版，第 124 页。
② 《世界知识年鉴（2013—2014）》，世界知识出版社 2014 年版，第 257 页。

上，两国领导人互访频繁。2014 年，越共中央总书记阮富仲、越南总理阮晋勇和国会主席阮胜雄访问老挝，老挝国家主席朱马里访问越南。两国若干名副总理以及多名省部级高级官员也进行互访。119 名高级官员赴越南进行经验交流，242 名普通官员赴越南参加培训。第二，在经济上，两国经贸和投资关系密切。越南长期是老挝的主要贸易伙伴和主要投资来源国。2014 年 1—9 月，两国贸易额达到 9.95 亿美元，同比增长 35.7%。1989—2014 年，越南在老挝投资 421 个项目，金额达到 33.94 亿美元，是老挝第三大投资国，仅次于中国和泰国。第三，越南长期给予老挝形式多样的援助，既有无偿援助，也有低息贷款；既有经济技术援助项目，也有教育培训项目。2014 年，越南援建的项目主要有老挝人民革命党中央机关信息技术支持项目、老挝国家社会科学院办公室和信息中心、乌多姆赛省电台电视台、凯山博物馆维修项目、华潘—广宁友谊公园和华潘省学校。其中，老挝人民革命党中央机关信息技术支持项目的造价达到了 350 万美元。

两国和两党高度重视双边关系。两国领导人多次表示，要维护和发展特殊关系。老挝人民革命党"九大"和越共"十一大"更是把发展两国特殊关系作为本国外交的首要任务。2012 年是两国建交 50 周年和《老越友好合作条约》签订 35 周年，双方把这一年确定为"团结友好年"，不仅双方代表团密集互访，而且各自安排了系列庆祝活动。老挝和越南特殊关系基于以下几个方面：第一，高度的相互信任。这种信任主要源于历史上建立的友好关系，两国在抗法抗美、建立社会主义政权的过程中互相支持。第二，密切的经贸关系。第三，共同的意识形态。

2. 老挝与泰国关系

老挝与泰国的边界线长度居于第二位，仅次于老越边界。老泰两国族群同源，语言、文化、宗教和风俗习惯均高度相似。但是，老挝与泰国的关系较为复杂，一方面经贸关系密切，另一方面也存在矛盾和分歧。问题主要有两个方面：第一，边界问题。湄公河是两国的界河，长度为 976 公里。河中一些岛屿的归属是两国的主要领土问题。

两国陆地边界的长度为859公里，也存在一些争议地区。例如，为了一个小村庄，两国曾经在1987—1988年间兵戎相见，造成多人伤亡，使得双边关系相当紧张。"冷战"后，两国在解决边界问题上取得显著进展。至2009年，完成了676公里陆地边界的勘察，立碑204块。两国陆地边界的79%已经划定。但是，陆地边界仍然存在15个争议点，而难度更大的湄公河勘界工作尚未展开。第二，难民问题。"冷战"期间，曾经有老挝难民涌入泰国。"冷战"后，在老泰两国合作下，经过21次遣返，至2009年12月，先后有1.2万人返回老挝。难民问题已经得到解决。

与此同时，老泰两国也存在紧密联系。第一，经贸关系密切。泰国长期是老挝的第一大贸易伙伴。第二，投资关系密切。泰国政府一直鼓励该国企业对老挝投资。目前，泰国是老挝的第二大投资国，仅次于中国。第三，宗教文化关系密切。泰国的文化产品例如影视节目在老挝深受欢迎。

总之，老泰两国目前主要是边界争议，但是处于可控的范围之内，两国之间的经济依存度较高，如无特殊情况发生，一般不会因为边界问题导致两国关系失控。

3. 老挝与缅甸关系

缅甸与老挝边界线的长度只有236公里，在老挝与5个邻国边界线长度中最短。"冷战"期间，缅甸推行中立外交政策，两国的外交关系长期比较冷淡。"冷战"后，两国关系稳步发展。目前，两国没有较大的矛盾和分歧。两国的边界问题已经解决，勘界立碑工作也已经完成。为了共同维护边界稳定，两国还建立了边界协商机制，成立了老缅边境委员会、省邦边境委员会，2009年还成立了县级边境委员会。这样一来，老缅已经建立了中央、省邦和县市三个级别的边境委员会。老缅各级边境委员会经常开展边境治安合作，打击毒品贩卖和走私活动，从而维护了边界的稳定和湄公河的航运安全。老缅边界上共有86块界碑，双方时常进行联合检查。2012年，两国又对边界上的86块界碑进行了联合检查，对其中破旧损毁的界碑进行了修复。为了改善老缅交通落后的状况，2012年3月，两国签订了修建湄公河友谊大桥的协议。工程造价 1800 万美元，两国各自承担一半的费用。2015 年 5 月建成通车。大桥的建立，对于老缅经贸关系的发展将起到推动作用。

4. 老挝与柬埔寨关系

老挝与柬埔寨关系良好，两国在历史上都是法国的殖民地，同属于法国建立的印度支那联邦。1904 年，法国殖民政府划定了老柬边界，将其中一些历史上曾经属于老挝的领土划入柬埔寨的版图。两国独立以后，老挝曾经多次要求归还领土，遭到柬埔寨的拒绝。1975年，老挝建立社会主义政权，老柬两国经过协商，同意互相尊重现有边界。之后，老柬边界一直比较稳定，未发生边界冲突。2000 年两国开始进行勘界立碑，目前已经完成 465 公里的勘察，立碑 121 块，完成了 535 公里共同边界 87% 的勘界立碑工作。对于尚存的 2 个争议点，两国领导人表示将尽快协商解决。2014 年 12 月，两国签署解决边界问题的备忘录。

老柬两国与越南互为邻国，历史上关系密切，经贸和文化交流频繁。为进一步加强合作，三国于 1999 年设立了越老柬三角峰会机制。首届峰会同年在老挝举行，此后一般每两年在三国轮流举行一次。2014 年 11 月 25 日，第 8 届峰会在万象召开。柬埔寨首相洪森、老挝总理通邢和越南总理阮晋勇一致同意继续全面加强友好合作关系。同时，老挝与柬埔寨之间也设立了双边合作机制，即老柬联合委员会，协商双边在政治、经济、安全、文化、交通和旅游等各个方面的关系。

三　老挝与西方国家关系

1. 老挝与美国关系

"冷战"期间，美国大举干涉老挝内部事务，试图消灭老挝共产党的力量，以维护亲美反共的右翼政权，但是最终失败。1975 年老挝人民民主共和国成立后，美国将两国的大使级外交关系降为代办级，美国势力撤离老挝，两国关系进入冷淡期。直到 1991 年老美两国才重新恢复大使级外交关系，第二年，恢复互派大使。1992 年至今，两国既有合作，也有分歧。

老美合作表现在以下几个方面：第一，搜寻美军遗骸。从 1985 年开始，两国在此问题上进行了密切的合作。至 2014 年，共找到 269 具美军遗骸，但仍有 306 人的遗骸下落不明。美国对老挝给予的配合与帮助评价甚高，并专门为此提供了大量的资金援助。第二，禁毒合作。老挝曾是东南亚第二大鸦片生产国，罂粟种植面积和鸦片产量仅次于缅甸，近年来吸毒人数不断增加，毒品形势较为严峻。美国长期是世界主要毒品消费国之一，帮助老挝禁毒符合其利益，因此，长期向老挝提供资金、技术和人员方面的援助。在美国和其他国家的大力协助下，老挝的禁毒工作取得显著进展。2006 年，老挝宣布境内已经完全铲除了罂粟种植。不过，美国对此并不认同，仍把老挝列为主要的鸦片生产国。事实上，老挝的罂粟种植确实有反弹的情况，因此仍需大力开展禁毒工作。第三，排除未爆炸物。越南战争期间，美国在老挝空投了大量炸弹，其中大约 30% 的炸弹没有爆炸。这些遗留至今、仍未爆炸的炸弹对老挝民众的生命安全构成了很大威胁。为了排除这些未爆炸物，美国向老挝提供了资金和技术援助。根据美方统计，1993—2015 年，美国为此提供的援助超过 8300 万美元。2015 年 10 月 16 日，美国国家安全事务副助理本杰明·罗兹访问老挝时，专门视察了相关工作。

不过，老美之间也存在分歧和矛盾。第一，和平演变。美国曾长期支持老挝的反政府组织。老挝反政府组织分布的地域相当广泛，有一部分分布在老挝国内，还有一部分分布于国外。国外的老挝反政府组织主要活跃于美国加利福尼亚州。美国曾对这些组织给予大力支持，"冷战"后才缓慢地调整了相关政策，目前已经不再公开支持。但是，老挝出于自身国家安全的考虑，对美国政策调整的意图抱有疑虑，怀疑美国有和平演变老挝的企图。第二，人权、宗教和少数族群问题。老挝是社会主义国家，处理相关问题的政策和措施与西方国家不同，由此引发美国的长期批评。多年来，美国以各种形式批评老挝压制人权，限制宗教信仰自由，歧视少数族群。老挝政府对此予以驳斥，认为美国是在干涉其内政。

老美复交以后，两国高层往来与协商逐渐增多。2010 年 7 月，老挝副总理兼外长通伦·西苏里访问美国。他是 1975 年以来访美的老挝最高级别官员。2012 年 7 月，美国国务卿希拉里·克林顿访老，成为 1975 年后访老的美国最高级别官员。2015 年 10 月，老挝总理通邢访美，受到了美国总统奥巴马的接见。美国也给予老挝经济、文化等多方面的援助。2003 年 9 月，美国国会通过了两国贸易关系正常化提案。总的来说，老美关系总体发展趋势向好，虽有分歧和矛盾，但不至于对双边关系构成重大影响。

2. 老挝与日本关系

与老美关系相比，老挝与日本的关系更加友好。老日两国于 1955 年建交。"冷战"后，两国关系迅速发展。表现在两个方面：

第一，老日建立战略伙伴关系。近年来，双边高层往来明显增多，关系明显升温。2010 年，老挝国家主席朱马里、总理波松·布帕万分别访问日本。2012 年 6 月，日本皇太子德仁亲王访问老挝。11 月，野田佳彦率团访问老挝，成为 8 年来首位访老的日本首相。2013 年 11 月，日本首相安倍晋三访问老挝。2014 年 4 月，两国开始进行安全对话。2015 年 3 月，老挝总理通邢·塔马冯访问日本。其间，两国宣布建立战略伙伴关系。

第二，日本给予老挝大量援助。日本自 1958 年开始向老挝提供经济援助，"冷战"后成为老挝的主要援助国之一。从 1997 开始至今，日本的援助数额基本保持在每年 1 亿美元左右。日本提供援助的形式多样，既有无偿援助、技术援助，也有日本国际援助机构（JI-CA）的援助。援助的领域相当广泛，不仅涵盖水电、道路、机场等基础设施建设，而且包括农业、教育、卫生等领域的援助。另外，也对未爆炸物的排除给予了资金援助。具有代表性的日本援助项目有：巴色跨湄公河大桥，9 号公路，13 号公路沿线的 90 座桥梁，沙湾拿吉自来水项目，老挝国家大学下属的老—日合作中心，万象的国际培训合作中心，协塔提拉医院等。日本之所以每年不惜重金援助老挝，目的主要有两个：一是经济利益。日本企业通过投资老挝，获取丰厚的经济回报。二是政治利益。"冷战"后，日本长期谋求成为联合国安理会常任理事国，需要足够票数的支持。老挝在这方面的做法令日本很满意。无论是日本争取入常，还是竞争安理会非常任理事国席位，老挝均给予了大力支持。

总的来说，老挝与日本之间既没有历史遗留问题，也没有重大的现实利益冲突，反而在现实利益上各有所需。老挝主要是为了获取日本的经济援助，日本既要谋求经济利益，又要获得老挝在国际问题上的支持。这是老日关系平稳发展的根本动力。

四　老挝与中国关系

1. 中老两国关系发展

新中国成立以后，中国大力支持印度支那三国人民的抗法斗争。1954 年，日内瓦会议召开。在中国的支持下，老挝的主权和领土完整获得了承认和尊重，法国和越南均承诺从老挝撤军。1961 年 4 月 25 日，中国和老挝王国政府正式建立外交关系。1975 年，老挝人民民主共和国成立，老挝采取亲苏亲越的外交政策，中老关系一度出现曲折。20 世纪 80 年代后期，随着国际形势的发展变化，中老关系也随之改变。1988 年 6 月，两国恢复互派大使，标志着双边关系实现了正常化。

90 年代以来，中老关系发展势头良好。表现在以下几个方面：

第一，政治上，高层互访频繁。其一，老挝领导人对中国的重要访问有：1989 年 10 月，老挝人民革命党总书记、部长会议主席凯山·丰威汉对中国进行国事访问。2000 年 7 月，国家主席坎代·西潘敦访华。2002 年 2 月，总理本杨访华。2005 年 12 月，国会主席沙曼·维雅吉访华。2006 年 6—7 月，老挝人民革命党总书记、国家主席朱马里访华。2007 年 8 月，总理波松访华。2008 年 3 月，国会主席通邢访华。2009 年 9 月，老挝人民革命党总书记、国家主席朱马里访华。同月，老挝建国阵线中央委员会主席西沙瓦访华。2011 年 9 月，老挝人民革命党总书记、国家主席朱马里访华。2012 年 5 月，总理通邢访华。2013 年 6 月，国会主席巴妮访华。9 月，老挝人民革命党总书记、国家主席朱马里访华，总理通邢出席第十届中国—

东盟博览会。2014 年 4 月，总理通邢访华，并出席博鳌亚洲论坛 2014 年年会。7 月，老挝人民革命党总书记、国家主席朱马里访华，11 月，他再次访华。2015 年 8—9 月，朱马里访华。其二，中国领导人对老挝的重要访问有：1990 年 12 月，李鹏总理访问老挝。这是中国政府首脑首次访老。2000 年 11 月，江泽民主席对老挝进行国事访问。这是中国国家元首首次访老。2004 年 11 月，温家宝总理访老。2006 年 11 月，胡锦涛主席访老。2008 年 3 月，温家宝总理访老，并出席大湄公河次区域峰会。2010 年 6 月，中国国家副主席习近平访老。2012 年 11 月，温家宝总理访老，并出席第九届亚欧首脑会议。

第二，两国关系不断深化，已经建立全面战略合作伙伴关系。2006 年 11 月，中共中央总书记、中国国家主席胡锦涛访问老挝时，提出了发展中老关系的五点建议，得到了老挝人民革命党中央委员会总书记、老挝国家主席朱马里的完全赞同。这五点建议是："一、保持高层领导人每年会晤机制，就共同关心的问题交换意见，加强对双边关系发展的指导。二、加强治党治国经验交流，相互借鉴、共同提高。三、加强两国合作委员会对双边经贸合作的指导和协调，开拓新的贸易形式和渠道，力争实现新的突破，抓紧落实好商定的重点合作项目；中方将鼓励更多有实力的中国企业到老挝投资，愿继续为老挝提供力所能及的援助。四、加强两国在维护边境治安、打击跨国犯罪等方面的合作；推进青少年交往，中方将继续向老挝派遣青年志愿者；促进教育、卫生、旅游合作。五、加强在国际和地区事务中的相互支持，及时就重大国际和地区问题协调立场。密切双方在中国—东盟、联合国等多边机制中的协调和配合，维护两国的共同利益。"① 从后来两国关系发展的实际情况来看，这些建议得到了很好的落实。例如，2006 年至今，两国高层领导人每年都进行高层会晤，对话机制进一步健全。随着中老关系的持续深入发展，2009 年 9 月，中共

---

① 《胡锦涛同老挝人民革命党中央总书记、国家主席朱马里会谈》，http: // www. fmprc. gov. cn/web/gjhdq_ 676201/gj_ 676203/yz_ 676205/1206_ 676644/xgxw_ 676650/t280748. shtml。

中央总书记、国家主席胡锦涛与访华的老挝人民革命党中央委员会总书记、国家主席朱马里达成共识，决定把中老关系提升为全面战略合作伙伴关系。2010 年 6 月，中国国家副主席习近平访老时，就进一步推进两国全面战略合作提出五点建议：一是保持高层交往、巩固战略互信；二是不断开拓新的合作领域和合作模式，推动经贸合作实现新突破；三是增进民间交往，加强文化交流；四是密切在地区和国际事务中的协作；五是深化治党治国经验交流。①

　　第三，两国已经解决边界问题。中老边界的长度是 508 公里。双边关系正常化以来，两国政府通过友好协商的方式，在较短时间内解决了边界问题。1991 年 10 月 24 日，两国在北京签署了《中老边界条约》，规定了中老边界线的具体走向。双方先后签署《中老边界议定书》（1993 年 1 月）、《中老边界制度条约》（1993 年 12 月）、《中老边界制度条约的补充议定书》（1997 年 8 月）、《中老关于边界管理制度的协定》（2011 年 8 月）和《中老关于边境口岸管理制度的协定》（2011 年 8 月）。由于中老边界还涉及缅甸和越南，两国分别与缅甸、越南签署了《中国、老挝、缅甸确定三国交界点协定》（1994 年 8 月）、《中老越三国国界交界点条约》（2006 年 10 月）。为了更好地维护边境的和平与稳定，《中老边界制度条约》专门制定了边境地区联系制度。该制度规定：双方边境地区所在的地方政府建立对等联系制度；双方建立边防代表、副代表和联络官会谈会晤制度。后来，双方又建立了边境制度条约联合执行工作委员会会晤机制。2011 年 7 月，中老边界第 104 块界碑立碑，至此两国边界的密度立碑工作宣告完成。中老还联合在边境地区进行执法合作。老挝积极支持中国主导的中老缅泰 4 国湄公河流域联合巡航执法合作。执法合作于 2011 年 12 月正式启动。至 2014 年 12 月，4 国共进行了 29 次联合巡逻执法行动，有效地维护了湄公河的航运安全。在"10·5"湄公河惨案发生之后，老挝积极配合中国的调查工作，并于 2012 年 5 月

---

① 《习近平同老挝国家副主席本南举行会谈》，http://www.fmprc.gov.cn/web/gjhdq_676201/gj_676203/yz_676205/1206_676644/xgxw_676650/t709186.shtml。

10 日将主犯糯康移交中国警方处理。

总之，中老两国自 1988 年关系正常化以来，双边关系平稳发展，目前两国关系处于良好的状态。双方决心继续秉承"长期稳定、睦邻友好、彼此信赖、全面合作"的方针，开展全方位的交流与合作，不断加深全面战略合作伙伴关系，使两国永做"好邻居、好朋友、好同志、好伙伴"。

2. 中国与老挝的经贸和投资关系

（1）贸易关系

1988 年以来，随着中老关系变暖以及两国经济的高速发展，双边经贸关系逐渐密切起来。1988 年，中老贸易额仅为 2080 万美元。之后，中老贸易发展很快。1999 年，双边贸易额已经达到 3172 万美元，同比增长 23.2%。2001 年，双边贸易额突破 5000 万美元，增至 6187 万美元，同比增长 51.5%，其中，中国出口 5441 万美元，进口 746 万美元。2003 年，双边贸易额突破 1 亿美元大关，接近 1.1 亿美元。2010 年，中国与老挝贸易总额为 10.85 亿美元，同比增长 44.3%，两国贸易额首次突破 10 亿美元。2013 年，中老双边贸易额为 27.3 亿美元，同比增长 58.8%。其中，中国出口 17.2 亿美元，同比增长 84.4%；进口 10.1 亿美元，同比增长 28.4%（表 8 - 8）。中国主要从老挝进口铜、木材、农产品等初级产品，主要出口汽车、摩托车、纺织品、钢材、电线电缆、通信设备、电器电子产品等。2014 年 1—6 月，中老双边经贸额为 23 亿美元，同比增长 142%。

表 8 - 8　　　　　1988—2013 年中国与老挝的贸易额　　　　单位：万美元

年份	贸易总额	中国出口	中国进口	差额
1988	2080	296	1784	-1488
1989	1630	364	1266	-902
1990	1619	997	622	375
1991	1337	1115	222	893
1992	3153	2785	368	2417
1993	4063	3712	351	3361

续表

年份	贸易总额	中国出口	中国进口	差额
1994	4035	3597	438	3159
1995	5422	4777	645	4132
1996	3484	2668	816	1852
1997	2875	2293	582	1711
1998	2573	1783	790	993
1999	3172	2216	956	1260
2000	4084	3442	642	2800
2001	6187	5441	746	4695
2002	6396	5431	965	4466
2003	10944	9824	1120	8704
2004	11354	10088	1265	8823
2005	12893	10338	2555	7783
2006	21836	16872	4965	11907
2007	26386	17794	8592	9202
2008	40237	26811	13426	13385
2009	75180	37717	37463	254
2010	108512	48362	60149	− 11787
2011	130088	47627	82461	− 34834
2012	172077	93414	78663	14751
2013	273266	172258	101008	71250

资料来源：据中国国家统计局相关年份统计。

中老贸易有几个特点：第一，增长迅猛。双边贸易额从 1988 年的 2080 万美元增加到 2013 年的 27.3 亿美元，25 年的时间里足足增长 130 倍。2013 年，中老贸易同比增长 58.8%，增长速度在中国与 10 个东南亚国家的双边贸易中名列第一。第二，互补性强。中国主要从老挝进口农矿类初级产品，出口机电类工业品。第三，中方长期处于贸易顺差的地位。1988—2013 年的 26 个年度里，中国对老挝贸易仅在 1988 年、1989 年、2010 年和 2011 年 4 个年度出现逆差。2013 年中国的顺差额约为 7.1 亿美元。第四，贸易总量较小。以 2013 年为例，在东南亚国家中，中老贸易额仅仅高于中国与文莱的贸易额，位居第 9 位。

（2）投资关系

中国对老挝的投资于 1988 年开始起步。至 2001 年年底，中国在老挝投资项目达 86 个，投资额达 1.8 亿美元，在对老投资的 30 多个国家和地区中居第六位。至同年年底，泰国对老挝的投资额已接近 35 亿美元，居第一位。中国在老挝投资的主要领域是加工制造业、服务业、农业，投资金额分别为 9205 万美元、1548.3 万美元和 1218.6 万美元，主要投资项目有老挝万荣第二水泥厂项目、寮中好运烟草公司、湄公商务大楼有限公司、亚达机械有限公司、民用炸药厂项目、万象晚市场商业城项目等。据老挝相关方面统计，1988—2008 年，在老挝的外来投资中，中国的投资额名列第三，为 33 亿美元，排在泰国和越南的后面。不过，中国的投资增长很快，到 2009 年 7 月，中国在老挝的累计投资额已经上升到 35.77 亿美元，在 37 个国家中位居第一。此后，中国一直保持老挝第一大投资国的地位。截至 2014 年，中国在老挝的投资总额达到 54 亿美元，项目共计 830 个。中方投资的领域相当广泛，涵盖水电、矿产、工业、农业、手工业、教育、公共卫生、酒店、咨询、通讯、建筑等。

（3）工程承包

老挝革新开放以来，经济发展很快，每年开工的工程项目很多。其中，有不少项目的施工是老挝企业无法承担的。与老挝企业相比，中国企业在工程施工方面具有明显优势，因此，每年都有一些中国企业赴老挝承包工程。从中国企业承包工程的完成营业额来看，1998—2003 年，受东南亚金融危机的影响，营业额有明显波动，但是，自 2003 开始至 2013 年，营业额基本平稳增长。2013 年，中国企业在老挝新增工程 100 个，合同金额达到 29.24 亿美元，完成营业额 19.7 亿美元（表 8 - 9）。2013 年新增工程项目中具有代表性的有：①老挝通信卫星项目，由中国长城工业集团承包。②老挝甘蒙空港经济区项目，由云南路桥股份有限公司承包。③老挝—越南成品油管道项目，由中国石油集团下属的工程设计有限公司承包。随着工程项目的增加，中国对老挝承包工程的派出人数也有很大的增长。2011 年为 6531 人；2012 年增加到 9109 人，同比增长 39.5%；2013 年又达到

11203 人，同比增长 23%，年末在老挝劳务人员为 12576 人。

表 8-9　　　　　　中国对老挝承包工程完成营业额　　　　单位：万美元

年度	营业额	年度	营业额
1998	14768	2006	15192
1999	8321	2007	15658
2000	9077	2008	22530
2001	10068	2009	41294
2002	13677	2010	57310
2003	10189	2011	98918
2004	13284	2012	190523
2005	16953	2013	196887

数据来源：中国国家统计局。

（4）发展援助

自中老关系正常化以来，中国开始给予老挝力所能及的援助。1989—2010 年，中国向老挝提供无偿援助、无息贷款和低息贷款共计 53.9 亿元人民币和 10.4 亿美元，共实施了 120 个项目。中国援老的领域相当广泛：

第一，对公路、桥梁、机场等基础设施的建设和维修提供资金援助。具有代表性的援助有：2008 年向老挝 3 号公路的维修项目提供 1 亿元人民币无偿援助。2010 年，由中国提供低息贷款 0.86 亿美元的琅勃拉邦机场改造项目 5 月开工。2013 年，无偿援助的那堆—巴蒙公路和会晒—清孔大桥 2 个项目完工。

第二，对农林水电设施的建设和维护提供援助。具有代表性的援助有：2009 年，中国无偿援助 4000 万元人民币的老挝北部农业技术示范中心项目完工。2011 年，提供优惠贷款 3.5 亿元人民币用于沙湾拿吉省水利设施建设。由中国提供低息贷款建设的项目还有万象市东珍排洪渠及泵站项目、国家电力公司电力调度中心一期项目、甘蒙省永姆拉县水利工程等。

第三，在教科文卫方面提供援助，对干部培训提供援助。具有代表性的援助有：2004 年，无偿援助老挝 2000 万元人民币用于为老挝培训各类干部。2008 年，无偿援建的琅勃拉邦医院正式移交老方。2009 年，无偿援助 7900 万元人民币建成的老挝电视第三频道移交老方。2013 年，提供 40 万美元的无偿援助，帮助老挝预防登革热疫情；向未爆炸物清除项目提供价值 110 万元人民币的医疗器械和救护车。

第四，援建一些标志性的建筑和重大项目。具有代表性的援助有：2008 年，为老挝建国阵线中央干部培训中心大楼和主席府贵宾楼的建设提供 2000 万元人民币的无偿援助。同年，提供 5.46 亿元人民币优惠贷款用于老挝电子政务二期项目建设。2012 年，向老挝提供无偿援助 5 亿元人民币和 5000 万元人民币无息贷款，帮助建成老挝国家会议中心。2013 年，无偿援助 4460 万元人民币兴建元首楼。

第五，对老挝的重大活动提供资金援助。2004 年 11 月，东盟第 10 次首脑会议在老挝万象举行，中国提供了多方面的援助：在交通工具方面，中国援助了总价值 150 万美元的接待用车和相关器材装备；在形象工程方面，中国提供了 2900 万元人民币援助老方改造瓦沙都寺和凯旋门公园；在接待能力方面，中国为老挝中央招待所的装修改造工程提供了 340 万元人民币的援助，使其硬件设施有显著改善。目前，中国是老挝的主要援助国之一。2014 年，中国对老挝的援助金额达 1.87 亿美元，是老挝的最大援助国。中国对老挝的援助不仅有利于老挝的发展，也有利于中老两国的进一步密切合作。

第三节　老挝投资风险评估

一　政治风险评估

1. 政治稳定度

老挝人民革命党是老挝执政党和唯一政党，其地位尚无其他力量可以挑战或替代。老挝人民革命党第三代领导集体已经执政 9 年，目前政局稳定。2011 年 3 月，老挝人民革命党第九次全国代表大会召开。朱马里再次当选为老党总书记。他与通邢·塔马冯、本扬·沃拉吉、巴妮·雅陶都等 11 人当选为政治局委员。本扬担任中央书记处常务书记,本通·吉马尼担任中央纪委书记。九届中央委员会共有 61 名委员,比八届中央委员会多 6 名。中央委员拥有博士学位者 20 人,政治局委员拥有博士学位者 4 人;中央委员中女性 4 人,政治局委员中女性 1 人。高学历和女性干部的数量较往届明显增加,反映了老挝人民革命党对知识型干部和女性干部的重视程度不断上升。老挝人民革命党九大报告提出了新的发展目标。政治上提出四大突破,即"思想解放、人才发展、管理制度和消除贫困"。经济上提出四大目标,即实现"政治稳定和社会安宁、国民经济持续稳定增长、2015 年贫困家庭占全国家庭总数的 10% 以下和与国际及地区经济相互融合"。外交上提出五多方针,即"多样化、多方位、多边、多层次和多形式"。[①] 九大报告为老挝的发展指明了方向。

老挝人民革命党妥善处理"5·17 空难"事件,维护了政局稳定。2014 年 5 月 17 日,老挝副总理兼国防部长隆再·皮吉、公安部长通班·显阿蓬、万象市委书记苏甘·马哈拉和中宣部部长征·宋本坎 4 位重要领导人因飞机失事不幸遇难。事故发生后,老挝高层进行了大幅度的调整:新任命 2 位副总理,调整了 14 名省部级官员。该事故虽然对老挝政坛造成了一定的冲击,但是并未影响老挝的政局稳定。

2. 宗教与族群关系和谐度

老挝不仅政局稳定,宗教与族群关系也相当和睦,近期和中期内不会有明显的冲突。

佛教是老挝的主要宗教,大多数老挝人信仰佛教。佛教很早就在老挝传播,14 世纪左右被澜沧王国定为国教,佛教在老挝的一枝独大地位从此确立下来。老挝其他的主要宗教有原始宗教、伊斯兰教、基督教和印度教。伊斯兰教和基督教在老挝的信徒很少,影响范围有限。印度教与佛教的教义有一些相似之处,已经被老挝的佛教吸收消

---

① 陈定辉:《老挝:2011 年发展回顾与 2012 年展望》,《东南亚纵横》2012 年第 2 期,第 7—8 页。

化。原始宗教的部分内容则夹杂在老挝的佛教里面。

佛教在老挝的社会、政治、经济生活中发挥巨大作用。老挝政府重视佛教的作用，表现在：各级建国阵线中均有一定比例的佛教干部；投入资金，兴修寺院，弘扬佛学；每逢重要的佛教活动，党政干部代表出席参加。可以说，佛教与老挝政府关系整体融洽，佛教与其他宗教的关系和谐，老挝佛教教义强调宽容，对其他宗教没有明显的排斥和打压。由于其一枝独秀的超强地位，其他宗教也无力对其进行挑战。

老挝是一个多族群国家。过去，老挝的族群曾经被简单地划分为老龙、老听和老松三大族群。这种三分法的划分依据是居住地域。老龙是指低地平原上的族群，老听是指中间地势的族群，老松是指高山地区的族群。2008 年，老挝政府重新审定后，宣布该国共有 49 个族群。这些族群分属老泰语族系、孟—高棉语族系、汉藏语族系和苗瑶语族系。老族、克木族和苗族是人口最多的三个族群，分别有 240 万、50 万和 32 万人。"冷战"后，老挝的族群问题主要体现在两个方面：其一，泰国的老挝苗族难民问题。经过老挝政府和泰国政府的协商，泰国将苗族难民分 21 批遣返。至 2009 年 12 月，滞留在泰国的 1.2 万苗族难民全部返回老挝。这个问题已经得到解决。其二，美国老挝裔苗族人建立的一些反老挝政府组织。这些组织曾经得到美国政府的大力支持，一度非常活跃。"9·11"之后，美国出于全球反恐的考虑，对这些组织进行了限制。目前，这些组织的活动已经大不如以前。总之，老挝族群矛盾不大，族群关系总体来讲比较和谐。

二 国际安全风险

1. 地区安全度

老挝与周边国家的关系总体上是友好的。老越关系非常友好，老柬关系、老缅关系平稳发展，老泰之间虽然存在一些问题，但是仍在可控范围之内，不会爆发冲突或战争。

当前，老挝和越南两国存在特殊关系。这种特殊关系始自"冷战"期间，一直延续至今。老越两国曾经存在领土问题，经过谈判，已经获得解决，至 2013 年，勘界立碑工作已经基本完成。两国关系目前相当密切，表现在政治、经济等各个方面，彼此均把发展双边关系放在外交工作的首位。老越两国也存在矛盾和分歧，但是不会发生冲突与战争。从目前来看，两国的友好关系仍存在较为坚实的基础。

老挝和泰国之间主要还是边界问题。陆地边界的勘察立碑工作已经取得很大进展，接近尾声，但是陆地争议地区依然存在，尚未得到解决。目前，一方面陆地边界的勘察立碑自 2009 年以来已经陷入停滞状态，另一方面湄公河的勘界工作也未展开。因此，边界问题的解决尚需时日，不过，老泰两国因边界问题而发生冲突的概率不大。原因是两国经贸文化关系非常密切，而且建立了边界协商机制。

老挝与缅甸的边界线很短，两国经贸关系不密切，不过，两国没有大的矛盾和分歧，边界问题早已解决，双方不会发生边界冲突和战争。老缅已经建立了中央、省邦和县市三个级别的边境委员会。老缅各级边境委员会经常开展边境合作，不仅检查和修复界碑，而且积极开展治安合作，共同打击毒品贩卖和走私活动，有效地维护了边界的稳定和湄公河的航运安全。造价不菲的湄公河大桥建成通车，从一个侧面反映了两国对边界稳定和繁荣的信心与期盼。

老挝与柬埔寨关系良好，发生冲突与战争的可能性微乎其微。两国曾经存在边界纠纷，后来经过协商，同意互相尊重现有边界。之后，老柬边界一直比较稳定，未发生边界冲突。始于 2000 年的勘界立碑工作已经取得较大进展，按照边界长度计算，87% 的勘界立碑工作已经完成。对于尚存的 2 个争议点，两国领导人表示将尽快协商解决。2014 年 12 月，两国签署解决边界问题的备忘录。两国设立双边合作机制老柬联合委员会，协商双边在政治、经济、安全、文化、交通和旅游等各个方面的关系；还与越南共同设立越老柬三角峰会机制。

总的来讲，老挝与邻国的关系还是比较友好的。从经贸和投资关系上讲，老挝与泰国和越南的关系尤其密切，与柬埔寨和缅甸的关系也在稳步发展。从边界问题来说，老挝与越南和缅甸已经解决边界问题，并完成了勘界立碑工作；老挝与柬埔寨的边界勘察和立碑工作也接近尾声，预计收尾工作的完成指日可待；老挝与泰国边界问题的协商目前处于停滞状态，但是毕竟已经取得了显著的成绩，虽然存在争议，但是不会由此而发生冲突和战争。

2. 与中国关系友好度

中国与老挝关系目前相当友好。中老边界问题已经解决，目前两国没有明显的矛盾和分歧。从政治上讲，中老全面战略合作伙伴关系不断深化。2006 年两国建立的高层会晤机制运作良好，双边高层沟通和对话渠道保持畅通。从贸易上讲，中老两国经贸关系非常密切。中国在老挝贸易伙伴中的排名不断上升，目前排名第二，仅次于泰国。从投资上讲，中国对老挝投资快速增长，目前已经是老挝的第一大投资国。从经济援助上讲，中国已经超过日本，成为老挝的第一大援助国。从目前的发展态势来看，中国与老挝在经贸、投资和援助等方面的关系会进一步深化，中国在这些领域的地位难以撼动。从外交上讲，两国相互配合，相互支持。老挝一贯支持中国在台湾问题上的立场，中国支持老挝在地区和国际组织中发挥积极作用。中老不仅大力发展双边关系，而且在多边外交领域密切合作。双方在中国—东盟框架内以及其他区域合作机制中有着良好的互动。2015 年 11 月 12 日，澜沧江—湄公河合作首次外长会在中国云南省景洪市举行，澜湄合作机制由此正式建立。澜沧江—湄公河国家共有 6 个，即中国、泰国、柬埔寨、老挝、缅甸、越南，澜湄合作机制有望成为中老合作的重要机制。

老挝是社会主义国家，也是世界上最不发达的国家之一，面临着发展经济、提升综合国力的艰巨任务。中国是老挝的邻国，也是社会主义国家。中国经济迅猛发展，目前已经是世界第二大经济体，经济发展的成就举世瞩目。老挝一方面要借鉴中国治党治国和发展经济的经验，另一方面也需要中国在各个方面给予有力的援助，以实现本国经济腾飞，摆脱落后状态。对中国而言，中国经济的继续发展也需要和平稳定的周边环境。巩固和发展与老挝的睦邻友好关系，有利于中国的和平发展。

总的来说，中老两国基本上没有矛盾和分歧，经济上互有需要，外交上相互配合，两国关系发展的前景看好。

三 老挝经济风险评估

1. 宏观经济风险

自1986年实行革新开放来，老挝政局稳定，经济发展取得巨大成就。10年来，老挝经济步入上升通道，年均国内生产总值（GDP）增长7.7%，2014年，在全球经济放缓、原材料价格大幅下降的背景下，老挝经济发展也受到冲击和影响，GDP增长率较前一年有所下降。亚洲开发银行认为，尽管老挝经济有放缓迹象，但由于有能源和矿产的支撑，加上居民消费攀升，2015年老挝经济将继续以约7%的速度增长，预计2016年老挝经济增速约为7.6%，[①] 世界银行预测2015年GDP增长率为6.4%，2016年为7%。

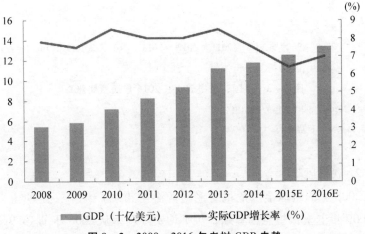

图8-2 2008—2016年老挝GDP走势

注：GDP以现价美元计算，2015年、2016年为预测值。

数据来源：世界银行。

2008年金融危机后，老挝通货膨胀率迅速降低，2009—2011年通胀率迅速上涨，2011年原材料价格上涨推动通胀率达到超过7%水

---

① 中国驻老挝经济参赞处：《亚投行预测老挝今年经济增速7%》［EB/OL］，http：//la. mofcom. gov. cn/article/zwjingji/201505/20150500973505. shtml，2015 - 04 - 29。

平。2012 年后老挝通胀率在 5% 附近震荡，2013 年食品、服装鞋帽、住房等的价格上涨推动通胀率上升。2014 年老挝通胀率回落至4.14%。相较中国而言，老挝通胀率的波动幅度更大，通胀率较高（图 8 - 3）。

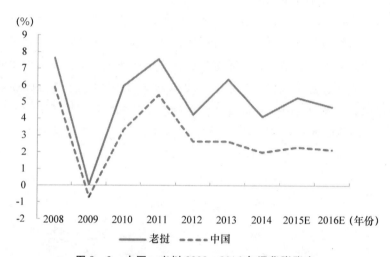

图 8 - 3 中国、老挝 2008—2016 年通货膨胀率

注：2015 年、2016 年为预测值。

数据来源：世界银行。

2. 利率风险

2008 年的全球金融危机对老挝的金融市场产生了一定冲击，导致 2009 年老挝银根急剧紧缩，年平均实际利率从 2008 年的 13.9% 增长到 2009 年的 28.54%，同比上升了 105.32%。为了应对全球金融危机，老挝金融当局采取了一系列刺激经济的货币政策措施，在利率政策方面，老挝政府下调存款利率，下调幅度为 30.54%。2010 年，自然灾害、疾病流行和国际油价上升导致老挝国内粮价和物价上涨，通胀率最高达 7.98%。老挝货币政策的实施目标从防止经济下滑转为平衡通货膨胀的压力上来，采取抑制通胀和稳定货币的对策，包括严控财政支出和货币投放量，使得通胀率控制在 5% 左右，货币供应量增加不超过 10%，同时继续下调存款利率。存款利率由 2008 年的

4.67%降至 2010 年的 3%，下降幅度达到 35.76%。与之配套的是，政府放松银根降低贷款利率，提高信贷规模。2009—2010 年，老挝实际利率下降，降幅为 59.88%。

2011 年，老挝的通货膨胀得到有效遏制，由 6 月最高的 10%下降到 12 月的 7.7%，证券交易市场正式启动，市场开始发挥融资功能。2013—2014 年，为了抑制投资过热和通货膨胀的压力，老挝政府转为紧缩银根的货币政策。2014 年第一季度老挝通货膨胀率达 6.77%，全年通胀率为 5.16%。2011 年以来国际资本不断流入老挝，老挝政府开放经济开发区加大外资吸收。2015 年，老挝银行信贷规模控制在 65000 亿基普。

老挝与中国同属社会主义国家，但老挝的社会主义经济改革步伐落后于中国。与中国相比，老挝在货币传导机制，包括对利率的调整、信贷规模的管理和货币供应量的控制上仍存在着许多不足和问题。因此，相较于中国，在面对市场冲击时，老挝的利率风险相对更大。

3. 汇率风险

老挝法定货币是基普，老挝银行是老挝的中央银行，由老挝政府授权负责老挝包括外汇管理在内的货币政策。由于中国在老挝的投资主要以美元结算，因此，这里的汇率风险主要分析老挝基普兑美元的风险。

老挝实行的是浮动汇率制，2008—2013 年，老挝基普对美元的汇率持续走低，基普持续升值，升值幅度达到 18% 左右。2014—2015 年，老挝基普对美元汇率处于 8000—8200 的平稳水平。2015 年前半年，老挝基普兑美元汇率继续保持在平稳水平，第三季度汇率出现向上波动趋势，基普贬值。根据基普对美元汇率的每月数据，取 6 个月为步长做移动平均可得 2015 年 10 月 1 日至 2016 年 12 月 1 日的每月汇率预测值（图 8 - 4）。2015 年第四季度，基普兑美元汇率仍有较大波幅，2016 年处于稳定状态。

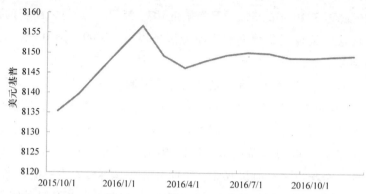

图 8 - 4 2015 年 10 月—2016 年 10 月老挝基普兑美元每月汇率预测值

数据来源: www. investing. com。

外汇汇率的波动, 会给从事国际贸易者和投资者带来巨大风险, 主要表现为贸易型汇率风险和金融型汇率风险。老挝基普汇率的变动主要影响老挝进出口和外商投资发展。汇率波动增大会增加不确定性风险, 相应的避险金融工具的价格也会升高, 增加了外商投资的汇率风险。

近年, 美国经济发展态势良好, 加上预期美联储加息, 美元走强将会影响老挝的外商投资供给。2014 年开始, 国际市场原材料价格走低, 尤其是金、铜等价格低迷, 降低了老挝的出口创汇值。

4. 流动性风险

流动性风险是指银行不能在某个时期使资产变现或者增加负债来获得资金的风险。老挝在 2008 年金融危机后信贷增速一度高达100% , 而后迅速回落, 目前在相对温和的区间内。2008 年前后极高的信贷增长速度暴露了老挝金融体系的脆弱性。

近年来, 老挝国内流动性依然过剩, 控制过剩的流动性对缓解本国通货膨胀压力有重要作用。但当前, 其信贷增速已经相当程度地放缓, 这使得排除过剩的流动性不再是稳定银行体系的首要目标, 并且随着美元的强势, 在国际资本流出的过程中也会一定程度上稀释流动性。

老挝近年来过剩的流动性使国内存款额攀升, 银行的超额准备金自 2013 年就上升了 2 个百分点, 达到 7% 。一方面, 银行流动性的扩张降低了信贷门槛, 超额准备金的增加及贷款利率的降低, 使银行盈利能力降低，根据 IMF 统计，老挝银行资产负债表逐年恶化。信贷扩张过程还容易导致坏账积累，老挝 2014 年银行不良贷款率高达 8%，给其金融体系埋下很大隐患。① 另一方面，资产价格也在这一过程中迅速攀升，原先高企的资产价格在信贷增速放缓时就有快速下跌的风险。

5. 信用风险

信用风险指交易双方因为各种原因，而未能履行契约中的义务，造成经济损失的风险。

老挝公共负债处于很高的水平，根据 IMF 估算，其公共负债率 2015 年为 GDP 比重的 60.1%，并且将一路攀升至 2019 年的 64.4%（图 8－5）。老挝外部债务也处于很高的水平，2015 年达到 GDP 比重的 92%，虽然预计此后将逐步减少，但这一比例在未来很长一段时间内仍相当高。

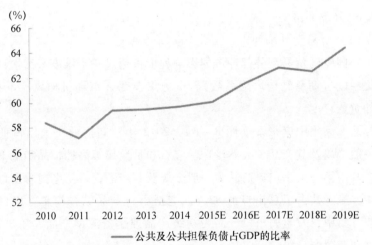

图 8－5　老挝 2010—2019 年公共及公共担保债务占 GDP 的比率

注：2015—2019 年为预测值。

数据来源：国际货币基金组织（IMF）。

① IMF. 2014 ARTICLE IV CONSULTATION—STAFF REPORT；PRESS RELEASE；AND STATEMENT BY THE EXECUTIVE DIRECTOR FOR THE LAO PEOPLE'S DEMOCRATIC RE-PUBLIC ［R］. Washington，D. C. IMF，2015.

经历了流动性过剩及信贷大规模扩张的时期，老挝的公共负债率
一路攀升。近期，政府虽然限制了公共开支及减少投资来降低信贷增
速，并设定公共负债率降低至 45%—50%，但这一目标基本上没有
实现的可能性。国际方面，老挝受中国、泰国、越南等国经济放缓的
影响，其出口增速明显也放缓，使老挝贸易盈余减少，降低负债率的
难度加大；国内方面，受到国内经济增速放缓导致的财政收入减少的
影响，即便削减公共开支，也很难降低公共负债水平。

由于老挝极高的外债水平，汇率的波动将很大程度影响外债的偿
付。美元加息的预期更是使得新兴经济体的货币贬值，如此高的外债
水平无疑给老挝以沉重的负担，拖累经济增长。

高的债务水平还将限制老挝的财政支出。IMF 表示，老挝外债已
经过渡到高风险区间，但引起债务危机的可能性不大。[①] 未来，老挝
仍需加强债务管控能力。

6. 外部冲击

（1）贸易型外部冲击

一国受到贸易型外部冲击的影响程度可通过三个维度来衡量：产
品集中度（商品结构风险系数）、市场集中度（市场机构风险系数）
和外贸依存度。

从产品集中度来看（图 8 - 6），2012 年，老挝的三大出口商品
为一般金属及其产品、天然珍珠、宝石和贵金属等高档饰品和蔬菜产
品，其中第一大宗出口商品为一般金属及其产品，占了老挝总出口的
50%，三者共占了总出口的 82%。老挝出口产品结构简单，出口产
品非常集中，97%的出口产品为初级产品或是资源型产品，如矿物、
木材和蔬菜产品等。

---

① IMF. 2014 ARTICLE IV CONSULTATION—STAFF REPORT; PRESS RELEASE; AND STATEMENT BY THE EXECUTIVE DIRECTOR FOR THE LAO PEOPLE'S DEMOCRATIC REPUBLIC [R]. Washington, D. C. IMF, 2015.

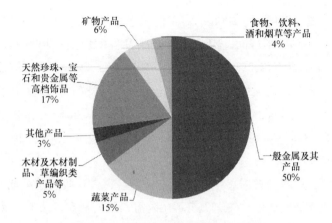

图 8 - 6　2012 年老挝主要的出口商品

数据来源：老挝国家统计局。

从市场集中度来看（图 8 - 7），2012 年老挝的三大出口市场是泰国、澳大利亚与越南，其中，泰国为老挝的最大出口国，占比为54.3%，三者的市场份额占老挝总出口的 87%。基本上老挝的出口市场可分为 5 个，分别是东盟、欧盟、中国、日本和澳大利亚，其中东盟市场份额占了总出口的 67%，显示了老挝出口市场结构简单，市场集中，抗外部冲击风险能力低。

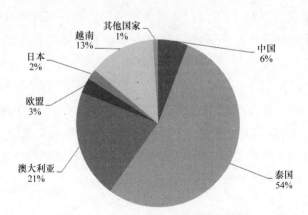

图 8 - 7　2012 年老挝主要的出口市场

数据来源：老挝国家统计局。

从外贸依存度看，2008—2009 年，老挝的贸易与 GDP 的比重保持在 50%—60% 的区间，因为全球金融危机的影响，2009 年的比重比 2008 年小幅下降 2% 左右。2010—2012 年，得益于老挝商品贸易额的快速上升，老挝的贸易与国内生产总值的比重在 2012 年达到峰值 66.7%。但后来因为商品贸易的快速下降，从 2012 年的国内生产总值的 56.9% 下降到 2013 年的 47.2%，使得外贸依存在 2013 年下降至 59%。①

老挝工业基础薄弱，生产水平较为落后，人均收入水平低下，所以在拉动经济发展的"三驾马车"（内需、投资和贸易）中，对外贸易为老挝经济发展的主要动力。

（2）资本型外部冲击

一国受到资本型外部冲击的影响程度可通过两个维度来衡量，资本账户开放程度和公共外债及公共担保外债占国内主权债务的比例。

从资本账户开放程度来看，2004 年以来，老挝先后通过了《投资法》《管理货币和货币流通法》以吸引外资或者发展对外经济。2000—2009 年，老挝共吸引合同外资 130 多亿美元，2005—2009 年吸引外资金额分别为 12.5 亿美元、27 亿美元、11.4 亿美元、36 亿美元、43 亿美元，呈现逐年增长的势头（除 2007 年外）。同时，外资呈现从单一型向综合型发展、从服务型向发展型发展、从加工型向制造型发展、从单一化向多元化发展、从小型向大型发展的趋势。②

从外国直接投资净流入来看（图 8-8），在 2012 年加入 WTO 后，老挝的外国直接投资净流入增加，从 2012 年的 2.9 亿美元增加到 2013 年的 4.3 亿美元，升幅为 45%。预测以后三年将会逐年增加，2016 年，外国直接投资净流入将达到 6 亿美元。

---

① 世界贸易整合数据库（WITS）：http：//wits. worldbank. org/。
② 中国国际商会湖州商会：《老挝对外开放的环境分析》[EB/OL]，2014 - 12 - 26。

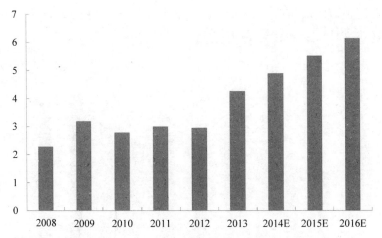

图 8 - 8　老挝 2008—2016 年外国直接投资净流入（单位：亿美元）

注：2014—2016 年为预测值。

数据来源：世界银行。

　　从外来资本占国内主权债务比例来看，老挝的外来资本占国内主权债务比例总体处于下降态势，从 2008 年的 85% 下降到 2013 年的 66% 左右，下降了 20 个百分点。[①] 主要原因是随着老挝设立经济特区和加入 WTO，外国直接投资和商业银行借款大量增加，减少了外资投资于国家债务的份额。

　　（3）外汇储备水平

　　从国家外汇储备水平来看（图 8 - 9），2007—2012 年，老挝的外汇储备一直处于上升态势，从 2007 年的 7 亿美元上升到 2012 年的 13 亿美元，上升幅度高达 80%。2013 年，老挝外汇储备下降到 11 亿美元，主要原因是国际矿产品原材料价格大幅走低，老挝矿产品出口遭受较大损失，[②] 降低了老挝的外汇收入。2014 年世界银行发布的报告建议老挝政府重建外汇储备，以承受未来的各种冲击。根据老挝近几年改善投资环境吸引外资与技术、减少初级产品出口、提高出口

---

① 世界银行：http://data.worldbank.org.cn/。

② 凤凰财经：《2013 年老挝经济形势》 ［EB/OL］，http://finance.ifeng.com/a/20140729/12818222_0.shtml，2014 - 07 - 29。

商品附加值的政策实施，预测老挝未来外汇储备将比 2013 年增加，2016 年外汇储备将达到 14 亿美元。

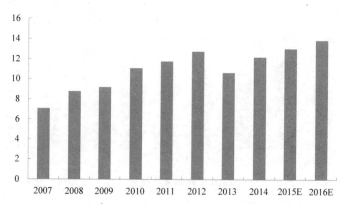

图 8 - 9 老挝 2007—2016 年国家外汇储备（单位：亿美元）

注：2015—2016 年为预测值。

数据来源：世界银行。

四 老挝商业环境风险

1. 自然环境风险

老挝属热带气候。全年分为两季，5—9 月为雨季，10 月至次年 4 月为旱季。老挝自然灾害较少，主要自然灾害为水灾、旱灾、暴风雨以及瘟疫等。其中，老挝受洪水的影响最为严重。在 1970—2010 年，发生 33 起自然灾害，主要是水灾和旱灾，造成 900 万人受伤，经济损失超过 4 亿美元。近年来，老挝发生较为严重的自然灾害主要是 2008 年的万象洪灾。这次洪灾造成 12 人死亡，使得 22.8 万人受到影响，造成的经济损失达到 441 万美元。

随着全球气候问题的频繁发生，老挝未来发生自然灾害的可能性显著增加。首先，全球气候变暖将延长干旱季节的时间，随着旱季的温度升高而降雨量减少，它造成的破坏性将加大。其次，气候变化将影响农业，导致粮食减产，威胁粮食安全以及国家经济的稳定。最后，与洪水相关的极端气候问题的频繁发生将威胁农业、粮食安全、基础设施以及群众生命等。^① 为更好地预防和减少自然灾害,老挝制订了 2001—2020 年国家灾害管理计划,该计划涵盖了建立预警系统、灾害信息系统、地区性灾害救援体系等内容。^② 在第三次联合国减灾会议上,老挝发言人指出,即使完善了相应的法律法规,老挝仍旧面临着很多问题。主要有:应对自然灾害和气候变化风险的管理机构严重不足;公众对自然灾害的预防意识以及防范能力较弱;灾后救援体系和重建体系不够完善;资金相当有限。^③ 以上这些问题将制约老挝的减灾能力。

2. 基础设施风险

老挝的基础设施较为落后,公路总里程 43604 公里,其中混凝土和柏油公路占比 16.88%,其余多为碎石路和土路。老挝国内没有高速公路,现有铁路仅有 3.5 公里,位于老泰边境,为泰国政府投资建设,2009 年建成通车。空运方面,老挝全国境内共有 8 个机场,但航班数量和客货运量有限。老挝的水运并不十分发达,占全国运输总量的 18%,下湄公河段尚未通航。与其他基础设施较为落后的国家不同,老挝的水电资源丰富,并有余力将电力资源出口国外。^④

近年来,老挝较为重视基础设施的发展与改善,但是仍旧缺乏全面系统的建设规划。许多基础设施的建设依靠其他国家与国际组织的援助。如 2013 年,由中、泰两国各出资 50% 建设的老挝昆曼公路跨湄公河大桥项目建成通车,其中,中方资金为对老政府提供的无偿援助。2014 年,中国优惠出口买方信贷资金支持的老挝占巴塞省东孔岛跨湄公河大桥也顺利竣工通车。^⑤ 此外,法国等国家对于老挝的援

① 世界银行:http://sdwebx.worldbank.org/climateportalb/home.cfm? page = country_profile&CCode = LAO&ThisTab = RiskOverview。

② 亚洲减灾中心:http://sdwebx.worldbank.org/climateportalb/home.cfm? page = country_profile&CCode = LAO&ThisTab = RiskOverview。.

③ 老挝在第三次联合国减灾会议上的声明:http://www.preventionweb.net/files/global-platform/statementofthelaopdr.pdf。

④ 商务部国际贸易经济合作研究院,商务部投资促进事务局,中国驻老挝大使馆经济商务参赞处编:《对外投资合作国别(地区)指南——老挝》,2014 年版,第17—21 页。

⑤ 中华人民共和国驻老挝人民民主共和国大使馆及商务参赞处:《我优买资金支持的老挝占巴塞省东孔岛跨湄公河大桥举行竣工通车仪式》,http://la.mofcom.gov.cn/article/jmxw/201312/20131200426152.shtml,2014 - 11 - 25。

助也有力地帮助其提升基础设施建设的水平和质量。①

综上，老挝的基础设施较为老旧和落后，质量不高。预计此种情况在 2016 年及短期内不会得到明显改善，基础设施风险较大。

3. 劳动力市场风险

据老挝计划与投资部（MPI）公布的"在老挝投资的比较优势"，老挝吸引外国的优势之一就是低廉的劳动力价格。但另一方面，老挝人口过少，存在普遍的劳动力不足，尤其是技术劳动力严重不足。

根据世界银行公布的数据，近年来，老挝的劳动参与率始终保持在 80% 以上，但由于人口过少，老挝的劳动力总数仅仅刚过 300 万人。再加上老挝日最低工资水平仅为 3 美元，是亚洲地区工资水平最低的国家之一，每年约有几万熟练劳工不堪过低的时薪而赴泰国打工。这使得老挝劳动力市场的供求矛盾非常突出。

除了绝对数量的供应不足之外，一些专业人才的供应也出现了明显不足。老挝劳动力 80% 集中在农业部门，随着社会经济的快速发展，越来越多的农林种植加工项目、基础建设项目、水电矿产资源开发项目进入实施阶段，需要大量农林技术工人和工业建筑业从业人员。但老挝教育尤其是职业教育发展滞后，工业基础薄弱，产业工人缺乏，老挝全国有知识、有技术、守纪律的从业人员仅约 10 万人，全国 100 多所职业学校每年仅培养 1.4 万个技术工人，远远不能满足老挝社会经济现代化和工业化进程要求，凸显其供求关系不平衡的矛盾。

此外，虽然老挝劳动力时薪较低（约为泰国的 1/3），但这并不意味着企业用工成本很低。企业需对招来的员工从基础知识开始培训，承担起职业技术学校的职能。加上很多老挝劳工工作节奏慢、效率低、稳定性差和跳槽现象严重，企业难以从制度和按工作进度对工人进行管理，需重复招聘和培训，造成企业用工成本过高。

总体而言，老挝劳动力风险较大。投资老挝不得不考虑的另外一点是，由于人口较少，很难形成规模生产和充足市场，这也加剧了老

---

① 中华人民共和国驻老挝人民民主共和国大使馆及商务参赞处：《20 年来法国共向老挝提供 1.33 亿欧元援助》，http：//la. mofcom. gov. cn/article/jmxw/201407/20140700679514. shtml，2014 - 07 - 30。

挝的投资风险。

4. 税收风险

考量一个国家的税收收入是否能够满足政府实现其职能的需要，主要看其宏观税负的高低。而宏观税负水平一般用一个国家一定时期内（通常为 1 年）的税收总量占 GDP 的比重来衡量。2008—2014 年，老挝宏观税负的波动区间大致为 12.10%—15.90%，平均值为14.00%。2015 年的宏观税负的预测值则为 15.51%，2016 年的预测值为 15.74%（图 8 - 10）。根据"拉弗曲线"，就现阶段而言，老挝的宏观税负约为 14.00%，与欧洲的福利国家约为 50% 的宏观税负水平相比税负很低，也低于 OECD（经济合作与发展组织）各国的 35% 左右的平均税负水平，可以认为，老挝目前的总体税负水平较低。这样的宏观税负水平在支撑政府的支出的情况下使得国内的税负痛苦指数偏低，利于国内企业的投资和居民的消费，而对于外国投资者而言，较低的宏观税负水平也意味着政府的宏观调控能力较强，利于资金安全。但是从总体趋势上看，2008 年以来，老挝的宏观税负水平趋势是上升的，如果这个上升趋势持续，则未来老挝的宏观税负水平将偏高。

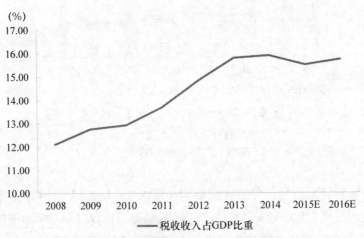

图 8 - 10　老挝 2008—2016 年宏观税负

注：2015 年、2016 年为 IMF 的预测值。

数据来源：根据 Wind 资讯数据库、IMF 数据整理得出。

从图 8 - 11 可以看出，老挝的税收收入不断增加，税收增长率的平均值为 18.14%，增长态势良好，但在 2013 年后，增速逐渐放缓。就财政赤字而言，2008—2014 年，受全球经济危机影响，2009 年老挝的财政赤字增长率为 231.94%，可见老挝为了应对危机，政府支出出现了剧烈增加。就税收收入增长率和财政赤字增长率的对比而言，老挝财政赤字波动率较大，平均赤字增长率只是略高于税收收入增长率，除去 2008 年前后老挝政府财政赤字剧烈波动的情况，2010 年之后，财政赤字的增长速度趋于平稳，并逐渐低于税收收入的增长速度，说明政府对于赤字的控制渐有成效。

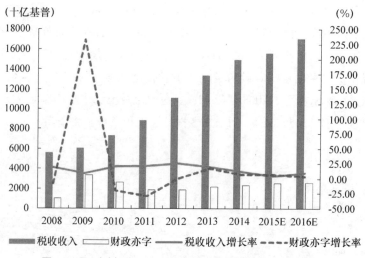

图 8 - 11　老挝 2008—2016 年政府税收与财政赤字情况

注：2015 年、2016 年为 IMF 的预测值。

数据来源：根据 Wind 资讯数据库、IMF 数据整理得出。

根据《稳定与增长公约》和《马斯特里赫特条约》，在不对主权国家的预算和税收政策进行实际干预的情况下，以财政赤字率不超过 3% 为国际通用警戒线值从而确保各国财政的健康。老挝只有在经济危机影响下的 2009 年、2010 年的财政赤字率高于 3% 的国际标准，其余年份则低于 3%，2011 年后逐渐下降并趋于平稳，所以总体来看，老挝虽有一定的税收风险，但是总体可控。①

综上，老挝目前的总体税负水平不高，但宏观税负水平有一定的上升趋势。老挝虽然因 2008 年全球经济危机而面临一定的赤字压力，但近年来老挝的收支情况逐步得到了改善，税收风险总体可控，趋势向好。在贸易保护尤其是其关税壁垒方面，老挝的贸易保护程度则较低。总体上看，中国与老挝的经贸合作有较大的发展空间。

5. 法律风险

为更好地吸引外资，老挝制定了投资法以及相关法律，并加入了一些重要的多边公约和协议。具体如下：（1）制定并不断完善投资法。2009 年，老挝颁布的《促进投资法》采用外资与内资统一立法的模式，即外国投资者与老挝投资者待遇相同，享有同等的权利并承担同样的义务。该法根据不同的区位、产业和业绩给予投资者不同的税收优惠。（2）制定了一些与投资相关的法律。如《土地法》、《矿业法》、《劳动法》、《关于输入和使用外国劳务的管理规定》、《企业破产法》、《合同法》、《所有权法》、《合同履行担保法》、《关税法》、《银行法》、《商业银行法》、《保险法》、《税法》、《税法实施细则》；以及《民事诉讼法》和《经济纠纷处理规则》等。（3）加入了东盟制定的与投资相关的协议。东盟先后通过了 1998 年的《东盟投资区域框架协议》、2001 年的《东盟投资区域框架协议修订草案》、2009 年的《东盟全面投资协定》。老挝加入东盟以后，也加入了这些协议。（4）加入了一些重要的多边投资保护公约和协议。1994 年，先后加入了《关于解决国家与其他国家国民之间投资争端公约》（简称《华盛顿公约》）、《多边投资担保机构公约》（简称《汉城公约》）。2012 年老挝加入世界贸易组织，也自动加入了该组织通过的《与贸易有关的投资措施协议》（即《TRIMs 协议》）。（5）与中国签署了相关协议。1993 年 1 月，两国达成了《中老关于鼓励和相互保护投资协定》。该协定规定，在发生投资纠纷的情况下，可以采取友好协商、仲裁和诉讼三种途径予以解决。

---

① 根据 Wind 资讯数据库、IMF 数据整理得出。

　　老挝对外开放的时间较短，经济也很落后，法律法规依然处于不断完善的过程。

　　从法律的完备性来看，老挝的法律制度并不健全。这里以云南999电池股份有限公司投资老挝失败破产为例进行说明。成立于1958年的999公司是云南省著名企业，其产品曾经大量出口老挝、越南、缅甸、泰国和柬埔寨。例如，2001—2003年，999公司仅仅通过勐腊海关出口老挝的电池即达7251.42万只，创汇415.9万美元。但是，这样一家优秀企业却因投资老挝失败而于2009年破产。999公司投资老挝失败的主要原因是它没有在老挝及时注册商标。但是，老挝法律制度的缺陷也是重要原因。第一，老挝的《商标法》没有防止恶意抢注商标的制度。第二，老挝没有加入《马德里协定》及其议定书。该机制规定，如果一个公司依据其规则进行了商标的国际注册，就无需向其他缔约国申请注册商标。

　　法律稳定性风险较大。老挝法律变动频繁，修改过多过快，不仅投资法如此，其他方面的法律也有类似的情况。从1988—2009年，老挝先后通过了4部《投资法》。1988年，老挝颁布了《外国在老挝人民民主共和国投资法》。1994年，老挝国会通过了《老挝人民民主共和国促进和管理外国在老挝投资法》，2001年颁布该法的实施细则。2004年，通过《鼓励外国投资法》。2009年，颁布《促进投资法》。这说明，老挝的法律缺乏足够的稳定性，法律稳定性风险较大。投资者必须密切关注老挝立法和修法的动向。

　　诉讼风险较大。老挝的司法效率较低，诉讼时间过长，提高了投资者的诉讼成本，导致了诉讼风险较大。导致这种状况的原因有：法官素质低下，诉讼的程序存在问题。这里以2009年的老挝人阿桑诉云南橡胶投资有限公司案为例进行说明。① 该案先后由赛耶武里省初级人民法院和北部人民法院进行审理，然后经老挝最高人民法院于2012年9月做出裁决，再由北部人民法院重新审理。一个简单的经

———————————

① 该案的具体经过详见宋波龙：《老挝〈促进投资法〉研究》，广西大学硕士学位论文，2013年，第29—30页。

济纠纷，在最高法院介入的情况下，居然还是花费了三年左右的时间，仍然没有结案。更为奇特的是，对于一件经济纠纷案件，地方法院在审理的过程中却适用《刑事诉讼法》。这说明，老挝在完善法律体系的建设方面仍需做出更多的努力。

结　论

虽然老挝是世界上经济最落后的国家之一，但是近年来其政治、经济和外交等领域的发展势头良好。主要表现在以下几个方面：

（1）政局稳定。自 1975 年建立社会主义政权以来，老挝政局一直保持稳定。在老挝人民革命党的领导下，老挝有效地应对了苏东剧变和世界经济危机。2006 年，老挝顺利地实现了新老交替和政权交接，以朱马里为首的老挝第三代领导集体开始执政。10 年来，政局稳定，各项工作有条不紊地开展。迄今为止，尚无其他政治力量可以对老挝人民革命党构成根本威胁。

（2）经济持续快速发展，前景看好。近十年是老挝经济飞速发展的时期。2005—2014 年，每年的 GDP 增长速度都在 7% 以上。2005 年 GDP 只有 27.4 亿美元，2014 年 GDP 升至 117.7 亿美元，约为 2005 年 GDP 的 4.3 倍。这说明，十年之间，老挝的 GDP 翻了两番有余。老挝的人均 GDP 也由 1988 年的 149 美元升至 2014 年的 1760 美元。展望未来，老挝的经济仍能保持较快的发展速度。

（3）实行全方位的吸引外资政策。对于投资的地域，老挝没有任何限制，外国投资者可以在老挝全国范围内进行投资。对于投资的行业，老挝给予的限制是：不得投资于危及社会治安、严重破坏环境、危害人身健康、破坏文化传统的领域。除此之外，外国投资者可以投资和经营各个领域、各种行业。对于外来投资，老挝给予了较大幅度的税收优惠，并根据地理位置和投资条件，把投资区域划分为三类。对于鼓励外国投资的行业，老挝也予以明确。与此同时，老挝还设立了 4 个经济特区和 17 个经济专区。

（4）老挝与周边国家的关系总体良好，发生边界冲突的可能性很小。在老挝的 5 个邻国中，老中、老越关系非常友好，老柬关系、老缅关系平稳发展，老泰关系虽然存在一些问题，但是仍在可控范围之内，不会引发冲突或战争。

总之，老挝国内政局稳定，经济快速发展，欢迎和鼓励外来投资，与周边国家关系良好，是一个适合开展经贸和投资的国家。

主要参考文献

一 著作

[1] ［英］格兰特·埃文斯：《老挝史》，郭继光等译，东方出版中心 2011 年版。

[2] ［澳］约翰·芬斯顿主编：《东南亚政府与政治》，张锡镇译，北京大学出版社 2007 年版。

[3] 郝勇、黄勇、覃海伦编著：《老挝概论》，世界图书出版广东有限公司 2012 年版。

[4] 柴尚金：《老挝：在革新中腾飞》，社会科学文献出版社 2015 年版。

[5] 郑茗戈、陈嵩编著：《老挝经济社会地理》，世界图书出版广东有限公司 2014 年版。

[6] 李小元、李锷编著：《老挝社会文化与投资环境》，世界图书出版广东有限公司 2012 年版。

[7] 米良主编：《老挝人民民主共和国经济贸易法律选编》，中国法制出版社 2006 年版。

二 论文

[1] 王璐瑶：《老挝人民革命党对社会主义的认识与实践》，《当代世界》2015 年第 8 期。

[2] 仲杧阳：《越老古朝国家治理体系与能力建设透视》，《当代世界与社会主义》2015 年第 2 期。

［3］ 董卫华、曾长秋：《以宗教促进社会和谐的理念与路径探索——古巴共产党和老挝人民革命党的视角和经验》，《东北师大学报》（哲学社会科学版）2013 年第 3 期。

［4］ 杨赛：《论新时期老挝政府执政策略的选择》，《理论月刊》2008 年第 10 期。

［5］ 坎鲁翁：《老挝革新开放以来取得的成就及发展前景》，《东南亚南亚研究》2011 年第 3 期。

［6］ 马树洪：《老挝建设社会主义的机遇、挑战及前景》，《东南亚南亚研究》2010 年第 3 期。

［7］ 保建云：《中国与老挝两国双边贸易发展特点及其存在的问题分析》，《学术探索》2007 年第 3 期。

［8］ 郑一省、王建坤：《老挝经济发展及其与中国的经贸合作》，《亚太经济》2012 年第 5 期。

［9］ 张建中：《新形势下中国与老挝双边贸易关系研究》，《东南亚纵横》2012 年第 1 期。

［10］ 坎鲁翁：《老挝在中国—东盟自由贸易区合作中的地位与作用》，《东南亚纵横》2010 年第 12 期。

［11］ 郑国富：《中国与老挝双边贸易合作关系（1990—2012 年）》，《东南亚纵横》2014 年第 2 期。

［12］ 徐延春：《机遇与挑战并存的老挝投资市场》，《东南亚纵横》2007 年第 7 期。

［13］ 拉沙米、文淑惠：《老挝金融发展与经济增长的关系研究》，《昆明理工大学学报》（社会科学版）2013 年第 3 期。

［14］ 云鹤：《政局基本稳定、外交注重睦邻、经济有所增长——老挝 2001 年形势及 2002 年前瞻》，《东南亚纵横》2002 年第 5 期。

［15］ 云鹤、云松：《老挝 2002 年回顾与 2003 年前瞻》，《东南亚纵横》2003 年第 3 期。

［16］ 云鹤、云松：《老挝 2003 年形势与 2004 年展望》，《东南亚纵横》2004 年第 2 期。

［17］云鹤、云松：《老挝 2004 年形势与 2005 年前瞻》，《东南亚纵横》2005 年第 4 期。

［18］陈有金：《2005—2006 年老挝回顾与展望》，《东南亚纵横》2006 年第 4 期。

［19］云鹤：《2006 年老挝形势特点与前瞻》，《东南亚纵横》2007 年第 2 期。

［20］云鹤：《老挝：2007—2008 年回顾与展望》，《东南亚纵横》2008 年第 1 期。

［21］陈定辉：《老挝：2008 年回顾与 2009 年展望》，《东南亚纵横》2009 年第 2 期。

［22］陈定辉：《老挝：2009 年发展回顾与 2010 年展望》，《东南亚纵横》2010 年第 2 期。

［23］陈定辉：《老挝：2010 年回顾与 2011 年展望》，《东南亚纵横》2011 年第 2 期。

［24］陈定辉：《老挝：2011 年发展回顾与 2012 年展望》，《东南亚纵横》2012 年第 2 期。

［25］陈定辉：《老挝：2012 年发展回顾与 2013 年展望》，《东南亚纵横》2013 年第 2 期。

［26］陈定辉：《老挝：2013 年发展回顾与 2014 年展望》，《东南亚纵横》2014 年第 2 期。

［27］陈定辉：《老挝：2014 年回顾与 2015 年展望》，《东南亚纵横》2015 年第 2 期。

［28］陈定辉：《老挝经济特区和经济专区简介》，《东南亚纵横》2013 年第 7 期。

［29］叶旺：《老挝对外贸易结构分析及政策建议》，湖南大学硕士学位论文，2012 年。

［30］宋波龙：《老挝〈促进投资法〉研究》，广西大学硕士学位论文，2013 年。

三　报告和网文

［1］世界经济论坛：《2014—2015 全球竞争力报告》，http：//www3. weforum. org/docs/WEF_ GlobalCompetitivenessReport_ 2014 – 15. pdf。

［2］中越物流网：《近十年老挝经济蓬勃发展》，http：//www. cnvn-lo. com/ReadArt. aspx？Article_ id = 43216，2015 – 05 – 18。

［3］中国驻老挝经济参赞处：《亚投行预测老挝今年经济增速 7%》，http：//la. mofcom. gov. cn/article/zwjingji/201505/2015050097350 5. shtml，2015 – 04 – 29。

［4］IMF. 2014 ARTICLE Ⅳ CONSULTATION—STAFF REPORT；PRESS RELEASE；AND STATEMENT BY THE EXECUTIVE DI-RECTOR FOR THE LAO PEOPLE'S DEMOCRATIC REPUBLIC ［R］. Washington，D. C. IMF，2015.

［5］中国国际商会湖州商会，《老挝对外开放的环境分析》，2014 – 12 – 26。

［6］凤凰财经：《2013 年老挝经济形势》，http：//finance. ifeng. com/ a/20140729/12818222_ 0. shtml，2014 – 07 – 29.

［7］中华人民共和国驻老挝人民民主共和国大使馆及商务参赞处：《援老挝昆曼公路跨湄公河大桥项目签署交接证书》，http：// la. mofcom. gov. cn/article/jmxw/201312/20131200426152. shtml，2013 – 12 – 16。

［8］中华人民共和国驻老挝人民民主共和国大使馆及商务参赞处：《我优买资金支持的老挝占巴塞省东孔岛跨湄公河大桥举行竣工通车仪式》，http：//la. mofcom. gov. cn/article/jmxw/201312/ 20131200426152. shtml，2014 – 11 – 25。

［9］中华人民共和国驻老挝人民民主共和国大使馆及商务参赞处：《20 年来法国共向老挝提供 1. 33 亿欧元援助》，http：//la. mof-com. gov. cn/article/jmxw/201407/20140700679514. shtml，2014 – 07 – 30。

四　网站

［1］世界银行数据库：http：//data. worldbank. org. cn/topic。

［2］联合国数据库：http：//data. un. org/。

［3］国际货币基金组织（IMF）国际金融统计（IFS）数据库：https：//www. imf. org/。

［4］各国竞争力指标分析库：https：//www. eiu. bvdep. com/。

［5］各国宏观经济指标宝典数据库：https：//www. eiu. bvdep. com/。

［6］海关信息网：http：//www. haiguan. info/。

［7］中华人民共和国商务部网站：http：//www. mofcom. gov. cn/。

［8］中国国家统计局国际数据库：http：//www. stats. gov. cn/。

［9］广东统计网：http：//www. gdstats. gov. cn/。

［10］Wind 资讯数据库：http：//www. wind. com. cn/。

［11］EIU Risk Briefing 数据库：http：//viewswire. eiu. com/。

［12］联合早报网：http：//www. zaobao. com/。

［13］老挝银行：http：//www. bol. gov. la。

［14］老挝工业与商务部：http：//www. moic. gov. la/。

［15］老挝计划与投资部：http：//www. investlaos. gov. la/。

［16］老挝国家统计局：http：//www. nsc. gov. la/。

第九章　柬埔寨基本国情及投资风险评估

王学东　　陈世伦　　姜柯柯

　　柬埔寨王国（Kingdom of Cambodia）位于中南半岛东南端，国土面积18.1万平方公里，人口1514万人。柬埔寨有三个陆上邻国，其东部与越南相邻，东北部与老挝交界，西部与泰国接壤；西南部濒临泰国湾，地理位置重要。

　　柬埔寨是一个多族群国家，全国共有20多个族群，其中，主体族群高棉族（Khmer）占总人口接近90%，少数族群包括占族、普农族及泰族等。柬埔寨是一个佛教国家，王国宪法第43条明确规定"佛教是柬埔寨的国教"，其居民中超过93%是佛教徒。

　　柬埔寨地处热带地区，降雨充沛，生物资源尤其是森林资源尤为丰富，水力资源也有着较大开发潜力。矿石资源则相对较少，但近年来也探明部分石油、铁、金、铝土等多种矿产资源，且均未进入实质开发。柬埔寨旅游资源尤为丰富，但有效利用不足，未来发展空间巨大。其中，尤以世界七大奇观之一的吴哥窟和海港——西哈努克港最负盛名。

　　柬埔寨的经济发展水平相对落后。近年来，经济发展已取得初步成绩，每年经济增长约达7%。且随着政局稳定，成功吸引中国、韩国、日本等国家前往投资，成为东南亚的新兴投资地之一。但柬埔寨基础设施落后，目前全国公路里程仅5.2万公里，且一半以上为农村土路，雨季无法通车；铁路总长 600 余公里，时速不足 30 公里；电网建设不足，全国一半以上地区不能通电，电价高昂。基础设施落后，一方面制约了经济发展和吸收外资，另一方面也是扩大开放、促进发展的潜力所在。

第一节　柬埔寨基本国情

一　柬埔寨政治

1. 柬埔寨政治发展

柬埔寨（Cambodia，高棉语作 Kampuchea），旧名高棉（Khmer），公元 1 世纪下半叶建国，历经扶南、真腊、吴哥等王朝，直至 1863 年沦为法国保护国，除了 1940 年到 1945 年间历经日本短暂占领外，长期为法国间接殖民统治的印度支那属地。1953 年柬埔寨王国成立并宣布独立后，在西哈努克亲王的治理下，经历短暂的稳定发展。1970 年 3 月 18 日，朗诺将军集团发动政变推翻西哈努克政权，柬埔寨即陷入长期内战，其间历经了"高棉共和国（1970—1975）""民主柬埔寨（1975—1979）""柬埔寨人民共和国（1979—1989）"，一直到 1990 年 10 月在联合国介入下，在巴黎签署《巴黎和平协议》，至此柬埔寨多年内战始宣告结束。

1993 年柬埔寨在联合国主持下举行首次全国大选，随即颁布新宪法，并更改国名为"柬埔寨王国"。11 月柬埔寨王国政府成立，拉纳烈、洪森分别担任第一首相、第二首相。然而 1997 年柬埔寨人民党（Cambodian People's Party）与奉辛比克党（Funcinpec Party）爆发武力政争，冲突过后由掌握军警、政治实权的洪森（Hun Sen）掌权，建立相对稳定的政权。目前执政的总理洪森及柬埔寨人民党已经稳定赢得三届的国会大选，而柬埔寨在历经多年的重建与发展后，已经逐步走出内战的阴影，进入快速成长起飞的新兴经济体行列，并且在区域事务中扮演重要角色。

洪森政府逐步稳固了其对经济、社会与政局的控制能力，尤其在经济建设上取得一定成就，使得洪森与人民党在农村取得强大的支持与拥戴。但是，洪森长达 30 多年的执政引来质疑，尤其是当他在 2013 年（时年 61 岁）公开声明要继续执政到 74 岁才退休，引发了海内外对其威权统治与独裁的批评声浪。国内层出不穷的政治丑闻、人权侵害、反对党候选人被谋杀、失踪和受威胁的事件一再见报，都使得洪森的强人执政不断受到批评。

在这些批评声浪中，以对抗洪森与人民党而出名的反对派领袖桑兰西借机整合所有反对势力而成立的救国党一举做大，在 2013 年国会选举中，救国党通过运用网络社交媒体，在城市地区和年轻人群中获得了广泛支持，一举获得国会 123 议席中的 55 席。救国党势头之所以飙升，有着多方面原因：首先，桑兰西党与人权党适时整合，凝聚起反对党的力量。在 2008 年第四届国会选举中，随着奉辛比克党的衰败，桑兰西党趁机坐大获得 26 席，人权党获得 3 席。2012 年，桑兰西党与人权党进一步合并为救国党。尽管救国党主席桑兰西为躲避监禁流亡国外，但人权党主席肯索卡扛起反对党的旗帜，在国内与桑兰西遥相呼应。其次，救国党获得年轻选民支持。在 967 多万选民中，54% 为 18—35 岁的人群。人民党长期执政使得年轻人的求变心理十分强烈，从而选择支持反对党，加之近年来社交媒体的出现，也让反对党能将触角伸向青年和城市选民。有选民认为，人民党力量过于强大，需要一个有力的反对党对其加以制衡。最后，柬埔寨国内贫富差距越来越大。在 1400 万人口当中，有 1/3 生活贫困，每天生活费不足 65 美分。加上工厂条件恶劣，农村土地权问题、政治腐败、民生和人权保障等问题，引起选民的不满，而将选票投给反对党。①

2. 柬埔寨政治特征

（1）后冲突国家的脆弱法治基础。在历经二十多年的重建后，柬埔寨仍没有完全脱离战后百废待举的阴影，即便经济和基础建设已经在国际援助下有所改善，然而法律制度的健全与教育普及仍有长足的进步空间。以政治发展为例，其宪法条文、法律条文、行政规范与

---

① 柳凡：柬埔寨大选爆冷，中企要评估政治风险，环球网，2013 - 08 - 05，http://opinion. huanqiu. com/opinion_ world/2013 - 08/4209423. html。

执行等皆因事、因人制宜，而缺乏一贯而统一的标准，不论是政府法规、选举制度与司法审判，甚至是刑法罪行都容易受到影响操纵，这也是反对党不断质疑每次选举制度与投票结果的根源，追根究底仍在于王国内部的法律制度与一般社会民众的法治教育仍有待改善。以每次选举的投票人名单为例，在户口与个人身份登记仍有待健全的情况下，基本上各级政府对于每年的投票人数皆无完整名单与数据，这也提供了人为操纵选局结果的空间。因此，在法令制度健全与普及前，王国的民主制度落实仍有长路要走。

（2）洪森强人主导的威权体制。也因为上述的法令制度尚待完善，柬埔寨的政治经济与社会都是以人治为核心，以贵族、精英为主体的上层也随着媒体、社交网络的发达，更巩固了少数具有群众魅力、个人号召力的政治、军事领袖的地位，因此，诸如当前王国政府的主要政治人物，要么是以军警、商业实力崛起的草莽英雄，要么就是内战前即知名的贵族家族或政治世家。因此，当反对派批评洪森的强人领导或威权独裁时，却也不得不承认洪森在广大农村获得的全面支持，也难以撼动洪森与执政党在柬埔寨经营超过三十年的社会基础。

（3）恩庇侍从的裙带利益结构。在洪森个人领袖魅力的基础之下，其稳固的统治基础便是奠基于传统关系网络的精英结构，在缺乏法治基础的威权统治下，利益的分配不在于法律规定下的权利与义务，而在于因人设事加上利益结合的恩庇侍从的裙带关系。在这样的逻辑下，政治人物的政党转换、政党的分合或选举的合纵连横都是以胜选和个人利益结合为前提，所以，在柬埔寨常常可以看到，立场相左的政党合作，或是个人在立场迥异的政党间不断跳槽。所以，许多新兴政党的分裂、内讧丑闻都是因为利益的冲突，虽然两党政治主轴的政敌对抗（Rival Antagonism）在柬埔寨仍是主要的基调，前期有奉辛比克党与人民党对抗，现有人民党与救国党的激烈斗争，但是个别人物与政治的运作，仍是以利益结合的裙带政治为主要结构。

（4）柬族政治与华人经济的二元结构。沿袭法国殖民留下来的间接统治基础，柬埔寨社会百年来以一直维持着"柬族的政治与华人的经济"的族群结构，也就是说，柬埔寨国内政治一直控制在少数柬族精英手上，而经济活动则由人口只占3%的华族主导，虽然历经多年的内战与种族灭绝，但是柬埔寨仍是东南亚诸国中，对于华人与华人经济优势最为友善与包容的国家之一。因此，以潮州人为主的华人社区在柬埔寨享有稳定而活跃的商业发展，并且通过与政治当局的密切合作进一步繁荣了柬埔寨经济，也进一步在商业开发与市场法规上享有领先的优势。

二　柬埔寨经济发展

1. 当前柬埔寨经济发展水平

近年来，柬埔寨继续保持稳定的政治经济环境，以橡胶、大米为主导的农业，以纺织和建筑为主导的工业，旅游业，以及外国直接投资等"四驾马车"拉动经济稳步前行。据柬埔寨官方发布的数据显示，2012年以来，柬埔寨经济年均增长率为7%以上，2014年柬埔寨GDP总值达162.7亿美元，较2013年增长7.1%，柬埔寨是全球10年来经济成长最快的国家之一。[1] 人均GDP也有所增长，从2010年的792美元增长到2014年的1122美元（表9-1）。

表9-1　　　　　　　2010—2014年柬埔寨宏观经济数据

年份	GDP总额（亿美元）	GDP增长率（%）	人均GDP（美元）
2010	114.4	5.9%	792
2011	129.4	6.9%	909
2012	140.4	7.3%	987
2013	151.9	7.6%	1036
2014	162.7	7.1%	1122

数据来源：柬埔寨财经部。

---

[1] 《2014年柬埔寨宏观经济发展概况回顾》，正点国际，http://www.qqfx.com.cn/news/46090.html。

2. 柬埔寨产业结构

柬埔寨是传统的农业国，近年来农业在 GDP 的产值不断下降，从 1995 年的 51% 下降到 2014 年的 30%，工业和服务业则有所上升，工业占 GDP 的比重从 1995 年的 14% 上升到 2014 年 27%，服务业从同期的 34% 上升到 43%（表 9-2）。

表 9-2 　　　　　　　　1995—2014 年柬埔寨产业结构变化

年代	农业（%）	工业（%）	服务业（%）
1995	51	14	34
2004	36	28	37
2014	30	27	43

数据来源：世界银行数据库，http://data.worldbank.org.cn/indicator。

（1）农业

水稻是柬埔寨农业的重点，但单位面积产量并不高，主要原因在于雨量不定、无优良稻种、缺乏肥料、农业机械等，而且由于水利灌溉设施不足，水稻仅能一年一熟，相较于越南湄公河三角洲地区一年三熟的产量，差距显著。此外，柬埔寨的碾米加工业相对落后，除了本国自用米外，多余的稻谷几乎全被越南和泰国的米商购走。为提高本国大米产量、质量和国际竞争力，柬埔寨政府正努力推行各种优惠政策，计划 2016 年大米出口量至少达到 100 万吨。

橡胶种植方面，近年来柬埔寨的橡胶产量增长迅速。柬埔寨出口橡胶以初加工的半成品为主，主要出口至东盟其他国家、中国及欧洲等地进行深加工。目前柬埔寨政府正在积极制定《橡胶法》，以引导橡胶产业规范发展，提高橡胶制品的国际竞争力。

（2）以纺织成衣及建筑业为主的工业

纺织成衣产业是柬埔寨吸引外资的重点，并成为柬埔寨的支柱产业之一，纺织成衣业产值占柬埔寨出口总额的七成左右，柬埔寨与世界其他国家在双边贸易中所产生的贸易逆差，主要以成衣出口来弥补。据柬埔寨商务部提供的数据，2013 年共计出口 55.3 亿美元纺织品（含鞋类），较前一年增长 20%，主要出口国家和地区为美国、欧盟、加拿大及日本等。制鞋业也是柬埔寨近 5 年来增长最快速的产业。2013 年制鞋厂数量已增加到 45 家，出口值达到 2.69 亿美元，其中一半输往欧盟，其次为日本。纺织及制鞋业共计占柬埔寨贸易出口总值的八成以上。①

近年来，建筑业也逐渐成为柬埔寨经济增长的重要动力，2012 年柬埔寨建筑业投资额达到 22.73 亿美元，建筑投资项目 1641 项，同比增长 31%。金边、暹粒等大城市的房地产项目发展尤其迅速，成为外国投资的重点，投资来源国主要包括中国、韩国、泰国等。建筑业的迅猛发展很大程度上得益于旅游业的发展，旅游业的发展催生了对居住建筑等配套基础设施建设的需求。

（3）服务业

柬埔寨人将旅游业称为"绿色黄金"。柬埔寨拥有世界知名文化遗产吴哥窟，常年吸引大量海外游客，尤其是 2005 年印度洋海啸后，众多欧美游客转向内陆地区吴哥窟观光，2007 年柬埔寨国际旅客达 200 万人次，2008 年 212 万人次，2009 年 216 万人次，2010 年 250 万人次。2011 年 5 月，柬埔寨公省、西哈努克省、贡布省和白马省等四省 440 公里的海滨地区入围世界最美海滩俱乐部，成为柬埔寨发展旅游业的良好契机，柬埔寨 2011 年计接待 288 万人次的外国旅客，2012 年为 358 万人次，2013 年达 421 万人次，较前一年增长 17.6%。其前三大外国游客来源国分别为：越南、中国大陆、韩国等。旅游业为柬埔寨带来 25.47 亿美元外汇收入，占 GDP 的 16%，并创造 62 万个工作机会。② 据预测，2015 年柬埔寨能吸引到外国游客达 500 万人次，至 2020 年实现接待游客 750 万—800 万人次，并获得 50 亿美元的经济收入，提供 85 万个就业岗位。为了促进旅游业的发展，柬埔

---

① Sum Chhum Bun、梁薇：《在东盟背景下的柬埔寨—中国合作：共同建设中国—东盟自由贸易区升级版》，《东南亚纵横》2014 年第 10 期。

② 伍鹏：《柬埔寨旅游业发展现状与拓展中国客源市场的对策》，《北方经济》2014 年第 5 期。

寨已开通所有东盟成员国的直飞航班。因此，旅游业的发展将继续带动金融、交通运输、酒店、餐饮和服务业等相关产业的发展，成为未来柬埔寨经济的重要支柱和收入来源。

3. 对外贸易

近年来，柬埔寨对外贸易持续增长，据中国驻柬埔寨经商参处的报告，2013 年柬埔寨对外贸易总额为 158.8 亿美元，同比增长 18.5%。其中，出口 69 亿美元，同比增长 27.7%；进口 89.8 亿美元，同比增长 13%，贸易逆差 20.8 亿美元。2014 年全年贸易总额为 181 亿美元，较 2013 年成长 13.84%，其中，出口 76.9 亿美元，增长 11.45%，进口 104.3 亿美元，较 2013 年增长 15.89%，贸易逆差为 27 亿美元。[①]

柬埔寨主要出口产品为服装、木材、鞋类等，以 2013 年为例，纺织成衣占出口商品的 55%，其次是木材，占 25%。进口产品相对分散，主要进口产品为燃油、建材、手机、机械、食品、饮料、药品和化妆品等，2013 年进口产品以加工原料、纺织辅料、电子产品等为主（表 9 - 3）。

表 9 - 3　　　　　　　　　2013 年柬埔寨主要贸易货物

主要出口项目			主要进口项目		
项目	总额（千美元）	比例（%）	项目	总额（千美元）	比例（%）
全部商品	9248134.45	100	全部商品	9227429.72	100
纺织成衣	5101129.99	55.16			
木材	2338249.39	25.28	纺织成衣	2977156.98	32.26
交通设备	417040.23	4.51			
鞋类	382556.85	4.14	木材	1156330.41	12.53

① 《2014 年柬埔寨宏观经济发展概况回顾》，正点国际，http：//www.qqfx.com.cn/news/46090.html

续表

主要出口项目			主要进口项目		
项目	总额（千美元）	比例（%）	项目	总额（千美元）	比例（%）
蔬菜	298643.22	3.23	机械电子	1022763.85	11.08
机械电子	274661.23	2.97	能源	1016277.47	11.01
交通设备	821965.59	8.91			
食品	463805.02	5.03			
化学物品	425386.09	4.61			
塑胶橡胶	203221.17	2.2	金属	339532.75	3.68
食品	114857.74	1.24	塑胶橡胶	261926.67	2.84
其他类	45855.88	0.5	其他类	220955.79	2.39
金属	38108.5	0.41	石材玻璃	188927.67	2.05
皮件皮革	19870.01	0.21			
石材玻璃	9517.52	0.1	蔬菜	90543.54	0.98
化学物品	2407.23	0.03	矿物	84685.95	0.92
动物牲畜	1449.78	0.02	皮件皮革	81196.2	0.88
矿物	496.66	0.01	鞋类	54863.22	0.59
能源	69.05	0	动物牲畜	21112.53	0.23

资料来源：世界贸易组织贸易与关税资料库。

http：//wits. worldbank. org/CountryProfile/en/Country/KHM/Year/2013/TradeFlow/Export/Partner/WLD/Product/all – groups#。

　　柬埔寨的主要贸易伙伴是美国、欧盟、中国、日本、韩国、泰国、越南和马来西亚等。2013 年美国是柬埔寨最大的出口国，其次是中国香港、新加坡和英国，而中国则是柬埔寨最大的进口国，其次是越南、泰国和中国香港（表 9 - 4）。

表9-4　　　　　　2013年柬埔寨主要贸易伙伴表列　　　　单位：美元

主要出口伙伴		主要进口伙伴	
美国	2032783642	中国	2162204603
中国香港	1682658567	越南	937012554
新加坡	684668761	泰国	902257532
英国	528030062	中国香港	495419829
德国	469721535	韩国	404436946
加拿大	417036525	新加坡	258429954
日本	199167533	日本	222987165
中国	182895514	印度尼西亚	215672606
比利时	163347610	马来西亚	175416043
西班牙	149861809	美国	151882814
2013年出口总额	6922809000	2013年进口总额	7263665470

资料来源：世界贸易组织贸易与关税资料库。http：//wits. worldbank. org/CountryProfile/en/Country/KHM/Year/2013/TradeFlow/Export/Partner/WLD/。

4. 外来投资及吸引投资政策

柬埔寨自内战结束以来，政治及社会发展渐趋稳定，政府鼓励外商直接投资，1994—2014年，柬埔寨共吸引282.9亿美元的投资，中国是最大投资国，对柬埔寨投资101.54亿美元，其次为韩国，投资总额44.7亿美元，马来西亚为26.44亿美元。2014年柬埔寨累计吸引外资达10.22亿美元外资。其中，中国为该年度最大外资来源国，协议投资额高达5.4亿美元，其次为中国香港1.1亿美元。2015年1—6月，柬埔寨批准投资项目总额共31.2亿美元，同比增长300%。主要吸引投资的领域为旅游、工业、服务业和农业。而其中，最大的外资来源地仍为中国大陆，其后是韩国、欧盟等国家。①

柬埔寨积极吸引外国投资，政府特别设立柬埔寨投资发展委员会

① 中华人民共和国驻柬埔寨王国大使馆及商务参赞处，上半年柬埔寨吸引投资大幅增长. http：//cb. mofcom. gov. cn/article/jmxw/201508/20150801073006. shtml, 2015 - 08 - 06。

（CDC），负责规划柬埔寨的整体经济建设、重建、发展与投资业务，所有境内产业执照原则上采取核可制，但部分敏感、特殊产业与项目须提交内阁办公厅批准，包括：投资金额超过 5000 万美元；涉及政治敏感问题；矿产与自然资源的探勘与开发；对环境可能产生负面影响；基础设施项目，包括 BOT、BLT（Build - Lease - Transfer，即兴建—出租—转移）等长期开发的战略项目。

根据最新的柬埔寨《投资法》及其修正案，政府鼓励外资投入的领域有：创新与高科技产业；创造就业机会产业；出口导向产业；旅游业；农工业与加工业；基础设施与能源；农村发展；环境保护；设于特别开发区的投资。《投资法》还对外资持有或使用土地作出限制：如果用于投资的土地，其所有权须由柬籍自然人或柬籍自然人或法人直接持有超过 51% 以上的股份的法人所有；2012 年起开始允许投资人以特许、无限期长期租赁、可续期短期租赁等方式使用土地。同时，为了吸引外资，根据不同的行业，所有外资均可以享有 3—6 年不等的免税优惠期，尤其是基础建设及大型农业投资案，在开始获利的三年后即可开始享有六年的免税，即最长为九年的免税优惠。①

柬埔寨为吸引外资，提供外资与本国企业相同的国民待遇及投资保障，保证不实施国有化政策，也没有外汇管制，投资企业可将获利自由汇出。在投资优惠方面，投资发展委员会给予核准投资计划税收的优惠包括：生产设施、建筑材料、零配件和原物料等，免征进口关税；给予 3—8 年不等的免税待遇，特别经济区则最长可达 9 年；免税期届满后缴纳 9% 的营利税，但如利润再予投资，则无须缴纳产品出口免征出口税。

柬埔寨建立经济特区以吸引外来投资。2005 年柬埔寨颁布了《第 148 号特别经济区设置与管理法令》，开始推行特别经济区（Special Economic Zone，SEZ）制度，由 CDC 下设特别经济区委员会

① 中华人民共和国驻柬埔寨王国大使馆经济商务参赞处，《柬埔寨 2013 年宏观经济形势及 2014 年预测》，http://cb.mofcom.gov.cn/article/zwrenkou/201404/20140400563948.shtml。

（CSEZB），负责特别经济区的开发、管理与监督业务，常驻经济区内提供厂商"一站式"服务。截至 2014 年年底，共计已批准设立斯登豪、曼哈顿、柴桢、欧宁、金边和西努哈克等 33 个特别经济区，目前投资设立特别经济区的外资主要来自日本、中国、中国台湾与韩国等。目前已经有 11 个特区全面营运，其余 22 个也已经逐步开放营运、招商中，整体而言已经吸引了超过两百家中大型企业进驻，直接海外总投资总额业已超过 20 亿美元。其中，最具有代表性的分别是"金边特别经济区"（简称：PPSEZ，离金边市约 18 公里处，由华人符姓家族与日资合作经营）、"曼哈顿经济特区"（位于越南西宁省与柬埔寨磅针省边境，由台商经营）和"西哈努克港经济特区"（位于金边西南方 200 公里，由中国红豆集团经营）。[①]

整体而言，吸引外资与产业多元化发展一直是柬埔寨政府当前最主要的经济发展战略，尤其是随着无偿的战后国际援助逐渐减少，政府只能自食其力加紧吸引外来投资，因此从 2012 年起，大量国际热钱与短期投资纷纷进军柬埔寨，也使得柬埔寨的房地产与物价居高不下。

5. 未来经济发展展望

（1）促进中小企业发展，加强基础设施建设，重点建设经济特区

柬埔寨经济发展所依赖的成衣业及旅游业容易受到 WTO 取消纺品配额和天灾的影响，柬埔寨政府意识到经济发展过于集中于特定产业的缺点，将以促进中小企业发展作为未来经济发展的重点。

柬埔寨基础设施薄弱，这也是阻碍经济发展的一大重要因素。尤其是电力缺乏严重影响厂商投资意愿和居民生活，柬埔寨政府已将电力设施建设列为重要的发展计划，将满足电量以及降低电价作为工作重点。目前已建设输电网 1304 公里和 17 个地方供电站，涵盖金边市、甘丹省、实居省、茶胶省、贡布省、白马市、磅清扬省、菩萨

---

① 中华人民共和国驻柬埔寨王国大使馆经济商务参赞处，《柬埔寨 2013 年宏观经济形势及 2014 年预测》，http://cb.mofcom.gov.cn/article/zwrenkou/201404/20140400563948.shtml。

省、马德望省、卜迭棉芷省、暹粒省、磅湛省、西哈努克市，柬埔寨政府还批准在"磅湛—桔井""桔井—上丁""金边—西港（增设电网）"建设总长 438 公里的输电网和 3 个供电站，将使电力供应拓展到另两个省区。①

（2）积极融入东盟，参与各项合作计划

1999 年柬埔寨成为东盟第十个成员国后，随即积极参与东盟各项合作计划。时任柬埔寨商务部长在出席 2010 年越南河内举行的东盟峰会后表示，柬埔寨已经完成区内自由贸易目标约 83% 的工作，目前国会仍需通过东盟备忘录及相关协议，以达到完全融入东盟经济体的目标，目前已有 6 个东盟创始会员国相互间几乎所有货物往来零关税，此外，柬埔寨与老挝、缅甸和越南之间去除了约 98.46% 货品的关税。②

（3）推动五年国家战略发展计划

柬埔寨政府从国家层面制定发展战略推进经济发展。2013 年 9 月，新成立的柬埔寨第五届王国政府发布了《四角战略第二阶段政策》，确定了今后五年四大优先发展领域：一是发展人力资源，加大对专业技术工人的培养，制定适应劳工市场的法律规章，设立职业培训中心等。二是继续投资基础设施和建设商业协调机制，加大对交通基础设施的投入，建设具有灵活性的商业协调机制，加大能源开发力度，推动互联互通。三是继续发展农业和提高农业附加值，推动大米出口、大米增值，推动畜牧业和水产养殖发展，鼓励企业投资农产品加工业，提高农业的现代化和商业化水平。四是加强国家机构的良政实施力度，提高公共服务效率，改善投资环境，继续推进司法体系改革，保障社会公平和国民权力，继续推进公共行政改革，强化监督机构职能；继续深入实施公共财政改革计划，确保国家预算的分配和使

①　《未来柬埔寨宏观经济展望与预测》，正点国际，2016 年 3 月 1 日，http://www.qqfx.com.cn/news/46091.html。

②　同上。

用；加大吸引投资力度，鼓励经济特区的实施和运作。[①] 柬埔寨政府预计未来五年经济增长率将平均维持在 6%—7%。

第二节　柬埔寨对外政策及与中国关系

一　柬埔寨外交政策演变

柬埔寨王国宪法第一条即规定"柬埔寨是独立、主权、和平、永远中立和不结盟的国家"，外交政策的基石是独立、和平、永久中立和不结盟，反对外国侵略和干涉。

1953 年柬埔寨王国独立建国后，以西哈努克为首的王国政府即奉行以和平中立外交思想为基础的外交政策。1954 年日内瓦协定规定了柬埔寨的中立化地位，1955 年西哈努克在出席万隆会议时发表"关于柬埔寨奉行中立政策的声明"，1957 年柬埔寨王国国民议会通过关于执行和平中立政策的法令，自此西哈努克的和平中立政策正式以法律形式确定下来，成为柬埔寨外交政策核心延续十余年。1970 年朗诺集团发动政变，推翻西哈努克政权，朗诺政权奉行向美国"一边倒"的对外政策，积极争取美国的经济援助和军事援助，同时允许美军、南越军队进驻柬埔寨，以清除柬埔寨境内的越共补给线和庇护点，将柬埔寨引入越战的战火。

1975 年朗诺政权被柬埔寨共产党推翻，柬共建立了民主柬埔寨政府。民主柬埔寨孤立于世界，只与 12 个国家建立了外交关系，其外交范围局限于红色阵营内。1979 年越南攻占柬埔寨首都金边，并扶植柬埔寨人民革命党建立"柬埔寨人民共和国"。新政权的外交政策是向越南和苏联"一边倒"，积极发展同越南、苏联以及东欧社会主义国家的外交关系。

自 1993 年柬埔寨新政府成立后，规定"柬埔寨是独立、主权、和平、永久中立的不结盟国家"，加强同周边国家的睦邻友好合作，

---

① 商务部国际贸易经济合作研究院、商务部投资促进事务局、中国驻柬埔寨大使馆经济商务参赞处编《对外投资合作国别（地区）指南——柬埔寨（2014 年版）》。

改善和发展与西方国家的关系，以争取国际经济援助，因此，洪森政府与东盟国家及中国、日本、韩国、法国、美国与澳大利亚等国保持友好关系。

二　柬埔寨与邻国的关系

1. 柬埔寨与泰国的关系

柬泰两国 1950 年建交，两国存在边界问题，主要集中于柏威夏寺归属问题。1958 年泰柬两国就柏威夏寺谈判破裂，一度断交，1962 年，海牙国际法庭将该寺判旧柬埔寨但双方的争端一直没有妥善解决。2011 年初，两国爆发了围绕柏威夏寺问题有史以来最严重的军事冲突。英拉当选泰国总理后，采取务实的外交政策，力图缓和与柬埔寨的关系。2013 年 11 月，海牙国际法庭就泰柬边境 4.6 平方公里的争议土地进行裁决，裁定柬埔寨拥有争议地区的所有权。至此两国的边界争端在国际法框架下得到妥善解决。

此后，柬埔寨与泰国的双边关系逐渐升温，双方的经贸往来也随之变得频繁，贸易额连年增长，各项经济合作计划稳步推进。其中，在能源等领域开展了大量合作项目，双方协商在泰国湾主权重叠区共同开发油气资源，泰国电力集团还加快了在柬埔寨的水电站投资项目，不仅将缓解柬埔寨部分地区的电力紧缺问题，未来还将向泰国出口电力，为柬埔寨换取外汇。

2. 柬埔寨与越南的关系

柬越两国 1967 年建交以来历经多年战祸与五个不同的政权，自 1979 年柬埔寨人民革命党（现执政党柬埔寨人民党的前身）在越南支持下取得政权后，柬党政军三巨头即与越共高层维持紧密关系，这也成为国内政敌用以攻击的主要题材。然而多年来，柬越两国在执政党高层密切沟通、合作，一直维持友好、紧密的兄弟情谊，在经济开发、政治合作与区域事务上开展全面合作。

2013 年洪森赢得大选并在经历些许波折组建新政府后的首个出访国即为越南。2014 年 1 月，越南总理阮晋勇对柬埔寨进行正式访问，并参加保卫越南西南边境战争胜利暨推翻种族灭绝制度 35 周年纪念活动。伴随政治领域的频繁互动，双方在经贸领域也紧密合作。柬埔寨是越南重要的投资目的地，越南对外投资的 60 多个国家和地区中，柬埔寨是越南第二大对外投资目的地，投资领域涉及农林、电信、航空、银行、矿产等。2013 年柬埔寨和越南的双边贸易额达到 35 亿美元，据越南工贸部亚太市场司制定《到 2015 年越南和柬埔寨双向贸易总额路线图达 50 亿美元》草案，至 2015 年年底双方双向贸易额将达到 50 亿美元。

柬埔寨和越南一直保持着良好的关系，但也存在部分历史遗留问题。两国经济发展水平差距并不大，区位条件相近，在经贸领域存在竞争关系。此外，在对地区大国如中国等国的关系上，两国的战略与立场存在分歧。因此，未来两国关系在整体平稳的基础上，还需要考虑到在具体问题上的协调。

3. 柬埔寨与老挝的关系

老挝是柬埔寨的重要邻国之一，两国于 1957 年建立正式外交关系，并一直保持着紧密关系。近年来双方在商讨勘测、设界后，基本完成了边界确立，此外，柬埔寨与泰国就柏威夏寺问题发生争端时，老挝作为友邦不断表示愿为缓解紧张局势做出努力。

柬埔寨与老挝还共同与越南开展紧密合作，谋求印支地区的和平与发展。三方还十分重视在东盟、大湄公河次区域等合作机制内的相互支持与配合，逐渐形成东盟中的"铁三角"。此外，三国自 2004 年开始建设"柬—老—越发展三角"合作机制，三国希望通过这一合作机制促进经济共同增长，密切文化交流，为该地区的和平、稳定、团结、一体化和发展做出贡献。

三 柬埔寨与主要西方国家的关系

1. 柬埔寨与美国的关系

柬埔寨与美国早在 1950 年就建立了外交关系。近年来美国重返亚洲，东盟成为其亚洲战略的重要支点，柬埔寨也随之成为美国在东盟内部的合作对象。美国有意加大与柬埔寨的接触力度，双方领导人互访频率显著提高。2010 年 9 月，柬埔寨首相洪森访美并出席第二次东盟与美国领导人峰会。11 月美国国务卿希拉里访柬。2012 年美国总统奥巴马出席在金边举行的东亚峰会，这是有史以来在任美国总统首次访柬。目前，双方合作主要集中于经贸领域，美国是柬埔寨最大的出口市场，主要出口商品为服装和纺织品，2013 年柬埔寨出口至美国的商品总额达 25.7 亿美元。据柬埔寨商业部报告，2014 年出口美国的商品总值达 17.25 亿美元，同比下降了 32%。这主要是因为 2014 年初发生工人大罢工事件，导致成衣厂接到的外国订单大幅减少。① 同时，两国在国防等领域也逐渐展开合作，近年双方多次举行联合军演，美军方各级人员频繁访柬，开展国防、维和、海上安全、人道主义救助和反恐等领域的合作。

柬埔寨在积极发展对美关系的同时，对美国也保持着谨慎态度。美国人权组织以及流亡海外的反政府政治团体利用美国政府不断向柬埔寨政府施压，要求柬埔寨政府改善国内的政治环境、人权状况、腐败问题和"审红问题"。此外，美国长期支持柬埔寨的最大反对党救国党，尤其是在 2013 年大选结果引发争议时表达了对救国党的支持，这引起执政党人民党的极大不满。

2. 柬埔寨与日本的关系

日本与柬埔寨于 1953 年建交。日本是柬埔寨最主要援助国，从 1992 年起，日本年均向柬埔寨提供 1 亿美元援助，占柬埔寨接受外国援助总额的 20%，涉及公路桥梁、水电基础设施及农业、农村发展、医疗保健、教育、人才培训、环保、古迹保护和司法等领域。两国确立了战略合作伙伴关系，双方高层近年会晤频繁。2013 年日本首相安倍晋三在两国建交 60 年之际访问柬埔寨，当年洪森在赴日参加"日本—东盟建交 40 周年庆祝会"和"日本—湄公河次区域国家峰会"期间会晤安倍晋三，双方签署了一系列备忘录，涉及经贸、基础设施建设、医疗卫生和军事合作等领域。

---

① 《信息动态》，《纺织服装周刊》2015 年第 2 期。

四 柬埔寨与中国的关系

1. 中柬关系发展

中柬两国的友好关系由来已久，两国在重要国际问题上的立场保持着较高的一致性，双方关系具有高度的互惠互利性质。一方面，长期以来中国对柬埔寨提供了大量援助，为柬埔寨的国家建设提供了巨大帮助，另一方面柬埔寨在国际舞台上给予中国大力支持。

1955年4月，周恩来总理与柬埔寨国家元首西哈努克亲王在万隆亚非会议上结识，成为中柬友好关系的新开端，1958年7月19日两国正式建交。20世纪50—60年代，周恩来总理、刘少奇主席访柬，西哈努克亲王六次访华，西哈努克在领导柬埔寨人民争取国家独立、民族解放的斗争中，得到中国政府的大力支持。

近年来，双方保持高层往来，政治关系日益密切。2006年4月，国务院总理温家宝对柬埔寨进行正式访问。双方发表了《中华人民共和国政府与柬埔寨王国政府联合公报》，宣布建立全面合作伙伴关系。2010年12月，柬埔寨首相洪森访华，两国建立全面战略合作伙伴关系。2012年3月，国家主席胡锦涛对柬埔寨进行国事访问，双方发表联合声明，两国关系进入新的发展阶段。2014年5月18日，国家主席习近平在亚信上海峰会期间会见柬埔寨首相洪森。

目前，双方既无历史遗留问题，也不存在利益争端，两国关系处于上升、发展新时期。两国在重大国际问题和地区问题上持有相同或相似的看法，在多边外交中配合良好。柬埔寨支持中国在人权、西藏等问题上的政策，并支持"一个中国"原则。在国际舞台上，柬埔寨与中国保持良好合作。2012年作为东盟轮值主席国的柬埔寨顶住来自越南、菲律宾等东盟各方的压力，拒绝将南海问题纳入东盟峰会的议程，这一立场有效配合了中国的南海政策，避免了中国与东盟的对立。2016年菲律宾南海仲裁案后，柬埔寨一如既往支持中国。

2. 中柬经贸往来

中国是柬埔寨第三大贸易伙伴，中国作为柬埔寨重要的贸易伙伴和投资来源地，对推动柬埔寨对外贸易增长作出了重要贡献。

　　中柬两国自1958年建交以来，双边经贸关系持续发展，尤其是1993年柬埔寨王国政府成立后，经贸合作也进入了新的发展时期。1996年7月，中柬签署了《贸易协定》和《投资保护协定》，2000年11月，两国签署《关于成立经济贸易合作委员会协定》。此后双方陆续签署了数十项经贸合作协议。随着《中国—东盟自由贸易区投资协议》的实施，为中柬经贸合作提供了更宽广的渠道，此后双方在基础设施建设、水利资源开发利用、通信技术、能源开发等领域开展了更大规模的合作。2012年3月，胡锦涛主席访柬期间，双方发表联合声明，计划在2017年实现双边贸易额翻一番，达到50亿美元。

　　近年来，双边贸易呈持续增长态势。据统计，2010年中柬双边贸易额为14.41亿美元，2014年增加到37.57亿美元，其中，中国对柬埔寨出口从同期的13.48亿美元上升到32.7亿美元，中国自柬埔寨进口从0.94亿美元上升到4.831亿美元，差额极大（表9-5）。

表9-5　　　　柬埔寨与中国双边贸易情况（2010—2014年）　　　单位：亿美元

年份	进出口额	从中国进口额	向中国出口额	累计比去年同期增长（%）		
				进出口	从中国进口	向中国出口
2010	14.41	13.48	0.94	52.6	48.5	153.6
2011	24.99	23.15	1.84	73.5	71.8	96.8
2012	29.32	27.08	2.15	17	17	16.8
2013	37.72	34.11	3.62	29.05	25.95	27.92
2014	37.57	32.74	4.83	-0.4	-4	32.7

　　数据来源：中国商务部。

　　中国对柬埔寨的投资不断增加。据中国商务部统计，2010年中国对柬埔寨直接投资额为4.6亿美元，2014年为4.38亿美元（表9-6）。截至2014年年末，中国对柬埔寨直接投资达32.22亿美元。投资领域包括水电站、电网、通信、服务业、纺织业、农业、烟草、医药、能源矿产、境外合作区等。主要中资企业有中国华电集团公司、中国重型机械总公司、中国水电建设集团、中国电力技术进出口公司、中国大唐公司、广东外建、上海建工、云南建工、江苏红豆集团、柬埔寨光纤通信网络有限公司、华岳集团、华立生态、盾安有限公司、优联发展集团有限公司、巴戎航空有限公司、中国免税品集团有限公司、申洲有限公司、欣兰制衣厂有限公司等。其中，江苏红豆集团在柬埔寨投资的"西哈努克港经济特区"是中国商务部首批境外经贸合作区之一。一期规划面积 5.28 平方公里，预计投资 3.2 亿美元。截至 2014 年年底，已有超过 80 家企业入驻。[①]

表 9 - 6　　**中国对柬埔寨直接投资情况（2010—2014 年）**　　单位：万美元

年份	2010	2011	2012	2013	2014
金额	46651	56602	55966	48978	43827

数据来源：中国商务部《对外直接投资统计公报》。

　　长期以来，中国还向柬埔寨提供了力所能及的援助。援助涉及成套项目、物资项目和农业、教育、体育、警务等领域的经济技术合作项目。这些项目取得了良好的经济和社会效益，促进了柬埔寨经济发展和双边关系的发展，同时也为中国企业在柬投资提供了便利。

第三节　柬埔寨投资风险评估

　　中国"一带一路"战略的良好运行与沿线国家安全稳定的环境息息相关，中国在相关国家进行经贸投资时，要认真评估对象国可能存在的政治风险、经济风险和安全风险等，这些风险涉及政权更迭、社会动乱、国家和地区战乱、经济危机、执法混乱等。

　　本节将从政治风险、经济风险、商业环境风险三个方面对柬埔寨进行短期风险和中期风险评估。

---

　　① 商务部国际贸易经济合作研究院、商务部投资促进事务局、中国驻柬埔寨大使馆经济商务参赞处编《对外投资合作国别（地区）指南——柬埔寨（2014 年版）》。

一　政治风险评估

1. 政治稳定度

随着洪森与人民党在 2013 年选举中再次取得胜利，洪森从 1985 年以来已经实际当权超过 30 年，虽然在选举中不断面临新旧反对党的挑战，但洪森与柬埔寨人民党已经逐步扩大、深化其在地方选举、军事国防、国会立法、政府官僚人事与经济事务的全面控制，近年来柬埔寨整体政局保持稳定，影响其政治稳定度的主要因素在于政党斗争。人民党和奉辛比克党之间势同水火，历史上曾不止一次爆发过武装冲突，导致柬埔寨社会长期动荡。但近年来奉辛比克党逐渐式微，两者之间的矛盾逐渐被人民党和救国党之间的矛盾所取代，救国党强调的是政党轮替、人权法治等价值观，不但吸引了年轻群体与知识分子的大力支持，更受到西方民主国家与海外柬埔寨侨民的舆论、经费支持。

2013 年人民党再次获国会多数议席，赢得大选。执政党稳定延续执政可以确保政策的延续性，减少因政权更迭引起的政策变化，以及人事动荡引发的各种寻租与利益角力，因此，政权稳定、经济开放的柬埔寨与其一贯对华友善的投资环境，加上执政当局对中国外交、区域经济战略与资源的依赖与期待，人民党执政下的柬埔寨是非常有利于中资企业在柬投资与发展。

2. 社会稳定度

随着柬埔寨经济的快速发展，出现的一些社会问题会严重影响其社会稳定。

首先是悬殊的贫富差距。随着二十多年来的经济重建与发展，其城市与广大农村、上层与底层人群间的贫富差距已经导致不少的社会矛盾，近年来飙涨的不动产价格、飞涨的物价、悬殊的贫富差距与阶级矛盾等社会问题逐渐扩大。

其次，民众的利益诉求和维权意识不断高涨。近年来，纺织、制鞋等两大产业的工会组织与反对党结合后的声音逐渐增强，并可能在提高工资和改善工作环境方面发起罢工活动。此外，与政府部门和军方关系密切的土地开发商大肆掠夺土地，民众对土地纠纷、强行拆迁、经济不平等的不满情绪上升。① 因而在柬投资的中企应密切关注柬埔寨内政治动态，尤其是拆迁与土地取得问题在国际人权组织的介入下，更形复杂；而劳工与工会在获得反对党与大量国际劳动组织的协助下，也形成有系统、有组织的战略对抗。

　　最后，柬埔寨政府腐败现象严重，这是外国民权组织和国内反对派攻击的重点，也是民众对政府最不满的地方。根据透明国际组织（Transparency International）2014 年全球国家腐败指数排名，柬埔寨在全球 174 个国家和地区中排 156 位。虽然洪森政府近年来大力打击贪腐，但是在司法制度仍薄弱的情况下，要根本性地改变沿袭数十年的贪污文化仍有实质困难。2010 年柬埔寨颁布政令，要求公务员申报财产，政府还积极推进"地方政府民主改革"，核心是将权力下放到各级地方政府，提升民众参与制定行政措施的积极性，期望基层官员和民众的参与将大幅提升政府行政效率，从而减少腐败。2014 年柬埔寨正式施行《反腐败法》，引入刑事法律规范、设立反腐败委员会打击腐败，使反腐工作有法可循。但是，柬埔寨公务人员的平均工资是 168 美元，无法满足基本温饱需求，加上申报记录的可信度和稽查方法都有问题，短期内贪污腐败仍是无法避免的日常现象。

　　尽管政府不断加大反腐力度，但短时间内腐败现象将依然存在，并对柬埔寨的经济发展起到消极影响。腐败现象不仅直接增加在柬投资的风险，也将影响到柬埔寨的社会稳定，进而给投资带来安全隐患。

　　3. 地区安全度

　　尽管历史上柬埔寨曾长期与泰国和越南等国之间存在争端，但近两年来与邻国的关系基本良好，为柬埔寨国内发展营造了良好的外部环境。

　　柬埔寨虽然曾与越南有过激烈冲突，但如今两国已经建立了良好的关系。双方在 2011 年签署了《柬越关于陆地边界调整谅解备忘

_____

① 《柬埔寨投资与经贸风险分析报告》，《国际融资》2009 年第 2 期，第 66—68 页。

录》，决定以"换地"方式解决边界问题，并在 2012 年年底完成了陆地边境划界和立碑工作，解决了领土争端。此外，柬埔寨近年对越南侨民也逐渐采取宽松政策，使得侨民问题得以缓解，两国关系也随之改善。邻国老挝则长期与柬埔寨保持着良好关系，两国间也基本解决了划界问题。

总的来说，目前柬埔寨与邻国之间的领土争端和其他纠纷基本得到妥善解决，因而现阶段柬埔寨不会与邻国发生严重冲突，地区安全将得到有效保障。

4. 与中国关系友好度

目前中柬关系友好而密切，双边关系提升至"全面战略合作伙伴关系"。

但是，中柬关系也会受一些消极因素的影响。一是柬埔寨对外政策易受东盟影响，作为东盟成员国之一，对东盟国家关系是柬埔寨对外关系的优先方向之一。多年来柬埔寨在东盟中一直充当平衡者的角色，避免东盟国家与中国纠纷扩大化，最突出的是在 2012 年东盟外长会议上，越南、菲律宾提出商讨解决"南海问题"，但受到身为轮值主席国柬埔寨的反对，柬埔寨也因此受到来自东盟国家的谴责，承受巨大的外交压力，未来柬埔寨是否还能坚持在东盟会议上支持中国，而不向其他与中国有争端的国家靠拢，具有一定变数。[1]

二是中柬关系也将受到美国的影响。近年来，美国不断调整其亚洲政策，奥巴马上台后高调宣布重返亚太，提出"亚太再平衡"战略，东南亚是其战略中的重要一环。奥巴马第二任期当选后，将泰国、柬埔寨和缅甸三国作为自己首访第一站，可见柬埔寨被美国视为其东南亚战略中的重要支点。柬埔寨在保持亲华的同时，也注重发展同美国等西方国家的关系，美国也以不断扩大对柬援助作为回应，美柬关系大幅升温，对未来的中柬关系增加变数。

---

① 黄日涵、梅超：《"一带一路"投资政治风险研究之柬埔寨》，中国网·观点中国，2015 年 9 月 2 日。http：//opinion. china. com. cn/opinion_ 17_ 136517. html。

二 经济风险评估

1. 宏观经济风险

柬埔寨是传统的农业国，实行对外开放的自由市场经济以来，经济发展取得一定成效。柬埔寨是全球 20 年来经济增长最快的国家之一，1993—2013 年，GDP 年均增长率为 7.7%，增速名列世界第六。从 GDP 加总来看（图 9-1），2008—2009 年，受全球金融危机影响，柬埔寨实际 GDP 增长率降至 0.1% 以下。2009—2010 年，全球经济复苏带动柬埔寨经济发展，实际 GDP 增长率大幅上升。2010 年至今，柬埔寨 GDP 维持 7% 左右的增长率。稳健的农业、制衣、出口、旅游和建筑业等推动 GDP 持续增长；同时，柬埔寨政局稳定，政策连续性较强，政府一直致力于改善投资环境，吸引外资，外来投资已经成为柬经济发展的重要动力。未来两年，制衣业仍然是柬埔寨经济增长的主要动力，同时建筑业将成为另一支柱，预计柬埔寨实际经济增速在 7% 附近波动。

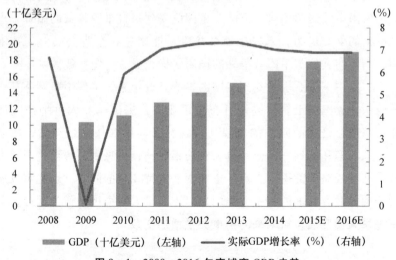

图 9-1　2008—2016 年柬埔寨 GDP 走势

注：GDP 以现价美元计算，2015 年、2016 年为预测值。

数据来源：世界银行。

按照世界银行的界定，柬埔寨属于低收入国家，2014年人均年收入才突破1000美元。但近年来柬埔寨人均收入增速提升，贫困人口比例逐年下降，由2008年的34%降至2012年的17.7%。2000年后柬埔寨居民受教育程度明显提高，学校入学率超过东亚与太平洋国家平均水平，远高于低收入国家平均水平。柬埔寨政府一直把发展经济、消除贫困作为首要任务，目前来看，取得了一定的成果①。预计未来两年，柬埔寨人均国民收入继续稳步增长。

在通胀风险方面，2008年金融危机后，原油、食品、日用品等价格的大幅波动，汇率的不稳定及进口货物主要国家物价大幅变动，导致柬埔寨通货膨胀率迅速降低，由25%降至 -0.7%，2009—2011年才回升至5.5%。2011年以后，柬通胀率维持在3%附近波动。预计未来两年柬埔寨将维持低水平通胀率。

2. 利率风险

柬埔寨2008—2016年的实际利率如图9-2所示。柬埔寨是一个高度美元化的经济体，是由巨大资金流入导致经济增长速度最快的新兴经济体之一，因此，柬埔寨也是一个更容易受2008年金融危机后量化宽松货币政策影响的国家，柬埔寨央行在这轮美元宽松的政策中采取了一系列措施，来改善流动性管理水平。首先对存款准备金制度进行了改进，要求外币存款准备金降低4个百分点至12%，再者增加了商业银行的资本，同时还将银行的资产和贷款部门重新分类，由于抵押贷款债券和国债会对利率产生反方向的作用，MBS和国债会降低柬埔寨的利率。因此，量化宽松政策很可能为该国带来更多的投资，从而加速经济增长，但是这对柬埔寨的利率几乎没有影响。在2008年全球金融危机期间，柬埔寨还没有证券市场，美元的溢出对于柬埔寨经济来说并不可怕。

2008年金融危机后，因游客和出口美国的纺织品减少以及投资低迷等，柬埔寨政府放松银根，采取扩张性货币政策，降低利率刺激

① 中华人民共和国驻柬埔寨经商参处：《世界银行预测2014年柬经济增长将达到7.2%》，http://cb.mofcom.gov.cn/article/ddgk/zwminzu/201410/20141000756075.shtml，2014-10-11。

投资和净出口，由图 9 - 2 看出，实际利率由 2008 年的 4% 降至 2010 年的 2.58%，下降幅度为 35%。2011 年在欧美深陷债务危机的大背景下，柬埔寨吸收外国直接投资逆势上扬，努力缩小同其他东盟国家经济社会发展的差距，加速融入东盟。此时实际利率微调，波动幅度很小。2013 年下半年，在大选政局动荡下，经济大受影响，为了吸引外资，利率上调。2015 年，受国际油价走低影响，柬埔寨的通货膨胀率得到很好控制，本年实际利率小幅上升。

相比于中国，柬埔寨在面对市场冲击时，利率风险相对较小（图 9 - 2）。由于中国利率市场化进程大大加快，中国利率波动幅度更大。

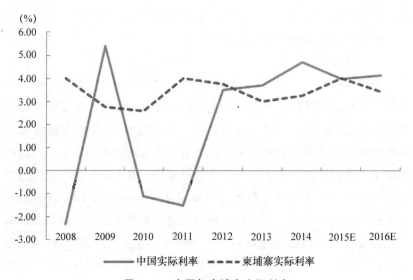

图 9 - 2　中国与柬埔寨实际利率

注：2015 年、2016 年为预测值。

数据来源：国家风险数据。

3. 汇率风险

汇率政策是柬埔寨央行货币政策的重要工具之一，目标是实现国内物价稳定。柬埔寨实行有管理的浮动汇率制度，央行通过干预外汇市场使汇率与既定目标相一致。2012 年至今，柬埔寨瑞尔对美元汇率在 4050 附近波动。2015 年瑞尔汇率基本保持稳定，在 4000—4100

区间震荡，略有上升。

根据瑞尔对美元汇率的每月数据，取 6 个月为步长做移动平均可得 2015 年 10 月 1 日至 2016 年 12 月 1 日的每月汇率预测值（图 9 - 3）。未来瑞尔对美元汇率在 4055—4075 波动，波动较小。

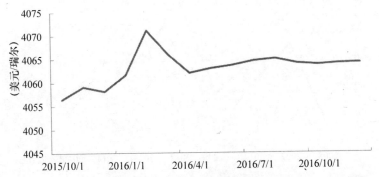

图 9 - 3 2015 年 10 月—2016 年 12 月柬埔寨瑞尔兑美元每月汇率预测值

数据来源：www. investing. com。

4. 流动性风险

柬埔寨广义货币 M2 增速及信贷增速都非常不稳定（图 9 - 4）。在 2012—2014 年，柬埔寨平均每年的信贷增速高达 30%，信贷占 GDP 的比重高达 40%。柬埔寨快速的信贷增速与外资银行的开放有关——这加剧了银行间的竞争，加大了银行的风险偏好，使得借贷利率和利差缩小，刺激了信贷增长。同时，信贷的高增速伴随着资产价格快速上升，使柬埔寨的金融体系积累了很大的风险。

由于美元化，法定存款准备金率作为柬埔寨的唯一货币工具，在面对错综复杂的金融风险波动时显得捉襟见肘。2012 年，柬埔寨央行将外币的存款准备金率上调至 12.5%，以收缩货币政策，抑制信贷过快增长，但外资银行却不受这一政策的影响。同时，存款的增速却没有跟上信贷的增速，信贷增速居高难下，而银行的超额准备金却从 2010 年的 30% 下降到 2014 年的 10%，暴露了银行的流动性风险。而将近 100% 的贷存比，即使对于新兴市场来说也是一个很高的数值，这也反映了柬埔寨流动性过剩①。2015 年，尽管随着大宗商品价格的下跌，柬埔寨的通货膨胀率和信贷增速都有所减缓，但仍偏高。

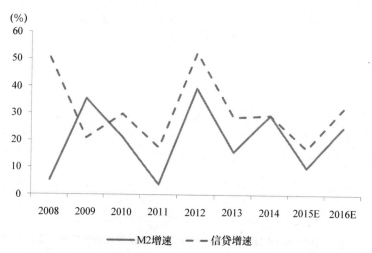

图 9 - 4 　柬埔寨 2008—2016 年国内信贷及广义货币 M2 增速

注：2015 年、2016 年为预测值。

数据来源：各国宏观经济指标宝典（BVD - EIU Country data）。

柬埔寨还存在诸多可能影响货币政策有效性的因素。如外资银行不受存款准备金率的管制，这加大了银行之间竞争的同时，也引入了新的资金，使柬埔寨政府对利率和准备金率的控制都显得被动；而极高的美元化程度限制了货币政策的有效性，暴露了政府在管理外币存款方面的不足；国内的政治经济周期也在很大程度上影响储蓄率及美元持有的比率。这些因素无疑给政府货币政策的实施及银行监管增加了不少难度。

总的来说，柬埔寨一方面需要解决流动性过剩带来的信贷增速过快的问题，另一方面又要充实银行体系内日渐减少的超额准备金以应对风险的冲击。而为了长期可持续发展，更要加强银行体系的建设，

---

① CAMBODIA：STAFF REPORT FOR THE 2013 ARTICLE CONSULTATION. Washington, D. C. IMF, 2014.

完善金融监管。随着美元强势，新兴市场对于外资的吸引力减少，投资人更应该注意流动性异动而引起的资产价格的变化。

5. 信用风险

影响柬埔寨债务风险的主要因素有经济增长、出口、财政冲击，但总的来说，柬埔寨债务风险不高。

柬埔寨公共债务占 GDP 的比重由 2010 年开始上升，到了 2014 年达到 33.5% 后开始下降，并且预计未来柬埔寨的公共债务比率将持续下降，保持在 30% 这一较低水平之下。从中期来看，柬埔寨政府计划将政府赤字降低到占 GDP 的 5.5%，这主要是由出口的竞争力和多样性的增加，以及国内基础建设项目的完善而造成的进口减少导致的。低的债务水平有助于柬埔寨应对未来的经济冲击，同时，国际的援助性贷款也给柬埔寨经济增长带来巨大贡献[1]。

就债务组成来看，柬埔寨的公共债务几乎全是以外币计价的债务，国内债务占比极少，并且当局表明在 2018 年以前都没有任何发行本币国债的计划，这与柬埔寨美元化程度高有直接关系。柬埔寨国内高度的美元化也使得债务状况相对稳定，因此，汇率的波动不会对其债务的偿还产生太大影响。

但也正是因为高度美元化及高比例的外国援助性贷款，表明柬埔寨高度依赖外国经济，并且当局债务管理水平仍然有限，使其经济体在面对国际冲击的时候显得尤为敏感。即便柬埔寨的债务风险不高，也应当注意低债务风险背后的原因[2]。

6. 外部冲击

（1）贸易型外部冲击

一国受到贸易型外部冲击的影响程度可通过三个维度来衡量，出口商品集中度（商品结构风险系数）、市场集中度（市场结构风险系数）和外贸依存度。

---

① 中国经济网，《大公维持柬埔寨信用等级　评级展望为稳定》，http：//finance. ce. cn/rolling/201303/15/t20130315_ 17076472. shtml。

② 《经济观察报》，《美元在柬埔寨》，http：//www. eeo. com. cn/2014/0430/260050. shtml。

从商品集中度来看，柬埔寨的出口商品主要是纺织品和服装类（表9-3），这一类的出口商品就占了柬埔寨出口总额的50%以上。其他出口商品所占比例较均匀，一般不超过10%。柬埔寨的出口对纺织服装类商品依赖性较为严重，虽然全球对纺织和服装的需求弹性小，但是，柬埔寨的纺织类商品出口还是容易受到其他发展中国家的纺织和服装出口商品的竞争影响，存在较大的单种出口商品的外部性冲击。

从柬埔寨的出口市场集中度来看（图9-5），过去柬埔寨的主要出口国是美国，紧接着是中国香港。但是从2007年开始，美国出口市场所占总出口额的比例逐渐下降。到2013年，柬埔寨对美国的出口只占到了总出口额的20%左右。相对其他东南亚国家来说，柬埔寨的出口市场相对均衡，对各个出口国经济的依赖程度较低，出口市场的外部冲击性较低。

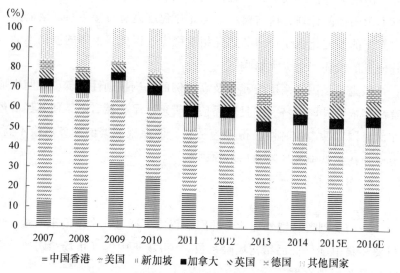

图9-5 柬埔寨2007—2016年主要的出口国

注：2015年、2016年为预测值。

数据来源：世界贸易整合数据库（World Integrated Trade Solution）。

从外贸依存度来看（图9-6），柬埔寨的进出口总值与其GDP

的比值在东南亚国家中处于中等水平，近几年保持在 130% 到 140%
之间。主要原因是柬埔寨经济规模小，对外贸易劳动密集型商品为其
拉动经济增长的马车。

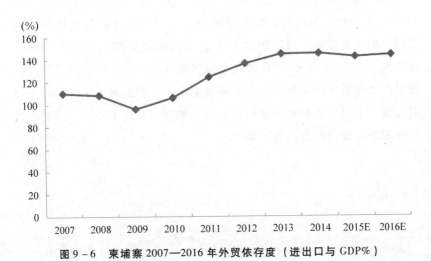

图 9-6　柬埔寨 2007—2016 年外贸依存度（进出口与 GDP%）

注：2015 年、2016 年为预测值。

数据来源：世界贸易整合数据库（World Integrated Trade Solution）。

　　综合来看，柬埔寨的出口集中在纺织品和服装，对单一出口商品
依赖比较严重，容易受到全球发展中国家纺织类商品出口市场的影
响。但是，柬埔寨的出口市场比较分散，减轻了柬埔寨受到外部贸易
冲击的影响。在外贸依存度方面，由于柬埔寨经济规模较低，而且对
外贸易与经济规模 GDP 的比率相对较高，使柬埔寨的经济对外依存
度高，容易受到国际经济景气状况的影响。

　　（2）资本型外部冲击

　　一国受到的资本型外部冲击的影响程度可通过两个维度来衡量，
资本账户开放程度、公共债务和公共担保债务与政府总债务的比例。

　　从资本账户开放程度来看，外资金融机构在柬埔寨完全享受国民
待遇，外资银行可以 100% 持股或是建立分支机构、代表处，在外汇
方面没有管制。柬埔寨鼓励外商投资农业、旅游业、环保、高科技、

劳动密集型工业、基础设施和能源等重要行业。但是，柬埔寨在引进外资投资于管理国际资本流动的法律法规与协议较为欠缺，降低其资本账户的开放程度。

柬埔寨的公共外债与公共担保外债总量占到其国民生产总值的30%左右，2011年以前公共外债和公共担保外债总额与柬埔寨政府总债务的比例接近1:1，2014年后该比例缓慢下降到80%—90%的区间内（图9-7）。外来资本占柬埔寨政府债务的比例相对较高，政府的主要债务来源于外来资本，使得柬埔寨受到的资本型外部冲击相对较高。不过外来资本占政府债务的比例现在呈现下降趋势，资本型的外部冲击也同时会有所下降。

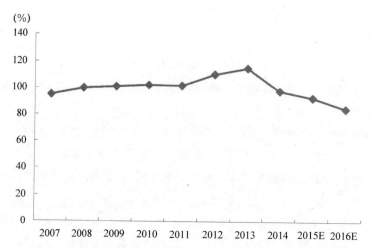

图9-7 柬埔寨2007—2016年公共外债和公共担保外债总额与
中央政府债务比率

注：2015年，2016年为预测值。

数据来源：国际货币基金组织（IMF）。

（3）外汇储备水平

为了观察柬埔寨应对以上外部冲击的能力，我们从柬埔寨的国家外汇储备量和外汇储备占国家GDP的比重来衡量。

在外汇储备量方面，柬埔寨的外汇储备现在为50亿—60亿美元，与公共外债和公共担保外债总额同在一个数量级上。一般情况下，柬埔寨拥有足够的外汇储备偿还主权债务。而且外汇储备与柬埔寨国民生产总值的比率比较平稳，接近 35%（图 9 - 8）。相对经济增长来说，柬埔寨的外汇储备水平增长比较缓慢，不利于发展柬埔寨的国际贸易及应对外来冲击。

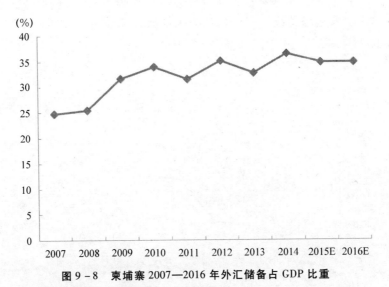

图 9 - 8　柬埔寨 2007—2016 年外汇储备占 GDP 比重

注：2015 年、2016 年为预测值。

数据来源：国际货币基金组织（IMF）。

7. 税收风险

考虑一个国家的税收收入是否能够满足政府实现其职能的需要，主要看其宏观税负的高低。而宏观税负水平一般用一个国家一定时期内（通常为 1 年）的税收总量占 GDP 的比重来衡量。2008—2014 年，柬埔寨宏观税负的波动区间大致为 9.65%—12.20%，平均值为 10.84%。2015 年的宏观税负的预测值则为 12.70%，2016 年的预测值为 13.20%（图 9 - 9）。根据"拉弗曲线"，就现阶段而言，柬埔寨的宏观税负约为 12.5%，与欧洲的福利国家约为 50% 的宏观税负水平相比税负很低，也大大低于 OECD（经济合作与发展组织）各国的 35% 左右的平均税负水平，和其他的东盟国家相比，排名也比较低。可以认为，柬埔寨目前的总体税负水平不高。这样的宏观税负水平在支撑政府运作的情况下使得国内的税负痛苦指数偏低，利于国内企业的投资和居民的消费，对于外国投资者而言，较低的宏观税负水平也意味着政府的宏观调控能力较强，利于资金安全。但是，从总体趋势上看，2009 年以来，柬埔寨的宏观税负水平是不断上升的，如果这个上升趋势持续，则可以认为柬埔寨在未来的宏观税负水平会偏高。

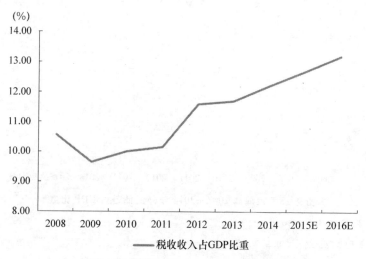

图 9 - 9 柬埔寨 2008—2016 年宏观税负

注：2015 年、2016 年为 IMF 的预测值。

数据来源：根据 Wind 资讯数据库、IMF 数据整理得出。

柬埔寨的税收收入不断增加，除 2009 年因全球金融危机影响税收负增长外，税收增长率的平均值为 13.83%，增长速度较为稳定。就财政赤字而言，2008 年柬埔寨财政为盈余 1159.8 亿瑞尔，而在 2009 年受全球金融危机影响，财政赤字激增至 18272.8 亿瑞尔，可见柬埔寨抗危机能力弱（图 9 - 10）。就税收收入增长率和财政赤字增长率的对比而言，除去 2008 年前后柬埔寨政府税收收入与财政赤字剧烈波动的情况，2010 年以来，柬埔寨的财政赤字多数年份为负增长，财政赤字增速基本上小于税收的增长速度，说明政府对于财政赤字的控制成效显著。

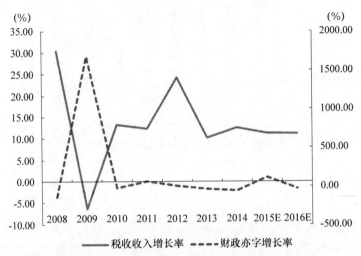

图 9 - 10　柬埔寨 2008—2016 年政府税收与财政赤字增长率

注：2015 年、2016 年为 IMF 的预测值。

数据来源：根据 Wind 资讯数据库、IMF 数据整理得出。

　　根据《稳定与增长公约》和《马斯特里赫条约》，在不对主权国家的预算和税收政策进行实际干预的情况下，以财政赤字率不超过 3% 为国际通用警戒线值，以确保各国财政的健康。从图 9 - 11 可以看出，柬埔寨 2009 年、2011 年、2012 年的财政赤字率高于 3% 的国际标准，其余年份则低于 3%，有一定的财政风险，2011 年后，其财政赤字率呈现下降趋势，2013—2014 年的赤字率均在 3% 以下。根据 IMF 的预测，柬埔寨 2015 年与 2016 年的赤字率亦低于 3% 的标准。因此，柬埔寨政府虽然因 2008 年全球金融危机而面临巨大的赤字压力，但近年来柬埔寨的收支情况逐步得到了改善，虽有一定的税收风险，但是总体可控，趋势向好。

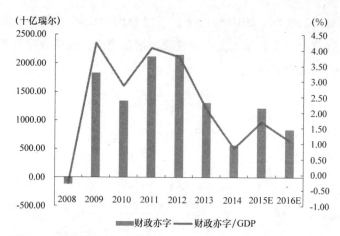

图 9 - 11　柬埔寨 2008—2016 年政府财政赤字及其占 GDP 比重

注：2015 年、2016 年为 IMF 的预测值。

数据来源：根据 Wind 资讯数据库、IMF 数据整理得出。

柬埔寨与中国一样也是 WTO 的成员国，奉行自由贸易政策，承诺将在 2020 年消除贸易壁垒，互惠原则、透明度原则、市场准入原则、非歧视性原则等适用于两国的经贸活动。而因 2010 年中国—东盟自由贸易区的全面建成，受《中国—东盟全面经济合作框架协议》《货物贸易协议》《服务贸易协议》等协议的约束，以及根据东盟第 31 次经济部长会议的决定，在符合原产地要求的前提下，柬埔寨、老挝、缅甸和越南这四个东盟新成员国将按步骤实现自贸区的降税目标，于 2015 年以前将进口关税降到零。而柬埔寨作为东盟新成员国，受到自由贸易协定关税减让的约束，中柬双方于 2009 年 10 月 1 日起正式启动降税程序，中国方面已经于 2010 年 1 月 1 日率先对柬埔寨的绝大部分产品实现了零关税，柬埔寨则于 2011 年实行降税，除了少数特例商品外，柬埔寨的关税税率降至 0—5%，2013 年柬埔寨对中国的降税范围进一步扩大，最终柬埔寨于 2015 年对中国 90% 以上的产品实现零关税。未来，随着中国与东盟之间基本实现自由贸易，资金、资源、技术和人才的生产要素的流动效率会显著提高，双方之间经济一体化程度将会进一步加深。

综上，柬埔寨目前的总体税负水平不高，但宏观税负水平有一定的上升趋势。柬埔寨虽然因 2008 年全球金融危机而面临巨大的赤字压力，但近年来收支情况逐步得到了改善，税收风险总体可控，趋势向好。但由于柬埔寨抵抗经济危机的能力有限，需要注意在世界经济状况不稳定下的投资风险规避。贸易保护尤其是关税壁垒方面，柬埔寨的贸易保护程度则较低。

三　商业环境风险

1. 自然环境风险

柬埔寨地处中南半岛南部，气候属热带季风气候，年平均气温 29—30℃，5—10 月为雨季，11—4 月为旱季。柬埔寨是东南亚灾害最频发的地区之一，易受季节性洪水和旱灾的影响。在 1987—2007 年，20 年连续的洪水和旱灾造成大量人员伤亡和经济损失，如 2009 年 9 月柬埔寨遭受凯萨娜台风的袭击，24 个省份中 14 个受到影响，造成 43 人死亡和 67 人受伤；2011 年 9 月的洪水造成 35 万家庭和超过 150 万人群受到影响，造成至少 6.3 亿美元的经济损失；2012 年的旱灾毁害 3151 公顷的稻田。

柬埔寨 1995 年设立了国家灾害管理委员会，制定一系列措施以预防和管理自然灾害，2006 年柬埔寨政府通过了气候变化的国家级应急项目，该项目旨在积极地应对极端气候的不良影响。近年来，柬埔寨加大和其他国家的密切合作：日本减贫基金会将通过亚洲开发银行向柬埔寨提供 250 万美元，为 6 个省的 18 个县 54 个乡实施"自然灾害管理和应对气候变化"项目，为社区对自然灾害的管理和预防提供数据，以减少洪灾造成的经济损失[①]。尽管柬埔寨政府意识到减少自然灾害的重要性并且制定了一系列的应对政策，但是，政府的实际行动大多注重灾害的事后救援工作而不是事前防御工作。因此，随着全球气候变化异常，预计柬埔寨自然灾害呈增加趋势。而频发的自然

---

① 中华人民共和国驻柬埔寨王国大使馆经济商务参赞处：《亚洲开发银行对柬援助 9900 万美元》，http://cb.mofcom.gov.cn/article/jmxw/201410/20141000775972.shtml，2014 - 10 - 28。

灾害对正常的商业活动开展造成不可忽视的影响。

2. 基础设施风险

作为世界最不发达的国家之一，柬埔寨的基础设施极度缺乏，已有设施老旧。公路作为国内最为主要的运输方式，承担了全国65%的运输总量，但国内公路密度低，仅为0.25公里/平方公里。此外，公路质量普遍较低，农村道路较多，沥青路面极少。国道主要有8条，集中在首都金边周围，仅能基本达到中国三级公路标准。全国的铁路运输部分处于瘫痪状态，仅有一段256公里的铁路运输线。航运方面，柬埔寨的航运以客运为主，货运极少。海运方面，柬埔寨国内仅有1个深水海港——西哈努克港，2个泊位①。

在世界银行给出的2014年物流绩效指数中（表9-7），柬埔寨与部分亚洲其他国家相比，在物流基础设施的建设上均处于低位，海关和易追踪性两个方面略好于其他项目。此外，根据世界银行在2011—2014年发布包含249个国家和地区的港口基础设施质量数据，2014年柬埔寨在此项指标上排名99，处于世界中等偏差水平。从以上两个指标的情况分析来看，柬埔寨的货物运输体系并不发达，对商业活动的支持不足。

表9-7　　　　2014年东南亚部分国家物流绩效指数

国家	综合得分	海关	基础设施	国际航运	物流质量	易追踪性	合时性
新加坡	4.00　(5)	4.01　(3)	4.28　(2)	3.70　(6)	3.97　(8)	3.90　(11)	4.25　(9)
日本	3.91　(10)	3.78　(14)	4.16　(7)	3.52　(19)	3.93　(11)	3.95　(9)	4.24　(10)
中国香港	3.83　(15)	3.72　(17)	3.97　(14)	3.58　(14)	3.81　(13)	3.87　(13)	4.06　(18)
中国台湾	3.72　(19)	3.55　(21)	3.64　(24)	3.71　(5)	3.60　(25)	3.79　(17)	4.02　(25)
韩国	3.67　(21)	3.47　(24)	3.79　(18)	3.44　(28)	3.66　(21)	3.69　(21)	4.00　(28)

---

① 商务部国际贸易经济合作研究院、商务部投资促进事务局、中国驻柬埔寨大使馆经济商务参赞处编：《对外投资合作国别（地区）指南——柬埔寨（2014年版）》，第17—21页。

续表

国家	综合得分	海关	基础设施	国际航运	物流质量	易追踪性	合时性
马来西亚	3.59（25）	3.37（27）	3.56（26）	3.64（10）	3.47（32）	3.58（23）	3.92（31）
中国	3.53（28）	3.21（38）	3.67（23）	3.50（22）	3.46（35）	3.50（29）	3.87（36）
柬埔寨	2.74（83）	2.67（71）	2.58（79）	2.83（78）	2.67（89）	2.92（71）	2.75（129）

注：该调查衡量贸易和运输相关基础设施的质量（1 = 很低，5 = 很高），受访者按照从 1（很低）至 5（很高）打分来评价贸易和运输相关基础设施（如港口、铁路、公路、信息技术）的质量。调查国家共 160 个，分数是全部受访者的平均分数。得分后的括号中表示此单项的本国排名。

数据来源：世界银行物流绩效指数调查，http://data.worldbank.org.cn/indicator/LP.LPI.INFR.XQ。

近年来，柬埔寨一直将基础设施建设作为优先发展领域，充分利用亚洲开发银行、世界银行等国际组织的优惠贷款等建设道路、桥梁、水利等基础设施项目。虽然受限于项目资金规模，基础设施的质量有限，但有效增加了国内公路桥梁数量。2015 年 7 月，中国水电建设集团在柬承建柬 13 号国家公路改造和 314D 省级公路改造项目。8 月，中国政府为柬埔寨国家路网规划项目提供了无偿援助资金支持，此规划将为柬 2015—2030 年的道路未来发展目标及路网规划、布局方案、建设标准、实施序列及发展策略等提供指引。[①]

综上，柬埔寨的基础设施极度缺乏，设施老旧落后，质量不高的情况在 2016 年及短期内不会得到明显改善，基础设施风险很大。但考虑到柬政府在基建项目上的努力，长期内基础设施情况会有所好转。

3. 劳动力市场风险

柬埔寨拥有廉价且丰富的劳动力资源。但是劳资关系紧张，罢工现象频发，且缺乏高素质人才，总体而言，劳动力市场风险较大。

目前，柬埔寨的最低月工资是 80 美元，只有泰国的三分之一。

---

① 中华人民共和国驻柬埔寨王国大使馆及商务参赞处：《援柬国家路网规划项目举行签约仪式》，http://cb.mofcom.gov.cn/article/jmxw/201508/20150801073174.shtml，2015 - 07 - 30。

劳动力成本与周边的亚洲各国相比具有优势。柬埔寨的劳动参与率（15—64 岁的人数占全国总人口数的百分比）远高于其他国家，根据世界银行的估计，劳动力数量的增加会一直持续至 2045 年，这使得柬埔寨能够不用考虑劳动力不足等问题，并以低于中国、越南等国的成本确保劳动力的供应。

柬埔寨的劳工组织力量强大，近年来，要求提高工资水平、福利待遇和改善工作环境的罢工日渐频繁。据《中国财经周刊》的统计，2011 年柬埔寨仅服装纺织企业就罢工 33 起，2012 年已增至 121 起，大大加剧了外商在柬埔寨投资的经营成本和政治风险。随着订单减少以及人工、物料成本的增加，柬埔寨几年前的成本优势已经所剩无几。

除此之外，柬埔寨因内战的影响，30—40 岁的人口很少，识字率也仅有 73.9%（2009 年），比越南和缅甸（90% 以上）低，管理人员和技术人才不得不依赖来自泰国和中国等现有工厂的人才。柬埔寨的高等教育入学率远低于东亚及其他环太平洋地区国家，劳动力质量堪忧。

4. 法律风险

20 世纪 70 年代至 90 年代初期持续的战乱给柬埔寨司法体系造成了巨大破坏和冲击。但近年来，随着柬埔寨政局趋于稳定，以经济建设为第一要务的王国政府也充分认识到建立完善法律体系对于国家政治经济发展，尤其是在引进外资方面的重要性。因此，柬埔寨政府陆续制定和完善了一系列以改善投资环境、促进经济发展为目标的法律法规。目前，外国在柬埔寨投资的政策和法律环境已经有所改善，对外资在柬投资的优惠政策的取得和投资手续的简化做出了明确规定，同时对投资者资产的保障措施和鼓励政策也不断优化，纠纷解决机制也日趋体系化。但总体来说，柬埔寨的法律体系依然非常不健全，法律体系和司法制度的系统性和有效性依然亟待提高。根据世界经济论坛发布的《2014—2015 年全球竞争力报告》，柬埔寨在全球144 个国家竞争力排名第 95 位，法律体制的维度排名第 114 位，行政效率排名第 100 位。

总的来说，柬埔寨的法律体系尚不完善，这将成为在柬投资的重要风险。中国驻柬埔寨经商参赞处曾于 2015 年 3 月发布在柬中资企业风险提示，指出 2015 年前后，在柬中资企业遭遇到的投资、土地纠纷等急剧上升，在建材、通信、经济特许地开发、综合开发等多个领域均有企业遭受重大经济损失。[①] 这表明中国企业在柬投资存在潜在风险，投资者需要详尽考察当地的法律规定与程序，最大程度保护自身合法权益。

结 论

综上所述，1993 年以来，柬埔寨王国政府在各个方面都有长足的进步，其经济、社会与政治已经逐渐进入快速成长时期，对于投资而言，具有以下优势：

（1）开放的经济体系。柬埔寨作为东南亚经济体中最为开放、包容性最强的经济体，加上其以发展与成长为首要目标的执政方向，王国政府不但友善欢迎各国对柬埔寨的直接投资，资金流动的便利性更远胜于周边各国。

（2）欧盟的免税优惠。目前柬国境内的四大产业支柱中，成衣、纺织、制鞋三大产业在其国内不但上下游产业完整，在主要出口的欧美地区更获得免税的优惠，对于生产成本日益高涨的中国相关产业而言，不啻是个理想与更具竞争力的新投资地。

（3）充足且相对低廉的劳动力。柬埔寨战后居高不下的出生率已经进入人口红利时期，使得柬埔寨不论在土地、劳动力成本等方面都相对低廉，对于劳力密集型产业的跨国转移与发展具有吸引力。

（4）华人主导的经济结构。目前，柬埔寨的经济基本上掌控在华人手上，而柬埔寨华人中 80% 多为潮汕裔华人，柬埔寨长期以来便维持"高棉人的政治—华人的经济"的二元结构，因此，以金边和

---

① 中华人民共和国驻柬埔寨王国大使馆及商务参赞处：《在柬中资企业风险提示》，http://cb. mofcom. gov. cn/article/jmxw/201503/20150300921558. shtml，2015 - 03 - 25。

吴哥所在的暹粒两大都会区的商业活动几乎都能以中文或潮汕话为主，对于中国的民间投资或中小企业的海外营运是一大福音。

（5）语言与交易的便利性。柬埔寨除了普遍的九年义务教育之外，所有各级学校尤其是高等教育都是以英文为主，而兴旺的华人经济吸引大批学生学习华文，金边的端华学校更是全世界最大的海外华文教育机构之一，因此，柬埔寨城市青年劳动力几乎都能操流利英文和中文，这对于商业经营与人事管理都较便利。

（6）中柬稳固的邦交。目前中柬关系处于有史以来最好的年头，洪森总理一再表示，中柬关系是柬埔寨外交工作最高的优先顺序。在此基调下，华商在柬的所有商业活动与合作一般都能获得礼遇与支持。

总体而言，柬埔寨的经济与商业投资在国际的信用与经济评等中，仍是处于高风险的低度开发国家行列之一。例如在世界银行给出的 Doing Business 指标当中，2015 年柬埔寨在 189 个调查国家中排名第 135 位。此项排名具体考虑包括如开始设立贸易、获得建造许可、获得电力支持、财产登记、获得信用支持、保护少数投资者、支付税收、跨国贸易、合同执行力、解决破产问题这 10 个方面的内容，可以综合衡量在一国境内完成一整个小型或者中型商业活动周期的难易程度①。数据显示，柬埔寨在以上 10 个方面的排名均下降 1—5 名，显示出柬埔寨政府在改善国内的投资环境方面的成果有限。同时根据世界银行最新一期的《2016 年全球营商环境报告》，在电力等基础设施大幅改善的情况下，柬埔寨今年营商环境便利度整体排名在全球189 个受访国家中排在第 127 位，较去年的 133 名上升 6 名。

对于投资而言，柬埔寨最大的问题是基础设施严重不足、贪污腐败盛行、法律风险较高，中国在柬埔寨投资企业应严重关注以下问题：

第一，柬埔寨贪污、腐败现象普遍。在贫富差距过大、工薪阶层

---

① 世界银行，Doing Business 2015：Economy Profile 2015 – Cambodia, http：//www. doingbusiness. org/data/exploreeconomies/ ~ /media/giawb/doing% 20business/documents/profiles/country/KHM. pdf？ ver = 2。

薪资偏低的情况下，公务人员与军警的"小费文化"是不可避免的经营成本，而其他商务交易过程中可能的贪污与回扣也是有公开行情的普遍现象，这对于习惯制度化营运的企业而言则是需要纳入评估与因应的风险。

第二，法律的保障能力有限。诚如前述柬埔寨王国的司法体系不论是在审判、仲裁、执行方面都有待更进一步的落实与改革，因此，对于产权、契约或相关商业纠纷的处置上，缺乏关系的海外企业不容易取得优势，尤其是与本地合作伙伴的商业纠纷，很多时候外商都只能处于悲观、被动的地位，因此，其契约与交易的风险相对高于周边的发展中国家。

第三，土地所有权的登记与持有。1994 年公布的国籍法规定只有公民才能拥有土地的永久所有权，虽然 2012 年开始开放外籍人士持有地面建物（一楼以上楼面）所有权，但是厂房用地和土地所有权仍无法进行登记，普遍的借名登记方式存在极高的风险和陷阱，导致投资血本无归的故事层出不穷，也衍生出常见的柬埔寨国籍身份取得诈骗手段，所以赴柬投资者更应谨慎面对。

第四，劳工的流动性高。随着工会运动的繁盛普及，加上反对党与国际劳工权益组织的协助与推动，厂商与个别工厂和工会谈判的结果常常导致个别工厂的基本薪资激烈浮动，也就是俗称的抢工人，因此，工人的流动性高，加上外商常常忽略柬埔寨三大节日的重要性（柬新年、送水节、亡人节），常常导致长假后工人返工率极低的情况，因此，在柬投资时的人事管理、薪资制度都必须更谨慎地制定。

第五，柬埔寨相对独特的宗教信仰与文化习惯。柬埔寨宪法规定国教为佛教。小乘佛教信仰在柬埔寨非常普遍。僧人受到特别的尊敬。此外，柬埔寨民间拥有独特的风俗信仰与民族节日。老百姓长期以来形成的生活习惯与交往之道也值得投资者学习与尊重。到柬埔寨投资，需要考虑当地相对独特的宗教与文化习惯，与柬埔寨社会各个阶层交往应该本着"入门问禁、入乡随俗"的原则，主动与当地民众融为一体，减少不必要的摩擦。

主要参考文献

一 报告与调查

［1］CAMBODIA：STAFF REPORT FOR THE 2013 ARTICLE CONSUL-
TATION ［R］. Washington, D. C. IMF, 2014.

［2］IMF. 2013ARTICLE IV CONSULTATION—STAFF REPORT；PRESS
RELEASE；AND STATEMENT BY THE EXECUTIVE DIRECTOR
FOR THECAMBODIA ［R］. Washington, D. C. IMF, 2015.

［3］亚洲减灾中心：《柬埔寨国家减灾行动计划 2008—2013》：ht-
tp：//www. adrc. asia/countryreport/KHM/Plan/Cambodia_ SNAP –
DRR_ 2008 – 2013_ Eng. pdfV。

［4］世界银行：《柬埔寨气候变化概况》，http：//sdwebx. worldbank.
org/climateportalb/home. cfm？ page = country_ profile&CCode =
KHM&ThisTab = Dashboard

［5］世界经济论坛：《2014—2015 全球竞争力报告》，http：//www3. we-
forum. org/docs/WEF_ GlobalCompetitivenessReport_ 2014 – 15. pdf

［6］商务部国际贸易经济合作研究院、商务部投资促进事务局、中
国驻柬埔寨大使馆经济商务参赞处编：《 对外投资合作国别
（地区）指南——柬埔寨（2014 年版)》。

［7］世界银行：《物流绩效指数调查》，http：//data. worldbank. org.
cn/indicator/LP. LPI. INFR. XQ。

［8］Doing Business 2015：Economy Profile 2015 – Cambodia，http：//
www. doingbusiness. org/data/explor ［8］eeconomies/ ~ /media/giawb/
doing%20business/documents/profiles/country/KHM. pdf？ ver = 2.

［9］《柬埔寨投资与经贸风险分析报告》，《国际融资》2013 年第 3
期，第 62—65 页。

［10］世界银行：《物流绩效指数调查》，http：//data. worldbank. org.
cn/indicator/LP. LPI. INFR. XQ。

二　专著

[1] 杨晓强、庄国土主编：《东盟发展报告（2014）》，社会科学文献出版社 2014 年版。

[2] 杨晓强、庄国土主编：《东盟发展报告（2013）》，社会科学文献出版社 2013 年版。

[3] 杨晓强、庄国土主编：《东盟发展报告（2012）》，社会科学文献出版社 2012 年版。

[4] 卢军、郑军军、钟楠编著：《柬埔寨概论》，世界图书出版社 2012 年版。

[5] 李轩志编著：《柬埔寨社会文化与投资环境》，世界图书出版社 2014 年版。

[6] 毕世鸿编著：《柬埔寨经济社会地理》，世界图书出版社 2014 年版。

[7] 谭实、赵和曼等：《柬埔寨》，广西人民出版社 1985 年版。

[8] 许焕兴、赵莹华编著：《国际工程承包》，东北财经大学出版社 2009 年版。

三　论文与网文

[1] 郑国富、杨从平：《柬埔寨吸引国际直接投资的特征、问题及前景展望》，《创新》2014 年第 1 期。

[2] 福地亚希：《柬埔寨经济现状与展望（2014）》，《南洋资料译丛》2014 年第 1 期。

[3] 刘星等：《税收风险的生成机理及防范研究》，《企业经济》2004 年第 10 期

[4] 郑伟安：《柬中国际贸易的发展与瞻望》，硕士学位论文，复旦大学，2010 年。

[5] 郑国富：《中柬双边经贸合作对柬埔寨国内经济增长效应的实证研究》，《湖南商学院学报》2013 年第 3 期。

[6] 蒋玉山：《柬埔寨：2011—2012 年回顾与展望》，《东南亚纵横》

2012 年第 3 期。

[7] 凯宝奇（Khy Pochchhy）:《美国量化宽松货币政策对柬埔寨经济的影响》，硕士学位论文，首都经济贸易大学，2014 年。

[8] 中华人民共和国驻柬埔寨王国大使馆及商务参赞处:《在柬中资企业风险提示》，http://cb.mofcom.gov.cn/article/jmxw/201503/20150300921558.shtml，2015 - 03 - 25。

[9] 中华人民共和国驻柬埔寨经商参处:《世界银行预测 2014 年柬经济增长将达到 7.2%》，http://cb.mofcom.gov.cn/article/ddgk/zwminzu/201410/20141000756075.shtml，2014 - 10 - 11。

[10] 中华人民共和国驻柬埔寨王国大使馆及商务参赞处:《中国水电建设集团积极参与亚洲开发银行提供贷款在柬实施的道路建设项目》，http://cb.mofcom.gov.cn/article/jmxw/201507/20150701065931.shtml，2015 - 07 - 30。

[11] 中华人民共和国驻柬埔寨王国大使馆及商务参赞处:《援柬埔寨家路网规划项目举行签约仪式》，http://cb.mofcom.gov.cn/article/jmxw/201508/20150801073174.shtml，2015 - 07 - 30。

[12] 中华人民共和国驻柬埔寨王国大使馆经济商务参赞处:《亚洲开发银行对柬援助 9900 万美元》，http://cb.mofcom.gov.cn/article/jmxw/201410/20141000775972.shtml，2014 - 10 - 28。

[13] 中华人民共和国驻柬埔寨王国大使馆及商务参赞处:《上半年柬埔寨吸引投资大幅增长》，http://cb.mofcom.gov.cn/article/jmxw/201508/20150801073006.shtml，2015 - 08 - 06。

[14] 天津商会商务联络处:《柬埔寨社会和经济概况》，http://mp.weixin.qq.com/s?__biz=MzA5OTM5MTMyMQ==&mid=200269803&idx=1&sn=fd44cf394846a8f9c8a2e9c715136206&3rd=MzA3MDU4NTYzMw==&scene=6#rd，2014 - 06 - 30。

[15]《柬埔寨收集通胀走低至 1%》，江西电视台官方网站，http://news.xinmin.cn/world/2015/06/14/27867123.html，2015 - 06 - 14。

[16]《大公维持柬埔寨信用等级 评级展望为稳定》，中国经济网，http://finance.ce.cn/rolling/201303/15/t20130315_17076472.

shtml。

［17］《美元在柬埔寨》，《经济观察报》，http：//www. eeo. com. cn/ 2014/0430/260050. shtml。

［18］《"一带一路"投资政治风险研究之柬埔寨》，http：//opinion. china. com. cn/opinion_ 17_ 136517. html。

［19］柳凡：《柬埔寨大选爆冷，中企要评估政治风险》，环球网，ht- tp：//opinion. huanqiu. com/opinion_ world/2013－08/4209423. html。

四 网站

［1］广西大学—中国东盟研究院：http：//cari. gxu. edu. cn/info/ 1087/3603. htm。

［2］世界银行数据库：http：//data. worldbank. org. cn/topic。

［3］世界贸易组织贸易与关税资料库：http：//wits. worldbank. org/ CountryProfile/en/Country。

［4］联合国数据库：http：//data. un. org/。

［5］国际货币基金组织（IMF）国际金融统计（IFS）数据库：ht- tps：//www. imf. org/。

［6］各国竞争力指标分析库：https：//www. eiu. bvdep. com/。

［7］各国宏观经济指标宝典数据库：https：//www. eiu. bvdep. com/。

［8］海关信息网：http：//www. haiguan. info/。

［9］中华人民共和国商务部网站：http：//www. mofcom. gov. cn/。

［10］中国国家统计局国际数据库：http：//www. stats. gov. cn/。

［11］Wand 资讯数据库：http：//www. wind. com. cn/。

［12］EIU Risk Briefing 数据库：http：//viewswire. eiu. com/。

第十章　缅甸基本国情及
投资风险评估

段颖　陈莹

缅甸全称为缅甸联邦共和国，为东盟成员国之一，首都内比都。

缅甸位于亚洲东南部、中南半岛西部，南临安达曼海，西南近孟加拉湾，海岸线总长 2655 公里，西北与印度和孟加拉国为邻，东部毗邻泰国与老挝，缅泰、缅老国境线分别为 1462 公里和 72 公里。

缅甸北部与中国西藏自治区交界，东北部与中国云南省接壤，中缅国境线长 2185 公里，其中滇缅段长为 1997 公里。

缅甸国土面积为 676581 平方公里，为东南亚国土面积第二大的国家，仅次于印尼。缅甸地势总体为北高南低，地理条件复杂，全境以山地、高原为主，而伊洛瓦底江流域则为平原地区。

缅甸矿产资源丰富，主要有锡、钨、锌、铝、锑、锰、铜、金、银等，宝石和玉石在世界上享有盛誉。在内陆及沿海地区，石油和天然气蕴藏丰富，至 2013 年 6 月，探明煤储量有 4.9 亿吨，大陆架石油储量达 22.73 亿桶，天然气 8.1 万亿立方英尺，共有陆地及近海油气区块 77 个。缅甸水利资源丰富，伊洛瓦底江、钦敦江、萨尔温江、锡唐江四大水系纵贯南北，水利资源占东盟国家水利资源总量的 40%。[1]

---

① 《缅甸国家概况》，http://wcm.fmprc.gov.cn/pub/chn/pds/gjhdq/gj/yz/1206_23/1206x0/t9373.htm。

缅甸人口5141.9万人（2014年人口普查），共有135个民族，主要有缅族、克伦族、掸族、克钦族、钦族、克耶族、孟族、佤族和若开族等，其中约90%的缅甸人信仰佛教。①

第一节　缅甸基本国情

一　缅甸的政治发展与特点

1. 缅甸的政治特点

1948年1月4日，缅甸脱离英联邦宣布独立，成立缅甸联邦，1974年1月改称缅甸联邦社会主义共和国。1988年7月，缅甸爆发民主运动，9月18日，军人接管政权，成立"国家恢复法律和秩序委员会"（1997年改名为"缅甸国家和平与发展委员会"），宣布废除宪法，解散人民议会和国家权力机构。1988年9月23日，国名由"缅甸联邦社会主义共和国"改名为"缅甸联邦"。2008年5月，缅甸联邦共和国新宪法获得通过，规定实行总统制。

缅甸政治的特色之一是奉行"缅甸人的缅甸"的民族主义。19世纪，在经历三次英缅战争后，缅甸末代王朝覆灭，1886年1月1日，英国宣布缅甸为英属印度的一个省，随后开始了对缅甸长达半个多世纪的殖民统治。事实上，英国统治之下的缅甸，乃一脆弱、不稳定的多元社会，各邦之间社会文化差异明显，从1947年昂山召集掸邦、钦邦、克钦邦商谈签署的联合争取独立的《彬弄协议》所达成的松散联盟可见一斑。独立后的缅甸与东南亚其他新兴民族国家一样，面临着国家建构中的"整合式革命"，亦即如何协调生活于缅甸境内的诸多族群的原生情感与现代国家的公民认同，建构国家共同体的社会秩序。这是一个持续至今的民族国家进程，而在此整合过程中，缅甸民族主义扮演了极其重要的角色。

缅甸民族主义的兴起，与缅甸人民的反殖民与抗日战争息息相

---

① 参见贺圣达、李晨阳编著：《缅甸》，社会科学文献出版社2005年版；钟智翔、尹湘玲著：《缅甸文化概论》，世界图书出版公司2014年版。

关，在 20 世纪 30—40 年代，以争取民族独立为目的的"我缅人协会"将缅甸的民族主义运动推向高潮，吴努与昂山均为协会的重要成员。但独立之后，作为主体民族的缅族主导性意识形态逐渐显现出来。从吴努时代强调佛教与社会主义相结合的执政纲领，再到 1962 年奈温专政后的缅甸社会主义路线，"缅甸人的缅甸"的民族主义充斥其中，随之而来的国有化运动，虽无明确"目标"，但受到极大冲击的却是两个主导经济的"外来"群体——缅甸的印度人与华人，尽管他们已在缅甸生活超过数代，平素与缅族百姓相处和睦。

缅甸社会主义建设时期的国有化运动，以及 1967 年"6·26"排华事件，使缅甸华人的生命和财产遭受不同程度的损失，生存环境的恶化，导致大批华侨华人再度移民。留在当地的华人则加快了入籍和同化的步伐，在语言、服装、饮食方面日渐与缅族趋同，甚至开始隐藏华人身份，并远离地方政治，保持在商言商的生存策略。

此外，以缅族为核心的国家整合与标准化文化建设，也对缅甸其他少数民族的社会生活与文化权利产生了极大冲击，各邦的少数民族，甚至为避免佛教作为国家意识形态的影响而转信其他宗教，加之军政专制之下的权力与资源控制等问题，导致各地少数族群采取各种形式抵抗国家的文化同化与社会整合，致使族群之间的紧张关系难以消解，持续至今。1988 年 8 月 8 日，因经济不振与政治压迫而导致的全国性民主运动爆发，各地民众乃至僧侣均有参与，运动虽遭到军事镇压，但却显示出佛教作为道德力量所具有的强大动员力量。

缅甸政治特色之二是军人专政。1962 年 3 月 2 日，奈温宣布国防军接管政权，成立缅甸联邦革命委员会，奈温出任主席，成为集军、政、法于一身的铁腕人物。从此，缅甸进入军人统治时期。1963 年军政府开始推行国有化政策，并以此建立中央集权的计划经济体制。1974 年 1 月，缅甸国名改为缅甸联邦社会主义共和国，奈温等政府高层宣布放弃军职，转为文官，这在形式上意味着缅甸不再是军人统治的国家，但缅甸的政权、军权却被以前军队领导人为核心的缅甸社会主义纲领党牢牢掌控。至 20 世纪 80 年代，计划经济体制对社会经济发展管控与规划的弊端暴露无遗，社会各阶层不满情绪日益增长，最终导致 1988 年全国性的民主运动。1990 年 5 月，缅甸举行全国大选，之后，军政府以修宪为由拒绝还政于民，并软禁民盟领袖昂山素季，风波平息后，缅甸进入军人专政的统治时期。在军人专政下，缅甸进入钳制言论、社会经济缓慢发展的阶段，面对政治合法性危机（未经被统治者的同意、未经合法程序获得政权、执政绩效较低），军政府一方面利用强权统治国家，并与少数商人结盟，推动经济开放；另一方面，则利用作为缅甸文化传统和道德资源的佛教信仰来证成其合法性，如由政府举办佛牙舍利巡展，兴建佛寺、佛塔，给予僧伽较高待遇，但同时推进政教分离等。这一举措，虽借由"共享之价值规范"一定程度上缓解了民众对军政专制的不满，但同时也将其自身纳入了以"业报"为基础的社会场域，与其他践行佛教信仰的能动者形成博弈。而缅甸"强政权，弱国家"[1] 的政治格局，造成了国家与社会的疏离，这客观上使缅甸社会在一定程度上的自主运作成为可能。因之，在此时期，除去作为文化传统的佛教外，市场经济与理性策略，也成为维系与平衡社会秩序的另一股重要力量。

2. 近年缅甸的政治发展及前景[2]

2010 年 11 月 7 日，缅甸举行全国大选，37 个政党参加选举，民盟宣布抵制，具有军队背景的巩固与发展党以绝对优势（76.4% 席位）赢得大选。11 月 13 日，民盟领导人昂山素季获释。2011 年 2 月 4 日，缅甸国会选出吴登盛为缅甸第一任总统，5 月 16 日，吴登盛总统宣布新政府执政后首次大赦。9 月 6 日至 7 日，掸邦政府与掸邦第二、第四特区达成初步和平协议，启动新一轮政府与少数民族和谈进程，9 月 11 日，吴登盛总统再次宣布大赦，10 月 18 日，吴登盛总统颁布选举法修正案，昂山素季获得参选议员资格。2012 年 4 月 1 日，缅甸举行议会补选，民盟获得联邦议会 45 个可选空缺议席中的 43

①　Pedersen, Morten B., Emily Rudland and Ronald J. May, eds. *Burma/Myanmar*: *Strong Regime Weak State?* Adelaide: Crawford House Publishing, 2000.

②　参见李晨阳：《2010 年以来的缅甸政治转型评析》，载李晨阳主编《缅甸国情报告 (2011—2012)》，社会科学文献出版社 2013 年版，第 29—49 页。李晨阳、祝湘辉：《2012—2013 年度缅甸形式综述》，载《缅甸国情报告 (2012—2013)》，社会科学文献出版社 2014 年版，第 1—29 页。

个，成为议会第一大反对党。目前缅甸较有影响的政党有：联邦巩固
与发展党、全国民主联盟、民族团结党、掸族民主党、若开民族发展
党、全国民主力量党等。可以说，吴登盛政府执政后开始推动缅甸的
政治变革，涉及政治、经济、民族和解、外交等方面，从建制上逐步
确定民主发展的格局。

2015年11月缅甸举行大选，昂山素季领导的民盟大获全胜，获
得488个议席中的390席。总统吴登盛以及军方表示接受结果，但由
于昂山素季的身份问题，无法直接参加总统选举。最终由民盟候选人
吴廷觉出任总统，2016年3—4月民盟新政府组成，昂山素季担任外
交部长、总统府部长及总统发言人。新政府在历经艰难后走马上任，
首先释放了数十位政治犯，开启缅甸的新时代。缅甸人民对昂山素季
和民盟政治寄予厚望，希望新政府能为缅甸政治和经济发展带来新
气象。

但是，新政府面临非常多的困难。首先，在政治方面，尽管民盟大
获全胜，但现有宪法对军人权力的保障，使得军方依然在缅甸政治生活
中扮演重要角色，如何与军方、巩发党等传统力量斡旋、平衡与合作，
仍是缅甸局势稳定以及今后政治走向的关键所在。其次，经济方面，经
济发展与民生问题，直接反映出缅甸政府的执政绩效，而如何在融入全
球化进程，合理利用国际资本与商机，同时确保缅甸国内经济的自主与
独立，成为摆在新政府面前的问题。再次，民族和解方面，尽管在少数
民族地区，民盟获得较高比例的支持，但民族地方武装的存在由来已久，
和解依然困难重重；如何促进边远民族地区经济发展，赋予各少数民族
公正、合法的政治地位，也是缅甸国家安全与社会整合的重要议题。最
后，国际关系方面，民盟表示会继续奉行友好外交政策，重视睦邻关系，
但与军政时期明显不同的是，新政府将会走向多极外交，并逐步淡化中
国在缅甸的优势地位，以改变之前中缅两国不对称的外交关系。

二　缅甸经济发展

1. 经济发展水平及趋势

缅甸经济水平相对落后。多年来经济发展缓慢，1987年被联合

国列为世界上最不发达国家之一。1988 年军政府上台后，废除"缅甸式社会主义"计划经济制度，推行以市场为导向的经济体制，鼓励发展私营经济，积极引进外资，实行金融系统改革，加快农业发展。2011 年缅新政府上台后，着手深化经济改革。第一，实行国家宏观调控的市场经济政策，强化工业发展的重要性，并致力于缩小贫富差距和城乡差距，维持公平的市场经济体制。第二，加快私有化进程，增强经济活力，新政府开始采取出售、租赁等灵活方式，加快推进国有企业的私有化，以增强企业活力。第三，消除贫困，改善民生。新政府组建农村发展和减少贫困中央委员会，并逐步实施小型贷款、水库建设等促进农村发展的项目。第四，放宽外贸限制，促进对外贸易。新政府采取降低出口税率、放松进出口限制等政策，积极推动对外贸易发展。第五，改善投资环境，积极吸引外资。新政府重组投资委员会，提高工作效率，完善法律法规，改善投资环境，调整汇率制度，稳定汇率，设立经济特区，吸引外资。但由于多年的军事专政，缅甸经济发展缓慢，基础薄弱，基础设施建设落后，政府财政困难，资金匮乏，对经济发展的投入有限，加之金融体系不健全，对经济发展的支持远远不足，致使缅甸经济未来发展仍旧面临极大挑战。

按照世界银行的界定，缅甸属于中低等收入国家，国际货币基金组织数据显示，缅甸 2013—2014 财年 GDP 总额为 564 亿美元，实际增长率 7.5%，截至 2013 年年底，缅甸外债余额 96 亿美元，央行外汇余额 11.3 亿美元，黄金储备 7 吨。[①] 近年来人均国民收入持续增长，2012 年的人均年收入达到 877 美元，2014 年上升到 1270 美元，但仍远低于中低等收入国家平均水平，约相当于中国的六分之一。

---

① 《2015 第一届中国—东盟统计论坛》，http：//www.gxtj.gov.cn/ztlm/zgdmtjlt/gjjs/201509/t20150911_ 56234. html。

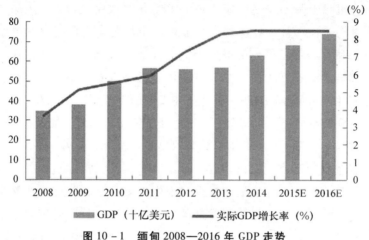

图 10-1　缅甸 2008—2016 年 GDP 走势

注：GDP 以现价美元计算，2015 年、2016 年为预测值。

数据来源：世界银行。

2. 产业结构变化及调整

农业为缅甸国民经济基础。可耕地面积约 1800 万公顷，尚有 400 多万公顷的闲置土地。农业产值占国民生产总值的 40% 左右，主要农作物有水稻、小麦、玉米、花生、芝麻、棉花、豆类、甘蔗、油棕、烟草和黄麻等。林地面积近 3000 万公顷，森林覆盖率 41%，原始森林面积逾 100 万公顷，已发现 8000 余种植物，主要林产品有柚木、花梨等各类硬木和藤条等。畜牧渔业以私人经营为主。缅甸政府允许外国公司在划定的海域内捕鱼，向外国渔船征收费用。1990 年开始同一些外国公司合资开办鱼虾生产和出口加工企业，水产品出口多个国家和地区。2014—2015 财年前 10 个月缅甸出口水产品 3.69 亿美元。[①]

相对而言，缅甸工业发展相对较慢，2011—2012 年，缅甸工业产值约占国民生产总值的 26%。主要工业有石油和天然气开采、小型机械制造、纺织、印染、碾米、木材加工、制糖、造纸、化肥和制药等。

[①]　《缅甸国家概况》，http://wcm.fmprc.gov.cn/pub/chn/pds/gjhdq/gj/yz/1206_23/1206x0/t9373.htm。

　　缅甸的旅游业可谓方兴未艾，具有较大的发展潜力。缅甸风景优美，名胜古迹多，仰光大金塔、古都曼德勒、万塔之城蒲甘、茵莱湖以及额布里海滩等，举世闻名。近年来，缅甸政府大力发展旅游业，积极吸引外资，建设机场、酒店、餐饮等旅游设施。根据缅甸酒店和旅游部统计数据，2012 年来缅游客近 106 万人次，比 2011 年的 81 万人次增长 29.72%，其中游客来源国排名前五分别为泰国、中国、日本、韩国和马来西亚。2013 年 1—8 月，赴缅外国游客近 100 万人次。2014 年前 4 月，赴缅外国游客 109.31 万人次，其中泰国游客最多。①

　　从 2008—2010 年缅甸三个产业 GDP 构成来看（图 10-2），缅甸农业增加值占其 GDP 的百分比最高，但是呈现逐年下降趋势。服务业和工业对 GDP 的贡献越来越大，这与缅甸经济发展息息相关。预计未来两年将维持这一趋势——农业增加值占比逐渐下降，服务业和工业增加值占比持续上升。

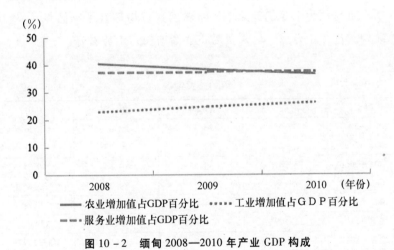

图 10-2　缅甸 2008—2010 年产业 GDP 构成

数据来源：世界银行。

---

　　①　《缅甸国家概况》，http://wcm.fmprc.gov.cn/pub/chn/pds/gjhdq/gj/yz/1206_ 23/1206x0/t9373.htm。

3. 对外贸易与对外投资

自 1988 年军人政府执政后，缅甸即开始逐渐调整经济政策，放宽外贸限制，并开始有限度地允许私人从事国际贸易，同时开放边境贸易。但由于长期军人专政，西方国家因民主、人权等问题对缅甸实施制裁，因此，缅甸的对外贸易伙伴主要以中国、日本、印度和东盟国家为主，其中与中国、泰国、印度、孟加拉国的边境贸易成为对外贸易的重要组成部分。据 2008—2009 年财年统计，缅甸进口额 90% 来自东盟国家，出口额 70% 面向东盟国家。主要出口国依次为：泰国、新加坡、印度、中国香港、中国、马来西亚、日本和孟加拉国。主要出口产品为天然气、大米、玉米、豆类、水产品、橡胶、皮革、矿产品、木材、珍珠、宝石等。吴登盛执政后，努力促成国家政治经济的改革与开放，并进一步改善与西方国家的关系，欧美等国也在逐步解除对缅甸的制裁。2010—2011 财年 4—12 月，缅甸出口额达 55 亿美元，进口达 33 亿美元，其中贸易额最多的国家分别为泰国、新加坡和中国，贸易额分别为 20 亿美元、11 亿美元和 9 亿美元，与中东国家贸易额为 1.6 亿美元，与欧洲国家贸易额近 1.4 亿美元。[①] 随着缅甸的进一步开放，对外贸易将逐渐增长，走势看好。

表 10 - 1 缅甸外贸情况 单位：亿美元

财年	进出口总额	出口额	进口额	顺差
2003—2004	45.70	23.35	22.35	1.00
2004—2005	49.01	29.28	19.73	9.55
2005—2006	55.42	35.58	19.84	15.74
2006—2007	82.59	53.22	29.37	23.85
2007—2008	97.52	64.01	33.51	30.5
2008—2009	113.223	67.7885	45.4345	22.354
2009—2010	117.8679	76.0538	41.8141	34.2397

资料来源：缅甸商务部。

---

① 参见张哲、齐琳编：《缅甸社会文化与投资环境》，中国出版集团 2014 年版，第二章。

4. 吸引外资政策和重点

事实上，1988 年军政府执政后，就已开始放宽了对外贸易限制，允许私人经营外贸业务，并重新开发边境贸易。2011 年新政府执政后，加大了吸引外资的力度。

第一，缅甸政府重组投资委员会，加快吸引投资。新投资委员会由七名成员组成，分别由缅甸工业发展委员会主席和第一工业部部长、第二工业部部长、计划发展部部长、铁道部部长、财税部部长、第一电力部部长及检察长等政府要员担任，首任投资委员会主席吴梭登强调，将大力提高投资委员会对外资项目的审批进度，以快捷的一站式服务，在短期内办结外资审批。

第二，完善法律法规，改善投资环境。2011 年 1 月 27 日，政府颁布《经济特区法》，主要内容包括：在规定的期限内使用外汇可免税，项目第一个五年计划完成时，缅甸国民工程技术人员比例不得少于 25%，投资项目尽可能做到环保达标等。2011 年 11 月，缅甸通过《缅甸小型金融业法》，支持民间成立小型金融企业，扶持小型经济企业发展，减少民众贫困。2012 年 11 月《外国投资法》正式获议会批准，新投资法规定，外国人可在缅甸投资委员会许可的领域进行全额投资，并延长外国人使用土地的年限，在投资委员会批准后，外国投资企业可以享受一系列优惠政策。

第三，设立经济特区，吸引外来投资。2011 年 2 月，缅甸政府公布《土瓦经济特区法》，指定政府机构、团体相关人员组建土瓦特区管委会，由国家部级官员担任主席，土瓦特区事务由总统府部长直接对总统负责。继土瓦经济特区建设后，缅甸政府又邀请海内外投资者参与开发与土瓦比邻的迪拉瓦经济特区。迪拉瓦港目前是缅甸唯一能够停泊国际轮船的港口，但设施陈旧，亟须引入外资进行改造升级。目前，缅甸政府至少要建设三大经济特区，积极吸引外资。①

缅甸自然资源丰富，且人力资源充足，目前缅甸政府重点吸引外

---

① 参见邹春萌、王增海、许清媛："缅甸宏观经济形势"，载李晨阳主编《缅甸国情报告（2011—2012）》，社会科学文献出版社 2013 年版，第 95—121 页。

来投资的领域包括：油气资源开采、木材开采和加工、基础设施建设，尤其是水电开发，以及农业生产。

近年来，玉石越来越受海外珠宝商的青睐，缅甸政府也加大对珠宝玉石的开采。2009—2010 财年，缅甸全年玉石产量为 2.5795 万吨。2010 年 11 月，首都内比都首次举行珠宝展，总交易额达十亿多美元。2015 年 7 月，珠宝展览会总成交额已达 9.49 亿欧元。

缅甸的石油天然气主要分布在中部和沿海的大陆架地区，缅甸政府大力开发油气资源，2009—2010 财年，缅甸天然气出口创汇 25.66 亿美元，占出口贸易总额的 38%，2010 年，外国对缅甸的油气投资已占到外国对缅投资总额的 60%。

缅甸林业资源丰富，森林覆盖率为 41%，盛产柚木、檀香、花梨等名贵树种。其中柚木最负盛名，缅甸柚木储量占全世界柚木储量的 60%。柚木曾为国有财产，自 2005 年起，缅甸开始允许私人投资柚木种植，2008 年，又进一步放宽柚木出口的限制。近年来，缅甸向东南亚、南亚和中国出口柚木的数量不断扩大。

缅甸水电资源丰富，国内河流密布，众多河流贯穿南北，丰富的水资源带来巨大的发电潜力。缅甸政府已将水电发展列为国家优先考虑的投资领域。

缅甸为农业国，政府也视农业为国家的经济基础，并期望借农业带动其他产业发展。同时，政府鼓励外国企业投资缅甸农业，并给予较大的优惠政策。[1]

新政府执政后，政局日趋稳定，且大力推动经济发展。积极鼓励以资源、技术为基础的外资投资项目以及以出口为导向的劳动密集型项目。虽然基础设施相对较差，但政府已经意识到这一点，并开始大力发展交通、通信等基础设施建设，互联网、移动通信也相继开始投入使用，旅游业发展迅速，投资前景总体看好。

---

① 张哲、齐琳编：《缅甸社会文化与投资环境》，中国出版集团 2014 年版，第五章。

三 缅甸宗教与族群关系

1. 缅甸的宗教①

缅甸为多宗教国家，缅甸人信仰的宗教主要有佛教、印度教、伊斯兰教、基督教、天主教以及神灵崇拜等。其中，影响最为深远的是南传上座部佛教，信众约占全国人口的90%。对于信众而言，佛教可谓贯穿一生。几乎家家都供有佛龛，礼佛是日常生活的重要组成部分，早晚诵经禅修，节日去佛寺礼佛布施。缅甸的主要节日如泼水节、点灯节等，也与佛教相关。缅族在接受佛教之前，存有万物有灵的初民信仰，包括自然神、宗教神与民族神，但佛教逐步占主导地位后，地方神灵崇拜被逐渐整合入佛教信仰体系中，成为佛教的保护神。

佛教教义及其所蕴含的人生观、价值观，对缅甸百姓的生活产生了深远影响，许多以佛教为指针的道德伦理和传统习俗深入人心，并成为指导人们日常生活的基本准则，主要包括：

（1）笃信因果报应以及轮回学说。认为"恶行不可避免地要受到惩罚，善行将得到好报。善人会背弃邪恶，保持自己的善业"。缅甸人民遵照佛陀教导，乐善好施，将布施视作积德行善的最佳途径。此外，缅甸人相信剃度修行是积功德的重要途径，出家者络绎不绝，并视之为进入社会的"成年礼"。

（2）主张信奉"三宝"（佛、法、僧），遵守"五戒""十戒"。以虔诚持戒为荣，违反戒律为耻。僧侣、父母、师长常以佛规戒律来约束、训诫子弟、子女。服从戒规并按信条行事将会得到灵魂的安宁、愉悦和顺遂。服从也是解脱之道。

（3）主张与人和睦相处，慈悲大度。在与人交往时要有"宽容之心""不伤害他人"，认为善待他人会得到真正的幸福。因此，为人处世，与人交往时要与人为善，团结互助，乐于助人。要以和为

---

① 参见钟智翔、尹湘玲、扈琼瑶、孔鹏编著：《缅甸概论》，世界图书出版公司2012年版，第四章。

贵，对人要容忍克制，不争辩是非。

（4）强调晚辈要孝敬父母、尊敬长者。"老吾老以及人之老"，使家庭和社会都能成为相亲相爱、互相理解、相互礼让、爱心常在的地方。

（5）强调"智慧和自制力是真正的财富"，物质财富变动不居，只有精神永恒不变。缅甸独立以来，一直将国民的精神教育放在首要位置，举国上下都很重视以佛教教义为基础的高尚情操和正念正行的培养。

此外，佛教以"和谐""中道"来规范社会所有成员的行为，并通过传统的寺院教育，影响着百姓的日常生活。在缅甸，佛教寺庙既是人们礼佛之地，又是文化教育的中心。寺院以佛教经典为教材，宗教与文化教育并行。南传上座部佛教通过经典教育、僧伽修行、说法以及仪式实践来影响缅甸社会，塑造人们的价值观念与行为准则。缅甸自从接受佛教以来，就一直把实现佛教教义作为自我道德的最高追求，形成了一整套的社会秩序与伦理制度，对个人（包括家庭成员）行为有严格限定，注重人们的身份秩序，家庭里的尊卑长幼、社会中的上下贵贱，均与业报相关。此类秩序在很多情况下没有明确规定，而是体现在不同身份的个体所遵守的道德义务中，并渗透于日常生活的各个方面，如生活起居、服饰、车马等生活方式中，在婚丧祭祀的礼仪中，都能够体现出人伦秩序。通常状况下，人们以佛法安身立命，而非以国家制度和法律的形式来规范其社会行为。

基督教在缅甸是少数人信仰的宗教。16世纪初，随着葡萄牙人向东扩张，大量传教士进入缅甸沿海地带传教。第一次英缅战争后，西方传教士得以深入内地，开始在少数民族地区传教，如克伦族地区等。1875年，传教士在仰光建立教会大学——贾德逊学院。随着殖民力量的进一步深入，传教士开始在掸族、克耶族、克钦族、傈僳族中传教。缅甸独立后，政府对基督教的管理和控制有所加强，但基本活动仍可保证，只是大型集会仍需地方或中央宗教部门批准。目前，缅甸影响最大的基督教派为新教浸礼会和罗马天主教派。

伊斯兰教虽于十三四世纪由孟加拉传入缅甸若开地区，但穆斯林较少，直到英国殖民缅甸后，才有大批印度穆斯林来到缅甸。缅甸独立后，印度穆斯林大为减少，近三分之二穆斯林居住于若开邦以及伊洛瓦底江三角洲和南部边境地区。

古代缅甸深受印度教影响，印度教的典章、药学、占卜、星相等，对缅甸文化产生很大影响，但蒲甘王朝确立佛教为国教以来，其影响力逐渐减弱。当代缅甸印度教信徒主要为南亚移民和少数若开族，主要组织为印度教友谊协会。

2. 缅甸的民族[①]

缅甸为多民族国家，官方承认的民族为 135 个。2014 年缅甸总人口约 5141.9 万人，其中 68% 为缅族，主要的少数民族为掸族（9%）、克伦族（7%）、孟族（2%）、克钦族（1%）、钦族（2%）以及崩龙族、佤族、布朗族、拉祜族、华人、印度人、孟加拉人等少数民族，但缅甸官方不承认华人、印度人、孟加拉人为法定少数民族。若按语言谱系分类，缅甸的民族则包括汉藏语系民族、孟高棉语民族以及马来语民族三大类。

缅族为缅甸主体民族，主要生活于伊洛瓦底江中下游及三角洲地区，同时也占七省人口比例的绝大多数，在七邦中也有广泛分布。缅族大多从事农业，如种植水稻、棉花、花生、芝麻等，城镇中的缅族则多从事行政、文教和工商业等方面的工作。主要信仰佛教，也崇拜纳特神灵。

掸族主要居住于缅甸北部掸邦境内，多以农业为生，少数人兼营手工业，掸族妇女独立性较强，绝大多数掸族信仰南传佛教。

克伦族聚居于克伦邦以及三角洲和沿海地区，以传统农业经济为生，山区刀耕火种，平原地区则种植水稻、甘蔗、花生、咖啡等经济作物。克伦族信仰神灵崇拜，也有信仰佛教和基督教、天主教者。

若开族聚居于若开邦境内，以农业为生，种植稻谷、玉米、芝麻、椰子、香蕉、杧果等，宗教信仰以佛教为主，少数信仰伊斯兰教

---

① 钟智翔、尹湘玲、扈琼瑶、孔鹏编著：《缅甸概论》，世界图书出版公司 2012 年版，第三章。

和印度教。

孟族多数生活于孟邦、克伦邦、仰光、勃固、德林达依等地，有独立的文字和语言，以农业为生，种植稻谷、花生、大豆、橡胶、芝麻等，信仰佛教。

克钦族主要分布在缅北克钦邦、掸邦和实皆省，以山地农业为生，偶尔渔猎，信仰鬼神，部分克钦族也信仰基督教、天主教和佛教。

钦族主要居住于钦山区，有自己的文字，以刀耕火种以及定居农业为生，信仰万物有灵，部分钦族信仰基督教。

克耶族分布在克耶邦、克伦邦境内，其经济生活以种植农业为主。

3. 缅甸的民族关系

英国殖民之前，各民族以自在的方式生活于缅甸各地，其宗教、文化与经济发展呈现出多元多样的形态。19 世纪英国殖民缅甸后，采取"分而治之"的策略，将缅族、华人、印度人、山地民族以社会、经济之分层区别对待（其时，缅族大多从事农业，华人、印度人则大多与商业、贸易、放债相关，而山地民族则多以采集渔猎、刀耕火种为生），以便其从中斡旋，实施间接管理，这直接影响甚至强化了缅甸内部的族群与社会分层，某种意义而言，分而治之的殖民管理，使缅甸社会的职业分化、经济与资源竞争逐渐与族群议题相互纠缠、交织，并成为缅甸独立之后族群冲突的历史根源。

缅甸独立后，急于实现多民族国家之整合，1947 年宪法对少数民族权益给予了较多关注，但昂山被刺之后，受缅族民族主义的影响，吴努与奈温政权均未能在实行民族政策时做到民族平等。国家资源配置存在严重不均，中央政府多以加强控制的方式不断收紧地方自治权利，并采取军事行动处理较大的民族冲突，致使缅甸民族国家建设与少数民族的自我发展之间一直存在严重的对立。突出表现在缅甸境内所存在的十多支少数民族武装，与政府对抗强烈，持续时间长，且所涉问题尖锐、复杂，成为缅甸社会稳定与和谐发展的重要隐患。

1988 年恢复法律与秩序委员会（后更名为国家和平与发展委员

会）成立后，开始从政治、经济、社会等多方面入手，缓和民族矛盾。首先，确立少数民族在大选和政府中的合法席位；其次，重视开发边境和少数民族地区，推动这些地区的经济和文教事业的发展；再次，采取灵活、务实的方式处理少数民族武装问题；最后，不放弃强硬的军事打击。在缓和的民族政策下，已有 17 支民族武装与缅甸政府达成和解或停火协议。但是，2008 年新宪法全民公决通过后，国家和平与发展委员会以新宪法的"一个国家、一支军队"精神为依据，提出将民族地区武装改编为由国防部统一管理的边防军，这样步步紧压的政策引发民族关系的再度紧张。2011 年，吴登盛政府开始执政，在促成族群和解问题上，多次释放和平信号，强调在完成改编之后，会保障各民族的权益，并会投入财力、物力，推动少数民族地区经济、文化事业的发展，而对继续坚持武装斗争的少数民族组织，依旧敞开和平之门。2011 年下半年，中央政府与佤邦联合军、掸东同盟军、克钦独立军、南掸邦军、民主克伦佛教军第 5 旅等武装达成初步停火协议，主要内容为：新政府保证不对该地区使用武力，地方武装则承诺不分裂、不独立、不破坏国家统一；为改善地方武装辖区内各族群人民的生活条件、促进地方社会经济发展，双方协商制定社会经济发展规划，联邦政府予以合作并提供帮助；政府帮助族群地方武装辖区改善教育条件，提高各族群青年的思想文化水平和生存技能。停火谈判旨在营造和平气氛，但后期部队改编、控制区域划分、资源配置、族群权利等问题仍然棘手，能否妥善处理，直接影响到少数民族地区的长久稳定和发展。

　　缅甸政府与少数民族地区武装之间的分歧短期内难以解决，原因如下：一是缅族与少数民族之间的隔阂，以及语言、宗教、文化上的差异，短期内无法形成相互谅解、尊重的格局；二是少数民族地区经济发展的不平衡，实际利益的冲突以及外部势力对缅甸少数民族的影响成为解决族群矛盾与冲突的现实屏障。因此，如何调整行政区域管理模式，缩小各地区之间的经济差异，同时促进各族群之间的互动与融合，将是缅甸新政府亟须解决的核心问题。

第二节 缅甸对外政策及与中国关系

一 缅甸对外政策的演变

缅甸独立后，从国家利益与地缘政治出发，选择中立作为其外交政策的基础。当时的缅甸宪法规定，缅甸反对建立以战争和侵略为基础的国际关系，同时遵守国际公约、致力于和平发展并且同各国保持友好关系。主张在和平共处五项原则的基础上，建立国家不分大小，相互尊重，平等协商，并严格遵守以联合国宪章为基础的国际新秩序。

20世纪七八十年代，缅甸式社会主义的失败，导致缅甸于1988年爆发全国性民主运动，之后，军政府上台执政，在强化军事专制的同时，也积极推动对外开放与经济改革。1992年，缅甸重返不结盟运动。缅甸主张全面禁止和彻底销毁核武器，1992年加入防止核扩散条约，1997年加入东盟。

随着缅甸政治转型与民主进程的发展，缅甸政府的外交政策也发生极大转变，试图寻求改善与西方国家关系，为国内经济发展创造良好氛围。在此背景下，越来越多的力量开始进入缅甸，尤其是美国重返亚太后，西方国家逐步解除对缅甸的制裁，开始对话、合作。美缅关系改善后，2012年1月，美国总统奥巴马宣布减轻对缅甸的制裁，允许美国公司在缅甸投资。缅甸资本开放程度也随着缅甸与他国政治关系改善而逐渐开放。

目前，缅甸外交政策发生了极大转变，具体目标和策略为：①重返国际社会，获得西方认可，摆脱孤立；②改善与西方国家关系，为国内经济发展创造良好氛围；③积极发展与周边国家的关系，利用大国博弈，加快自身发展[①]。

---

① 李晨阳、宋清润、祝湘辉：《缅甸在转型与改革中求发展》，载李晨阳主编：《缅甸国情报告（2011—2012）》，社会科学文献出版社2013年版，第1—28页。

二　缅甸与中国

1. 中缅两国关系的发展

中缅两国是山水相连的友好邻邦，两国人民之间的传统友谊源远流长，以"胞波"（兄弟）相称。中缅两国于 1950 年 6 月 8 日正式建交。缅甸是第一个承认新中国的亚洲非社会主义国家，第一个与中国解决边界问题的国家，第一个与中国签订友好和互不侵犯条约的国家。20 世纪 50 年代，中缅共同倡导了和平共处五项原则。60 年代，两国本着友好协商、互谅互让精神，圆满解决历史遗留的边界问题，为国与国解决边界问题树立典范。建交以来，中国本着"与邻为善，以邻为伴"的周边外交方针和"睦邻、安邻、富邻"的周边外交政策发展与缅甸的传统友好关系，双边关系总体保持平稳向前发展。2011 年 5 月，缅甸总统吴登盛对中国进行国事访问，两国发表联合声明，将双边关系提升为全面战略合作伙伴关系。

中缅友好关系的形成，也经历了一段相互磨合、彼此建立信任机制的过程，而且，在不同时期，地缘政治、国际环境以及两国各自的政治、经济发展，均对两国关系产生重要影响。在建交初期，两国关系较为冷淡，主要源于两国之间缺乏了解以及外交原则的差异，加之中国的革命运动及缅甸对新中国政权的恐惧和防范等。随着朝鲜战争结束，中国出于恢复发展经济以及对和平环境的诉求，开始在周边推行睦邻友好外交，开启中缅两国高层的对话，并确立两国关系的指导原则——"和平共处五项原则"，为解决勘界问题、华侨问题、缅北国民党军队问题奠定了良好基础。但中国对外关系的二元性与矛盾性——在国家关系层面坚持和平共处，在党际关系层面相互支持和帮助，使和平共处原则受制于世界革命与意识形态的考虑，加之"文革"时期激进的革命外交政策，引发缅甸排华运动，中缅关系出现短暂裂痕，也影响到缅甸华侨华人的生存境遇。

20 世纪七八十年代，中国内政外交与国际形势均发生重大的转型与变革，与缅甸的关系也进入重新调整的阶段。此时，缅甸式社会主义的失败，导致缅甸于 1988 年爆发全国性民主运动，之后，军政府上台执政，在强化军事专制的同时，也积极推动对外开放与经济改革，中国成功利用缅甸因国内民主问题而遭受国际制裁的契机，成为缅甸政府的最大支持者，积极发展与缅甸的政治对话与经济合作，双方共同参与"中国—东盟自由贸易区""大湄公河次区域"等多项区域合作，再度建立令西方世界侧目的密切邦交。除政治、经济合作外，中缅两国在宗教、文化领域也展开了广泛、深入的交流与合作。中国国宝级文物佛牙舍利曾于 1955 年、1994 年和 1996 年三次应邀到缅甸巡礼，受到缅政府和社会各界的热烈欢迎。2011 年 11 月 6 日至 12 月 24 日中国佛牙舍利第四次巡礼，赴缅甸内比都、仰光、曼德勒等地接受贡奉。这些交流大大促进了两国友好关系的发展。[①]

　2. 中缅的经贸和投资关系

　（1）贸易关系

中国与缅甸之间的贸易往来，可谓历史悠久，最早可追溯至汉代。进入民族国家时代以来，两国的经贸往来也是中缅交往的重头戏。尤其是 1988 年两国恢复边贸以来，双方贸易合作发展迅速。

目前，中缅经贸合作取得长足发展，2012 年中缅双边贸易额达 69.7 亿美元，同比增长 7.2%。其中，中国出口额为 56.7 亿美元，增长 17.7%，进口 13 亿美元，下降 22.7%。中国是缅甸的第一大贸易伙伴。据中国商务部数据统计，2013 年中缅贸易额 101.5 亿美元，同比增长 45.6%。其中，中国出口 73.4 亿美元，增长 29.4%，进口 28.1 亿美元，增长 116.5%。2014 年中缅贸易额 249.7 亿美元，同比增长 144.9%，其中，中国出口 93.7 亿美元，同比增长 27.7%，进口 156 亿美元，同比增长 446.2%。[②]

中缅双边贸易迅速增长的主要原因在于：一是中缅之间交通运输方便；二是来自中国的商品丰富，适合缅甸的不同阶层；三是缅甸的主要出口产品是原木、农产品和矿产品等，在中国较易找到市场，且货币结算方便。但在中缅贸易中，缅甸一直处于逆差地位，贸易不平

---

　　① 《中国同缅甸的关系》，http://wcm. fmprc. gov. cn/pub/chn/pds/gjhdq/gj/yz/1206_23/sbgx/t5748. htm。

　　② 同上。

衡状况较为突出。缅甸出口中国的商品主要是木材、农产品、水产品、珠宝等初级加工品，而从中国进口的主要商品为电子产品、机电产品、食品和日用消费品，缅甸的贸易地位较低。

由于中国与缅甸边境接壤，故跨境贸易在中缅贸易中占有重要地位，其中滇缅贸易又是重中之重。中缅边境已开通的贸易口岸有木姐、雷基、清水河和甘拜地四个口岸。其中，木姐口岸是中缅边贸的主要贸易点，也是缅甸最大的边贸口岸，自2006年开放木姐边境贸易口岸以来，中缅双方贸易逐年增长。2010—2011财年，木姐口岸边境贸易额达15亿美元。缅甸从边境出口的商品最多为玉石，其次为绿豆、生橡胶、芝麻、玉米、鳝鱼、杧果、鱼类、花生、螃蟹、蓖麻、腰果等。2011—2012财年，由于受气候变化的影响，中国对粮食和动物饲料的需求增加，从而使缅甸农产品出口量大增，且价格上涨，豆类、玉米以及水果的出口量均超过往年。

（2）投资关系

中国是缅甸最主要的投资来源国。2000年中缅政府签署《中华人民共和国与缅甸联邦关于未来双边关系合作框架文件的联合声明》。2001年12月12日，两国又签署了《投资促进和保护协定》，增加了中国企业赴缅投资的信心。截至2010年7月31日，在缅甸合法注册的中资公司已达170个，投资总额达123亿美元，跃居外国对缅投资首位。

2010—2011财年，中国超过泰国，成为缅甸第一大投资国，投资将近80亿美元，主要项目包括克钦邦水电项目、从若开邦到云南省的油气管道项目、蒙育瓦的铜矿项目等。近年来，中国与缅甸的经济合作有所突破。2010年2月，中国华能澜沧江水电有限公司与缅甸HTOO公司、缅甸电力一部水电规划司在内比都签署仰光燃煤火电厂项目开发谅解备忘录，电站预计装机27万千瓦，由双方以投资的方式合作开发。2010年10月，经缅甸政府投资委员会批准，云南建工集团与缅甸瑜泽那集团签署密支那至班哨二级公路改建工程的备忘录。该路段长375公里，为原史迪威公路的一段，合同总金额达33亿元人民币。这是缅甸政府首次批准外国公司与缅甸私营公司合作修建公路项目。

2011 年 1 月，中石化与缅甸油气公司共同勘探出帕托隆地区蕴藏丰富的石油与天然气储备，同月，中国联通与缅甸邮政通讯公司签署协议，为在缅甸的中国联通用户提供国际漫游服务。2011 年 4 月，贾庆林访问缅甸，其间与缅甸签署关于中国进出口银行与缅甸外贸银行间的信贷协议，中方将提供 300 亿元人民币的优惠贷款。5 月，缅甸总统吴登盛访华，签署了 9 项合作协议，其中包括从中国国家开发银行给缅甸财政部最高信贷限额为 7.65 亿美元的合作框架协定。2014 年 11 月，李克强总理访问缅甸，强调中国政府支持中国企业参与缅基础设施建设，使更多当地民众受益，其间，双方签署了二十多项合作协议，涉及经贸、农业、金融、能源等领域。总体而言，中国在缅甸的投资目前处于活跃阶段。

3. 缅甸与华侨华人

（1）历史与现状

缅甸与中国毗邻，接壤的国境线长达 2185 公里。自汉代起，两国人民即往来于两地，进行贸易活动，并在各地设有商号，甚至建立双边家庭，至明清时期尤盛。在民族国家成立之前，两国分界并不明确，云南与八莫、密支那的贸易，也造就了边地的季节性移民，这些陆路移民，与后来从海路迁徙而来的广府人、福建人、客家人大不相同。首批定居缅甸的华人，据传为几个世纪前由云南移入缅北克钦邦附近山区的玉石商人。1861 年，第一位广东籍商人经新加坡来到缅甸曼德勒。三次英缅战争后，英国侵占了整个缅甸，由于殖民统治的需要，导致大规模移民潮，之后，大量华人通过海峡殖民地，由海路进入缅甸。20 世纪 30 年代，缅甸华人移民人数激增，1931 年时，华人人数已达 19.4 万人。他们创办华文报章、华校并设立社团，以此传承华人文化，保持族群认同。1950 年，仰光有 4 家华文日报、3 家周刊，而全缅甸也有超过 200 所华文学校。

1962 年奈温发动政变，随即宣布缅甸为社会主义国家，开始实行缅甸式社会主义建设，并推行国有化政策，不少华人经营的资产被收归国有。同时，军政府关闭了所有印度人与华人创办的学校及报社，华人社团活动也受到诸多限制。1966 年，中国爆发"文化大革命"，意识形态斗争波及缅甸华人华侨，最终引发 1967 年"6·26"排华事件。1963—1967 年，超过 10 万华人离境，华人大多移居泰国、新加坡、澳洲与美国南加利福尼亚州，部分华人则选择返回中国。1982 年，缅甸政府颁布带有歧视色彩的《公民法》，部分华人无法取得与缅甸人平等之公民身份，难以立足，掀起另一股离境浪潮，许多人移居中国台湾、中国香港及澳洲与美洲。现今留在缅甸的华人，大多已入籍缅甸，其本土化程度也逐步加深，他们大多平时讲缅语，着纱笼，且与缅族相处和睦，而两族通婚者，不乏其人。

在缅甸，华人分布极为广泛，由于迁徙路线与定居历史不同，各地华人群体分布也有所差异，大致而言，上缅甸地区以云南籍华人居多，沿海的下缅甸地区，则以广东、福建籍华人为多。华人大多居于城镇，主要集中在仰光、曼德勒、腊戌、东枝、景栋、密支那、八莫、毛淡棉等城市，多以商业、手工业为生。1988 年后，中缅关系有所改善，边境贸易恢复，华人经济与社会活动又开始兴盛起来。如今，全缅有华人社团 400 余个，大部分集中在仰光和曼德勒地区。由于移民历史复杂以及特殊的政治原因，缅甸华人华侨的人数统计较为困难，分歧较大。20 世纪 90 年代以来，中缅经贸迅速发展，双边贸易、中国对缅援助、在缅中资企业急剧增长，激发大批中国新移民前往缅甸，结合缅甸国内华人人口的自然增长率，估计全缅华人人口应在 250 万人左右，约占缅甸全国人口的 5%。

除常规移民外，缅甸境内还有其他不同的华人族群，如果敢华人、华人穆斯林以及国共内战时期遗留在缅甸的中国远征军部队及其后裔。果敢华人并非移民，而是生活在云南边境地区的边民。1897 年，英国与清政府签订《中英续议缅甸条约》，将果敢割让给英国，果敢华人也就成了缅甸人，后被政府认可为缅甸之合法少数民族。而华人穆斯林相传为忽必烈部队中阿拉伯人及鞑靼人的后裔，原居云南大理，与当地妇女通婚。1855 年，这批华人穆斯林发动起义，遭清军屠杀，许多劫后余生者，翻山越岭，逃到缅甸东北部掸邦定居，后以经营马帮为生。

（2）以侨为桥

如今，大部分缅甸出生的华人已然落地生根，与本土族群相处和谐，热心地方公益，对缅甸具有较强的归属与认同。而所谓缅甸华人，也具有较强的异质性，除传统之广府人、福建人、云南人、客家人等方言群体划分外，华人之移民历史、地方化进程及其所在地区的社会环境与族群关系，均会对其族群认同产生重要影响，如新、老瓦城（曼德勒旧称）华人以及 21 世纪初进入缅甸的华人新移民等。但总体而言，由于华文教育、华人社团以及商业活动的关系，他们仍在传承着华人文化，对中华文明保持兴趣，同时与中国家乡及各地保持直接或间接联系，时时关注中国发展对其生活造成的影响。

华人移民缅甸历史悠久，而且因地缘关系，在各个历史时期几乎没有间断，其迁徙路径大致分为海路与陆路，前者从广东、福建沿海出发，经由马来西亚、泰国等地辗转到达下缅甸地区，后者则是越过云南边境到达上缅甸地区，然后再逐渐南下定居。华人在迁徙、寓居以及在各地之间来来往往的过程中，也逐步建立了跨越中国以及东南亚地区的以家庭、族群为基础的商业与社会网络，并对其商贸往来和日常生活产生深远影响。但是，缅甸社会主义建设时期的国有化运动，以及 1967 年 "6·26" 排华事件，使缅甸华人的生命和财产遭受不同程度的损失，当时生存环境的恶化，导致大批华侨华人再度移民。留在当地的华人则加快了入籍和同化的步伐，在语言、服装、饮食方面日渐与缅族趋同，甚至开始隐藏华人身份，并远离地方政治，保持在商言商的生存策略。

历史教训与日常经验使生活于缅甸的华人清楚明了，两国之间正常、稳定的关系，无疑对其生存与发展极为有利，两国一有摩擦或交恶，就会激化缅甸的民族主义情绪，矛盾很容易导向民间的缅华关系，华人很可能再度成为贫富分化、社会矛盾与族群冲突的 "替罪羊"。而且，中国的崛起，也为周边国家带来发展契机，华人熟知当地情况，并在长期的贸易往来中形成了跨境/跨国的商业与社会网络，因此，缅甸华人在中缅双边贸易中扮演了重要角色。而对于长期活动于缅甸乃至东南亚地区的华人而言，"一带一路"与命运共同体的建设，既符合其在地利益，又为其提供了极好商机，加之缅甸华人对中国所持之文化认同，相信缅甸各地的华人将在此过程中发挥积极作用。

中缅两国之间山水相连，日常往来一直在持续，如今，越来越多的有识之士出于情感、理性以及切身利益的考虑，积极投入增进两国互尊、互信、互惠的行动中，比如，以缅甸当地华校为基础，借助中国汉办、侨办之力，推动"立足当地，不分民族，不分宗教"的华文教育，增进不同族群之间的交流，为缅甸中资公司员工开办缅甸文化讲座，同时为缅甸政府高层官员讲授中国社会与文化以及改革发展经验，增进彼此的了解与信任，充分利用新媒体，开办缅华网、胞波网，及时报道缅甸新闻与社会动态，构建友好沟通、协商的舆论平台，传播和谐相处的正能量，等等。因此，应当以侨为桥，充分利用缅甸华人与中国的文化关联与认同，推动两国社会、经济、文化等多层次交流，进一步深化中缅之间的友好关系。

第三节　缅甸投资风险评估

一　政治风险评估

2015 年 11 月缅甸举行大选，昂山素季领导的全国民主同盟在大选中以绝对优势获胜，并于 2016 年 3 月组阁上台。新政府获得缅甸民众的支持，拥有坚实的合法性基础，经历多年军人专政后，缅甸人民对由昂山素季实际领导的新政府寄予厚望，期望它能为缅甸开创新时代，带来新气象，实现新发展。

目前新政府基本稳定，缅甸军方表示支持。但是，新政府面临诸多困难，最大的问题是与军方的关系。2008 年宪法对军人权力的保障，使军方在缅甸政治生活中依旧扮演重要角色，新政府与军方之间如何斡旋、平衡与合作，仍充满不确定因素；第二大挑战则是民族和解问题。尽管在少数民族地区，民盟获得较高比例的支持，但执政后如何促进边远民族地区经济发展，赋予各少数民族公正、合法的政治地位，也是缅甸国家安全与社会整合的重要议题；第三大问题是促进经济发展与改善民生，这既关乎缅甸新政府的执政绩效，也体现出缅甸以怎样的姿态融入世界。此外，新政府成员大多没有治国理政经验，如何治理好缅甸，令人心存疑虑。

二 与中国关系友好度

中国与缅甸山水相连，两国之间的人民、物资流动与民间贸易历史悠久，双方在经贸合作方面互补性强，应该说中缅经贸合作具有较强的潜力和发展空间。2011 年缅甸民选政府执政后，外交政策有了进一步的发展和变化，在此背景下，越来越多的力量开始进入缅甸，尤其是美国重返亚太，西方国家逐步解除对缅甸的制裁，开始对话、合作，使中缅关系的发展面临诸多变数，从中方投资的密松水库暂停修建、莱比铜矿开采受挫以及 2015 年初的缅北战事中，可见端倪。换言之，中国在缅甸对外关系中一家独大的时期已经过去，但由于特殊的地理关系以及中缅友好交往的历史，中国在缅甸外交中的重要地位并未改变。此外，昂山素季的再度崛起，她领导的全国民主同盟成为影响缅甸政治的重要力量，不可忽视。2015 年 6 月 10 日至 14 日，应中国共产党邀请，由主席昂山素季率领的缅甸全国民主联盟代表团访华，这是中缅党际交往中的一次重要访问，习近平等党和国家领导人会见了缅方代表团。双方都希望通过互访增进双方的沟通与理解，共同推动中缅各领域友好合作关系的发展。

2015 年 11 月大选获胜后，昂山素季在接受新华社记者采访时表示，缅甸将特别重视与中国的关系，继续奉行对华友好政策。① 缅甸新政府成立后，2016 年 4 月 5 日，中国外长王毅访问缅甸，会见了总统吴廷觉和外长昂山素季，王毅是第一位到访的外交部长。王毅向昂山素季阐述了中国对缅政策，强调中缅"胞波"情谊超越社会制度不同，中国对缅政策不受缅国内局势变化影响。昂山素季则表示，

---

① 《翁山：欢迎所有国家前来投资 缅"特别重视"与中国关系》，联合早报网，2015 年 11 月 19 日，http://www.zaobao.com/news/sea/story20151119 - 550372。

当前缅新政府正致力于推进国家的和平和解，实现稳定发展，中国在
各个方面给予缅方大力支持和帮助，对缅意义重大。缅新政府愿意与
中方共同努力，加强高层往来，密切经济合作，使缅中关系在现有良
好基础上取得新的更大发展。①

外界认为，昂山素季是实用主义者，会继续与中国保持友好关
系。2016 年 8 月 17—21 日昂山素季对中国进行正式访问，中国是她
以国务资政身份出访的第一个非东盟国家，表明她对中国的高度重
视。习近平主席和李克强总理会见昂山素季，达成重要共识。

三　经济风险评估

1. 宏观经济风险

（1）增长风险

缅甸自然条件优越，资源丰富，但多年来经济发展缓慢，新的军
政府上台后，废除"社会主义计划经济"，实行以建立市场经济为目
标的经济体制改革，鼓励发展私人企业，积极引进外资，取得较好成
果。1992—1996 年 GDP 年均增长 7.5%，1996—2001 年 GDP 年均增
长约 8.5%，2001—2006 年 GDP 年均增长约为 11.9%。2008 年受全
球金融危机影响，GDP 实际增长率骤降，2008 年后 GDP 增长率回
升。2011 年缅甸民选政府上台后，进行了一系列政治经济变革。
2012 年以来，缅甸经济获得前所未有的发展，GDP 增长率于 2013 年
超过 8%②。未来两年国内生产总值的增长将主要依靠私营领域投资
的推动、企业信心的改善、天然气的产量逐步攀升、旅游业的繁荣兴
旺以及信贷领域的发展。世界银行预估缅甸未来经济增长率为
8.5%，而缅甸政府将 2015—2016 财年的经济增长目标设定为
9.3%③。缅政府雄心勃勃的结构性改革计划将推动缅甸经济的高速

---

① 《王毅访问缅甸　会见昂山素季》，《新京报》2016 年 4 月 6 日。
② 《2014 缅甸经济发展概况》，《世界日报》，http://www.mhwmm.com/Ch/News-View.asp? ID=8685d，2015-01-01。
③ 中华人民共和国驻缅甸经商参处：《2015—2016 财年缅甸经济增长目标为 9.3%》[EB/OL]。

增长。当然，经济前景的风险仍会受到族群和宗教关系紧张、恶劣自然环境的影响，不利因素可能导致改革势头放缓。

缅政府近年来致力于结构性改革，目前来看，取得了一定的成果。预计未来两年，缅甸人均国民收入继续稳步增长。但是贫富差距、人均收入过低等问题，短期内无法实现突破性改善。

（2）通胀风险

由图10-3可以看出，2008年金融危机使缅甸通货膨胀率从2008年的26.8%急速降至2009年的1.5%。2010年开始，缅甸通胀率维持在5%附近波动。对比中国通胀率数据，除2008—2009年缅甸通胀率变速剧烈，之后几年两国通胀率变动趋势基本一致，相比之下中国通胀率波动幅度稍小。

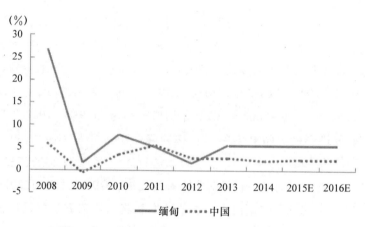

图10-3　中国、缅甸2008—2016年通货膨胀率

注：人均GNI以现价美元计算，2015年、2016年为预测值。

数据来源：世界银行。

2. 利率风险

2008年全球金融危机，因缅甸与西方国家的银行和金融组织没有联系，金融危机对缅甸的金融机构和银行体系没有造成严重影响，因此，存贷款利率并未发生大幅变动。2012年缅甸执行新的经济发展目标，致力于改善外资投资环境、扩大私营经济、推动农业发展和统一汇率等。由于缅甸不合理的利率政策制约其经济发展，2012 年 1 月 1 日起再次下调贷款利率为 13%。自 2013 年初开始，缅甸银行下调中小企业贷款利率为 8.5%。但总的来说，缅甸贷款利率偏高，导致企业融资成本很高，利润空间受到挤压，制约了企业的发展潜力。2015 年以来，受益于大量外资流入和电信行业的快速发展，缅甸经济将快速增长，政府将降低存贷款利率，以提高市场流动性，来有效提振金融市场信心，促进经济稳定健康发展。

3. 汇率风险

2012 年以前，缅甸双轨汇率已存在数十年，官方汇率长期维持在 1 美元兑换 6.312 缅元。民间黑市汇率则较低，2000 年为 1 美元兑换 500 缅元左右，2007 年年初已经达到 1 美元兑换 1285 缅元左右。汇率不稳定严重影响缅甸外汇交收，缅甸中央银行宣布，2012 年 4 月 1 日起，缅甸将统一施行管理浮动汇率制度，缅甸币与外币的汇率，将由外汇市场的供需来决定，缅甸央行每日会公布参考汇率，缅甸央行将会在上下 2% 进行汇率管理。外界认为，这项汇率政策的改革，扫清了数十年来制约缅甸经济发展的最大障碍①。

外汇汇率的波动，会给从事国际贸易者和投资者带来巨大风险，主要表现为贸易型汇率风险和金融型汇率风险。缅元汇率的变动主要影响缅甸石油、矿产、天然气等的出口和进口商品核算，以及国外资本对缅甸的项目投资。

经历了 2012 年汇率制度改革后，缅甸金融体系得到一定程度的健全，然而缅甸央行公布的缅元对美元官方参考汇率与黑市汇率差距日渐增大。由于美元不断升值，加之缅甸 2014 年外贸逆差创新高，缅元贬值势头不减。虽然黑市汇率比价一定程度上反映了市场对美元真实需求，但缅甸央行表示若取消美元对缅元参考汇率恐将导致缅元更大幅度地贬值。所以，缅甸对于汇率风险的控制能力仍有待加强。

---

① 《缅甸开始实施新汇率机制》，环球网，http://world.huanqiu.com/roll/2012－04/2580126.html，2012－04－02。

4. 流动性风险

从图 10-4 看来，缅甸的信贷增速波动极大。2008 年全球金融危机后，其信贷增速不断攀升——如同很多新兴市场一样，缅甸也成为西方发达国家及在金融危机后实行量化宽松政策的蓄水池。大量的流动性资金涌入缅甸，值得注意的是，相对于其他新兴市场，缅甸受到的冲击明显更大，其 2010 年信贷增速高达 40%，暴露了缅甸当局缺乏有效的政策缓冲和应对经济冲击的能力。如此高的信贷增速很容易引起资产质量的下降。

根据 IMF 统计，缅甸 2011—2014 年国内私人部门信贷增速平均每年高达 50%，预计 2015 年依然高达 45%。过高的信贷增速伴随着高通货膨胀率，预计 2015 年通胀率为 13%。就信贷的组成来看，90% 的国内信贷是 12 个月内的短期贷款，贷款中分期付款的比例也在逐渐升高。这些数据都表明缅甸流动性过剩①。

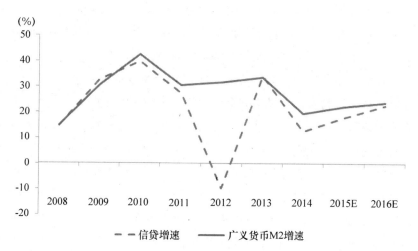

图 10-4 缅甸 2008—2016 年国内信贷及广义货币 M2 增速

注：2015 年、2016 年为预测值。

数据来源：各国宏观经济指标宝典（BVD-EIU Country data）。

---

① IMF. 2015 ARTICLE IV CONSULTATION—STAFF REPORT；PRESS RELEASE；AND STATEMENT BY THE EXECUTIVE DIRECTOR FOR MYANMAR［R］. Washington，D. C. IMF，2015.

5. 信用风险

缅甸公共外债及国家整体债务水平均处于安全的水平，但未来，由于发展过程中必要的基础建设投入会对资金产生大量的需求，并且缅甸国有企业收入的降低，也在中长期影响了政府收入。从图 10 – 5 看，自 2011 年来，缅甸整体公共债务水平呈现下降的趋势，并且预计 2015 年后保持在 33% 左右。而就债务的组成来看，公共债务中，外债和内债各占比一半。缅甸最大的双边债权人是中国和日本，两国均免除了缅甸一定数量的债务，而缅甸政府计划逐渐减少对外国优惠借贷政策的依赖，这也从侧面反映了缅甸债务状况良好，同时想要加强债务管理规范。

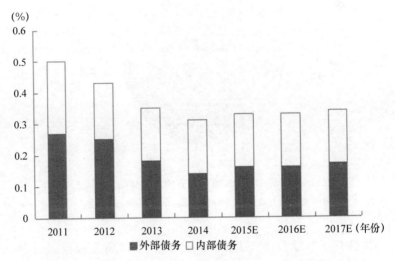

图 10 – 5　缅甸 2011—2017 年公共债务占 GDP 的比例及组成

注：2015—2017 年为预测值。

数据来源：国际货币基金组织（IMF）。

总的来说，缅甸政府违约风险较低。未来，为了维护债务水平的合理及稳定，缅甸政府将会采取更为谨慎的财政政策，提高财政政策管理水平，限制负债规模。

6. 外部冲击

(1) 贸易型外部冲击

一国受到贸易型外部冲击的影响程度可通过三个维度来衡量：产品集中度（商品结构风险系数）、市场集中度（市场结构风险系数）和外贸依存度。

缅甸的出口商品主要是燃料、砂石和玻璃以及蔬菜。这三种出口商品总共占了缅甸出口总额的 78%（图 10-6）。这反映了缅甸出口产品结构单一的问题。以石油等燃料作为主要的出口商品使得缅甸的出口容易受到国际大宗商品价格波动的影响。

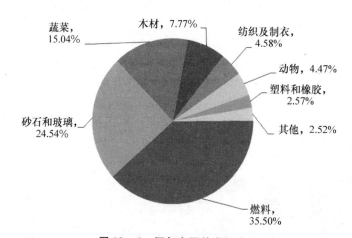

图 10-6 缅甸主要的出口商品

数据来源：世界整合贸易数据库（World Integrated Trade Solution）。

从图 10-7 可看出，缅甸的主要三大出口国家或地区（泰国、中国香港、印度）的出口额占了其出口总额的 75% 左右，其中，泰国占了出口市场总出口的 42%。明显高于其他东南亚国家。可见，缅甸的经济对主要出口国经济的依赖程度较高，容易受到主要出口国经济波动的影响，尤其是泰国经济走势对缅甸的出口经济起决定性作用。

从外贸依存度看，缅甸的国际贸易总额在 GDP 中的占比持续上升。从 2012 年的 24% 上升到 2014 年的 51%。这说明对外贸易在缅甸的国家经济中的地位和作用越来越高，同时外部贸易冲击对缅甸经济的影响在上升。

与其他经济较发达的东南亚国家相比，缅甸的对外贸易总额与GDP的占比相对较低。主要原因是缅甸在经济方面的对外开放程度还处于比较落后的水平。

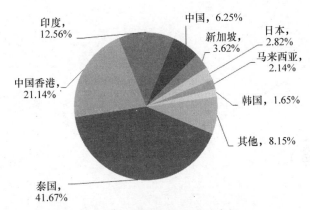

图 10 - 7　缅甸的主要出口市场

数据来源：世界整合贸易数据库（World Integrated Trade Solution）。

综合来看，由于缅甸的出口商品集中于少数商品，商品结构单一，而且易受国际大宗商品价格的影响，缅甸的出口市场集中于泰国和中国香港等少数国家和地区，成长动力较单一，出口经济严重依赖个别国家和地区的经济发展。这两个原因使得缅甸出口面临较大的贸易型外部冲击。但在外贸依存度方面，缅甸的贸易总额在经济中所占的比例相对较小，适当降低了缅甸贸易型外部冲击的影响程度。

（2）资本型外部冲击

一国受到资本型外部冲击的影响程度可通过两个维度来衡量，资本账户开放程度和外来资本占国家债务的比例。

从资本账户开放程度来看，缅甸的资本账户开放程度低，主要靠政治活动来拉动资本的流动。美缅关系改善后，2012 年 1 月，美国总统奥巴马宣布减轻对缅甸的制裁，允许美国公司在缅甸投资。可见，缅甸资本开放程度随着缅甸与他国政治关系改善而逐渐开放。但总体来看，缅甸的资本流动自由化低，开放程度低。

从外来资本占国家债务的比例（图 10-8）来看，外来资本占缅甸国家债务的比例逐年下降。2013 年，接近 30% 的缅甸国家债务为外国投资者持有，低于马来西亚的 45%。

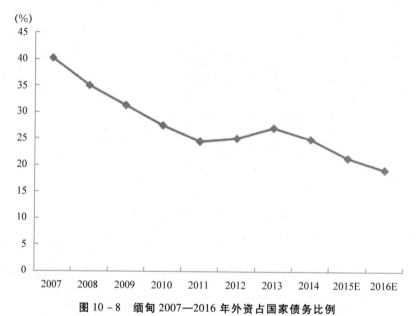

图 10-8　缅甸 2007—2016 年外资占国家债务比例

注：2015 年、2016 年为预测值。

数据来源：世界银行。

缅甸的直接投资净流入一直处于正值，2013 年国外对缅甸的直接投资净流入为 22.5 亿美元。而且从图 10-9 可见，2011 年起，缅甸直接投资净流入大幅升高，主要原因得益于缅甸与美国等西方国家政治关系的改善，国际资本的流动也随着增加。综合来看，缅甸的资本账户开放程度低，外资占国家债务比例正在下降并处于相对低水平。这反映了缅甸受到的资本型外部冲击小。

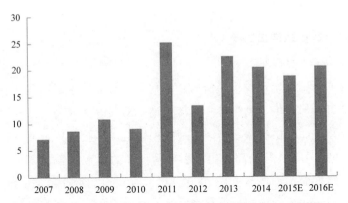

图 10 – 9 缅甸 2007—2016 年外资直接投资净流入（亿美元）

注：2015 年、2016 年为预测值。

数据来源：世界银行。

（3）外汇储备水平

由图 10 – 10 可以看出，2007 年至今缅甸的外汇储备持续增长，这主要得益于缅甸从一个封闭经济体逐渐转变为开放经济体，参与全球经济活动并融入世界经济一体化潮流。2012 年，缅甸的国家主权外债为 67 亿美元左右，贸易总额为 90 亿—100 亿美元，而当时的外汇储备为 70 亿美元左右，与国家主权债务额和贸易额较匹配，具有一定的抗外部冲击能力。

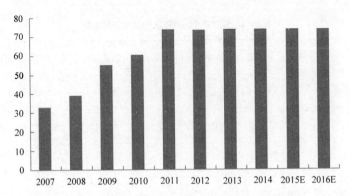

图 10 – 10 缅甸 2007—2016 年外汇储备（亿美元）

注：2015 年、2016 年为预测值。

数据来源：世界银行。

四 商业环境风险

1. 基础设施风险

缅甸基础设施建设极为落后。缅甸国内交通以水运为主,有3个主要港口:仰光港、勃生港和毛淡棉港,但仅有1家公司经营远洋航运。公路方面,由于缺乏修缮,通往中国的1号公路以及通往其他东盟国家的8号、4号公路均出现了不同程度的破败迹象,高速公路稀少。铁路方面,缅铁路全长4000公里,有926个站点和436列火车。电力方面,缅甸国内的发电量并不能满足工业用电的需求,而且随着国内用电量的增加,若不能及时增加发电量,用电缺口可能会不断增长。

在世界银行给出的2014年物流绩效指数中(表10-2),缅甸与部分亚洲其他国家相比,在物流基础设施的建设上均排名垫底,每个单项均与其他国家相差巨大。此外,根据世界银行在2011—2014年发布包含249个国家和地区的港口基础设施质量数据,2014年缅甸在此项指标上排名第127位,处于世界中等偏差水平。从以上两个指标分析,缅甸的货物运输体系极不发达,无法提供商业活动所必要的运输、物流支持。

表 10 - 2 　　　　2014 年东南亚部分国家物流绩效指数

国家	综合得分	海关	基础设施	国际航运	物流质量	易追踪性	合时性
新加坡	4.00 (5)	4.01 (3)	4.28 (2)	3.70 (6)	3.97 (8)	3.90 (11)	4.25 (9)
日本	3.91 (10)	3.78 (14)	4.16 (7)	3.52 (19)	3.93 (11)	3.95 (9)	4.24 (10)
中国香港	3.83 (15)	3.72 (17)	3.97 (14)	3.58 (14)	3.81 (13)	3.87 (13)	4.06 (18)
中国台湾	3.72 (19)	3.55 (21)	3.64 (24)	3.71 (5)	3.60 (25)	3.79 (17)	4.02 (25)

续表

国家	综合得分	海关	基础设施	国际航运	物流质量	易追踪性	合时性
韩国	3.67 (21)	3.47 (24)	3.79 (18)	3.44 (28)	3.66 (21)	3.69 (21)	4.00 (28)
马来西亚	3.59 (25)	3.37 (27)	3.56 (26)	3.64 (10)	3.47 (32)	3.58 (23)	3.92 (31)
中国	3.53 (28)	3.21 (38)	3.67 (23)	3.50 (22)	3.46 (35)	3.50 (29)	3.87 (36)
缅甸	2.25 (145)	1.97 (137)	2.14 (137)	2.14 (151)	2.07 (156)	2.36 (130)	2.83 (117)

注1：衡量贸易和运输相关基础设施的质量（1＝很低，5＝很高），受访者按照从1（很低）至5（很高）打分来评价贸易和运输相关基础设施（如港口、铁路、公路、信息技术）的质量。

注2：调查国家共160个，分数是全部受访者的平均分数。得分后的括号中表示此单项的本国排名。

数据来源：世界银行物流绩效指数调查，http://data.worldbank.org.cn/indicator/LP.LPI.INFR.XQ。

　　近年来，缅甸正推进"土瓦""迪洛瓦""皎漂"三个经济特区的建设，并与日本、泰国等国家签订了共同开发协议①。协议包括第一阶段的公共设施和基础设施建设以及后期的电站和小型港口的建设等条款。此外，缅甸联邦议会于2015年6月通过了缅甸向亚洲基础设施投资银行注资计划②，缅甸政府正在充分利用亚投行、世界银行等国际机构的优惠贷款等进行供电设施等基础设施建设。预计当现有建设项目竣工后，缅甸的基础设施情况会有所改善。

　　综上，缅甸的基础设施极度落后，运输系统效率极低。此种情况在2016年及短期内不会得到明显改善，基础设施风险很大。

---

　　① 中华人民共和国驻缅甸联邦共和国大使馆经济商务参赞处：《日本将与泰国和缅甸签署土瓦经济特区开发协议》，http://mm.mofcom.gov.cn/article/jmxw/201506/20150600994210.shtml，2015－06－01。

　　② 中华人民共和国商务部：《缅甸议会通过亚投行出资方案》，http://www.mofcom.gov.cn/article/i/jyjl/j/201506/20150601009534.shtml，2015－06－11。

2. 税收风险

考量一个国家的税收收入是否能够满足政府实现其职能的需要，主要看其宏观税负的高低。2008—2014 年，缅甸宏观税负的波动区间大致为 3.08%—7.30%（图 10-11），平均值为 5.03%。2015 年的宏观税负的预测值则为 7.40%，2016 年的预测值为 7.60%，依据"拉弗曲线"，缅甸的宏观税负约为 5.5%，与欧洲的福利国家 50%的宏观税负水平相比税负很低，也大大低于 OECD（经济合作与发展组织）各国的 35%左右的平均税负水平，与其他东盟国家相比，排名也比较低，可以认为，缅甸目前的总体税负水平较低。

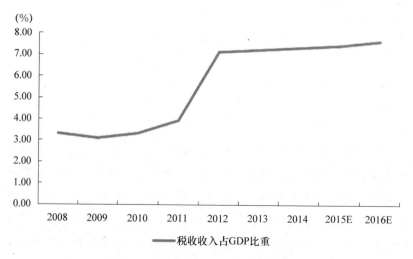

图 10-11　缅甸 2008—2016 年宏观税负

注：2015 年、2016 年为 IMF 的预测值。

数据来源：根据 Wind 资讯数据库、IMF 数据整理得出。

从图 10-12 可以看出，2008 年至今，缅甸的税收一直保持着正增长，2008—2010 年和 2013—2016 年是其增速较为缓慢的时期，税收增长率的平均值为 25.92%，总体上税收不断增加。就财政赤字而言，受全球金融危机影响，2009—2011 年缅甸的财政赤字相对于 2008 年较高，但并没有出现较大幅度的增长，2013 年以

后，因税收收入增长率的下降，其财政赤字相对较高。从图 10 -
12 也可以看出，缅甸的税收收入与其财政赤字之间有一定的负相
关的关系。

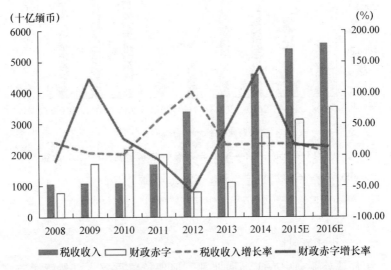

图 10 - 12　缅甸 2008—2016 年政府税收与财政赤字情况

注：2015 年、2016 年为 IMF 的预测值。

数据来源：根据 Wind 资讯数据库、IMF 数据整理得出。

　　根据《稳定与增长公约》和《马斯特里赫条约》，在不对主权国
家的预算和税收政策进行实际干预的情况下，以财政赤字率不超过
3% 为国际通用警戒线值从而确保各国财政的健康。缅甸 2009 年、
2010 年、2011 年、2014 年的财政赤字率高于 3% 的国际标准，其余
年份则低于 3% ，平均值大于 3% ，有一定的财政风险，2010 年后，
其财政赤字率呈现下降趋势，2012—2013 年的赤字率均在 3% 以下，
根据 IMF 的预测，缅甸 2015 年与 2016 年的赤字率则将高于 3% 的标
准。因此，总体上缅甸的财政赤字率高于国际警戒线，且未来几年的
预测仍未转好，有一定的赤字压力。

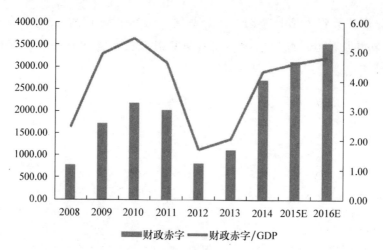

图 10 - 13 缅甸 2008—2016 年政府财政赤字及其占 GDP 比重

注：2015 年、2016 年为 IMF 的预测值，单位：十亿缅币。

数据来源：根据 Wind 资讯数据库、IMF 数据整理得出。

3. 自然环境风险

缅甸地处亚洲中南半岛西北部，地理位置重要，自然资源丰富。缅甸的生态环境较好，很少发生自然灾害。它的自然灾害主要是火灾、洪水、暴风，71% 的灾害由火灾引起。由于位于喜马拉雅山的地震带，缅甸有地震发生的风险。缅甸历史上自然灾害并不多发，近年造成较大伤亡的自然灾害有：2015 年 6 月发生最严重的风灾，共计有 12 个邦受灾，造成 132 人死亡，3.9 万间房屋受损，169.4 万人口受灾[①]；2008 年 5 月发生的"纳尔吉斯"风灾，在仰光及附近地区造成 240 万人民伤亡，造成经济损失达 41 亿美元；2011 年 3 月 24 日，在缅甸东北部大其力附近地区发生 7.2 级地震，造成 75 人死亡，110 多人受伤，200 多栋房屋倒塌[②]。

---

① 中华人民共和国驻缅甸联邦共和国大使馆经济商务参赞处：《缅甸水灾接受国际捐款超过 1 亿美元》，http://mm.mofcom.gov.cn/article/jmxw/201509/20150901113040.shtml，2015 - 09 - 15。

② 中华人民共和国驻缅甸联邦共和国大使馆：《缅甸的自然灾害、食品卫生》，http://www.fmprc.gov.cn/ce/cemm/chn/lsfw/AA/t911378.htm，2012 - 03 - 20。

2004 年印度洋海啸后，缅甸建立了国家灾害防御中心委员会，各级政府制定了潜在自然灾害防御计划。并且缅甸在 2013 年 7 月 31 日通过了自然灾害管理法律，该法律为如何在维持经济发展的情况下降低自然灾害风险提供相应指导方针。然而，据亚洲减灾中心的一项气候风险指数显示，缅甸是继孟加拉国之后受全球气候变化影响最严重的国家。[①] 因此，随着全球气候变化异常，预计缅甸的未来自然灾害会增多，这将会影响正常商业活动的开展与运营。

4. 劳动力市场风险

缅甸劳动力充足且价格低廉，这被外界普遍认为是其最大的竞争优势之一。然而另一方面，缅甸劳动力的素质也亟待提高。

缅甸的人口和劳动力数量始终保持平稳的增长。2015 年 5 月 29 日，缅甸政府公布了 2014 年人口普查的正式结果：总人口 5150 万人，其中 27 岁以下人口占 50%，年轻劳动力充足。近年来，缅甸劳动力的失业率保持在 4% 以下，但是失业率的波动较大，反映出劳动力市场的不稳定。预计 2016 年缅甸的劳动力还将继续上升，保持充足稳定的供应。

缅甸目前实行的最低工资标准是日薪 3000 缅币，以 2015 年 7 月 31 日缅甸央行公布的外汇牌价（1 美元兑换 1236 缅币）计算，价值不到 2.5 美元（约为 15 元人民币），这也就意味着每月最低工资不到 75 美元（约为 450 元人民币）。劳动力成本极低。

与丰富低廉的劳动力供应相对应的是缅甸工人综合素质的亟待提高。

在英国殖民时期，缅甸的教育水平相对较高。1948 年独立后，劳动力接受教育的比例也保持了一段时间的正常增长。但从 1962 年军人掌权以后，军政府经常实行暂停、关闭学校等举措。正常的教育秩序很难维系，教育质量不断降低。仅以初级教育为例：2004 年的联合国《人类发展报告》认为，缅甸儿童的辍学率高达 45%；2014

---

① 亚洲减灾中心：《缅甸 2014 年国家报告》，http://www.adrc.asia/countryreport/MMR/2014/FY2014A_ MMR_ CR. pdf。

年缅甸人口普查结果称，缅甸的识字率为 89.5%。缅甸教育水平明显低于东亚和环太平洋地区国家的平均水平，劳动力整体素质堪忧。尽管缅甸有丰富的劳动力资源，但高级技工匮乏，在职业培训领域需要大量的支持和投资。

总体来说，缅甸的劳动力市场风险较大，主要表现为劳动者素质过低，且在短期内难以提高。

5. 行政效率

缅甸行政效率极低。根据世界经济论坛发布的《2014—2015 年全球竞争力报告》[1]，缅甸政府在过去几年进行的一系列政治经济改革，使其在全球竞争力上升 5 名，在 144 个国家里排名第 134 名。但是，缅甸在全球竞争力的 12 个维度中除劳动力效率和市场规模的两个维度外，其余 10 个维度都排名 100 名之后，法律体制和行政效率维度排名第 125 名。

结 论

1. 在缅甸投资的优势和劣势

缅甸自然资源丰富，劳动力廉价而充足，目前该国致力于发展经济，商机较多，这是缅甸吸引外资的优势所在。

缅甸如今已由军人专政转入民治，但军人势力以及相对封闭的社会环境，依旧直接或间接地影响着缅甸国际贸易的发展，因此，对在缅甸投资的环境，应予以客观评估。缅甸法律法规尚不完善，新政后政策调整、变化大，行政体系效率偏低，项目审批缓慢，无形中增加了投资成本以及不确定因素。目前，缅甸贸易政策的总方针是"先出后进，以出定进，进出平衡"，即有出口才能申请进口，因此，进出口额度的影响大于市场需求。此外，缅甸所有出口商品均需缴纳10%出口税，使利润不高的缅甸主要出口产品竞争力下降，进而使商

---

① 世界经济论坛：《2014－2015 全球竞争力报告》，http：//www3. weforum. org/docs/WEF_ GlobalCompetitivenessReport_ 2014－15. pdf。

品进出口受限严重。

缅甸基础设施建设不足。近年来，政府已加大了交通、通信等领域的建设力度，公路、桥梁、机场、铁路、通信等基础设施不断得到改善。但设施仍多集中于大城市，距投资需求还有一定差距。此外，新政之前，缅甸汇率使用双轨制，官方汇价与市场汇价差距较大，且币值浮动较大，成为对外贸易的一大障碍，进而催生出民间货币汇兑的灰色市场。还有，缅甸未能对外国投资者给予平等待遇，致使部分中小企业无法注册，而需以缅甸公民身份注册，进而造成隐性投资，虽然实为华人经商的能动策略，但缺乏制度保障，欺诈现象时有发生。

在缅甸投资面对较大的风险和不便，据世界银行给出的 Doing Business 指标当中，2015 年缅甸在 189 个调查国家中排名第 178 位，此项排名具体指标包括如开始设立贸易、获得建造许可、获得电力支持、财产登记、获得信用支持、保护少数投资者、支付税收、跨国贸易、合同执行力、解决破产问题等，可以综合衡量在一国境内完成一整个小型或者中型商业活动周期的难易程度[①]。数据显示，缅甸电力、获得建造许可以及跨国交易方面的排名较前进步。其中，由于缅甸政府在 2015 年减少了进出口所必需的文件数量，跨境交易方面的排名有较大幅度的上升。但总的来看，缅甸仍然属于世界上极难开展商业活动的国家，预计这种情况在 2016 年以及短期内并不会有明显的变化。

2. 对中国投资者的建言

中国企业投资缅甸，诸多事项值得注意。

首先，熟悉缅甸法律和相关政策规定，并在签订合同之前，确认从事进出口贸易的公司是否在缅甸商务部登记注册，具备《进口商注册证》或《出口商注册证》，明确双方合作的法律基础和制度保障。其次，诚信合作，维护中国产品形象。杜绝假冒伪劣产品，避免

---

① 世界银行，Doing Business 2015：Economy Profile 2015 - Myanmar, http://www.doingbusiness. org/data/exploreeconomies/ ~ /media/giawb/doing% 20business/documents/profiles/country/MMR. pdf? ver = 2。

恶性竞争，提高中国企业和产品的公信力，同时加强市场调研，不断拓展商机。再次，与缅方建立良好的合作关系。与缅甸政府部门以及当地有实力的企业建立良好的合作与互信关系，同时，充分发挥缅甸华人的桥梁作用，促成中资企业与地方社会各阶层的互动与交流。最后，尊重地方文化，造福当地社会。在缅甸投资时，应懂得尊重当地民族的宗教生活与风俗习惯，同时积极参与社会公益活动，回报社会，最终实现企业在缅甸长期、稳定的和谐发展。

中国的大量游客和中资企业由于对缅甸社会与文化知之甚少，往往引发不必要的冲突。缅甸民众笃信佛教，进入佛寺时脱鞋、衣着端庄、保持肃静，礼敬僧侣，在公众场合避免亲密行为，被认为是基本的仪礼，但中国民众举止不当，会引发当地人反感。此外，有不少中国企业以及相关文化机构进入缅甸后，多少还持有较强的中国中心心态，也会引起当地民众的反感。因此，尊重他者文化，入乡随俗，实属双方民间交往的必要前提。

谈及民族与文化的尊严，并非危言耸听，现今中缅两国人民接触频繁，而各自所持的"中心"立场，造成了彼此的"水土不服"，甚至引发冲突。譬如，密松水库工程暂停，除去缅甸国内民族主义、国际关系、社会运动与环保议题外，大坝位于伊洛瓦底江源头，为当地克钦人的宗教圣地，中方选址时未能充分考虑缅甸的文化习俗，也是工程招至杯葛的重要原因。这在一定程度上造成了缅甸民众，包括久居缅甸的华人的紧张，并使缅甸民众对"德祐（缅语华人之意）"产生了新的理解与分层，将生活于缅甸的德祐分为：①世居缅甸，安分守己，尊重本土文化的华人；②缅北山区以"德祐"之名通过各种方式进入缅甸腹地的少数民族；③经济开放之后进入缅甸投资、经商的中国人。而缅甸民众与舆论对后两种"德祐"颇有微词，极端者甚至以"要裹（缅语掠夺者之意）"取"胞波"而代之。

诚然，中国崛起对周边国家产生之影响可谓深远。首先，各种中国产品充斥于缅甸乃至整个东南亚市场，但是，在缅甸，"中国制造"却多少与廉价却不优质、工艺粗糙、偷工减料相关。其次，伐木与玉石开采，中国在缅甸进行林业、矿业开发，并不鲜见，但鉴于缅甸政局的特殊性，与谁签约，合法依据如何，是否存在一山一林一矿多签以及政策之变化等问题，都会直接影响到投资、开采的合法性。再者，谁付出代价，亦即采伐的科学性，在缅北地区，很多山林遭受毁灭性砍伐，所到之处片木无存，俗称"剃头"。相信这并非中国政府所愿，但在趋利又缺乏监管的市场环境下，民间贸易中产生的成见，却会造成缅甸民众对中国的误解，进而影响到中国在海外的形象。类似之事，同样也发生在东南亚乃至非洲各国，这是中国崛起，走向世界亟待解决的问题。

总体而言，中缅两国之间有着悠久的交往历史与密切的地缘关系，无论时局如何变化，两国之间的日常往来一直在持续，这就为深化、拓展两国之间的友好关系奠定了基础。但我们也需认识到缅甸社会正在发生的转型，在国际关系、商业往来以及文化交流等方面需要作出进一步调整。首先，在国际关系方面，缅甸新政府强调多边合作与外交关系，因此，中国亟须掌握和研究美国、日本、欧洲各国以及东盟对缅甸的政策变化发展，重估中国于缅甸之外交地位；同时，积极寻求与缅甸各党派的接触，充分了解缅甸的政治格局以及不同力量对中国的态度。其次，寻求良性合作，深化中缅经贸往来。在进入缅甸投资之前，充分了解与缅甸投资相关的政策、法规，加强多方位的交流，尤其对计划进入缅甸的中资企业进行缅甸投资指南以及缅甸社会文化的培训，以做好充足准备。避免在环保、法律、腐败、宗教、文化等问题上触碰民意底线，进而使经济问题族群化、政治化。此外，对赴缅投资进行风险评估，尽量向缅甸政府引导的行业，如加工制造、通信、酒店业、基础设施、金融服务等方向倾斜。同时，结合缅甸国内经济发展态势，评估欧美、日本资本进入后对中国在缅投资的影响，及时制定相关之应对策略。最后，加强民间往来，促进文化交流。中缅两国民间交往密切，面对两国的社会转型，越来越多的有识之士出于情感、理性以及切身利益的考虑，积极投入增进两国互尊、互信、互惠的行动中。应该充分利用现有的交流基础，国家助力，民间先行，为拓展各个领域的深入交流打下良好基础。换言之，中国在实施"一带一路"发展战略时，更应考虑命运共同体的多边利益与效用，充分利用当地资源，发展公共外交，搭建文化桥梁，推动两国民众之间的相互理解、包容与合作，在转型与变革中把握时机，进一步推动中缅友好关系的发展。

主要参考文献

一 报告与调查

［1］世界经济论坛：《2014—2015 全球竞争力报告》，http：//www3. weforum. org/docs/WEF_ GlobalCompetitivenessReport_ 2014 – 15. pdf。

［2］世界日报：《2014 缅甸经济发展概况》，http：//www. mhwmm. com/Ch/NewsView. asp？ID = 8685d，2015 – 01 – 01。

［3］世界银行，Doing Business 2015：Economy Profile 2015 – Myanmar， http：//www. doingbusiness. org/data/exploreeconomies/ ~ /media/giawb/doing% 20business/documents/profiles/country/MMR. pdf？ ver = 2。

［4］世界银行：《物流绩效指数调查》，http：//data. worldbank. org. cn/indicator/LP. LPI. INFR. XQ。

［5］IMF. 2015 ARTICLE IV CONSULTATION—STAFF REPORT；PRESS RELEASE；AND STATEMENT BY THE EXECUTIVE DIRECTOR FOR MYANMAR［R］. Washington， D. C. IMF， 2015.

［6］亚洲减灾中心：《缅甸 2014 年国家报告》，http：//www. adrc. a-sia/countryreport/MMR/2014/FY2014A_ MMR_ CR. pdf。

二 专著

［1］范宏伟：《和平共处与中立主义——冷战时期中国与缅甸和平共处的成就与经验》，世界知识出版社 2012 年版。

［2］方雄普：《朱波散记——缅甸华人社会掠影》，（香港）南岛出版社 2000 年版。

［3］李晨阳主编：《缅甸国情报告（2011—2012）》，社会科学文献出

版社 2013 年版。

[4] 李晨阳主编：《缅甸国情报告（2012—2013）》，社会科学文献出版社 2014 年版。

[5] 李谋：《缅甸与东南亚》，世界图书出版公司 2014 年版。

[6] 李谋、姜永仁编著：《缅甸文化纵论》，北京大学出版社 2002 年版。

[7] 林锡星：《中缅友好关系研究》，暨南大学出版社 2000 年版。

[8] 貌丁昂：《缅甸史》，云南省东南亚研究所 1983 年版。

[9] 米尔顿·奥斯本：《东南亚史》，商务印书馆 2012 年版。

[10] 尼古拉斯·塔林主编：《剑桥东南亚史Ⅰ》，云南人民出版社 2003 年版。

[11] 尼古拉斯·塔林主编：《剑桥东南亚史Ⅱ》，云南人民出版社 2003 年版。

[12] 贺圣达、李晨阳编著：《缅甸》，社会科学文献出版社 2005 年版。

[13] 商务部国际贸易经济合作研究院、商务部投资促进事务局、中国驻缅甸大使馆经济商务参赞处编：《对外投资合作国别（地区）指南——缅甸（2014 年版）》。

[14] Von der Mehden, Fred R. 《宗教与东南亚现代化》，今日中国出版社 1995 年版。

[15] 王望波、庄国土编著：《2008 年海外华侨华人概述》，世界知识出版社 2008 年版。

[16] 许焕兴、赵莹华编著：《国际工程承包》，东北财经大学出版社 2009 年版。

[17] 余定邦：《中缅关系史》，光明日报出版社 2000 年版。

[18] 张哲、齐琳编：《缅甸社会文化与投资环境》，中国出版集团 2014 年版。

[19] 钟智翔、尹湘玲著：《缅甸文化概论》，世界图书出版公司 2014 年版。

[20] 钟智翔、尹湘玲、扈琼瑶、孔鹏编著：《缅甸概论》，世界图书出版公司 2012 年版。

[21] D. G. E. Hall. *Burma*. London: Hutchinson's University Library, 1998.

[22] D. R. SarDesai, *Southeast Asia: Past and Present*. Boulder: Westview Press, 2010.

[23] Duan, Ying, "Under the Buddha's Shadow: Buddhism and the Chinese in Myanmar", in Tan Chee – Beng ed. *After Migration and Religious Affiliation: Religions, Chinese Identities and Transnational Networks*. London: World Scientific, 2015.

[24] Fink, Christina, . *Living Silence: Burma under Military Rule*. London: Zed Books; Bangkok: White Lotus; Dhaka: University Press Ltd, 2001.

[25] Mary Somers Heidhues, *Southeast Asia: A Concise History*. London: Thames & Hudson, 2000.

[26] Monique Skidmore, ed. *Burma at the Turn of the Twenty – first Century*. Honolulu: University of Hawaii Press, 2005.

[27] Pedersen, Morten B. , Emily Rudland and Ronald J. May, eds. *Burma/Myanmar: Strong Regime Weak State*? Adelaide: Crawford House Publishing, 2000.

[28] Rotberg, Robert I. , ed. *Burma: Prospects for a Democratic Future*. Washington, D. C. : Bookings Institution Press, 1998.

[29] Spiro, Melford E. , *Buddhism and Society: a Great Tradition and Its Burmese Vicissitudes*. Berkeley: University of California Press, 1980.

[30] Than, Mya. "The Ethnic Chinese inMyanmar and Their Identity. " In Leo Suryadinata, ed. , *Ethnic Chinese as Southeast Asians*, pp. 115 – 146. Singapore: Institute of Southeast Asian Studies, 1997.

三 论文和网文

[1] 段颖：《华文教育、地方化与族群认同——以曼德勒为例》，载钱江、纪宗安主编《世界华侨华人研究》，2009，暨南大学出版社。

[2] 段颖：《城市化抑或华人化——曼德勒华人移民、经济发展与族

群关系之研究》,《南洋问题研究》2012 年第 3 期。

［3］段颖:《喧嚣的世界与忧郁的缅甸》,《东方早报·上海书评》2015 年 5 月 24 日。

［4］林锡星:《缅甸农业》,《世界农业》1997 年第 6 期。

［5］卢光盛:《缅甸华人——概况和特点》,《当代亚太》2001 年第 6 期。

［6］郑国富:《缅甸对外贸易发展的特点、问题与前景》,《经济论坛》2014 年第 2 期。

［7］Mya Maung. "On the Road to Mandalay: A Case Study of the Sinonization of Upper Burma." *Asian Survey*, 1994, 34 (5): 447 – 459.

［8］Neubig T, Sangha B. Tax Risk and Strong Corporate Governance, *Tax Executive*, 2004 (2).

［9］中华人民共和国商务部:《缅甸议会通过亚投行出资方案》, http://www.mofcom.gov.cn/article/i/jyjl/j/201506/201506010009534.shtml, 2015 – 06 – 11。

［10］中华人民共和国驻缅甸经商参处:《2015—2016 财年缅甸经济增长目标为 9.3%》,中华人民共和国商务部网站: http://www.mofcom.gov.cn。

［11］中华人民共和国驻缅甸联邦共和国大使馆:《缅甸的自然灾害、食品卫生》, http://www.fmprc.cn/ce/cemm/chn/lsfw/AA/t911378.htm, 2012 – 03 – 20。

［12］中华人民共和国驻缅甸联邦共和国大使馆经济商务参赞处:《缅甸水灾接受国际捐款超过 1 亿美元》, http://mm.mofcom.gov.cn/article/jmxw/201509/20150901113040.shtml, 2015 – 09 – 15。

［13］中华人民共和国驻缅甸联邦共和国大使馆经济商务参赞处:《日本将与泰国和缅甸签署土瓦经济特区开发协议》, http://mm.mofcom.gov.cn/article/jmxw/201506/20150600994210.shtml, 2015 – 06 – 01。

［14］中华人民共和国驻曼德勒总领事馆经济商务室:《IMF 警示缅甸

经济面临下行风险》，http：//mandalay. mofcom. gov. cn/article/jmxw/201507/20150701033818. shtml2015 – 07 – 03/2015 – 09 – 25。

[15]《缅甸开始实施新汇率机制》［EB/OL］，环球网. http：//world. huanqiu. com/roll/2012 – 04/2580126. html，2012 – 04 – 02。

四 网站

[1] 国际贸易投资（缅甸卷）：http：//www. made – in – china. com/actives/guide/112/176034/international_ trade_ info_ burma. pdf。

[2] 中华人民共和国外交部：http：//www. fmprc. gov. cn/。

[3] 中国东盟观察：http：//www. china – asean – fund. com/files/publication/20130912084511_ 21. pdf。

[4] 亚洲发展银行：http：//www. adb. org/countries/myanmar/economy。

[5] 世界银行数据库：http：//data. worldbank. org. cn/topic。

[6] 联合国数据库：http：//data. un. org/。

[7] 国际货币基金组织（IMF）、国际金融统计（IFS）数据库：https：//www. imf. org/。

[8] 各国竞争力指标分析库：https：//www. eiu. bvdep. com/。

[9] 各国宏观经济指标宝典数据库：https：//www. eiu. bvdep. com/。

[10] 中华人民共和国商务部网站：http：//www. mofcom. gov. cn/。

[11] Wand 资讯数据库：http：//www. wind. com. cn/。

[12] EIU Risk Briefing 数据库：http：//viewswire. eiu. com/。

结　语

范若兰　孟庆顺　杨祯奕

一　东盟十国在"一带一路"构想中的重要地位

2013年9月和10月，中国国家主席习近平在出访中亚和东南亚国家期间，先后提出共建"丝绸之路经济带"和"21世纪海上丝绸之路"的设想，目标是加强陆上丝绸之路和海上丝绸之路沿线国家的政治、经济、文化交流，实现合作共赢。这一被简称为"一带一路"的倡议受到国际社会的高度关注，如果能成功实施，将不仅有利于促进沿线各国经济繁荣与区域经济合作，加强不同文明交流互鉴，而且能促进世界和平发展，是一项造福各国民众的伟大构想。

具体来说，"一路"建设就是要推动海上丝绸之路沿线国家和区域的合作，将中国、东南亚、南亚、北非和欧洲连接起来，形成一个以港口为点，以贸易、投资为线串联起来的经济带。东盟十国处于"一路"的关键位置上，这首先是由它的地理位置决定的。东南亚地处海上丝绸之路的交通要道，有些国家与中国陆地相接，还有不少国家环抱南海，扼守马六甲海峡，拥有多个深水港口，尤其是马六甲海峡处于"一路"中的咽喉位置。所以，中国要保证南部边疆的安全，保证海上交通的畅通，就离不开东南亚国家的稳定与友好。其次，中国与东盟十国的经济联系日益密切，2009年中国超过欧盟、美国和日本，成为东盟第一大贸易伙伴，到2014年，中国已经连续五年成为东盟第一大贸易伙伴。2014年中国与东盟的双边贸易额达到

4801.25 亿美元，比上年增长 8.32%，其中，中国从东盟进口 2083.32 亿美元，中国向东盟出口 2717.92 亿美元。东盟是中国的第三大贸易伙伴，第二大进口来源地和第三大出口市场。[①] 中国与东盟已经设立了目标，2015 年双边贸易额实现 5000 亿美元，到 2020 年要实现 1 万亿美元。从 2013 年开始的 8 年内，双边投资要实现 1500 亿美元的目标。中国与东盟国家的经济互利是"一路"的重要目标，也是"一路"成功的重要基础。最后，中国与东盟正在携手打造命运共同体。2013 年中国国家主席习近平访问印尼时，提出中国与东盟国家要坚持讲信修睦、合作共赢、守望相助、心心相印、开放包容，使双方成为兴衰相伴、安危与共、同舟共济的好邻居、好朋友、好伙伴，共同携手建立中国—东盟命运共同体。确实，中国与东盟国家山水相连，历史上就有密切交往，既有友好互助，也有矛盾和冲突甚至战争。在联系日益密切的当今世界，中国与东盟国家也形成相互依存的关系，因此，打造中国—东盟命运共同体符合双方的利益，也是"一路"的重要目标。

东盟国家对"一带一路"构想的回应是积极而谨慎的。一方面，东盟十国希望搭上"一路"快车，抓住新机遇，进一步扩大双方贸易和相互投资，加强基础设施建设，因此，对成立亚洲基础设施投资银行（亚投行）的响应十分积极。2014 年 10 月 24 日，包括中国、印度、新加坡等在内的 22 个首批意向创始成员国的财长和授权代表在北京签约，共同决定成立亚洲基础设施投资银行。随后，东盟其他国家全部成为亚投行会员国。另一方面，东盟国家对"一带一路"也存在疑虑，"一带一路"只是构想，具体实施还未商定，而且许多东盟国家担心中国借"一路"扩大在东南亚的势力，进而控制它们，因此，东盟国家对"一带一路"的反应又是谨慎的。

二 东盟十国经济发展及与中国的互补程度

东盟国家经济发展水平不一，以经济增长速度、人均 GDP 水平

---

① 陆建人、范祚军主编：《中国—东盟合作发展报告》（2014—2015），中国社会科学出版社 2015 年版，第 7—8 页。

和产业结构为指标，东盟十国经济发展水平的排序如下：新加坡、文莱、马来西亚、泰国、印尼、菲律宾、越南、老挝、柬埔寨、缅甸。

　　东盟十国经济发展带动国民收入不同程度地提高。新加坡和文莱是人均国内生产总值最高的国家，当然新加坡靠的是经济真正持续、稳定的发展，人均 GDP 从 1960 年的 1510 美元增长到 2014 年的 56286 美元，位居东盟国家第一位。而文莱主要是靠石油收入暴富，在 1980 年已达到人均 GDP 17052 美元，是当时东南亚人均 GDP 最高的国家，2014 年为 41344 美元，位居东盟国家第二位。马来西亚人均国内生产总值从 1960 年的 708 美元上升到 2001 年的 3699 美元，到 2013 年突破万元，2014 年为 10933 美元，位居东盟国家第三位。泰国人均国内生产总值则从 1960 年的 300 美元上升到 2014 年 5519 美元，位居东盟国家第四位。印尼人均 GDP 从 1960 年的 190 美元增长到 3491 美元，位居东盟国家第五位。菲律宾在 1960 年时人均 GDP 为 418 美元，高于泰国和印尼，但 80 年代以后经济发展缓慢，到 2014 年人均 GDP 仅为 2870 美元。越南、老挝、柬埔寨三国人均 GDP 一直处于较低水平，到 2014 年也仅达到 2000 美元左右。缅甸经济长期发展缓慢，近年才有较大提升，2014 年其人均 GDP 达到 1203 美元。按照世界银行的标准，新加坡、文莱已进入高收入国家的行列，马来西亚、泰国、印尼、越南和菲律宾进入中等收入国家的行列，其中，马来西亚、泰国位居中等偏上收入国家。而老挝、柬埔寨和缅甸属于中等偏下收入国家（表 11-1）。

表 11-1　　　　东盟十国和中国人均国民收入 GDP 的变化　　　　单位：美元

国家	1996 年	2004 年	2014 年
新加坡	26262.3	27404.6	56286.8
马来西亚	4743.5	4924.6	10933.5
菲律宾	1159.7	1080.1	2870.5
泰国	3038.6	2466.8	5519.4
印尼	1137.3	1150.3	3491.9

续表

国家	1996 年	2004 年	2014 年
文莱	16913.9	22131.9	41344.0
越南	337.1	606.9	2052.3
柬埔寨	328.1	407.1	1090.1
老挝	377.3	418.2	1759.8
缅甸	…	…	1203.8
中国	707.0	1498.2	7593.9

资料来源：世界银行数据库；http：//data. worldbank. org. cn/indicator/NY. GDP.
PCAP. CD。

东盟国家经济发展也带动产业结构的变化，主要表现是过去在经济结构中位居第一的农业在国民经济中的比重不断下降，而工业的比重不断上升。新加坡是城市国家，农业始终微不足道，在出口导向战略的引导下，工业在国内生产总值中的比重不断上升，从 1960 年的18%上升到 2004 年的 35%，随着产业结构调整，工业的比重有所下降，2012 年为 32%，而服务业始终占经济的主导地位，2012 年达到68%。文莱的农业同样微不足道，工业比重较高，2005 年高达 61%，2012 年有所下降，但仍占一半，服务业的比重有所上升，2012 年为47%。马来西亚过去是个农业国，1960 年农业仍占 GDP 的 37%，但随着工业化进程，农业比重逐年下降，2012 年仅占 GDP 的 7.3%，与此同时，工业则从同期的 19%上升到 2004 年的 48%，2012 年下降到 36.8%，服务业所占比重近年升幅较大，2012 年达到 56%，可见，马来西亚的产业结构调整取得进展。泰国与马来西亚类似，农业在 GDP 中的比重从 1960 年的 40%下降到 2012 年的 8.4%，工业从同期的 19%上升到 47%，但服务业升幅缓慢，始终是 40%多，表明泰国产业结构调整缓慢。印尼 1960 年农业在 GDP 中的比重还高达54%，2012 年已下降到 12%，同时工业则从 14%上升到 40%，服务业从同期的 32%上升到 47%。菲律宾农业在 GDP 中的比重从 1965年的 58%下降到 2012 年的 11%，工业从同期的 16%上升到 32%，

服务业从同期的 39% 上升到 57%。越南农业在产业结构中的比重下降
较快，2012 年只有 15%，工业和服务业所占比重上升，为 42% 和
43%。而老挝、柬埔寨和缅甸农业所占比例较高，2012 年分别为
26.9%、25% 和 34.9%，工业所占 GDP 比重上升缓慢，2012 年分别为
28.3%、29.7% 和 27.4%，服务业主要是传统服务业（表 11 - 2）。

表 11 - 2　　　　　　　东盟十国和中国产业结构的变化　　　　　　单位:%

国家	农业		工业		服务业	
	2005 年	2012 年	2005 年	2012 年	2005 年	2012 年
文莱	1.3	1.3	61.2	51.0	37.5	47.8
柬埔寨	31	25.0	18.3	29.7	40.7	45.2
印尼	14.5	12.5	44.1	40.3	41.4	47.2
老挝	45	26.9	29.6	28.3	25.5	38.5
马来西亚	8.4	7.3	44.3	36.8	47.3	55.9
缅甸	- -	34.9	- -	27.4	- -	37.7
菲律宾	19.1	11.1	32.8	32.0	48.1	56.9
新加坡	0.1	0.0	32.6	32.1	67.3	67.9
泰国	9	8.4	46.9	47.1	44	44.4
越南	19.6	15.8	40.2	41.6	40.3	42.6
中国	12.1	10.1	47.4	45.3	43.2	44.6

资料来源: 陆建人、范祚军主编:《中国—东盟合作发展报告》（2014—2015），中国
社会科学出版社 2015 年版，第 459 页。

从经济发展水平、人均 GDP 和产业结构构成来看，东盟国家可
分为三个方阵：第一方阵是新加坡，第二方阵是马来西亚、文莱和泰
国，第三方阵是印尼、菲律宾、越南、老挝、柬埔寨和缅甸。中国经
济发展水平与东盟第二方阵基本处于同一序列。从人均 GDP 来看，
2014 年中国人均 GDP 低于文莱和马来西亚，高于泰国。从产业结构
来看，第二方阵国家都是"第三产业≥第二产业＞第一产业"，且第
二产业、第三产业与第一产业之间的差距巨大，第三产业逐渐成为经

济支柱。中国产业结构与其基本相似。

中国与东盟国家经济互补性较强,与第一方阵和第三方阵互补性最强,与第二方阵有一定的同质性,但某些行业互补性也较强。

中国与第一方阵的新加坡经济互补性极高。中国东部处于后工业化时代,急需产业升级,以高技术产业取代高劳动、高污染产业,中国西部仍然可以发展劳动密集型产业。新加坡已成功进行产业升级,现以高技术产业和服务业为主,两国的经济发展差序形成强烈的互补关系。

中国与第三方阵的印尼、越南、老挝、柬埔寨和缅甸经济互补性也极强。中国产业升级,要转移低技术和劳动密集型产业,而第三方阵国家的土地和劳动力便宜,急需发展制造业,因此,中国的劳动密集型制造业可转移到这些国家。而且,这些国家资源丰富,能为中国提供所需要的原料,所以,双方的贸易和投资存在极强的互补性。

中国与第二方阵的文莱、马来西亚和泰国同属一个发展序列,都面临产业升级、扩大出口等压力,贸易和投资有一定的同质性,形成强烈的竞争关系。但从产业结构具体构成来看,双方亦有差异性,进而形成互补性。文莱主要产业是石油天然气,这正是中国所要进口的,双方经济有较强的互补性。马来西亚有丰富的自然资源,主要包括大米、橡胶、棕榈油、胡椒和木材等,棕榈油和橡胶是马来西亚第一产业外汇收入的主要部门。矿产、液化天然气、石油和锡也是主要出口商品,石油生产和出口数量巨大,上述商品在中马贸易中占据较大比重。此外,电子元件在马来西亚的生产和出口中贡献了很大的份额,中马都有制造业优势,双方既有竞争,也有互补。

总的来看,中国与东盟经济依存度高,与其经济互补性较强息息相关。东盟十国经济发展水平不一,形成从高收入到低收入国家的完整序列,更重要的是,东盟十国现在都致力于发展经济,就连最落后的缅甸也步入开放行列。这些活跃的经济体造就了更多商机,为中国各类行业提供了更多机遇,同时,蓬勃发展的中国经济也为东盟国家提供了机会,有助于其扩大对中国的贸易和投资。

三　东盟十国经济风险比较

1. 东盟十国宏观经济风险

（1）经济增长风险对比

2008 年全球金融危机影响了东盟十国的经济发展，各国经济增长率都出现不同程度的下滑。2008 年以后随着经济复苏，各国 GDP 增长率有所回升。2012—2014 年，缅甸、老挝、柬埔寨经济增速最快，平均实际 GDP 增长率超过 7%，其次是菲律宾、越南、印尼，经济增速在 5%—7%，马来西亚、新加坡、泰国、文莱经济增速较慢，低于 5%（表 11-3）。

从更长的时段看，2010—2014 年只有缅甸 GDP 增长率呈现上升趋势，菲律宾、柬埔寨、老挝、新加坡、印尼、越南经济增速基本稳定，泰国、文莱 GDP 增长率波动较大，马来西亚经济增速呈下降趋势。

表 11-3　　　2012—2014 年东盟十国 GDP 实际增长率均值

国家	GDP 实际增长率均值
缅甸	8.03%
老挝	8.00%
柬埔寨	7.23%
菲律宾	6.80%
越南	5.57%
印尼	5.54%
马来西亚	4.38%
新加坡	3.59%
泰国	3.36%
文莱	1.50%

数据来源：国际货币基金组织（IMF）International Financial Statistics（IFS）数据库。

总之，经济发展水平较低的第三方阵国家由于经济体制改革、经济计划的有效实施，近年来经济增长快速且稳定，经济较发达的新加坡经济稳定在保持较低水平。而像马来西亚、泰国这类经济处于中间水平的第二方阵国家，GDP 增速放缓甚至出现下滑，缺乏新的经济增长动力。

（2）通胀风险对比

通胀风险是投资行为所面临的典型的系统风险。通货膨胀率反映一国通胀水平，通货膨胀率波动越大通胀风险越大。受金融危机的影响，2009 年大多数东盟国家通胀率出现大幅度的下降，经济严重受挫。之后随着经济复苏，各国通胀率回升，物价出现不同程度的上涨。2012—2014 年，东盟十国通胀率有所不同，越南和印尼的通胀率最高，超过 5%，原因主要是不恰当的货币政策。老挝、缅甸的通胀率也很高，在 4%—5%。菲律宾、柬埔寨通胀率较高，在 3%—4%。新加坡、泰国、马来西亚和文莱的通胀率最低，低于 3%，其中文莱的通胀率低至 0.22%（表 11 - 4）。

表 11 - 4   2012—2014 年东盟十国通货膨胀率均值

国家	通货膨胀率均值
越南	6.59%
印尼	5.70%
老挝	4.92%
缅甸	4.16%
菲律宾	3.43%
柬埔寨	3.24%
新加坡	2.64%
泰国	2.36%
马来西亚	2.30%
文莱	0.22%

数据来源：世界银行数据库。

就波动性而言，2010—2014 年，马来西亚、菲律宾、柬埔寨、缅甸、泰国、文莱、印尼的通货膨胀率基本保持稳定，通胀风险较小。老挝、越南、新加坡通胀率变动较剧烈，其中越南、新加坡或面临通货紧缩风险。

总之，越南、老挝通胀率高且波动剧烈，相较于其他国家而言风险系数最高。印尼相对稳定且保持较高的通货膨胀率。其他国家通胀率基本保持在历史低位，且波动较小，风险较低。

2. 东盟十国利率风险

利率风险是指市场利率变动的不确定性给经济体造成损失的可能性，在此从存款利率、贷款利率和实际利率对比各国利率风险，反映东盟十国经济面临的利率风险水平。

图 11 -1 和图 11 -2 分别为东盟十国 2008—2014 年存款利率及贷款利率的均值与标准差。比较图 11 -1 和图 11 -2 发现，越南和缅甸存款利率均值与标准差均高于其他国家。与之相匹配的是，两国贷款利率相较他国而言波动率更大。

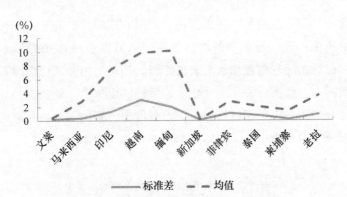

图 11 -1　东盟十国存款利率均值及标准差

资料来源：世界银行。

基于东盟十国 2008—2014 年实际利率的标准差，可以发现经过 2008 年全球金融危机之后，文莱波动率最高，老挝次之，泰国和柬埔寨实际利率波动率相对较低。越南、印尼、缅甸等国面对市场冲击时利率表现一般。

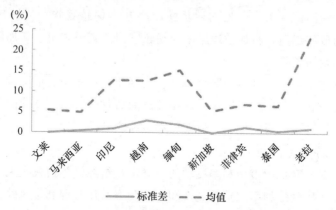

图 11 - 2   东盟十国贷款利率均值及标准差

资料来源：世界银行。

表 11 - 5 数据显示，文莱和老挝面临较大的利率波动风险。新加坡采取汇率的升降来稳定经济，当受经济冲击的时候，其利率受到的影响相对较小，存贷款利率波动幅度保持稳定，基本不存在利率结构的风险。值得注意的是，马来西亚、泰国、印尼均已开始进行利率市场化的改革，放松对利率的严格管制，以激发金融市场的活力，因此，它们的实际利率波动水平表现相似，相对居中，其中泰国表现最好。实际上，泰国在利率市场化改革后经济保持稳定的状态，对国内控制通货膨胀发挥了积极作用，由数据可知，泰国面对的利率风险处于相对较低的风险水平，实际利率标准差为 0.042。

表 11 - 5   2008—2014 年东盟十国实际利率变动标准差

国家	实际利率波动（标准差）
柬埔寨	0.0059
泰国	0.01436
菲律宾	0.01443
新加坡	0.01599
缅甸	0.03124
越南	0.04221

续表

国家	实际利率波动（标准差）
印尼	0.04593
马来西亚	0.04938
老挝	0.09241
文莱	0.15268

资料来源：世界银行。

总之，文莱、老挝实际利率波动剧烈，利率风险系数最高。新加坡实际利率波动较小，且保持较低的存贷款利率。其他国家面对冲击时利率表现良好，风险较低。

3. 东盟十国汇率风险

汇率风险也即外汇风险，经济主体持有或运用外汇都可能因为汇率变动而蒙受损失。

2010—2015 年，菲律宾比索、老挝基普汇率基本保持稳定，汇率风险最小。新加坡元、越南盾、文莱元汇率比较稳定，2015 年后呈现小幅贬值趋势，汇率风险较小。泰铢汇率在 2012 年后呈现较大幅贬值趋势，马来西亚林吉特 2014 年后出现大幅贬值趋势，二国汇率风险较大。柬埔寨瑞尔汇率波动较大，近年来波幅有收窄趋势，汇率风险仍然较大。印尼盾 2012 年后呈现大幅贬值趋势，并且没有放缓的迹象，汇率风险最大。

投资者应培养和强化汇率风险防范意识，形成防范汇率风险的管理机制。选择美元、欧元等国际通行货币结算，如果必须使用当地币结算务必争取货币保值条款。在相关法律法规允许的前提下，优先选择人民币或美元作为记账本位币，降低会计风险。投资人还应充分利用金融机构提供的金融工具，对货币进行套期保值，对冲外汇风险。

4. 东盟十国流动性风险

流动性风险是指银行不能在某个时期使资产变现或者增加负债来获得资金的风险。如果流动性趋紧，银行为了保证自身资金的充裕，就会收紧信贷的发放；如果流动性过剩，信贷规模扩大，则有可能使银行坏账增加，甚至推高通货膨胀。流动性风险可能导致商业银行利润下滑，严重的甚至能导致破产。控制银行流动性风险对于国家经济金融体系的稳定有重要作用。

虽然东南亚各国均受到全球资本流动的影响，但程度各不相同。

从图 11-3 可见，泰国、马来西亚、新加坡、菲律宾等国信贷增速较为温和且稳定，也能够较好地控制国内的信贷扩张，侧面表明这些国家监管水平较高，或者说有足够的资本或政策应对金融冲击。印尼信贷增速的波动性也较小，但通常，体量较大的国家本身就具备较好的缓冲能力，印尼 GDP 总值位居东盟首位，能承受流动性冲击的能力相对较强。相反，越南、缅甸、柬埔寨、老挝等国，由于经济体量小，或者金融体系不健全等原因，受到资本冲击而导致信贷增速的波动明显高于其他国家。

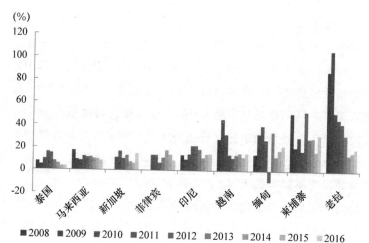

图 11-3 东盟部分国家 2008—2016 年信贷增速比对

数据来源：各国宏观经济指标宝典（BVD-EIU Country data）。

但是，并不能简单地对信贷增速进行优劣的排序。

第一，信贷增速水平除了受到国际货币流动的影响，更多的还是国内经济活动的结果。以泰国为例，与其说它信贷增速平稳温和，不如说这是由于经济缺乏增长引擎；又由于泰国信贷占 GDP 比重高，限制了居民借贷意愿。即便泰国流动性与货币政策都较为宽松，也较难刺激经济增长。从这个角度说，这样温和的信贷增速是由国家内在原因所致，不见得是件好事。同样，印尼"温和"的信贷增速背后却是较高的通货膨胀率。

第二，这种"较高"和"较低"的信贷增速水平，是相对于该国经济面临的具体问题而言的。相较于中国近年来平均16%左右的信贷增速来说，菲律宾的信贷增速可以说相对温和，与其他东南亚国家相比也较为合理且稳定。但从2014年收缩的货币政策看来，菲律宾政府希望信贷增速更加温和来稳定通货膨胀水平，因此，其希望承受的信贷增速水平相对较低。但这样收缩的货币政策也引发了中小企业贷款困难的问题，在一定程度上阻碍了经济增长。同理，马来西亚的信贷增速也不高，但IMF在该国的报告中也用了"快速"来形容马来西亚2008年后的信贷增速。其原因就在于马来西亚资产价格攀升过快，信贷占GDP比重大，资产的泡沫会给该国金融体系的稳定带来很大的风险。而且，马来西亚经济发展水平在东盟十国位居前列，金融体系的稳定就显得尤为重要。当然，近年来马来西亚放缓信贷增速及信贷质量的提高都稳定了它的金融体系。

越南虽然经历了2008年信贷增速水平的迅速攀升，但目前也回到了较为合理的水平。越南信贷增速比马来西亚、菲律宾都高，但政府仍想要维持较高水平的信贷增速。而越南相对较高的信贷增速目标，可能是因其无效投入多，导致信贷对GDP增速贡献小。如果按照马来西亚及菲律宾的标准，一下将信贷增速降低至10%左右的水平，会导致其国内经济过冷，许多经济活动将受到限制。

第三，信贷增速水平及波动情况还应考虑各国的发展阶段。除了新加坡、马来西亚、泰国和文莱外，其他东盟国家都处于较低的发展阶段，需要大量的基础建设投资，高的信贷增速也许更能提升国家的发展水平。但较低的发展水平也对应了较为薄弱的金融监管，表现在应对外来冲击时，国家经济的波动性更大。

如果预测2016年的数据（图11-4），泰国的信贷增速明显偏低，低的信贷增速很难拉动国家经济增长。马来西亚、菲律宾、印尼、新加坡等国都有较为合理的信贷增速水平，而老挝、缅甸、柬埔寨信贷增速高。几乎所有东盟国家都将面临美元加息或者加息预期带来的冲击，即外资撤离导致流动性紧缩的冲击，但外资撤离方式及程度如何，则要看这些国家如何应对。

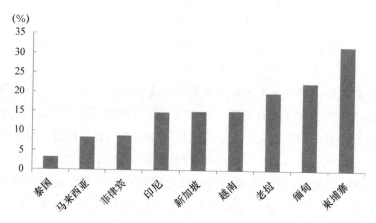

图 11 - 4　2016 年东盟部分国家信贷增速比对（预期）

数据来源：各国宏观经济指标宝典（BVD - EIU Country data）。

　　综上所述，就流动性风险而言，我们认为新加坡由于其监管制度完善，金融体系健全稳定，风险最小。其次是菲律宾及泰国，泰国信贷增速偏低，当局采取宽松的政策释放流动性，刺激经济增长，菲律宾当局较为紧缩的货币政策使流动性收缩，但两国均通过审慎的货币政策稳定国内经济增长预期。再次则是马来西亚和越南，马来西亚信贷增速也在较为安全的范围内，但应警惕资产泡沫，越南采取了相对收缩的财政政策稳定信贷增速，未来面对趋紧的流动性有更多的政策空间。相比之下，印尼对外资依赖过重，外资的快速撤离将给它带来很大打击，但由于其体量大，能够提供较好缓冲。而柬埔寨、老挝、缅甸等国，根据其过去的信贷增速波动水平，对于流动性的变化可能给经济带来很大的波动，投资者应多加留意。

　　5. 东盟十国信用风险

　　信用风险指交易双方因各种原因，而未能履行契约中的义务，造成经济损失的风险。当一国债务水平过高或因各种原因而导致国家没有能力偿还债务时，违约就可能发生。

2008 年全球金融危机后，随着发达国家量化宽松政策的冲击，大量流动性涌入新兴市场。流动性过剩不仅造成信贷扩张，政府债务也有所扩张。债务将产生利息，过高的债务会给一国的经济增长带来负担，尤其是在经济复苏或者持续低迷的阶段，背负过高的债务更是会拖累该国经济增长。过高负债还可能使得一国有了提高通胀率的动机——使本币计价的债务贬值，以减少偿债负担。

目前，国际上通常以公共债务占 GDP 的 50% 这一标准作为临界值，来衡量一个国家的债务水平。新加坡及文莱为债权国，没有任何净负债。图 11 - 5 展示了其余八个东盟国家的公共债务（包括公共外部债务及公共内部债务）占各国 GDP 的比重。可以看出，缅甸、柬埔寨、印尼及泰国均低于 50% 的国际警示线，债务风险较小，而马来西亚、越南及老挝负债水平超过了 GDP 的 50%，虽然相比国际标准来说偏高，但爆发债务危机的概率较小。

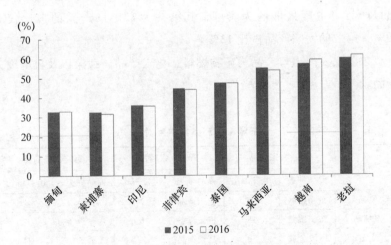

图 11 - 5　2015—2016 年东盟部分国家公共债务占 GDP 的比率

注：2015 年、2016 年为预测值。

数据来源：各国宏观经济指标宝典（BVD - EIU Country data）。

总之，缅甸、柬埔寨、印尼、菲律宾、泰国由于公共债务较低，因此信用风险较小，其中，菲律宾债务水平逐年减少，柬埔寨、缅甸等国也存在债权国家的债务减免，泰国、印尼则由于经济增长稳定，处于较小信用风险的水平。而马来西亚、越南、老挝的公共债务较高，但总体来说，即便公共负债高，东盟国家也不会像 1997 年金融危机那样引起债务危机。毕竟，各国的经验及监管水平都在灾难后不断提高，各国也意识到防止金融危机发生的重要性。

6. 东盟十国外部冲击

（1）贸易型外部冲击

在贸易型外部冲击对比中，将从产品集中度（商品结构风险系数）、市场集中度（市场结构风险系数）和外贸依存度这三方面对比东盟十国的贸易型风险。

在商品集中度中，对比东盟十国 2012—2014 年平均前三大宗出口商品及其占比。

从表 11-6 可以看出，文莱出口的产品集中度在东盟十国中最高，第一大宗出口产品矿物燃料的出口占比为 95%，次之为柬埔寨。出口产品集中度最低的为泰国，其第一大宗出口产品的占比仅为 29%，第二的大宗产品占比 13%。

东盟主要的出口产品为矿物燃料、化工产品、蔬菜以及机电设备产品。

表 11-6   东盟十国产品集中度对比   单位:%

国家	第一大宗商品		第二大宗商品		第三大宗商品	
	商品种类	出口占比	商品种类	出口占比	商品种类	出口占比
文莱	矿物燃料	95	化工产品	2	其他	3
柬埔寨	纺织服装	55	机械设备	6	运输设备	4
老挝	一般金属	50	高档饰品	17	蔬菜	15
新加坡	机械设备	46	矿物燃料	25	化工产品	13
菲律宾	电子产品	43	其他制品	9	木制家具	5
缅甸	矿物燃料	38	石料玻璃	24	蔬菜	15
马来西亚	运输设备	38	矿物燃料	20	加工品	10

续表

国家	第一大宗商品		第二大宗商品		第三大宗商品	
	商品种类	出口占比	商品种类	出口占比	商品种类	出口占比
越南	电子产品	31	纺织服装	16	蔬菜	8
印尼	矿物燃料	31	蔬菜	14	马达机电	9
泰国	马达机电	29	运输设备	13	塑料橡胶	12

注：出口占比数据为四舍五入数据。

在市场集中度中，东盟十国的出口市场高度集中在中、日、美三国。其中，中国为东盟的第一大贸易国，美国与日本则分别位居第二、三位。

从东盟十国市场集中度对比（表 11-7）中，可以知道市场集中度最高的前两个国家为老挝与缅甸，它们的第一大出口市场都是泰国，市场占比分别为 54% 与 42%。市场集中度最低的两个国家为新加坡与泰国，它们的第一大出口市场都是中国，市场占比均为 12%。

表 11-7　　　　　　　东盟十国市场集中度对比

国家	第一大市场		第二大市场		第三大市场	
	市场名称	出口占比	市场名称	出口占比	市场名称	出口占比
老挝	泰国	54%	澳大利亚	21%	越南	13%
缅甸	泰国	42%	中国香港	21%	印度	13%
文莱	日本	40%	韩国	14%	印度	9%
柬埔寨	美国	25%	中国香港	19%	新加坡	9%
菲律宾	日本	21%	美国	14%	中国	13%
越南	美国	18%	日本	11%	中国	11%
印尼	日本	15%	中国	11%	新加坡	9%
马来西亚	新加坡	14%	中国	13%	日本	11%
新加坡	中国	12%	马来西亚	12%	中国香港	11%
泰国	中国	12%	美国	10%	日本	10%

注：出口占比数据为四舍五入数据。

在外贸依存度中，对比东盟十国 2012—2014 年贸易总额与 GDP 平均比重，可知东盟十国中的外贸依存度差别大，十国的平均外贸依存度为 129%，标准差为 94%。一般情况下，外贸依存度的高低与经济发展水平密切相关。经济发展水平越高的国家，其外贸依存度也越高。

从东盟十国外贸依存度对比中（表 11 - 8），可以知道外贸依存最高的国家为新加坡，其高达 360% 的外贸依存，原因在于新加坡为高经济贸易型国家，次之为越南，外贸依存度为 164%。外贸依存度最低的两个国家分别为印尼与缅甸，它们的外贸依存度分别为 49% 与 38%。除新加坡外，其余九国的外贸依存度均低于 200%。

表 11 - 8　　　　　　　　东盟十国外贸依存度对比

国家	平均外贸依存度
新加坡	360%
越南	164%
马来西亚	154%
泰国	145%
柬埔寨	142%
文莱	111%
老挝	63%
菲律宾	62%
印尼	49%
缅甸	38%

注：数据为四舍五入数据。

（2）资本型外部冲击

在资本型外部冲击对比中，从资本账户开放程度、外来资本占国内主权债务比例以及外国直接投资净流入占国家投资总额的比率这三方面对比东盟十国的资本型风险。

在资本账户开放程度中，东盟十国中居首位的是新加坡，次之则为文莱。资本账户开放程度比较低的国家为缅甸、印尼等，其经济较为封闭。泰国、马来西亚资本账户开放程度也比较高。由于缺少资本开放程度的衡量指标，所以不能全面地对比十国的资本开放程度高低。

在对比外来资本占国内主权债务比例中，利用一国的公共外债及公共担保外债与国家中央政府的主权债务比重来表示此比例，对比东盟十国 2012—2014 年这一比率的水平。

在公共外债及公共担保外债与中央政府债务的比重中（表 11－9），柬埔寨的公共外债比例最高，次之为老挝。文莱及新加坡没有任何净外债。

与外贸依存度指标类似，东盟各国之间的外资占主权债务比例差别大，这一比例与国家的经济发展水平和资本开放程度密切相关。

表 11－9　　　　　　　　东盟十国外资占主权债务比例对比

国家	外资占主权债务比例
柬埔寨	108%
老挝	65%
印尼	52%
越南	51%
马来西亚	39%
菲律宾	39%
缅甸	26%
泰国	20%
文莱	0
新加坡	0

注：数据为四舍五入数据。

在外国直接投资净流入占该国总投资比例的对比中，对比 2012—2013 年东盟十国的平均比例。从表 11－10 中可以得知，在东盟十国中，新加坡的外国直接投资净流入与该国总投资之比是最高的，达 72%。次之则为柬埔寨，为 40%。外国直接投资净流入与总投资比例最低的两个国家为菲律宾和印尼，比例分别为 8% 和 7%。东盟总体平均水平为 25%。

表 11 – 10　　　　　　　东盟十国 Net FDI/总投资对比

国家	Net FDI/总投资
新加坡	72%
柬埔寨	40%
文莱	37%
越南	20%
缅甸	14%
马来西亚	13%
泰国	12%
菲律宾	8%
印尼	7%
老挝	无数据

注：数据为四舍五入数据。

（3）外汇储备

在外汇储备对比中，对比东盟十国 2012—2014 年的外汇储备与国家生产总值的平均比重情况。

新加坡的外汇储备与 GDP 的比重高达 90%，为十国最高。次之为泰国，外汇储备与 GDP 之比约为新加坡的二分之一。外汇储备与 GDP 比重最低的两个国家分别为印尼与老挝，比重分别为 12% 与 11%。而东盟十国的平均水平为 32%（表 11 – 11）。

外汇储备与 GDP 比重的高低与一国的外贸依存度、资本账户开放程度等指标相关性较高。例如新加坡，其外汇储备/GDP、外贸依存度和资本账户开放程度均是东盟中最高的。相反，印尼、缅甸等国家的这三项指标均靠后。

表 11-11　　　　　　　东盟十国外汇储备/GDP 对比

国家	外汇储备/GDP
新加坡	90%
泰国	46%
马来西亚	41%
柬埔寨	35%
菲律宾	31%
文莱	21%
越南	16%
缅甸	13%
印尼	12%
老挝	11%

注：数据为四舍五入数据。

四　东盟十国商业环境风险比较

1. 东盟十国自然环境风险

由各国竞争力指标分析库（BVD – EIU Market Indicators & Fore-casts）中给出的数据来看，新加坡的自然环境风险水平最低，越南和马来西亚的风险水平较低，但是，这三国在 2013 年后风险呈现上升的趋势。印尼和泰国的自然环境风险水平相近，2009—2013 年基本一致，且在 2013 年至今风险水平持续下降。菲律宾的风险水平最高，文莱的自然风险水平较低，并且未来将大致维持现状；在未来气候问题频发的情况下，缅甸、柬埔寨和老挝的自然灾害也可能增多。

总之，新加坡极低的自然风险水平成为吸引外来投资的优势，而菲律宾极高的自然环境风险成为吸引投资的劣势。受全球气候极端问题多发的影响，未来东盟十国的自然灾害都可能有不同程度的上升。

2. 基础设施风险

东盟十国基础设施水平差距较大。新加坡、马来西亚、文莱的基础设施风险很小，其中，新加坡在各国竞争力指标分析库中被认为几乎不存在任何威胁或阻碍商业活动的基础设施风险。三国现有的基础设施均较为完善。马来西亚在国际航运等物流设施上表现上佳，文莱在公路运输和电力上表现良好，新加坡则在基建的各方面均表现突出（表 11 - 12）。

表 11 - 12　　　　　东盟十国基础设施水平（2012 年）

国家	基础设施总体水平	公路	铁路	港口	机场	供电设备
文莱	4.7	5.1	–	5.0	5.6	5.4
柬埔寨	3.1	3.1	1.6	3.4	4.2	2.5
印尼	2.8	2.5	2.8	3.0	4.4	3.9
马来西亚	5.6	5.7	5.0	5.7	6.0	5.8
菲律宾	2.9	2.8	1.8	3.2	4.1	4.2
新加坡	6.7	6.6	5.6	6.8	6.9	6.7
泰国	4.8	5.0	3.1	4.4	5.8	5.5
越南	2.7	2.6	2.4	2.8	3.9	3.2

注：得分：1 = 不发达，7 = 广泛和有效。

资料来源：世界经济论坛，http：//www.weforum.org/reports

　　泰国、越南、印尼和菲律宾的基建情况则较差。上述四国基础设施风险在各国竞争力指标分析库中相比于其他参评国家均处于较高水平。这四个国家普遍存在现有基础设施不完善、交通运输或电力方面的支持不足等问题。但是，印尼、泰国、越南近年来在基础设施建设上发展较快。

　　缅甸、柬埔寨、老挝的基础设施则表现出极度缺乏的状态。已有的基础设施老旧，对商业活动的支持非常有限。同时，上述三国受限于国内经济环境和财政资金等，基础设施建设投入不足。虽然近年来，三国政府通过利用发达国家和其他国际组织的援助，基础设施得到了一定的改善，但仍处于基础设施风险极高的状态，预计这一状态在短期内并不会有实质性的改善。

总体来看，目前东盟十国基础设施风险水平由低到高依次为：新加坡、马来西亚、文莱、泰国、越南、印尼、菲律宾、缅甸、柬埔寨和老挝。投资者可以依据所开展的商业活动需要的基础设施支持程度，考虑基建情况对投资的综合影响（表 11 - 13）。

表 11 - 13　　　　2014 年东盟部分国家物流绩效指数

国家	综合得分		海关		基础设施		国际航运		物流质量		易追踪性		合时性	
	得分	排名	得分	排名	得分	排名	得分	排名	得分	排名	得分	排名	得分	排名
新加坡	4.00	(5)	4.01	(3)	4.28	(2)	3.70	(6)	3.97	(8)	3.90	(11)	4.25	(9)
马来西亚	3.59	(25)	3.37	(27)	3.56	(26)	3.64	(10)	3.47	(32)	3.58	(23)	3.92	(31)
泰国	3.43	(35)	3.21	(36)	3.40	(30)	3.30	(39)	3.29	(38)	3.45	(33)	3.96	(29)
越南	3.15	(48)	2.81	(61)	3.11	(44)	3.22	(42)	3.09	(49)	3.19	(48)	3.49	(56)
印尼	3.08	(53)	2.87	(55)	2.92	(56)	2.87	(74)	3.21	(41)	3.11	(58)	3.53	(53)
菲律宾	3.00	(57)	3.00	(47)	2.60	(75)	3.33	(35)	2.93	(61)	3.00	(64)	3.07	(90)
柬埔寨	2.74	(83)	2.67	(71)	2.58	(79)	2.83	(78)	2.67	(89)	2.92	(71)	2.75	(129)
缅甸	2.25	(145)	1.97	(137)	2.14	(137)	2.14	(151)	2.07	(156)	2.36	(130)	2.83	(117)

注：该调查衡量贸易和运输相关基础设施的质量，受访者按照从 1（很低）至 5（很高）打分来评价贸易和运输相关基础设施（如港口、铁路、公路、信息技术）的质量。调查国家共 249 个，分数是全部受访者的平均分数。得分后的括号中表示此单项的本国排名。

数据来源：世界银行物流绩效指数调查，http://data.worldbank.org.cn/indicator/LP.LPI.INFR.XQ。

3. 劳动力市场风险

东盟十国的劳动力市场风险总结，见表 11 - 14。从劳动力资源的供求上来看，劳动力资源丰富的国家是菲律宾、新加坡、马来西亚、越南、印尼、柬埔寨和缅甸，而老挝、泰国和文莱则面临着劳动力不足的风险。尤其是泰国，由于人口老龄化问题日益突出，即使保持极高的劳动参与率和极低的失业率，也很难维持国内市场的劳动力需求。老挝和菲律宾本国劳动力外出就业的比例较大，但原因并不相同，前者是因为国内市场需求不足，后者则是因为不堪忍受国内低廉的劳动报酬。文莱和新加坡每年都吸引着大量的外籍劳工，是东南亚十国中的劳务输入国。马来西亚、柬埔寨和印尼的高级技术工人很多需要从国外引进。

从较为突出的风险上看，在柬埔寨投资，需要格外注意劳资关系紧张、罢工现象频发这一风险。柬埔寨的劳工组织力量很强大，近年来，要求提高工资水平、福利待遇和改善工作环境的罢工现象日渐频繁，大大加剧了外商在柬埔寨投资的经营成本和政治风险。在缅甸投资则需要对劳动者的素质有一定的心理预期，军人长期统治导致正常的教育秩序很难持续维系，教育质量较差。另外，虽然老挝劳动力时薪较低，但这并不意味着企业用工成本很低。企业需对招来的员工从基础知识开始培训，承担起职业技术学校的职能。加上很多老挝劳工工作节奏慢、效率低、稳定性差和跳槽现象严重，企业难以按制度和工作进度对工人进行管理，需重复招聘和培训，造成企业用工成本过高。

表 11 – 14 　　　　　东盟十国的劳动力市场风险总结

国家	劳动力数量	劳动力价格	失业率	劳动力供求	劳动力结构	劳动力素质	突出风险	风险评价
菲律宾	丰富	低廉	8.00%	供过于求，大量劳动者出口	偏年轻	教育程度良好且具备英语能力	本国经济规模小，国内产业发展的速度小于劳动力增长的速度，失业率偏高	较低
新加坡	较丰富	很高	2.80%	供不应求，大量外来劳工涌入	良好	很高，得益于健全的教育，充足的培训项目及能够吸引本地和外国人才的激励机制	过于依赖外籍员工	很低

国家	劳动力数量	劳动力价格	失业率	劳动力供求	劳动力结构	劳动力素质	突出风险	风险评价
印尼	丰富	较低	5.70%	基本均衡，仅允许引进外籍专业人员	偏年轻	较低，且近年来并无明显提升趋势	劳动力素质过低	较低
越南	充足	低廉	2.00%	基本均衡	青年劳动力占六成以上，年轻劳力供应充足	较高，勤劳能干，但整体受教育水平不高	技术水平不足、劳动效率低	较低
马来西亚	较充足	高	2.70%	基本均衡，但技术密集型产业的发展需要人才引进	趋于年轻化	加强职业教育、职业培训，但劳动力水平依然有待提高	没有健全的失业保险或失业援助制度，影响到劳动力资源的自由流通和失业者的再就业	低
柬埔寨	非常丰富	非常低	0.30%	管理人员和技术人才依赖泰国和中国	受战争影响，30—40岁的人口少	高等教育入学率远低于亚太地区国家。劳动力质量堪忧	劳资关系紧张、罢工现象频发、高素质人才匮乏	较高
老挝	普遍的劳动力不足	亚洲地区工资水平最低的国家之一	1.40%	熟练劳工外流，供求矛盾突出	较好	劳工工作节奏慢、效率低、稳定性差和跳槽现象严重	人口较少、劳动力不足、技术人才严重不足、很难形成规模生产和充足市场	较高
缅甸	充足	低廉	3.40%	基本均衡	较好	教育水平明显低于亚太地区平均水平，劳动力素质堪忧，高级技工匮乏，急需职业培训	劳动者的素质过低，且在短期内难以提高	较高

续表

国家	劳动力数量	劳动力价格	失业率	劳动力供求	劳动力结构	劳动力素质	突出风险	风险评价
泰国	严重不足	劳动力市场的供给缺口将进一步推高劳动力价格	0.70%	劳动力供不应求，劳动密集型产业已经外迁	随着人口老龄化，劳动力市场的供给缺口增大	高等教育"重文轻理"，本国技术人才少、制造业部门缺乏自主创新能力，技术人员引进困难	未富先老、劳动力缺口巨大	很高
文莱	不足	较高	3.80%	国内劳动力资源短缺，外籍劳工占到整个就业人口的1/3	劳动力资源绝对短缺与相对短缺并存	较高	劳动力短缺与劳动力供需不匹配共存	较高

注：失业率选取各国 2014 年国家统计局数据。

数据来源：世界银行，各国国家统计局。

总之，菲律宾、新加坡、马来西亚、越南、印尼的劳动力市场风险较低，其中，新加坡和马来西亚的劳动力市场低风险优势尤为突出。相比之下，柬埔寨、老挝、缅甸、泰国、文莱的劳动力市场风险则相对较高，其中，泰国的风险尤其需要关注。

4. 东盟十国税收风险

税收风险部分，首先考量一个国家的税收收入是否能够满足政府实现其职能的需要，主要看其宏观税负的高低。而宏观税负水平一般用一个国家一定时期内（通常为 1 年）的税收总量占 GDP 的比重来衡量，东盟十国 2008—2014 年平均的宏观税负水平如图 11 - 6 所示。

根据前文提到的"拉弗曲线"，即一般情况下，税率越高，政府的税收就越多，但税率提高到一定的程度时，企业将因经营成本过高而减少投资，随之收入减少（即税基减小），从而导致政府的税收减少。所以，只有把税负定在居民可以承受的范围或者说最佳的区间内，社会投资才会不断增加，政府才能获得最多的税收。从图 11 - 6 可以看出，缅甸的宏观税负水平较低，约为 5%；马来西亚、新加坡、菲律宾、柬埔寨、印尼、老挝六国的宏观税负水平约为 13%；

泰国和越南的宏观税负水平则在18%左右；文莱的宏观税负水平最高，为28.49%。就现阶段而言，东盟十国的宏观税负水平与欧洲的福利国家约为50%的宏观税负水平相比税负较低，也低于OECD（经济合作与发展组织）各国的35%左右的平均税负水平，可以认为，东盟十国的宏观税负水平整体不高。

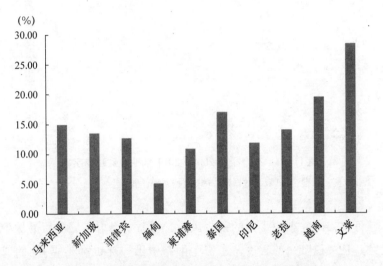

图 11 - 6　东盟十国 2008—2014 年平均宏观税负

数据来源：根据 Wind 资讯数据库、IMF 数据整理得出。

其次，根据《稳定与增长公约》和《马斯特里赫条约》，在不对主权国家的预算和税收政策进行实际干预的情况下，以财政赤字率不超过3%为国际通用警戒线值从而确保各国财政的健康。从图 11 - 7可以看出，马来西亚、缅甸、老挝、越南四国高于3%的国际警戒线值，有一定的财政风险，出现这种情况的主要原因是2008年全球金融危机的影响，致使东盟多数国家面临一定的赤字压力；新加坡、菲律宾、柬埔寨、泰国、印尼五国的财政赤字率低于3%的国际警戒水平，税收风险相对较小；而文莱因为宏观税负较高，财政盈余充足，赤字压力相对小，其财政赤字率为负值。

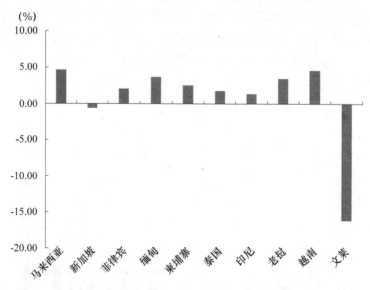

图 11 - 7 东盟十国 2008—2014 年平均财政赤字率

数据来源：根据 Wind 资讯数据库、IMF 数据整理得出。

再次，研究东盟十国的税收风险，还需要考虑各国的贸易保护程度尤其是关税壁垒的程度。东盟十国与中国一样也都是 WTO 的成员国，奉行自由贸易政策，承诺将在 2020 年消除贸易壁垒，互惠原则、透明度原则、市场准入原则、非歧视性原则等适用于各国的经贸活动。2010 年中国—东盟自由贸易区的全面建成，受《中国—东盟全面经济合作框架协议》《货物贸易协议》《服务贸易协议》等协议的约束，以及根据东盟第 31 次经济部长会议的决定，在符合原产地要求的前提下，柬埔寨、老挝、缅甸和越南这四个东盟新成员国将按步骤实现自贸区的降税目标，一般产品应在 2015 年以前将进口关税降至零，在 2018 年 1 月 1 日前取消二轨正常产品的关税，应不迟于2015 年 1 月 1 日将一般敏感产品的关税削减至 20% 以下，2020 年 1月 1 日进一步削减至 5% 以下。对于 6 个老成员国文莱、菲律宾、印尼、马来西亚、泰国、新加坡而言，正常产品自 2005 年 7 月起开始降税，2010 年 1 月 1 日将关税最终削减为零，二轨正常产品的关税在 2012 年 1 月 1 日取消，对一般敏感产品应不迟于 2012 年 1 月 1 日将其关税削减至 20% 以下，2018 年 1 月 1 日进一步削减至 5% 以下。从以上的协定和各国实际的实施情况来看，东盟十国对中国的关税壁垒程度普遍较低，相信未来随着中国与东盟之间基本实现自由贸易，资金、资源、技术和人才的生产要素的流动效率会显著提高，经济一体化程度将会进一步加深。

最后，根据 EIU（The Economist Intelligence Unit）对部分国家的评分结果（图 11 - 8）可以得出，东盟部分国家的税收政策风险由低到高为：新加坡、马来西亚、泰国、菲律宾和并列的印尼与越南。

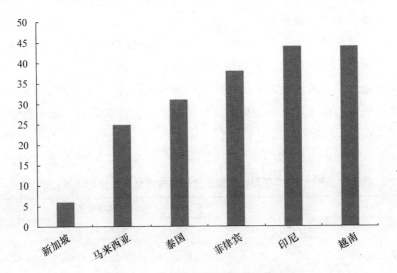

图 11 - 8　东盟部分国家税收政策风险

注：税收政策风险最大值为 100，为极度风险，最小值为 0，为零风险。

数据来源：EIU Risk Briefing。

综合上述的分析，可以大致得出东盟十国税收风险的排序。新加坡的宏观税负水平、财政赤字率均低，EIU 的评分也低，所以税收风险相对小。泰国的财政赤字率较低，EIU 的评分也较低；马来西亚宏观税负水平低，EIU 的评分低，虽然其财政赤字率均值高于 3%，但是近年来赤字压力有所缓解，向好趋势明显；菲律宾、柬埔寨的宏观税负较低，财政赤字率较低，所以，四国同为第二可投资的国家。老挝和印尼的宏观税负较低，但是老挝的财政赤字率高，印尼的 EIU 评分高，同为第三可投资国家。缅甸国内税收低，财政赤字率高，而越南的财政赤字率与 EIU 评分均高，同为第四可投资国家。文莱的宏观税负水平最高，财政赤字率为负值，虽然税收风险较低，但是考虑到其为经济水平较高的国家，对外需求有限，投资需求较小。

5. 东盟十国商业环境吸引力

商业环境吸引力是对于一国商业运营环境的综合评价。依据世界银行给出的 Doing Business 指标，东盟十国商业活动吸引力从高到低排序依次为新加坡、马来西亚、文莱、泰国、越南、菲律宾、印尼、柬埔寨、老挝和缅甸。

根据世界经济论坛《2014—2015 年全球竞争力报告》，新加坡竞争力位居全球第二位，亚太地区第一位，马来西亚、泰国和中国的竞争力进入亚太地区前十位，印尼竞争力也较靠前，而菲律宾和越南竞争力居中，相比之下，老挝和柬埔寨的竞争力排名较后，缅甸竞争力在东盟十国中最低（表 11 - 15）。

表 11 - 15 2014—2015 年东盟十国和中国在全球竞争力中的排名

国家	全球排名
新加坡	2
马来西亚	20
文莱（2013—2014 年）	26
中国	28
泰国	31
印尼	34
菲律宾	52
越南	68
老挝	93
柬埔寨	95
缅甸	134

资料来源：世界经济论坛：《2014—2015 年全球竞争力报告》，http://www3.weforum.org/docs/img/WEF_ GCR2014 -15_ Asia10_ Image. png。

　　综合而言，新加坡、马来西亚在各项指标上的排名均表现上佳，各项风险均处于较低的状态，商业环境十分稳定并继续完善，投资者的投资风险较小。文莱与泰国的商业环境处于中等水平，在某些风险指标上表现良好但在其他方面仍然有待提高。菲律宾、越南、印尼三国的商业环境表现一般，但其政府在改善商业环境方面有较为详细的长期规划，预计其商业环境风险在长期内可以得到控制。柬埔寨、老挝和缅甸则处于较为落后的状态，受限于国内环境，其落后的状态将难以转变，在这三国投资的投资者需要密切注意其投资环境的变化。